LOIS

DES

BATIMENS.

TOME II.

IMPRIMERIE DE P. BAUDOUIN,
Rue Mignon, 2.

LOIS

DES

BATIMENS,

ou

LE NOUVEAU DESGODETS.

CONTENANT

La Théorie et la Pratique,

1° *Des Servitudes*, tels que murs mitoyens, contre-murs, vues, égouts, haies mitoyennes, etc. 2° *Des Réparations* grosses et menues, locatives, usufruitières et de propriété, etc. 3° *Des Formes à suivre* par les Juges-de-Paix, les Tribunaux et les Experts, pour visites des lieux, avec formules des actes de procédure, etc.

NOUVELLE ÉDITION

CORRIGÉE ET CONSIDÉRABLEMENT AUGMENTÉE, D'APRÈS LES ARRÊTS ET LA DOCTRINE DES MEILLEURS AUTEURS.

Par P. Lepage,

Ancien Avocat.

—

Tome Second.

—

Paris,

J. YONET, LIBRAIRE-ÉDITEUR,

Rue Hautefeuille, 14

1840.

TABLE

DES CHAPITRES, SECTIONS, ARTICLES, ET PARAGRAPHES.

TOME II.

SECONDE PARTIE.

CHAPITRE II.

CHAPITRE III.

TROISIÈME PARTIE.

CHAPITRE PREMIER.

CHAPITRE II.

CHAPITRE III.

LOIS
DES BÂTIMENS.

SECONDE PARTIE.
DES REPARATIONS.

Après avoir traité ce qui concerne les services fonciers, et les obligations auxquelles sont réciproquement assujettis les biens fonds voisins les uns des autres, il convient d'expliquer à la charge de qui ils doivent être réparés, dans les différentes circonstances où ils en ont besoin.

La nécessité de réparer les immeubles est occasionnée, 1° par des vices de construction; 2° par des accidens; 3° par la vétusté. Dans trois chapitres on s'occupera de ces différentes causes de réparations.

CHAPITRE PREMIER.
DES VICES DE CONSTRUCTION.

Ce chapitre est consacré à faire connaître par qui sont supportées les réparations d'immeubles, lorsqu'elles sont occasionnées par de certains vices de construction. Ces vices sont de deux espèces : ceux de la première consistent dans une telle violation des règles de l'art de construire, que l'édifice est privé de la solidité qui lui convient; les vices de la seconde espèce ont lieu, quand les précautions prescrites par les lois du voisinage et de police n'ont pas été observées.

Il n'est pas douteux que celui qui se charge de diriger ou exécuter une construction, ne s'oblige à la faire suffisamment solide, et à se conformer à ce qui est exigé pour l'intérêt des voisins et la sûreté publique. Pour traiter avec méthode les obligations de l'architecte, ou de l'entrepreneur, ou des ouvriers, par rapport aux vices de construction, ce chapitre sera divisé en quatre articles : on expliquera dans le premier, la garantie pour la solidité des ouvrages : dans le second, **on** parlera de la garantie pour l'exécution des lois du voisinage et de police : dans le troisième, on examinera contre qui s'exercent ces deux sortes de garanties ; c'est-à-dire, **dans** quelles circonstances les architectes, les entrepreneurs et les ouvriers sont garans de leurs ouvrages : enfin, dans le quatrième, on exposera les principes relatifs aux **devis et** marchés.

Art. Ier. *De la garantie pour la solidité des ouvrages.*

Six paragraphes formeront cet article : on y verra successivement : 1° en quoi consiste la garantie pour la solidité des ouvrages ; 2° si cette garantie est applicable aux vices de construction occasionnés par la fraude ; 3° si la réception des ouvrages par experts décharge de cette garantie ; 4° de quel jour commence à courir le temps que dure cette garantie ; 5° si ce temps court contre les mineurs ; 6° enfin, quand et comment s'exerce cette garantie

§ Ier. *En quoi consiste la garantie pour la solidité des ouvrages.*

L'intérêt du propriétaire qui confie la construction de son bâtiment à un architecte, ou à un entrepreneur, exige qu'ils donnent une solidité suffisante aux travaux qu'ils seront chargés de diriger ou d'exécuter. De plus, la sûreté publique veut que la vie des citoyens ne soit exposée à aucun danger, par des constructions dont la chute serait à craindre. Toute personne qui se charge de construire, s'engage donc à suivre les règles qu'enseigne l'art dont elle fait profession, et qu'elle doit connaître. Ainsi, par exemple, il faut qu'elle donne aux fondations une profondeur proportionnée à la nature du sol et à l'espèce de construction qu'elle entreprend : pareillement, elle doit n'employer que des matériaux d'une qualité suffisamment bonne. Si elle se trompe sur les règles qui sont prescrites afin d'obtenir la solidité convenable, elle est reponsable des accidens qui en peuvent résulter.

Un édifice pouvant être plus ou moins solide, ceux qui construisent ne doivent qu'une solidité ordinaire; et pour éviter toute difficulté sur la manière de la constater, on décide qu'un édifice a été fait avec une solidité suffisante lorsqu'il a duré pendant dix ans. Si donc, avant l'expiration des dix premières années, le bâtiment périt en tout ou en partie par vice de construction, ou même par vice du sol, les architectes et entrepreneurs en sont responsables. *Code civil, art.* 1792.

Cette utile garantie dont le Code, avec raison, impose l'obligation, est fondée sur ce que celui qui se charge d'un ouvrage doit le savoir exécuter : il est donc juste qu'il soit responsable des fautes qu'il commet dans son travail par négligence, et même par ignorance : *imperitia culpæ adnumeratur. L.* 132, ff. *de regul. jur.*

Celui qui bâtit ne pourrait pas même s'excuser sur la mauvaise qualité du sol; il doit savoir la reconnaître, et user de tous les moyens que son art indique pour y remédier : c'est la disposition précise de l'*art.* 1792 qu'on vient de citer. Si donc le vice du sol était de telle nature que la construction fût impossible à consolider, à moins de faire des dépenses extraordinaires, celui qui bâtit devrait en avertir le propriétaire. Voilà pourquoi la loi accorde à ce dernier une garantie, même dans le cas où l'édifice périt par le vice du sol.

Pareillement, pour se défendre de la garantie, un entrepreneur ne pourrait pas alléguer que les ouvriers qui ont travaillé sous ses ordres n'ont pas exécuté les ouvrages comme ils le devaient; on lui répondrait par l'*art.* 1797 du même Code, qui rend tout entrepreneur responsable des personnes qu'il emploie : il est donc tenu des fautes qu'elles font ou par négligence, ou par ignorance, ou même par fraude, sauf son recours contre elles.

Puisqu'un propriétaire peut exiger que son bâtiment ait

une certaine solidité, il peut, avant de recevoir les travaux de celui qui les avait entrepris, les faire visiter, afin de vérifier si les règles de l'art ont été suivies. Cette visite s'opère aux frais du propriétaire, et par experts nommés à l'amiable ou judiciairement. S'il est reconnu quelque vice de construction, l'entrepreneur peut être forcé à y remédier à ses dépens, et en outre à payer les dommages-intérêts du propriétaire, lorsque ce retard lui a porté préjudice. Quand les experts ont trouvé les travaux recevables, le propriétaire ne peut plus différer de payer l'entrepreneur aux époques convenues.

Souvent le propriétaire reçoit les ouvrages sans les faire examiner préalablement; alors il n'a pas le droit d'en retenir le paiement, sous prétexte qu'ils n'ont pas été vérifiés : la réception qu'il en a faite lui-même est une reconnaissance de leur régularité.

Dès que les ouvrages ont été reçus, par suite d'un rapport d'experts, le propriétaire ne peut pas requérir qu'ils soient visités de nouveau : il ne serait pas écouté davantage à demander une visite, après avoir volontairement reçu les travaux sans vérification préalable. Il en serait autrement si, postérieurement à leur réception faite d'une manière ou de l'autre, il s'y était manifesté quelque défectuosité. Sur une demande qui aurait pour motif que la construction menace ruine en totalité, ou dans une de ses parties, des experts seraient nommés pour vérifier si réellement il est arrivé quelque mouvement inquiétant dans l'édifice. S'ils trouvaient inexactitude dans l'exposé, ils ne se permettraient pas de pousser plus loin leur opération, pas même pour s'assurer si les règles de l'art ont été observées; car cet examen, suivant l'hypothèse, ayant déjà été fait, soit par des gens connaisseurs, soit par le propriétaire seul, les nouveaux experts n'y seraient pas autorisés; ils se borneraient donc à l'examen des accidens arrivés postérieurement. Cette contestation, alors, se terminerait par un jugement qui condamnerait le propriétaire aux dépens.

Les nouveaux experts trouvent-ils, dans un cas semblable, que quelque mouvement s'est fait sentir dans la construction ; ils examinent quelle en est la cause, et indiquent les moyens d'y remédier : ce qu'ils prescrivent alors s'exécute aux dépens de l'entrepreneur, lorsque cette cause doit lui être imputée.

Ce qu'on vient de dire des visites par experts, pour constater si les règles prescrites pour la solidité des constructions ont été observées, ne peut avoir lieu que pendant les dix premières années, parce qu'un bâtiment qui a déjà duré dix ans n'est plus sujet à la garantie de celui qui l'a construit. C'est ce qui résulte de l'*art.* 1792 du Code, et ce qui est textuellement exprimé par l'*art.* 2270 de la même loi : on y voit qu'après dix ans l'architecte et les entrepreneurs sont déchargés de la garantie des gros ouvrages qu'ils ont faits ou dirigés. Le droit romain ne parle de la garantie des constructions que pour les ouvrages publics : ceux à qui ils avaient été confiés en étaient responsables pendant quinze ans. L. 8. *Cod. de operib. public.*

§ II. *Si la garantie de dix ans est applicable aux vices de construction occasionnés par la fraude de l'entrepreneur.*

Par le terme de dix ans, la loi n'a entendu dégager les entrepreneurs de leur responsabilité que dans le seul cas où ils ont exécuté leurs travaux avec la bonne foi qui doit régner dans tous les marchés. Ainsi, par le laps de dix ans, ils ne sont déchargés de garantir la solidité de leurs constructions que quand ils n'ont point usé de fraude ; autrement, encore bien que la durée des ouvrages ait excédé les dix premières années, ils ne seraient pas moins responsables des suites de leur mauvaise foi. La raison de cette décision est que jamais les lois ne pardonnent le dol : *malitiis non est indulgendum.* Il est donc certain que le Code n'a pas prononcé une décharge de garantie concernant la solidité des bâtimens pour favoriser les méthodes frauduleuses des entrepreneurs ; il a voulu seulement venir au secours de ceux qui, ayant exécuté leurs travaux avec probité, leur ont donné une solidité capable de durer au moins dix ans. En effet, quand une construction faite sans fraude a duré dix ans, elle est présumée avoir reçu une solidité suffisante ; et si elle venait à périr avant le tems de la vétusté, il faudrait en accuser une cause étrangère au travail de l'entrepreneur, qui n'est responsable que de ses faits, ou de ceux des personnes qu'il a employées.

Ainsi un entrepreneur croit que des bois d'une certaine grosseur peuvent servir à soutenir les planchers d'un magasin qu'il s'est chargé de construire : si avant l'expiration des dix premières années les planchers viennent à manquer, il sera tenu des dommages résultans de cet accident. Au contraire, si la chute des planchers n'a lieu qu'après le terme de dix ans, l'entrepreneur n'est plus responsable. On présume que des bois qui ont duré le laps de dix ans étaient d'une qualité suffisante pour subsister bien plus long-temps, si une cause étrangère au travail de l'entrepreneur n'avait pas occasionné l'accident.

Supposons maintenant qu'un entrepreneur se soit obligé à bâtir un mur en pierres de taille; pour tromper la vue, il forme en effet les paremens en pierres de taille très-minces qu'il pose de champ, et il remplit le milieu avec des plâtras ou autres mauvais matériaux. Il est possible qu'il se passe plus de dix ans sans que cette supercherie de l'entrepreneur soit découverte; mais ce laps de temps ne le décharge pas de la peine que mérite sa mauvaise foi; par conséquent, aussitôt qu'elle aura été reconnue, dans quelque temps que ce soit, il pourra être poursuivi. Il n'est pas nécessaire que le mur construit frauduleusement ait menacé ruine; car dès que le dol est prouvé, l'action à laquelle il donne lieu est recevable, quoiqu'il n'ait pas encore produit des effets funestes.

Le droit qu'on a de réclamer ainsi contre l'entrepreneur qui a trompé résulte de l'équité naturelle, dont le principe est consacré par l'*art.* 1382 du Code : il rend responsable quiconque a causé du tort à autrui par un délit, ou un quasi-délit. Cette action ne doit pas se confondre avec celle en garantie, relative seulement à la solidité : elle dure comme toutes les actions en général, pour lesquelles il n'y a point de prescription particulière, et qui ne cessent d'être recevables qu'après le laps de trente ans, conformément à l'*art.* 2262 du Code. Bien entendu que le temps de cette prescription trentenaire ne court que du jour où le propriétaire a pu connaître le dol de l'entrepreneur; car on ne doit pas compter pour la prescription le temps pendant lequel celui à qui on l'oppose était dans l'impossibilité d'exercer son droit : *contrà non valentem non currit præscriptio.* Or il n'y a pas de plus grande impuissance d'agir contre le dol que celle où se trouve celui qui n'est pas encore instruit de la fraude dont on a usé envers lui.

Concluons donc que la décharge de garantie prononcée par la loi en faveur des entrepreneurs dont les ouvrages ont duré au moins dix ans ne s'applique nullement au cas où un entrepreneur aurait employé des méthodes frauduleuses, ni en général pour tous les cas où il aurait trompé le propriétaire dont il avait la confiance. Cette décharge, acquise par le laps de dix ans, est une exception d'une nature particulière, qui ne peut pas s'étendre indéfiniment : elle doit se restreindre aux seuls entrepreneurs qui ont exécuté leurs travaux avec bonne foi et conformément aux conventions qu'ils ont faites.

§ III. *Si la réception des ouvrages par experts décharge de cette garantie.*

Lorsque les ouvrages ont été reçus par jugement rendu sur rapports d'experts, en résulte-t-il une décharge capable de mettre l'entrepreneur à l'abri d'une demande en garantie, fondée sur des défauts de solidité dans la construction?

La réception des travaux fait présumer seulement qu'ils sont conformes aux règles de l'art et au marché; en sorte que le propriétaire ne peut plus refuser de payer l'entrepreneur, conformément aux conventions faites avec ce dernier. En vain même prétendrait-on par la suite que les règles de l'art n'ont pas été suivies, le procès-verbal de visite repousserait toute plainte à cet égard, tant que des signes certains d'un manque de solidité ne se manifesteraient pas. Il faut convenir cependant que le rapport des experts est établi seulement sur les apparences, et d'après les vérifications qu'il a été possible alors de faire : c'est pourquoi si, pendant les dix premières années qui suivent la réception, il se montre des vices de construction, le propriétaire, qui jusqu'à ce moment était non recevable à se plaindre, peut être écouté et obtenir une nouvelle visite d'experts. S'ils constatent que les mouvemens opérés dans l'édifice proviennent de fautes contre les règles de l'art, l'entrepreneur est condamné comme garant : inutilement argumenterait-il du procès-verbal de réception; car il ne résultait de cet acte qu'une simple présomption qui doit faire place à la vérité démontrée par l'événement.

Ainsi la réception des travaux par jugement rendu sur rapport d'experts ne décharge point l'entrepreneur, dont la construction doit durer au moins dix ans : ce laps de temps est la seule épreuve qui puisse le mettre à l'abri de toute garantie relative à la solidité de ses ouvrages. Il est vrai que, ce délai une fois expiré sans que le moindre signe de mauvaise construction se soit manifesté, l'entrepreneur n'a plus à concevoir d'inquiétude sur sa responsabilité quant à l'observation des règles de l'art. Ce principe est tellement certain, que si le premier jour de la onzième année l'édifice venait à s'écrouler, l'entrepreneur ne pourrait pas être attaqué en dommages-intérêts : on présumerait qu'une cause qui lui est étrangère, quoique inconnue, a occasionné l'accident; et il soutiendrait, avec raison, que sa construction ayant subsisté pendant dix ans sans faire le moindre mouvement, il en résulte une preuve légale de la solidité suffisante qu'il lui avait donnée. En attribuant au propriétaire une action en garantie, il était juste d'en fixer la durée; il faut que l'entrepreneur voie un terme après lequel toute sécurité lui est assurée.

§ IV. *De quel jour commencent à courir les dix ans de garantie.*

Les dix années pendant lesquelles la garantie peut être exercée contre ceux qui bâtissent commencent à courir du jour où les ouvrages ont été reçus, soit sans visite préalable, soit après un rapport d'experts. La réception sans visite préalable est censée faite le jour où le propriétaire prend possession des ouvrages par lui-même, ou par quelqu'un envoyé de sa part. La prise de possession résulte de la remise des clefs par l'entrepreneur, ou de l'usage que le propriétaire fait de l'objet construit, ou de toute autre circonstance d'où on peut présumer que cet objet a été livré.

La réception des ouvrages peut aussi être constatée par écrit; ce qui est une précaution fort utile pour éviter toute discussion sur la question de savoir de quel jour doivent commencer les dix années de garantie. On sent combien un entrepreneur est intéressé à ne laisser aucun doute sur l'époque dont il s'agit, puisque plus tôt elle commence, plus tôt arrive le moment où il cesse d'être responsable de la solidité de ses travaux.

Si donc il arrive que le propriétaire refuse de donner par écrit une reconnaissance de réception, ou qu'il néglige de la constater par un fait notoire de sa part, intéressé à faire fixer l'époque de la livraison de sa construction, l'entrepreneur peut demander en justice que des experts soient nommés pour examiner les ouvrages : selon le rapport, le jugement prononce ou que les ouvrages sont en état d'être reçus, ou qu'il y a quelque chose à y faire, soit pour les achever, soit pour en corriger les vices de construction. Nous avons remarqué plus haut, que le propriétaire était en droit lui-même de former la demande, afin de faire vérifier les travaux; d'où il suit que cette précaution peut être prise par l'une ou l'autre partie.

Un entrepreneur, au lieu de former une demande à fin de faire recevoir ses ouvrages par experts, peut-il se contenter de signifier au propriétaire que sa construction est achevée? Un pareil acte extrajudiciaire sert, il est vrai, à fixer le jour d'où commencent à courir les dix ans de garantie, parce qu'il met le propriétaire en demeure de recevoir les ouvrages; mais ce même acte est insuffisant pour procurer à l'entrepreneur son paiement. En effet, le propriétaire pourra le lui refuser, sous prétexte que les ouvrages ne sont pas recevables : il faudra donc toujours en venir à faire nommer des experts. Voilà pourquoi nous conseillons à l'entrepreneur de commencer par une demande judiciaire, pour obtenir la réception de ses ouvrages : il y conclura en même temps à la vérification des mémoires, s'il y a lieu, et au paiement de ce que le propriétaire lui doit. Par cette marche, il arrivera plus simplement à son but, et plus promptement.

Il est certain, dira-t-on, que l'entrepreneur, se trouvant muni d'un titre exécutoire, a droit de signifier au propriétaire que les ouvrages sont achevés, et par le même exploit de lui faire commandement de les payer. Mais, comme on vient de le remarquer, le propriétaire peut répondre qu'il demande la vérification des ouvrages : c'est même un préalable auquel il ne manque pas, toutes les fois qu'il refuse de payer. On retombe alors dans la nécessité de procéder judiciairement ; en sorte que, même dans le cas où le marché a été passé devant notaire, il est souvent plus expéditif pour l'entrepreneur de commencer par une demande. (1)

§ V. *Si les dix ans de cette garantie courent contre les mineurs.*

Quand la construction que livre un entrepreneur appartient à un mineur, les dix années de garantie relative à la solidité courent-elles contre lui ?

La raison de douter, est que, suivant l'*art.* 2252 du Code, la prescription en général est suspendue pendant la minorité de celui à qui on veut l'opposer.

Ce qui décide, c'est qu'on ne doit pas regarder les dix ans de garantie pour la solidité des constructions comme le temps d'une prescription proprement dite, et qui est une sorte de peine prononcée contre ceux qui négligent leurs droits : ils la méritent pour être restés trop long-temps, ou sans demander le paiement d'une créance, ou sans répéter les objets dont la possession leur a été enlevée. La faveur accordée aux mineurs ne permet pas de les rendre victimes de la négligence de leurs tuteurs ; et voilà pourquoi tout le temps de leur minorité ne peut pas être compris dans le calcul de la prescription ordinaire.

Ces considérations ne s'appliquent pas à la garantie des constructions. La loi suppose qu'elles ont été faites conformément aux règles de l'art, dès qu'elles ont duré dix ans.

Cette épreuve, à laquelle sont soumis les travaux des entrepreneurs, ne dépend point du propriétaire : ainsi, qu'il **soit** majeur ou mineur, qu'il soit actif ou négligent à exercer ses droits, peu importe à la question de savoir si l'entrepreneur a rempli son obligation de construire solidement. C'est un point de fait qui s'éclaircit par le laps de dix ans, sans la participation d'aucune des parties. Ce genre de preuve est établi par la loi en faveur de l'entrepreneur; il s'en sert comme tout défendeur use d'un titre qui repousse la demande dirigée contre lui. Or si, au nom d'un mineur, une demande à fin de paiement était formée, le débiteur, en produisant la quittance qui atteste sa libération, obtiendrait un jugement de condamnation contre son adversaire, sans que la minorité de ce dernier pût entrer en considération. Il en serait de même si, lorsqu'il s'est écoulé plus de dix ans après la réception d'une construction appartenant à un mineur, il survenait quelque accident dont on voulût rendre responsable l'entrepreneur. La demande consisterait à soutenir que celui-ci n'a pas satisfait à son obligation de construire solidement , il répondrait que la solidité qu'il était tenu de donner à ses travaux est suffisamment attestée par leur durée pendant plus de dix ans. Ce laps de temps n'est pas ici une fin de non-recevoir opposée pour écarter la demande, il est une preuve directe que cette demande est mal fondée; c'est un titre formel que fournit la loi, et qui touche le fond de la contestation; il atteste que l'obligation de construire solidement a été suffisamment remplie : le demandeur doit donc être repoussé, sans que sa minorité puisse faire le moindre obstacle.

Pour mieux sentir la justesse de cette décision, citons un exemple où se trouvent appliqués les principes qui concernent la garantie de dix ans, et ceux de la prescription ordinaire. Supposons qu'un bâtiment appartenant à un mineur, après avoir été achevé, soit tombé pendant le cours des dix premières années. L'action en garantie est ouverte contre l'entrepreneur, à compter du jour où l'événement a fait connaître le vice de construction. Cette action, comme toutes celles qui résultent des contrats ou quasi-contrats, des délits ou quasi-délits, est prescrite par trente années de silence : mais dans le temps nécessaire à cette prescription, on ne comprendra pas celui qui s'est écoulé depuis l'accident jusqu'au jour où le propriétaire est parvenu à sa majorité ; car, à cause de son âge, il n'a pas pu profiter de son action. Le principe qui ne permet pas de faire courir la prescription contre les mineurs, ne reçoit donc d'application que quand l'action en garantie est ouverte; il sert seulement à calculer le temps utile à la prescription.

Ainsi, pour qu'on puisse invoquer ce principe, il faut que l'accident ait lieu dans les dix premiers ans : en effet, qu'arrive-t-il dans le cas où l'édifice étant tombé après l'expiration des dix premières années, le mineur forme sa demande contre l'entrepreneur? Il ne s'agit pas alors d'examiner à quelle époque la garantie sera prescrite; l'unique objet de la contestation est de savoir si l'action a pu prendre naissance. L'entrepreneur soutient avec raison la négative : il démontre que sa construction a été faite d'une manière suffisamment solide, puisqu'elle a duré pendant dix ans ; ce seul fait est une preuve que la loi consacre en sa faveur contre qui que ce soit; elle opère son effet aussi-bien contre les mineurs que contre les majeurs; elle atteste que l'entrepreneur a rempli son obligation comme ferait une quittance, s'il s'agissait de prouver un paiement.

§ VI. *Quand et comment le propriétaire doit exercer sa garantie contre l'entrepreneur.*

S'il se manifeste à un bâtiment des vices de construction pendant les dix premières années, il en résulte une action en garantie contre l'entrepreneur à compter du jour de l'accident. Quoique cette action ne puisse jamais s'ouvrir que pendant dix ans, cependant, lorsqu'une fois elle a pris naissance, elle dure autant que toutes les actions en général, c'est-à-dire trente ans, comme le dit *l'article* 2262 du Code civil. Ainsi la manifestation d'un vice de construction pendant les dix premières années peut seule donner ouverture à l'action en garantie; mais dès qu'un événement capable d'autoriser cette action est arrivé dans le délai utile, l'exercice de la ga-

rantie devient, pour le propriétaire de la construction me-
nacée, un droit dont il peut user quand cela lui convient. Ce
droit ne s'éteint que comme toutes les autres actions en gé-
néral, par le laps de trente ans à compter du jour de l'acci-
dent qui a fait naître l'action en garantie; et si le propriétaire
de l'édifice mal construit est mineur, les trente ans dont il
s'agit ne commencent à courir que du jour de sa majorité : en
un mot, on applique ici tous les principes établis par le Code
sur la prescription trentenaire.

Néanmoins on perd la faculté d'exercer une action quand
on y a renoncé : le propriétaire de l'édifice menacé doit donc
bien prendre garde, depuis l'accident qui donne ouverture à
la demande en garantie, à ne rien faire qui puisse indiquer
la volonté de ne pas recourir contre l'entrepreneur. Par
exemple, après le fâcheux événement, le propriétaire qui
en avait connaissance a-t-il payé, soit une partie, soit le
tout, de ce qu'il devait à l'entrepreneur pour les ouvrages
qui sont l'objet de la garantie? il pourrait en résulter une fin
de non-recevoir contre le propriétaire, s'il venait ensuite à
former sa demande en dommages-intérêts. L'entrepreneur
pourrait soutenir que le propriétaire a renoncé à cette ac-
tion : la preuve qu'il en alléguerait serait le paiement fait vo-
lontairement par ce dernier, et sans aucune réserve de ses
droits; en sorte que, selon les circonstances, les juges pour-
raient accueillir ce moyen de défense.

Ce qui marquerait le plus évidemment l'abandon de l'ac-
tion en garantie, serait le changement que le propriétaire fe-
rait opérer dans les objets contentieux. Ainsi il faut bien se
garder de faire réparer ce qui a été endommagé par l'accident
qui donne lieu au recours contre l'entrepreneur, avant d'avoir
pris à cet égard les précautions convenables.

On voit, par ces différentes observations, qu'il est utile de
donner ici des conseils au propriétaire pour le cas où son
bâtiment reçoit un échec dont il croit que l'entrepreneur est
responsable. La première chose à observer est de ne point
payer cet adversaire, et de ne rien convenir avec lui, à moins
que par la quittance, ou par l'acte contenant la convention
nouvelle, il ne soit dit expressément que le propriétaire,

pour raison de l'événement arrivé à la construction, se réserve tout recours en garantie contre l'entrepreneur.

Aussitôt que l'accident est arrivé à l'édifice, le propriétaire doit s'empresser avant tout de faire nommer des experts pour connaître la véritable cause de cet événement, constater l'état de la construction, indiquer les moyens de la réparer, et évaluer les travaux devenus nécessaires.

Quelquefois l'entrepreneur, convaincu que le bâtiment n'a éprouvé des dommages que par une cause étrangère à son travail, est lui-même intéressé à faire visiter sans délai l'objet contentieux. Si donc le propriétaire ne demandait pas des experts assez tôt, l'entrepreneur aurait le droit de requérir qu'il en fût nommé; en sorte qu'on peut dire en général que la partie la plus diligente est autorisée à provoquer la visite des lieux par des gens de l'art. (2)

S'il est urgent de déblayer la place, ou de faire d'autres travaux préalables, soit pour prévenir de plus grands accidens, soit pour procurer au propriétaire ou aux voisins des jouissances utiles, il en est fait mention dans le rapport des experts; et un jugement provisoire autorise le propriétaire à effectuer les ouvrages d'urgence exigés par les circonstances.

Il est essentiel, en pareil cas, de se borner aux travaux spécifiés par le jugement provisoire, jusqu'à ce que le fond de la contestation ait été définitivement décidé avec l'entrepreneur.

Pour faire les travaux autorisés par le jugement provisoire, et ceux désignés par le jugement définitif, le propriétaire peut-il se servir d'un autre entrepreneur que celui contre lequel il a exercé sa garantie?

En faveur de l'entrepreneur, on dit qu'il lui est moins onéreux de refaire les travaux ordonnés que d'en payer le prix; et il importe peu au propriétaire d'être dédommagé d'une manière ou de l'autre.

Cette considération, tirée de l'avantage de l'entrepreneur, ne peut pas résister à la force des principes. L'action en garantie ne se résout qu'en dommages-intérêts, et le jugement qui condamne l'entrepreneur ne lui laisse pas l'alternative de faire les réparations ou d'en payer la valeur. S'il y avait le choix, le maître ne pourrait empêcher le rétablissement de son édifice, même contre son goût, lorsqu'il plairait à l'entrepreneur de faire les travaux indiqués plutôt que de payer le montant de la condamnation ; une pareille conséquence serait évidemment une atteinte portée à la liberté qu'on a de disposer de sa propriété : l'entrepreneur doit donc nécessairement payer les dommages-intérêts. De même que le propriétaire ne peut pas le forcer à faire les travaux indiqués par les experts, pareillement cet entrepreneur ne peut pas exiger qu'on lui laisse exécuter ces mêmes travaux. Son obligation est de payer la somme à laquelle il a été condamné : le propriétaire emploiera cette somme comme il voudra, même à toute autre chose qu'aux travaux dont elle est le prix ; et s'il se détermine à les faire, il les confiera à tel entrepreneur qu'il voudra. (3)

Art. 11. *De la garantie relative à l'exécution des lois.*

Cinq paragraphes divisent cet article : l'un expliquera la garantie pour l'exécution des lois du voisinage ; le second, la garantie pour l'exécution des règlemens de police ; le troisième dira si la garantie de l'observation des lois est prescrite par dix ans ; le quatrième fera connaître de quel jour commence à courir le temps utile pour exercer cette garantie ; enfin le cinquième indiquera combien elle dure.

§ Ier. *De la garantie relative à l'exécution des lois du voisinage.*

Celui qui se charge d'une construction non-seulement doit lui donner une solidité suffisante, mais encore il doit se conformer à ce que prescrivent les différentes lois du voisinage. Il ne lui est pas permis d'ignorer, par exemple, les circonstances où il est besoin de contre-murs, soit lorsqu'il creuse un puits ou une fosse d'aisance, soit lorsqu'il construit une forge, soit pour soutenir des terres qui, sans cette précaution, pousseraient trop fortement le mur mitoyen. Il est de son devoir de connaître la manière d'ouvrir une vue légal dans un mur de séparation qui appartient au proprié taire pour lequel il travaille, et de placer une pareille vue à la hauteur prescrite par la loi. S'il s'agit de construire une galerie ou un balcon qui procure une vue droite ou oblique, il doit observer les distances sans lesquelles ces sortes de vues ne sont pas permises.

Lorsque l'on confie les travaux d'un bâtiment quelconque à un entrepreneur, on entend que la construction sera faite de manière à ne laisser aux voisins aucun sujet de plainte. Si donc, par exemple, il avait ouvert une vue oblique trop près de l'héritage voisin, il serait tenu des suites de sa faute, c'est-à-dire de refaire la fenêtre à la distance légale, et d'indemniser le propriétaire en raison du tort que pourrait lui causer ce changement.

C'est également en vertu des lois du voisinage, qu'un entrepreneur ne doit tracer les fondations d'un mur de séparation, que quand l'alignement en a été fixé entre les deux voisins. En conséquence, lorsque ce mur appartient au seul propriétaire qui le fait construire, et que celui-ci s'en est rapporté à l'entrepreneur pour placer cette séparation convenablement, l'entrepreneur serait responsable si le mur se trouvait anticiper sur le terrain voisin.

Suppose-t-on que le mur est mitoyen ; l'obligation de l'entrepreneur est de n'y pas toucher sans le consentement de tous ceux à qui ce mur appartient ; l'autorisation de l'un des copropriétaires ne lui suffit pas. Voilà pourquoi l'*art.* 203 de la coutume de Paris avait imposé aux maçons, chargés de travailler à des murs mitoyens, la nécessité d'en avertir les voisins par une seule signification, à peine de tous dépens, dommages-intérêts, et de rétablir les murs qu'ils auraient dérangés avant d'avoir fait cet avertissement. Si donc je commandais à un entrepreneur de percer un mur qui m'est commun avec plusieurs autres personnes, il refuserait avec raison de m'obéir avant que de s'être assuré du consentement de tous les propriétaires : autrement, ceux-ci auraient une action en dommages-intérêts contre l'entrepreneur, pour raison du trouble qu'il leur causerait ; sauf le recours de ce dernier contre moi, s'il y avait lieu.

Cet exemple ressemble parfaitement au cas où il s'agit de

démolir, percer, ou reédifier un mur mitoyen; l'entrepreneur que je charge de l'opération ne peut la commencer sans avoir la certitude, ou que le voisin à qui le mur appartient pour sa part a donné son consentement, ou qu'à son refus il a été obtenu une autorisation du tribunal. Si l'entrepreneur ne prend pas à cet égard ses sûretés, il peut être attaqué par le voisin qu'il vient troubler dans sa jouissance; il n'a de recours contre moi que quand je m'y suis engagé; et ce recours ne l'empêche pas d'être directement responsable de son imprudence.

L'obligation où est l'entrepreneur de ne jamais percer un mur mitoyen sans en avoir le consentement des deux voisins, ne va pas jusqu'à le forcer à le requérir lui-même : il lui suffit de se refuser à faire travailler des ouvriers au mur commun, tant qu'il ne voit pas une autorisation conforme à la loi.

Telle est la manière dont il faut expliquer l'*art.* 662 du Code, et comment doivent l'exécuter les entrepreneurs : la loi ne s'est pas contentée d'exiger qu'un avertissement soit donné au voisin; elle veut de plus que celui-ci ait accordé son consentement, ou qu'à son refus un jugement ait autorisé l'ouvrage projeté. L'entrepreneur n'est plus tenu, il est vrai, de faire faire de signification; mais, ce qui est plus efficace, il lui est défendu de porter la main à la propriété commune, sans autorisation de tous les intéressés, ou de la justice. (4)

§ II. *De la garantie pour l'exécution des réglemens de police*

Les lois du voisinage ne sont pas les seules auxquelles les entrepreneurs doivent se conformer dans leurs travaux; ils sont obligés pareillement d'obéir aux règlemens de police concernant les constructions. Quand un propriétaire commande des ouvrages à quelqu'un, il suppose toujours qu'ils seront exécutés suivant les règles de l'art et les ordonnances de police; car les unes et les autres doivent être également familières aux entrepreneurs. Ceux-ci, en se chargeant d'une construction, s'engagent nécessairement à observer les lois

Tome II. 2

des bâtimens : ils sont donc responsables des suites de leur négligence ou de leur ignorance, quand ils manquent à cette obligation.

S'il s'agissait, par exemple, de construire ou de rétablir un mur qui borde la voie publique, l'entrepreneur commettrait une faute grave, s'il plaçait ce mur au-delà de l'alignement donné par les officiers de la voirie : il serait tenu de payer d'abord la dépense nécessaire pour remettre le mur dans le véritable alignement, et en outre de payer des indemnités au propriétaire, pour le tort que cette reconstruction pourrait lui occasionner. Par cette raison, un entrepreneur ne doit jamais se permettre de reconstruire le tout ou partie d'un mur placé sur le bord de la voie publique, sans qu'on lui ait justifié que l'alignement en a été vérifié par l'autorité.

Des règlemens de police défendent de placer les âtres de cheminées sur des pièces de bois, quelle que soit l'épaisseur de maçonnerie dont on les recouvre; ils ne permettent pas d'appuyer des cheminées contre des pans de bois; ils ne veulent pas que l'on fasse passer des pièces de bois au travers d'un tuyau de cheminée; ils prescrivent une certaine distance à laquelle on est obligé de se tenir quand on ouvre des carrières; ils indiquent des précautions à prendre pour construire sur des terrains dont le dessous a été fouillé, par des extractions de pierres ou de toute autre substance. Les entrepreneurs sont dans la nécessité d'observer ces diverses dispositions réglementaires: ils en contractent tacitement l'obligation en se chargeant d'exécuter les constructions qu'on leur confie : lors donc que les lois de police ont été négligées, les suites en retombent nécessairement sur eux.

Ainsi, le feu prend à une maison parce qu'un âtre de cheminée a été établi sur une portion de plancher dans laquelle se trouvait une solive; c'est celui qui a fait cette construction vicieuse en contravention aux règlemens de police, qui est responsable de toutes les pertes que l'accident a occasionnées. Pareillement un édifice a été placé sur une carrière, sans que les précautions prescrites aient été prises; si l'édifice vient à tomber, l'entrepreneur est coupable, et est contraint de réparer tous les torts qu'il a causés. Il en est de même dans tous les cas où les entrepreneurs ont commis des infractions aux règlemens de police, s'il en résulte des accidens : les voisins qui en reçoivent quelque préjudice, s'adressent pour leurs indemnités au propriétaire de l'édifice; mais celui-ci exerce son recours contre la personne à qui il avait confié sa construction. (5)

III. *La garantie de l'observation des lois du voisinage et de police ne se prescrit point par dix ans.*

L'architecte Goupy, annotateur de Desgodets, dans ses notes sur l'*art.* 189 de la coutume de Paris, distingue avec raison les vices de construction qui proviennent de l'inobservation de quelques règles de l'art; et il ne les confond pas avec les vices de construction qui consistent dans la contravention aux lois du voisinage et de police. Les premiers portent atteinte à la solidité de l'édifice; tels seraient la trop faible fondation d'un mur, son trop peu d'épaisseur, l'emploi de mauvais matériaux. C'est seulement pour prévenir les vices de construction, rangés dans cette première classe, que la loi a établi une garantie de dix ans : elle a décidé que quand un édifice a duré un pareil laps de temps, il en résulte la preuve qu'il a été construit avec une solidité suffisante; en sorte que s'il venait à périr après avoir subsisté dix ans, on présumerait qu'une cause particulière a produit l'accident; et le défaut de solidité ne pourrait pas être opposé à l'entrepreneur. En conséquence, le propriétaire dont l'édifice aurait éprouvé un échec après avoir duré dix ans, ne serait pas recevable à demander une visite pour vérifier si les règles de l'art n'ont pas été violées.

On ne peut pas raisonner de même à l'égard des vices de construction qui consistent dans l'inobservation des lois relatives, soit au droit ou à la sécurité des voisins, soit à la salubrité ou à la sûreté publique. L'entrepreneur qui se rend coupable de contravention à ces sortes de lois, commet un quasi-délit qui ne peut pas être couvert par le laps de dix ans.

Par exemple, le feu d'une cheminée se communique à un

pan de bois auquel elle est appuyée; l'entrepreneur qui a commis cette contravention aux règlemens de police, est responsable des suites de l'accident : il doit donc être condamné, d'abord aux peines prononcées par ces règlemens, et en outre aux dommages-intérêts dus à tous ceux qui ont souffert de l'incendie.

En vain dirait-il que sa construction date de vingt ans, et que sa garantie ne peut pas durer plus de dix ans, selon que le décide l'*article* 2270 du Code civil. On lui répondrait que cet article n'a voulu parler que de la garantie relative à la solidité des édifices : à l'égard des contraventions aux lois du voisinage et de police, ce sont des fautes qu'il n'a point comprises dans sa disposition, et qui restent soumises aux principes généraux, comme toutes celles pour lesquelles il n'a point été établi de règles particulières.

On citera peut-être en faveur de l'entrepreneur, l'*art.* 1386 du Code : on y voit qu'un propriétaire est responsable du dommage causé par la ruine de son bâtiment, lorsqu'elle est arrivée par une suite du défaut d'entretien, ou par le vice de la construction. Si l'accident, dira-t-on, arrive pendant le cours des dix premières années, l'entrepreneur est seul responsable, conformément à l'*art.* 1792; mais, ce laps de temps une fois écoulé, l'entrepreneur est déchargé de la garantie, comme le veut l'*art.* 2270 : par conséquent, si, après cette décharge opérée, l'édifice vient à périr, c'est alors qu'il faut appliquer l'*art.* 1386, et décider que le propriétaire est seul tenu des dommages occasionnés par la chute de son bâtiment.

Cette interprétation est une erreur : le Code, par son *art.* 1386, a établi en principe général que, pour la réparation du dommage causé par la ruine d'un édifice, on a droit de s'adresser à la personne qui en est propriétaire, à moins que l'accident ne soit arrivé par force majeure. Il est évident qu'ici le Code a voulu faire connaître dans quels cas ceux qui souffrent de la chute d'un bâtiment peuvent réclamer des indemnités contre celui à qui il appartient; mais il ne dit pas que le propriétaire attaqué soit privé de son recours dans les mêmes cas, s'il y a lieu, contre l'entrepreneur auquel il avait confié ses travaux.

En conséquence, si la chute vient de ce que les règles de l'art n'ont pas été observées, et que les dix premières années ne soient pas encore écoulées, celui qui a bâti sera garant envers le propriétaire, et devra lui tenir compte de tout ce que celui-ci aura été contraint de payer pour indemnités. Si l'accident arrive après le laps de dix ans, le propriétaire n'aura aucun recours contre son entrepreneur : alors la loi présume que les règles de l'art ont été suffisamment observées, puisque le bâtiment est resté solide pendant dix ans. L'accident vient donc ou du défaut d'entretien, ou d'une cause également étrangère à l'entrepreneur.

Quand le vice de construction qui a occasionné la ruine d'un édifice consiste dans l'inobservation des lois du voisinage ou de police, le propriétaire est également responsable, en vertu de l'*art.* 1386, envers ceux qui ont souffert de l'événement; mais il a son recours contre la personne qui s'était chargée de diriger ou de conduire les ouvrages. Ce recours n'est plus borné à dix ans, parce qu'il ne s'agit plus d'un simple défaut de solidité; c'est ici un quasi-délit. L'action du propriétaire contre celui qui bâtit n'est pas alors fondée sur la garantie établie par l'*art.* 1792, pour les seuls cas où les règles de l'art ont été violées; elle a sa source dans la responsabilité dont l'*art.* 1383, concernant les quasi-délits, charge quiconque occasionne du dommage, non-seulement par son fait, mais encore par sa négligence, ou par son imprudence. (6)

§ IV. *De quel jour commence à courir le temps que dure la garantie de l'observation des lois.*

Après avoir dit comment tous les entrepreneurs sont tenus d'observer les lois du voisinage et de police, dans les travaux dont ils se chargent, nous avons démontré que le recours qu'on a contre eux, en cas de contravention de leur part à ces mêmes lois, ne doit pas se confondre avec la garantie dont ils sont tenus relativement à la solidité de leurs constructions. Le temps qui prescrit celle-ci commence à courir de plein droit du jour où les ouvrages ont été reçus; il n'en est pas de même de la garantie qui concerne l'observation des lois du voisinage et de police. La différence entre ces deux sortes de garantie est d'autant plus importante à remarquer, qu'elle sert à faire reconnaître leurs caractères particuliers. L'une est une épreuve qui dure pendant dix ans, à compter du jour où les ouvrages sont achevés et livrés; l'autre est une action dont le temps pour l'exercer ne commence à courir que du jour où le propriétaire a pu avoir connaissance du vice qui y donne lieu. Il serait impossible d'appliquer à cette dernière espèce de garantie ce que prescrit le Code concernant la solid'té de la construction pendant dix ans. En effet, si les dispositions de cette dernière garantie s'étendaient à la contravention aux lois du voisinage et de police, un entrepreneur les enfreindrait impunément, dès qu'il aurait l'espoir que les vices de son ouvrage ne se manifesteraient pas avant dix ans.

Par exemple, une fosse d'aisance a été construite près d'un mur appartenant au voisin, sans qu'on ait garanti ce mur par une maçonnerie telle que l'exigent les lois du voisinage : cependant le mur du voisin reste plus de dix ans sans paraître souffrir de cette contravention; mais tout à coup pendant la douzième année ce mur s'écroule, et entraîne avec lui le bâtiment qu'il soutenait. Serait-il juste de refuser au propriétaire de la fosse d'aisance, un recours contre le coupable entrepreneur qui par ignorance, ou peut-être pour gagner davantage sur son marché, a négligé de faire un contre-mur? Non certainement : à compter du jour de l'évènement malheureux une action est ouverte contre l'entrepreneur, pour le contraindre à tenir compte au propriétaire dont il a trompé la confiance, de toutes les indemnités que celui-ci se trouve forcé de payer au voisin.

Il en serait autrement si le contre-mur avait été construit convenablement, et que le mur du voisin, nonobstant cette précaution, se trouvât endommagé par les matières de la fosse. L'accident étant arrivé pendant les dix premières années, l'entrepreneur serait responsable comme n'ayant pas donné à son travail une solidité suffisante ; et si le contre-mur avait résisté pendant dix ans, le mal que le mur voisin recevrait ensuite de la fosse, ne serait considéré que comme le résultat naturel du temps. L'entrepreneur ne serait donc pas garant de l'accident, puisqu'il aurait rempli son double engagement ; l'un de faire un contre-mur ; l'autre de le construire capable de durer au moins pendant les dix premières années.

Ces deux exemples font assez voir en quoi diffèrent les deux espèces de garantie, et combien peu les textes qui établissent la garantie relative à la solidité, s'appliquent à la garantie concernant l'observation des lois du voisinage et de police.

§ V. *Combien de temps dure la garantie relative à l'obser-vation des lois du voisinage et de police.*

Il a été démontré que la garantie relative à l'observation des lois du voisinage et de police n'était point comprise dans les dispositions particulières à la garantie de solidité : ce qui concerne l'observation des lois du voisinage et de police est donc resté soumis aux principes généraux propres à la matière.

D'un autre côté on a prouvé que celui qui se charge d'une construction, s'engage non-seulement à la faire solide, mais aussi à l'établir conforme aux lois du voisinage et de police, qui le plus souvent sont inconnues du propriétaire. Celui à qui il donne sa confiance pour conduire ou exécuter des travaux, est tenu de le prévenir, soit des formalités qu'il faut remplir, soit de la nature des ouvrages qui sont à faire pour ne blesser les droits d'aucun voisin, ou pour obéir aux règlemens de sûreté publique. Si le propriétaire résiste aux avis de l'entrepreneur, celui-ci doit refuser de s'occuper de travaux qui seraient en contravention aux lois. Il est bien plus coupable lorsque, sans avoir averti le propriétaire de ce qui est exigé par les lois des bâtimens, il omet de s'y conformer, soit par négligence, soit par ignorance, soit pour se procurer un gain plus considérable. Sous prétexte d'exécuter le marché, on ne peut pas exiger qu'un entrepreneur travaille sans observer ce que prescrit ou le voisinage ou la police; car tout traité pour une construction suppose la condition que les lois qui y ont rapport seront exécutées. Quand cette condition n'est pas exprimée, elle est suppléée de plein droit; c'est un des cas où il n'est pas permis aux particuliers de déroger par leurs conventions à ce qui touche l'ordre public : *privatorum conventio juri publico non derogat.* L. 45, § 1, ff. *de reg. jur.*

L'infraction à ces lois de la part de l'entrepreneur est un quasi-délit, puisque le tort qui en résulte est évidemment causé par son propre fait; il doit donc répondre des suites de sa négligence ou de son imprudence. Cette décision est déduite de *l'article* 1383 du Code civil, concernant tous ceux qui commettent des délits ou des quasi-délits. Il n'y est pas parlé du temps nécessaire pour les mettre à l'abri des demandes auxquelles ils donnent lieu : c'est une preuve que l'action qu'on a contre eux est soumise à la prescription ordinaire de trente ans, qui convient, suivant *l'art.* 2262, à toutes les actions, tant réelles que personnelles.

L'entrepreneur qui commet un délit ou un quasi-délit dans l'exécution de ses travaux n'est donc déchargé de la garantie que par le laps de trente années, à compter du jour où le propriétaire a eu connaissance du vice de construction par lequel il a été trompé.

Dans sa note sur *l'art.* 189 de la coutume de Paris, l'annotateur de Desgodets dit que l'entrepreneur est garant des infractions aux lois du voisinage et de police, même quand les ouvrages auraient été faits depuis plus de trente ans. Pour entendre cette décision, il faut se rappeler qu'une action ne peut se prescrire qu'à compter du jour où elle a pu être exercée; en effet, il est de principe que la prescription ne court pas contre celui qui est dans l'impossibilité d'agir : *contrà non valentem non currit præscriptio ;* et certainement celui qui ignore que le quasi-délit a été commis est dans l'impossibilité d'en demander la réparation. Il ne peut donc faire usage de son droit qu'à compter du jour où il a connaissance du fait dont il est fondé à se plaindre. Voilà le sens dans lequel Goupy dit que le temps ne décharge pas de la garantie dont il s'agit : il n'en est pas moins certain que l'action qui en résulte se prescrit par trente ans, à compter du jour où elle a pu être exercée.

Supposons, par exemple, un incendie occasionné par un âtre établi sur une pièce de bois depuis quarante ans ; la contravention de l'entrepreneur n'étant connue que du jour de l'accident, c'est seulement ce jour là qu'est née l'action en garantie contre lui : il ne pourrait pas exciper de l'ancienneté de l'ouvrage, parce que le temps n'efface point une pareille faute. A l'égard de l'indemnité à laquelle elle donne lieu, on peut la réclamer pendant trente ans à compter du jour où le propriétaire a eu connaissance de son droit contre l'auteur de l'incendie. En un mot, le laps de temps, quelque long qu'il soit, ne peut empêcher de naître l'action en garantie dont il s'agit ; mais depuis le premier jour où cette action a été à la disposition du propriétaire, elle n'a que trente ans d'existence. Celui qui a négligé de la faire valoir pendant un si long espace de temps est présumé l'avoir abandonnée, et ne mérite plus que la loi vienne à son secours. Cette prescription est si péremptoire, qu'on ne pourrait pas en arrêter l'effet en prouvant que le quasi-délit a été commis même avec dessein de tromper. Telle est la décision de l'*art.* 2262 du **Code** : il déclare que toute action est éteinte par trente ans, sans que celui qui invoque cette prescription puisse craindre qu'on lui oppose l'exception déduite de sa mauvaise foi.

Cependant cette prescription est suspendue pendant la minorité ou l'interdiction de celui à qui appartient l'action : on n'a pas voulu qu'un mineur ou un interdit fût victime de la négligence de son tuteur. *Code civil, art.* 2252. Ainsi, dans l'espèce proposée, l'action contre l'entrepreneur est née le jour où l'incendie a décelé le vice de construction, quoique l'édifice eût une date fort ancienne : cette action durera trente ans ; et si le propriétaire, à l'époque de l'incendie, était un mineur, l'action en garantie contre l'auteur du quasi-délit ne serait éteinte que trente ans après la majorité de ce propriétaire, à qui la négligence de son tuteur ne peut jamais nuire.

Art. III. *Contre qui s'exerce la garantie des constructions.*

Trois sortes de personnes s'occupent de bâtimens, les architectes, les entrepreneurs et les ouvriers. Quelquefois un édifice est dirigé par un architecte, et construit par un entrepreneur qui fait travailler des ouvriers; souvent une construction est faite par un entrepreneur et ses ouvriers sans qu'aucun architecte en ait la surveillance; il arrive aussi que des ouvriers sont employés directement sous les ordres d'un architecte, sans dépendre d'un entrepreneur; enfin on voit des cas où on fait construire par des ouvriers sans le secours ni d'un architecte, ni d'un entrepreneur. La garantie pour les vices de construction pèse donc sur les personnes employées par le propriétaire, selon les différentes circonstances : nous allons en parler dans plusieurs paragraphes, où nous considérerons successivement, 1° les architectes qui donnent seulement leurs plans et devis; 2° les architectes qui dirigent des travaux; 3° les architectes qui vérifient et règlent des mémoires; 4° les entrepreneurs qui sont employés sous les ordres des architectes; 5° les entrepreneurs qui ne sont point dirigés par des architectes; 6° les entrepreneurs considérés par rapport aux matériaux; 7° les ouvriers qui travaillent pour le compte d'un entrepreneur; 8° enfin les ouvriers qui travaillent pour leur propre compte.

Dans tout ce qui va suivre, nous ne reviendrons plus sur la nature et les effets des deux sortes de garanties expliquées dans les articles précédens : nous nous bornerons à indiquer les cas où les personnes employées dans les bâtimens sont soumises à ces deux garanties, chacune en ce qui la concerne.

§ Ier. *Des architectes qui donnent leurs plans et devis.*

Un architecte est celui qui fait les plans et devis d'une construction et qui en dirige les travaux, dont l'exécution est confiée, soit à un entrepreneur, soit à des ouvriers.

Sous la dénomination de plans on entend tous les dessins figurés de l'objet qu'il s'agit de construire, et considéré, soit horizontalement, soit selon sa coupe, soit par rapport à son élévation.

Le devis est l'état détaillé de toutes les sortes d'ouvrages dont la construction doit être composée, tels que ceux de maçonnerie, de charpenterie, de serrurerie, de menuiserie et autres. Il est des devis qui, outre les mesures, les quantités, la nature des matériaux, la manière de les employer, indiquent encore les prix, soit de la fourniture, soit de la façon de chaque article; ces sortes d'états sont appelés devis estimatifs. On s'adresse aussi aux architectes pour régler les mémoires des entrepreneurs et des ouvriers, et pour vérifier si les travaux ont été exécutés conformément aux règles de l'art, aux plans et devis, et aux conventions faites avec le propriétaire. Ici nous considérerons l'architecte seulement lorsqu'il donne ses plans et devis; dans les deux paragraphes suivans on parlera de ses obligations quand il est chargé de diriger des constructions et quand il règle des mémoires.

L'homme qui exerce la profession d'architecte doit être à la fois un savant et un artiste. En effet, sans le secours de plusieurs sciences, telles que la physique, la mécanique, la géométrie, la perspective, et quelques autres, il s'expose à faire des ouvrages défectueux, et qui ne sont point appropriés aux usages auxquels ils sont destinés. D'un autre côté, avec les connaissances les plus profondes dans les sciences, l'architecte ne fait éprouver aucun plaisir par ses constructions, lorsque le goût le plus épuré ne s'y fait pas remarquer par un sage emploi des ornemens convenables à chaque objet. Il est rare de rencontrer dans la même personne cette réunion de la science et de l'art; voilà pourquoi les architectes dignes de célébrité sont en si petit nombre. Mais il ne s'agit pas ici de faire connaître les qualités nécessaires à celui qui veut exercer le bel art de l'architecture : nous examinons dans quelles circonstances il est responsable, et quelle est la nature de la garantie qu'on peut diriger contre lui.

Souvent on s'adresse à un architecte pour avoir les plans et devis d'un édifice dont il n'est pas chargé de diriger les travaux. Alors il n'est pas garant des défauts de solidité qui résulteraient de la mauvaise exécution : il n'est responsable que des vices qui sont la conséquence nécessaire des plans qu'il a figurés, et des indications qu'il a données par ses devis.

Ainsi, soit à l'entreprise, soit par économie avec le secours d'ouvriers que je surveille moi-même, je fais exécuter les plans et devis qu'un architecte a composés. Après avoir observé tous les détails qu'il a indiqués concernant les dimensions des murs, la qualité des matériaux, la longueur et l'épaisseur des bois, mon bâtiment, dans le cours des dix premières années, menace ruine, soit pour la totalité, soit pour une partie, j'ai certainement recours contre cet architecte. Sur ma demande, deux experts sont nommés : ils examinent si les vices de construction prennent réellement leur source dans les plans et devis que j'ai eu la confiance de faire exécuter avec exactitude. Le cas arriverait, par exemple, si quelques parties essentielles du bâtiment portaient à faux, ou si les murs et les bois avaient été indiqués avec des dimensions beaucoup trop faibles.

Pour réussir dans une pareille contestation, il faut d'abord prouver que les plans et devis qui ont été suivis sont l'ouvrage de l'architecte que l'on attaque; ce qui est facile, lorsqu'ils sont signés de lui. Alors, dans l'exploit qui lui est signifié, on demande avant tout qu'il reconnaisse sa signature, ou que, s'il s'y refuse, la signature soit tenue pour reconnue : ensuite on conclut au principal à ce qu'il soit condamné à réparer le tort qu'il a occasionné par son ignorance ou son imprudence. En second lieu, il est nécessaire de démontrer que les plans et devis signés par l'architecte ont été suivis avec la plus grande exactitude, et qu'on ne s'en est écarté en aucun point; autrement, les vices de construction pourraient être imputés aux changemens que l'on se serait permis; c'est un fait sur lequel s'expliqueraient les experts.

On ne dissimule pas que plusieurs architectes ne croient pas être garans des plans et devis qu'ils donnent. Leur opinion est une erreur; elle est fondée moins sur le droit que sur une prévention résultant de ce qu'il y a peu d'exemples de contestations élevées contre des architectes pour raison de la garantie de leurs plans et devis.

Nous convenons qu'il doit être extrêmement rare qu'un architecte fasse dans des plans et devis des fautes assez graves pour que la solidité de l'édifice soit compromise à un tel point, que les ouvrages ne puissent pas subsister au moins pendant les dix premières années; mais il suffit que le cas soit possible pour qu'on doive en parler. Ne peut-il pas arriver, par exemple, qu'un architecte prévenu en faveur d'une manière nouvelle de construire certains ouvrages ait l'imprudence de la mettre en pratique avant que le succès en ait été complétement assuré? Posons donc en principe que, quand un propriétaire, après avoir mis sa confiance dans les lumières d'un architecte, se trouve lésé par les fautes que celui-ci a commises en indiquant un mode de construction essentiellement vicieux, il y a lieu à l'action en garantie contre ce dernier. En effet, par la convention faite avec le propriétaire, l'architecte lui loue son talent pour faire un ouvrage déterminé; car, suivant l'*art.* 1710 du Code, le louage d'ouvrage est un contrat par lequel l'une des parties s'engage à faire quelque chose pour l'autre moyennant un prix.

Le travail de l'architecte est nécessairement compris dans cette disposition générale; et s'il fallait le prouver d'une manière particulière, on citerait l'*art.* 1795, qui dit que le contrat de louage d'ouvrage est dissous par la mort de l'ouvrier, de l'*architecte* ou entrepreneur : ce que fait l'architecte pour un propriétaire est donc considéré par la loi comme un louage d'ouvrage. Ajoutons à ces autorités celle de l'*art.* 1792, qui veut que, pendant dix ans, l'*architecte* et l'entrepreneur soient responsables de l'édifice élevé par leurs soins, lorsqu'il périt en tout ou en partie par le vice de la construction, et même par le vice du sol. Que faut-il de plus pour démontrer que le travail d'un architecte, et par conséquent les plans et devis qu'il donne, sont l'objet d'un contrat de louage? Celui qui les a signés est donc responsable des vices de construction qui seraient la suite nécessaire de l'exécution fidèle de ce qu'il a prescrit.

Dans tout ce qu'on a dit jusqu'ici, l'architecte est supposé n'avoir été chargé que de composer les plans et devis, et non pas d'en surveiller l'exécution; d'où il suit qu'en pareil cas, il n'est jamais responsable du vice du sol. En indiquant les dimensions des fondemens de l'édifice, il suppose au terrain une certaine qualité : celui qui exécute est donc nécessairement chargé de reconnaître l'état du sol; et il doit, sous sa seule responsabilité, établir les fondations suivant les circonstances et conformément aux règles de l'art.

L'architecte qui se contente de donner ses plans et devis n'est pas non plus responsable de l'inobservation des lois du voisinage et de police. La personne chargée de l'exécution des travaux est seule tenue de se conformer aux lois des bâtimens; l'architecte, en composant les plans et devis, lui a laissé cette obligation, au moins tacitement : tout ce qu'il indique est toujours sous la condition qu'on satisfera aux lois relatives aux ouvrages dont il s'agit. Enfin, quand il aurait prescrit quelque chose que les lois ne permettent pas; par exemple, s'il avait figuré et décrit une épaisseur trop faible pour la maçonnerie qui doit exister entre une fosse d'aisance et le puits d'un voisin, il ne faudrait pas lui imputer la faute commise dans l'exécution sur son indication. D'abord il serait censé n'avoir pas connu parfaitement l'état de la propriété voisine; en second lieu, celui qui exécute les ouvrages, ne devant pas ignorer les lois des bâtimens, a dû nécessairement signaler cette faute. Si elle a pu échapper dans un travail de cabinet, il n'est pas permis à celui qui est sur les lieux de la laisser commettre dans l'exécution dont il s'est chargé : son premier devoir est de se conformer à la loi qui commande impérieusement; et ce n'est que dans les objets sur lesquels elle ne prononce pas qu'il doit suivre exactement les devis de l'architecte : par conséquent celui-ci n'est garant que de la solidité des objets qui dépendent uniquement de sa composition.

§ II. *Des architectes qui dirigent des constructions.*

Dans le paragraphe précédent nous avons démontré qu'un architecte qui compose des plans et devis pour un propriétaire est tenu des défauts de solidité résultans de leur fidèle exécution. Etant payé pour un travail qu'on lui confie, et pour lequel on lui croit des talens suffisans, il doit le faire suivant les règles de l'art; sinon il est obligé à réparer le tort qne son ignorance, ou sa négligence, ou son imprudence pourraient occasionner. On conçoit que l'architecte qui se charge de diriger des travaux se soumet à une autre responsabilité, celle de leur bonne exécution; car c'est lui qui donne aux entrepreneurs ou aux ouvriers les ordres nécessaires pour effectuer les ouvrages; c'est de lui que l'on tient les mesures, l'indication des matériaux et la manière de les employer; c'est lui qui veille à ce qu'il n'en soit choisi que de bonne qualité, et à ce qu'ils soient bien préparés. Si l'entrepreneur ou les ouvriers le trompent, on distingue s'il a pu s'apercevoir du vice dont ils sont cause; dans ce cas, l'architecte est évidemment responsable, sauf son recours contre ceux qu'il n'a pas assez surveillés. Mais, si l'entrepreneur ou les ouvriers ont agi de manière à mettre en défaut la vigilance qu'il est d'usage d'attendre d'un architecte, aucun reproche ne peut lui être fait; ceux qui ont commis les fautes sont les seuls responsables.

Par exemple, l'édifice vient-il à périr par le vice du sol, c'est l'architecte qui en répond, parce qu'il doit lui-même reconnaître la qualité du terrain sur lequel il ordonne d'asseoir les fondations. Mais lorsqu'un entrepreneur ou des ouvriers, profitant des momens où l'architecte n'est pas présent, se servent de mauvais matériaux, ou font un mauvais emploi de matériaux assez bons, il est possible que ces défauts ne soient pas aperçus, qvoique la surveillance soit exercée par l'architecte d'une manière satisfaisante, et telle qu'il est d'usage : alors les auteurs des vices de construction en sont seuls responsables. En cas de contestation sur la question de savoir si l'architecte est en défaut, on nomme des experts qui se décident d'après les circonstances.

Puisque rien d'essentiel n'est fait dans une construction dirigée par un architecte sans qu'il ne l'ait ordonné, il est nécessairement responsable, non-seulement des vices qui portent atteinte à la solidité, mais encore de ceux qui naissent de l'infraction aux lois du voisinage et aux règlemens de police. Il ne doit donc jamais permettre, par exemple, qu'un mur mitoyen soit percé, pour quelque cause que ce soit, sans le consentement du voisin ou l'autorisation de la justice; pareillement il ne doit pas souffrir que l'âtre d'une cheminée soit établi sur des pièces de bois, il ne doit pas faire creuser un puits près d'un mur voisin sans l'en séparer par un contre-mur. Si ce qu'ordonnent sur cette matière les lois des bâti-mens n'avait pas été observé, l'architecte en serait respon-sable envers le propriétaire dont il aurait négligé si essentiel-lement les intérêts.

En vain dirait-il que l'entrepreneur ou les ouvriers ont agi contre ses ordres; ceux-ci sans doute seraient ses garans, et il pourrait les faire condamner, si réellement ils avaient trompé sa surveillance; mais il n'en serait pas moins tenu des dommages-intérêts auxquels se trouverait condamné le propriétaire de qui il avait toute la confiance. En effet, il est possible que des entrepreneurs ou des ouvriers, soit impru-demment, soit par ignorance, commencent des ouvrages que l'architecte n'a pas prescrits, ou qu'il a indiqués pour être exécutés d'une autre manière ; mais bientôt ces premières tentatives erronées doivent être aperçues par un architecte qui n'est pas négligent, et il doit empêcher qu'elles n'aient des suites fâcheuses. Alors les entrepreneurs ou les ouvriers supportent les dépenses inutiles qui peuvent avoir été occa-sionnées par leur témérité à travailler sans ordre, ou à ne pas se conformer à ceux qui leur ont été donnés. Les dépenses inutiles en pareil cas ne sont pas ordinairement d'une grande importance, quand la surveillance de l'architecte est exercée avec l'activité convenable.

On voit par cette explication que, si l'édifice s'achève avec des vices essentiels de construction, il est juste d'abord que le propriétaire soit responsable du dommage qui peut en arriver au voisin; c'est ce que décide l'*art.* 1386. En même temps il est juste que l'architecte en qui le propriétaire avait placé sa confiance devienne son garant et supporte non-seulement les condamnations qui seraient prononcées au profit du voi-sin contre le propriétaire, mais encore tous les dommages-intérêts résultans du préjudice que ce dernier éprouve par suite des vices de la construction. Cette garantie de l'architecte est une conséquence de la convention qui intervient entre lui et le propriétaire : nous avons démontré, dans le paragraphe précédent, que ce lien de droit est un louage d'ouvrage, et que de ce contrat naît la garantie de l'architecte dans les cas seulement qui viennent d'être expliqués, sauf son recours contre l'entrepreneur.

Nous dirons ici, comme dans le paragraphe précédent, que quelques architectes prétendent n'être sujets à aucune garantie. Cette opinion n'est fondée que sur une fausse manière d'envisager les fonctions d'un architecte. Il est certain qu'elles ont pour objet l'emploi d'un genre de talens qui tient un rang distingué dans les sciences et dans les arts autant par son utilité, ses effets brillans et durables, que par l'instruction qu'il suppose dans ceux qui l'exercent avec honneur ; mais serait-ce de l'excellence même de leur profession que les architectes voudraient argumenter pour se soustraire à la garantie? Plus ils ont de talens, plus il leur est accordé de confiance. Un propriétaire n'est-il pas, quant à ses intérêts, dans une sécurité d'autant plus grande, que l'architecte auquel il s'adresse jouit d'une réputation plus solidement établie? Serait-il juste que sa confiance pût être impunément trompée, précisément à cause du motif qui l'a déterminé dans son choix? Enfin, et voilà ce qui achève de décider, est-il un seul architecte qui, après avoir fait des plans et devis, ne s'empresse d'assurer qu'il en résultera une construction solide, si on les exécute fidèlement? Est-il un seul architecte qui, en acceptant la direction de travaux à faire d'après des plans et devis qu'on lui confie, ou qu'il a dressés lui-même, ne promette de les faire exécuter avec la plus scrupuleuse exactitude dès qu'on lui donnera autorité suffisante sur les entrepreneurs et les ouvriers? Or la garantie dont plusieurs architectes semblent s'effrayer ne consiste pas à autre chose : elle est la conséquence raisonnable des assurances et des promesses qu'ils donnent quand ils se chargent de faire des plans et devis, et de diriger des travaux. Il n'est donc pas étonnant que le Code, dans les diverses dispositions où il parle de la garantie des constructions, indique les architectes et les entrepreneurs comme ceux sur qui elle pèse, chacun en ce qui le concerne : les premiers répondent des plans et devis qu'ils font ; les autres sont tenus de les exécuter conformément aux règles de l'art : l'architecte qui dirige les ouvrages est responsable des ordres qu'il donne ; l'entrepreneur est tenu de les exécuter avec exactitude ; l'étendue de la responsabilité de ce droit sera expliquée au paragraphe IV.

Dira-t-on que le Code n'a entendu désigner les architectes que pour les cas où ils entreprennent des constructions, et non pas lorsqu'ils n'ont que la direction des ouvrages ? La réponse est, que l'architecte, dans le cas dont il s'agit, abandonne les fonctions qui caractérisent sa noble profession pour se livrer à une spéculation : il se trouve compris alors dans la classe des entrepreneurs ; et s'il n'était responsable qu'en cette qualité, il était inutile de le désigner séparément comme architecte. Il est donc évident que la volonté dés législateurs est de faire peser la garantie non-seulement sur l'entrepreneur qui exécute des ouvrages, mais encore sur l'architecte qui les dirige, soit en donnant seulement les plans et devis, soit en surveillant leur exécution.

Tel est le vrai sens dans lequel il faut entendre l'*art.* 1792 du Code, où il est dit que, si l'édifice construit à prix fait périt en tout ou en partie par le vice de la construction, et même par le vice du sol, les architectes et entrepreneurs en sont responsables pendant dix ans. Ce texte ne parle pas de la construction faite par économie, ou autrement dit, par des ouvriers que commande lui-même le propriétaire : il ne s'étend qu'au cas où l'objet est construit à prix fait, c'est-à-dire quand il est confié par une convention quelconque à un architecte ou à un entrepreneur : chacun d'eux, en ce qui le concerne, doit répondre de la solidité de l'édifice pendant dix ans. L'architecte n'a-t-il donné que les plans et devis ? Il n'est responsable que dans le cas où le vice de construction vient des mauvaises indications qu'il a figurées ou décrites, si pourtant il est prouvé que ses plans et devis ont été exécutés fidèlement sans aucun changement. La direction des ouvrages lui est-elle confiée ? il est responsable des vices de construction qui viennent de la mauvaise exécution, lorsqu'il lui aura été facile de prévenir les défauts reprochés : dans ce cas, il a son recours contre l'entrepreneur ou les ouvriers qui n'ont pas suivi ses ordres. Quand les travaux sont abandonnés à un entrepreneur qui n'est sous la surveillance d'aucun architecte, toute la responsabilité relative à l'exécution pèse sur lui.

Cette interprétation du sens naturel de l'*art.* 1792 est confirmée par l'*art.* 2270 : il déclare qu'après dix ans, l'architecte et les entrepreneurs sont déchargés de la garantie des gros ouvrages *qu'ils ont faits ou dirigés*, c'est-à-dire des gros ouvrages que les entrepreneurs ont faits, ou que les architectes ont dirigés. Ainsi, en désignant précisément les architectes comme garans, la loi n'entend pas parler seulement de ceux qui entreprennent des constructions; elle dit formellement qu'il s'agit des architectes chargés de diriger des ouvrages. Après des dispositions légales aussi claires, il est impossible que les architectes qui ne font pas l'entreprise se prétendent exempts de toute responsabilité relativement aux constructions qu'ils dirigent. (7)

§ III. *Des architectes qui vérifient et règlent des mémoires.*

Quand un architecte a dirigé des ouvrages, c'est lui qui règle les mémoires de fournitures et de façons présentés par les entrepreneurs ou les ouvriers qui ont travaillé sous ses ordres. Le propriétaire agirait inconsidérément, s'il payait le montant de ces divers mémoires avant que l'architecte à qui il a confié la surveillance de la construction lui eût attesté que les objets dont le paiement est réclamé ont été réellement fournis et employés convenablement. Puisque nous avons établi en principe dans le paragraphe précédent que l'architecte est responsable à certains égards de l'exécution des ouvrages qu'il a dirigés, sauf son recours contre l'entrepreneur ou les ouvriers qui n'ont pas suivi ses ordres, il a droit d'exiger que le propriétaire ne paye rien sans son approbation préalable. En effet, payer des ouvrages sans que l'architecte qui les a dirigés y ait consenti, c'est priver ce dernier des moyens d'exercer utilement son recours, s'il en était besoin. Par conséquent, dans le cas où des vices de construction se manifesteraient et proviendraient de ce que l'entrepreneur a trompé la trop grande confiance qu'avait en lui l'architecte, celui-ci ne pourrait plus être assigné en garantie : il opposerait pour exception que le propriétaire l'a privé de tous moyens d'utiliser son recours en payant l'entrepreneur, qui dès-lors est resté le seul responsable des vices de construction. (8)

Lorsque des travaux ont été confiés directement à un entrepreneur, ou commandés à des ouvriers par le propriétaire lui-même, il s'adresse assez souvent à un architecte pour vérifier et régler leurs mémoires de fournitures et de façons. L'obligation de ce dernier se borne alors à reconnaître, autant qu'il est possible, si les objets fournis ont été employés dans les quantités qui sont désignées, s'ils ont les qualités convenables, et si les façons qui leur ont été données sont conformes aux règles de l'art; enfin, il doit fixer pour chaque article le prix qu'il est raisonnable d'accorder, suivant les localités et les circonstances.

Dans les grandes villes, il y a des personnes dont l'unique occupation est de vérifier et toiser les ouvrages énoncés dans les mémoires de fournitures et de façons. C'est seulement après l'opération du vérificateur qu'on s'adresse à l'architecte : alors il n'est chargé que de régler les prix de chacun des articles compris dans les mémoires. Néanmoins il ne peut pas se dispenser, quand il y est invité, de visiter les constructions avant de régler les mémoires, afin de s'assurer s'il n'y a pas des vices apparens pour des yeux exercés : c'est une partie de la vérification pour laquelle il ne peut pas être suppléé par un simple toiseur.

L'architecte, dont les lumières ne sont requises que pour vérifier et régler des mémoires, ne peut être responsable ni de la solidité de la construction, ni de l'observation des lois des bâtimens : il n'est tenu qu'à opérer avec bonne foi, et par conséquent à ne point conniver avec les entrepreneurs pour tromper le propriétaire, soit sur la qualité des matériaux, soit sur l'emploi qui en a été fait, soit sur les quantités, soit sur le prix. L'architecte qui serait assez peu honnête pour abuser de la confiance qui lui est accordée à l'occasion d'un pareil travail, s'exposerait à être considéré comme complice des vices de construction qu'il n'aurait pas dénoncés au propriétaire, et qui étaient de nature à être reconnus lors de la vérification. Pareillement, s'il était prouvé que l'architecte s'est entendu avec l'entrepreneur pour lui faire obtenir un prix exorbitant, le propriétaire serait fondé à diriger l'action de dol contre cet architecte, et à le faire condamner en des dommages-intérêts proportionnés aux sommes qui auraient été payées au-delà du juste prix, sauf le recours contre l'entrepreneur, s'il y a lieu.

Quelquefois on soumet à un architecte des mémoires de fournitures et de façons, non pas pour vérifier les ouvrages et en fixer les prix, mais tantôt pour faire une simple vérification, les prix ayant été arrêtés d'avance, et tantôt pour régler seulement la valeur des objets, le propriétaire les ayant suffisamment vérifiés. Dans ces deux cas, l'architecte se borne à la seule opération qui lui est confiée, et n'est tenu qu'à la faire avec probité. Observez que dans l'obligation d'opérer avec bonne foi est comprise celle d'employer une certaine portion d'intelligence qu'on est essentiellement tenu d'avoir lorsqu'on se charge de faire un travail. N'est-ce pas en effet tromper celui qui accorde sa confiance, que de lui laisser croire, contre toute vérité, qu'on a les connoissances suffisantes pour faire ce qu'il demande? C'est par cette raison que la faute grossière est considérée comme dol par les jurisconsultes : *magna negligentia culpa est, magna culpa dolus est.* L. 226, ff. *de verb. signif*. Ainsi, quoiqu'il ne soit point prouvé de connivence, si l'architecte, en vérifiant un ouvrage, ne dénonce pas un vice de construction que toute personne se mêlant de bâtiment peut reconnaître, il est coupable de dol, puisque son incapacité est alors une faute grossière; c'est-à-dire une faute qui consiste à ignorer ce que toutes les personnes du même état doivent savoir : *culpa lata est, non intelligere quod omnes intelligunt.* L. 213. § 2, ff. *de verb. signif*.

Remarquez encore que la vérification et le réglement faits par l'architecte du propriétaire n'obligent pas l'entrepreneur qui peut refuser de s'y soumettre : alors, si les parties ne s'accordent pas, il est nommé des gens de l'art, soit a l'amiable, soit en justice; et l'architecte dont l'opération est contestée ne peut pas être du nombre des experts.

§ IV. *De l'entrepreneur qui exécute sous les ordres d'un architecte.*

On entend par entrepreneur celui qui se charge d'exécuter un ouvrage, ou par lui-même ou par ses ouvriers, soit qu'il fournisse les matériaux, soit qu'il n'en fournisse qu'une partie, soit qu'il ne fournisse que son industrie. L'architecte, comme on l'a vu dans le paragraphe Ier, a le talent de composer des plans et devis selon les projets qui lui sont proposés; et il se borne à diriger les ouvrages sans s'occuper des moyens d'exécution : à l'égard de l'entrepreneur, il se livre plutôt aux moyens d'exécuter les plans et devis qui lui sont confiés; ce qui comprend la main-d'œuvre, et souvent la fourniture des matériaux. L'un est uniquement occupé d'arts et de sciences; l'autre fait une sorte de commerce : le mérite du premier consiste dans ses talens et son instruction, il court à la gloire; le second s'applique plutôt à faire d'heureuses spéculations, et cherche à s'enrichir.

Il n'est pas rare de voir des architectes faire l'entreprise : ils renoncent alors à ce degré de considération qu'ils auraient mérité, en exerçant leur noble profession avec plus de désintéressement. Il y a aussi des entrepreneurs capables d'être architectes, et qui en remplissent les fonctions quand les propriétaires les y engagent : c'est rarement pour des édifices d'une grande importance; la composition des plans exige, pour le travail du cabinet, plus de temps que ne peuvent ordinairement y consacrer ceux qui ont de nombreux ouvriers à surveiller. Quoi qu'il en soit, lorsqu'un entrepreneur est employé comme architecte, ses obligations sont celles qui ont été expliquées dans les trois paragraphes précédens, où il n'a été parlé que de la responsabilité de l'architecte. Si c'est au contraire un architecte qui s'occupe d'entreprise, il faut lui appliquer ce que nous allons dire en parlant des engagemens de l'entrepreneur

Quoique la direction des ouvrages soit confiée à un architecte, l'entrepreneur qu'il a sous ses ordres n'en est pas moins lié avec le propriétaire par un contrat de louage d'ouvrage, qui, suivant l'*art.* 1710 du Code, est l'engagement de faire pour quelqu'un un travail moyennant un prix. On peut convenir que l'entrepreneur ne donnera que son industrie; il peut aussi s'engager à fournir les matériaux. *Ibid. art.* 1787. Dans ce paragraphe nous ne considérons l'entrepreneur que comme louant son travail et son industrie : le paragraphe suivant le considérera comme fournisseur.

Lorsqu'un architecte est chargé de diriger les travaux confiés à un entrepreneur, le contrat de louage consenti par celui-ci porte pour condition, au moins tacite, qu'il suivra les ordres de l'architecte, afin que la construction soit exécutée fidèlement, comme elle a été projetée. La première attention de l'entrepreneur est donc de se conformer en tous points aux plans et devis que lui donne l'architecte. S'il est quelque objet qui ne soit pas suffisamment figuré sur les plans, ni décrit assez clairement dans les devis, l'entrepreneur doit avoir la précaution de se faire donner par écrit, les détails qui lui manquent, et auxquels l'architecte est tenu de suppléer. Pareillement, si quelques changemens sont arrêtés entre le propriétaire et l'architecte, pendant la construction, la sûreté de l'entrepreneur exige qu'il ne s'occupe pas de ces changemens, tant qu'il n'en a pas reçu l'ordre par écrit, c'est le plus sûr moyen d'éviter toute responsabilité pour raison des changemens.

Souvent il n'a pas été fait de plans pour les ouvrages qu'on veut construire, et plus souvent encore, lorsqu'il y a des plans, il n'existe pas de devis; l'architecte se contente d'indiquer verbalement la nature des travaux : alors l'obligation de l'entrepreneur est de les exécuter suivant les règles ordinaires de l'art, parce que l'architecte est toujours censé donner ses ordres, sous la condition tacite qu'ils seront mis à exécution, d'après le mode connu pour obtenir une solidité suffisante. Il suit de là que, dans le cas où il n'existe ni plans ni devis, l'entrepreneur est seul responsable de la durée de l'édifice pendant les dix premières années : rien n'a pu l'empêcher de faire tout ce qu'on attendait de lui, c'est-à-dire, d'employer tous les moyens nécessaires pour bâtir solidement.

Quelquefois l'architecte, pendant le cours des travaux, indique des procédés qui sont nouveaux pour l'entrepreneur; si ce dernier ne veut pas répondre de leur succès, il est utile qu'il obtienne de l'architecte l'ordre par écrit de les employer : c'est le seul moyen de se mettre à l'abri de tout reproche, en cas d'événement.

Il faut dire la même chose lorsque les plans et devis ne sont pas assez explicatifs : l'entrepreneur est obligé de suivre les règles de l'art pour les détails qui ne lui sont pas indiqués, parce que les plans et devis lui sont remis sous la condition tacite qu'il fera ce qui est d'usage pour l'exécution des travaux, à moins qu'un autre mode n'y ait été clairement décrit. En conséquence, si l'architecte veut qu'on s'écarte de la manière ordinaire pour quelques objets de construction dont le détail n'est pas dans le devis, l'entrepreneur, pour sa sûreté, doit obtenir par écrit l'ordre d'employer le nouveau procédé que l'architecte lui commande.

Toutes les fois que l'entrepreneur s'éloigne de la route qu'on vient de lui tracer, il est seul responsable des dommages-intérêts résultant de ce qu'il a exécuté, soit contre les règles de l'art, soit contre les indications des plans et devis, soit contre les ordres donnés et signés par l'architecte. Au contraire, en se conformant avec exactitude à ce qui lui est prescrit de l'une de ces trois manières, l'entrepreneur remplit complètement son obligation de concourir à la bonne exécution des ouvrages, pour ce qui concerne la main-d'œuvre; et lorsqu'il ne s'est pas engagé à autre chose, il est à l'abri de toute responsabilité relative à la solidité.

A l'égard de l'observation des lois du voisinage et de police, l'entrepreneur n'en est déchargé ni par l'exacte conformité de ses ouvrages avec les plans et devis, ni par la surveillance d'un architecte. Si les choses prescrites par les lois des bâtimens sont omises dans la figure et la description des travaux à faire, il n'en résulte pas pour l'entrepreneur une autorisation de construire en contravention à ces mêmes lois, qui commandent impérieusement à tous ceux qui s'occupent de construction. D'abord ces mêmes lois s'adressent au propriétaire, qui est responsable directement envers ceux qui auraient souffert de la faute, ou envers la police qui voudrait en prévenir les effets. Le propriétaire aurait ensuite pour son garant l'entrepreneur, qui ne doit pas plus ignorer les lois relatives aux constructions, que les règles de son art. En chargeant un entrepreneur de construire un édifice, il se trouve obligé à opérer suivant les méthodes connues pour obtenir une solidité convenable; et quoique cette clause n'ait pas été exprimée, elle est sous-entendue, comme partie essentielle de la convention. Il en est de même de la nécessité d'observer les lois des bâtimens : quoiqu'on ait omis d'en faire mention dans les plans et devis, ou dans le marché, l'entrepreneur n'en est pas moins obligé de s'y soumettre; sinon il devient responsable des suites qui résulteraient de travaux faits en contravention aux lois.

Il faut raisonner de même pour le cas ou un architecte dirige des travaux; ses ordres sont toujours donnés sous la condition tacite que l'entrepreneur, en les exécutant, se conformera aux lois des bâtimens.

Que doit faire l'entrepreneur, si l'architecte lui commande quelque chose qui soit évidemment contraire à ce que prescrivent les lois du voisinage?

Si l'objet n'est pas d'une grande importance, et qu'il puisse facilement se réparer, il lui suffit d'avoir par écrit l'ordre de l'architecte, afin de faire tomber sur ce dernier la garantie que le propriétaire pourrait exercer pour raison de cette contravention à la loi. Par exemple, les eaux de ma maison s'élèvent par droit de servitude sur l'héritage voisin, et traversent le mur mitoyen dans un endroit désigné. Mon architecte ordonne d'ouvrir pour les eaux un passage dans une autre place du même mur. Comme il est défendu par l'*art.* 662 du Code de faire aucun percement dans un mur mitoyen sans le consentement du voisin, ou, à son refus, sans un jugement, l'entrepreneur serait responsable s'il faisait mettre le marteau dans le mur dont il s'agit avant qu'on lui eût justifié d'une autorisation suffisante. Néanmoins, dans l'espèce proposée, si l'ouverture pour les eaux est un objet

peu coûteux, s'il n'en peut résulter aucune suite fâcheuse
qui ne soit facilement réparée en cas de besoin, l'entrepreneur pourra se contenter d'avoir l'architecte pour garant :
en conséquence, sur l'ordre qu'il en obtiendra par écrit, il
pourra faire travailler au mur mitoyen. Observez que l'obéissance de l'entrepreneur, en pareil cas, n'est qu'une déférence pour le caractère de l'architecte, qui est présumé n'avoir signé un ordre par écrit qu'après s'être pourvu de l'autorisation qu'exige la loi. (9)

Mais, s'il était question d'un fait plus sérieux, dont la
responsabilité serait d'un poids fort considérable, la garantie
de l'architecte pourrait bien ne pas suffire ; et l'entrepreneur
agirait prudemment en refusant de déférer à ce qui lui serait commandé en contravention aux lois du voisinage :
pour plus de sûreté, il exigerait une autorisation signée du
propriétaire lui-même. Par ce moyen, celui-ci n'aurait plus
de recours contre l'entrepreneur, qui par-là se trouverait déchargé de toute responsabilité pour raison des réclamations
que pourrait faire le voisin.

Ce qu'on vient de dire des précautions de l'entrepreneur
contre l'architecte, ou contre le propriétaire, pour se mettre
à l'abri de tout reproche relatif à l'inobservation des lois du
voisinage, ne reçoit pas d'application lorsqu'il s'agit des règlemens de police : il n'est jamais permis à un entrepreneur
d'y contrevenir, même avec l'ordre signé de l'architecte et
du propriétaire. Il n'est plus question d'intérêts privés dont
ceux-ci peuvent se rendre garans, comme dans les cas où le
voisin seul a droit de réclamer ; les règlemens de police sont
faits pour l'intérêt public, contre lequel il est défendu à tous
les citoyens, sans exception, de faire des conventions : *Privatorum pactis juri publico derogari non potest.* Il serait
donc du devoir de l'entrepreneur de n'écouter ni l'architecte, ni le propriétaire, s'ils s'avisaient d'exiger de lui une
construction prohibée par la police, quelque garantie qui
lui fût donnée, et quelque prix considérable qu'on lui
promît.

Supposons qu'un propriétaire veuille appuyer contre un
pan de bois une cheminée, sous prétexte qu'on n'y fera du

feu que très-rarement : par la distribution de la maison, l'entrepreneur voit en effet que la chambre où sera cette cheminée ne servira qu'en été, en sorte qu'il se laisse persuader qu'il n'y a aucun danger à faire ce qu'on lui demande, il construit donc la cheminée après s'être muni d'un ordre signé par le propriétaire, et contenant décharge de toute garantie. Par la suite, le feu prend à la cheminée dont il s'agit, et l'incendie se communique à la maison voisine par le pan de bois. Inutilement l'entrepreneur montrera-t-il l'écrit qui l'autorise à faire la construction défectueuse ; il n'en sera pas moins condamné personnellement à l'amende, pour avoir manqué aux devoirs de son état en contrevenant aux règlemens de police. Il peut être en outre condamné solidairement avec le propriétaire, comme étant l'un et l'autre complices du délit, à payer au voisin des dommages-intérêts.

Il n'est pas besoin d'avertir ici que l'entrepreneur, pour éviter de supporter la garantie, dans les cas qu'on vient d'indiquer, ne peut pas s'excuser sur ses ouvriers. Il est de principe reconnu généralement, qu'il est responsable de ce qu'ils font pour son compte : c'est à lui à se faire obéir, et à les surveiller ; en sorte que les fautes qu'ils commettent en travaillant pour lui sont à sa charge, sauf son recours contre eux. Ce principe, fondé sur la saine raison, est converti en loi positive par l'*art.* 1797 du Code : il y est dit que l'entrepreneur répond du fait des personnes qu'il emploie.

§ **IV.** *De l'entrepreneur qui exécute sans le secours d'un architecte.*

On a vu dans le paragraphe précédent, que l'entrepreneur peut rarement rejeter sur l'architecte qui le dirige la responsabilité concernant l'observation des lois des bâtimens. D'abord, avons-nous dit, l'architecte est toujours censé demander que la construction soit faite conformément aux devoirs du voisinage et aux règlemens de police. En second lieu, quoique l'entrepreneur, lorsqu'il s'agit de porter atteinte aux intérêts d'un voisin, puisse se contenter de la garantie de l'architecte, il a droit pourtant de ne pas lui obéir : à l'égard des règlemens de police, il est du devoir de l'entrepreneur de se refuser à faire des constructions qui y seraient contraires, quels que soient les ordres de l'architecte, et même du propriétaire.

De là il suit, qu'en ce qui concerne l'observation des lois des bâtimens, il n'est pas nécessaire de distinguer si l'entrepreneur est commandé par un architecte, ou s'il est sous la seule surveillance du propriétaire : dans tous les cas, il est responsable des événemens qui résulteraient des constructions qu'il aurait faites en contravention aux lois, sauf son recours contre l'architecte, s'il y a lieu. On peut voir, à ce sujet, ce qui a été dit au paragraphe précédent; en ce moment on ne s'occupe que de la garantie de solidité, qui pèse sur l'entrepreneur quand il n'est pas commandé par un architecte.

Si l'entrepreneur a fait les plans et devis qu'il exécute, il est tenu de tous les vices de construction qui feraient périr le tout ou partie de l'édifice avant l'expiration des dix premières années, soit que l'accident arrivât par la mauvaise composition des plans et devis, soit que le vice du sol en fût la seule cause, soit que la faute vînt de la violation des règles de l'art dans l'exécution des ouvrages.

Il en est de même lorsqu'il n'a été fait ni plans ni devis, et que l'entrepreneur travaille sur les indications verbales qui lui sont données. Son obligation est de s'arranger pour que l'edifice ait une solidité suffisante, c'est-à-dire qui puisse résister à une épreuve de dix ans : autrement il est responsable des accidens qui pourraient arriver pendant ce délai, par le vice de construction ou par le vice du sol.

Quelquefois des plans et devis sont remis à un entrepreneur pour les exécuter sous la surveillance directe du propriétaire, qui ne juge pas à propos de faire diriger ses travaux par un architecte : l'obligation de l'entrepreneur est alors de se conformer en tout aux plans et devis; et s'il y voit des articles qui ne soient pas assez expliqués, il doit les traiter suivant l'usage ordinaire et les règles de l'art. Trouve-t-il dans ces plans et devis des indications inusitées, et dont il ne veut pas répondre? il en prévient le propriétaire : si ce dernier insiste pour que le procédé nouveau soit

suivi, l'entrepreneur peut se faire donner par écrit une au-
torisation spéciale. Nous avons dit, dans le paragraphe Ier,
que le dommage résultant des plans et devis est à la charge
de l'architecte qui les a composés, lorsqu'ils ont été exécutés
avec exactitude; il faut donc décider que, dans les cas où
des procédés nouveaux sont indiqués par les plans et devis,
l'entrepreneur peut les employer sans en être responsable :
aussi est-ce par forme de conseil que nous engageons l'en-
trepreneur à prévenir le propriétaire de ce qui lui paraît ex-
traordinaire. Par cette attention due à la confiance qu'on lui
accorde, l'entrepreneur s'assure que celui qui le met en ou-
vrage n'est pas trompé, et qu'il approuve la méthode pres-
crite par l'architecte. A l'égard de l'autorisation spéciale
qu'on l'engage à se faire donner, c'est une précaution dont il
usera si bon lui semble, selon que l'objet sera plus ou moins
important, et selon que la manière dont il sera obligé à sui-
vre les plans et devis se trouvera lui suffire ou non pour tra-
vailler avec sécurité d'après une méthode dont il ne veut pas
garantir le succès.

Pendant la construction il peut arriver que le propriétaire
veuille faire des changemens aux plans et devis, soit pour
les dispositions des bâtimens, soit dans la manière de les
exécuter avec plus ou moins d'économie; l'entrepreneur,
pour éviter le reproche qu'on serait tenté de lui faire par la
suite, s'il s'écartait des plans et devis, doit faire constater par
écrit, et les changemens désirés, et l'ordre donné par le pro-
priétaire pour les exécuter.

Par l'autorisation que donne un propriétaire, soit pour
faire un édifice dont il n'y a ni plans ni devis, soit pour opé-
rer des changemens à des plans et devis déjà arrêtés, l'entre-
preneur n'est pas déchargé de la garantie de solidité, parce
que l'obligation tacite que contracte un entrepreneur, est
que sa construction durera au moins dix ans. Quand des
travaux lui sont proposés verbalement, ou quand des chan-
gemens à des plans et devis lui sont demandés, il ne doit
donc s'en charger que sous la condition, toujours sous-en-
tendue, qu'il donnera à sa construction la solidité conve-
nable. Il ne faut pas même que les changemens qu'il est au-

torisé à faire portent la moindre atteinte à la solidité des objets déjà construits; car l'entrepreneur est garant des accidens qui arrivent par sa faute, non-seulement aux ouvrages nouveaux, mais encore à ceux exécutés antérieurement.

Ici convient encore l'observation déjà faite à la fin du paragraphe précédent, pour avertir que l'entrepreneur ne doit jamais s'excuser des vices de construction sur la maladresse ou la mauvaise volonté de ses ouvriers. Suivant l'*art.* 1797 du Code, il en est responsable, sauf son recours contre eux; c'est donc à lui à n'employer que des hommes qui sachent leur métier et dont il puisse se faire obéir.

§ VI. *De l'entrepreneur considéré par rapport aux matériaux.*

Jusqu'ici nous n'avons considéré l'entrepreneur que comme chargé de fournir son industrie pour la main-d'œuvre nécessaire à l'exécution des bâtimens; maintenant il faut examiner ses devoirs concernant les fournitures et l'emploi des matériaux.

Par ce qui a été dit dans les paragraphes précédens, il est facile de voir qu'en ne le considérant d'abord que par rapport à la main-d'œuvre, l'entrepreneur est celui sur qui pèse le plus la garantie des constructions. Il est responsable de l'exécution des règlemens de police; il est tenu aussi de l'observation des lois du voisinage, sauf son recours, s'il y a lieu. A l'égard de la solidité, il en répond quand il n'y a pas eu de plans et devis auxquels il ait été forcé de se conformer, ou bien lorsque c'est lui-même qui a fait les plans et devis; s'il n'en répond pas lorsqu'il se charge d'exécuter les plans et devis d'un architecte, c'est seulement dans le cas où il peut prouver qu'il ne s'en est écarté en rien. Il est encore responsable de la solidité, lorsqu'étant dirigé par un architecte il n'a pas exécuté les travaux suivant les règles de l'art, ou quand il a cru devoir s'en écarter, et qu'il n'en a pas pris l'autorisation par écrit, ou de l'architecte ou du propriétaire.

Quoique nous ayons dit au paragraphe II, que l'architecte pouvait être appelé en garantie pour les fautes qu'il laissait commettre dans la construction par l'entrepreneur, nous avons ajouté que l'architecte avait son recours contre celui qui n'avait pas répondu à sa confiance; en sorte que le poids de la responsabilité retombe sur l'entrepreneur. Nous avons même distingué les vices de construction qu'il est toujours facile à un architecte de prévoir par une surveillance ordinaire; il n'est garant directement envers le propriétaire que de ces sortes de vices. Il ne serait pas juste, avons-nous dit, que l'architecte fût responsable des fautes que les entrepreneurs commettent avec assez d'adresse pour surprendre sa surveillance. C'est donc sur l'entrepreneur que porte entièrement la garantie dans de pareilles circonstances; elles se présentent surtout dans la fourniture et l'emploi des matériaux; c'est alors particulièrement que s'exerce avec le plus de succès l'industrie des entrepreneurs qui cherchent à tromper. Aussi ne balançons-nous pas à décider que les vices de construction qui proviennent de l'emploi de mauvais matériaux sont à la charge du seul entrepreneur.

Il est bien du devoir de l'architecte d'examiner si les matériaux préparés sont de bonne qualité; mais le temps considérable qui serait nécessaire pour passer en revue toutes les espèces de matériaux, les expériences multipliées qu'il faudrait faire pour éprouver les pierres, les bois, les fers, les mortiers, exigeraient un degré de surveillance qu'un architecte ne peut pas donner, et que les propriétaires n'ont pas droit d'exiger. Dans les travaux publics, à peine peut-on s'occuper de tous les procédés nécessaires pour s'assurer qu'aucuns mauvais matériaux ne sont employés, et si on y parvient, c'est avec le secours de plusieurs architectes ou ingénieurs, entre lesquels sont partagés tous les genres de surveillance, à titre de directeurs, ou d'inspecteurs, ou de contrôleurs. Ces précautions, qui ne sont prises ordinairement que dans les travaux faits pour le compte du Gouvernement, rendent sans doute bien difficile l'emploi de matériaux défectueux; néanmoins, si un entrepreneur parvenait à tromper la surveillance des architectes ou des ingénieurs qui lui commandent, il serait responsable des dommages que sa mauvaise fourniture aurait occasionnés.

En bâtissant pour les particuliers, l'entrepreneur est donc

nécessairement le garant direct des vices de construction qui ont pour cause l'emploi de mauvais matériaux; ce qui a lieu même quand il exécute sous les ordres d'un architecte, parce qu'il est impossible à ce dernier d'exercer sa surveillance pour le choix de tous les matériaux.

Ce n'est pas que le propriétaire ne pût aussi recourir contre l'architecte, s'il était prouvé que celui-ci a été de connivence avec l'entrepreneur, ou que, par une négligence coupable, il l'a laissé constamment se servir de matériaux évidemment détériorés. Ici s'applique la distinction faite au paragraphe II, entre les vices d'exécution dont l'architecte a dû s'apercevoir en exerçant la surveillance la plus ordinaire, et ceux qu'il a été facile de lui cacher : ainsi, envers le propriétaire, il répond des mauvaises fournitures qui n'ont pas pu échapper à son examen. Le cas arriverait, par exemple, si au lieu de bois neuf l'entrepreneur n'employait que des bois de démolition; ou bien si, au lieu de moellons de pierre, il ne construisait ses murs qu'avec des platras : assurément il serait impossible que l'architecte ne s'en aperçût pas; s'il laissait opérer l'entrepreneur, il en serait le complice, et, comme lui, responsable envers le propriétaire, qui pourrait attaquer l'un et l'autre à son choix, et même les deux à la fois. (10)

Excepté dans les circonstances semblables à celles dont on vient de parler, l'architecte n'est pas tenu des suites que pourrait avoir l'emploi de mauvais matériaux. La responsabilité relative à leur bonne qualité pèse uniquement sur l'entrepreneur qui les fournit : il est à leur égard un vendeur qui, suivant l'*art.* 1641 du Code, est tenu de la garantie à raison des défauts cachés de la chose vendue, lorsque ces mêmes défauts la rendent impropre à l'usage auquel on la destine.

Il ne faut pas conclure de cette disposition que, si les matériaux ont des vices apparens, l'entrepreneur n'en soit pas responsable; la distinction entre les vices apparens et les vices cachés n'a lieu que dans les ventes qui ne sont pas mêlées de louage d'ouvrage. En effet, l'objet qui occupe principalement l'acheteur dans une vente simple, est le choix de la marchandise ; on est obligé de lui livrer identiquement celle qu'il désigne, sans qu'il soit permis d'en substituer une autre, même d'une qualité supérieure. Il est juste, en pareil cas, que le vendeur ne soit pas responsable des défauts de la chose vendue, quand ils sont apparens; il est fondé à croire que l'acheteur les a vus, et qu'il en est content.

Au contraire, la convention faite avec un entrepreneur a pour objet essentiel le louage d'ouvrage, c'est-à-dire la promesse de donner ses soins pour exécuter la construction : comme condition secondaire, il s'engage à fournir des matériaux, mais il les vend tout façonnés et mis en place. Le propriétaire n'a pas marqué les matériaux qui doivent être employés, il les a laissés au choix de l'entrepreneur, qui par conséquent les livre dans l'ouvrage : il doit donc les y employer d'une telle qualité, qu'ils procurent à ce même ouvrage toute la solidité qui lui est nécessaire.

Au reste, l'obligation d'employer de bons matériaux n'est pas imposée à l'entrepreneur seulement lorsqu'il les fournit ; nous pensons que, même quand il en trouve chez le propriétaire, ou quand celui-ci en achète ailleurs, il n'est permis à l'entrepreneur de faire entrer dans la construction que ceux qui sont de nature à produire un ouvrage solide. Lorsqu'après avoir choisi des matériaux qu'il croit convenables, il s'aperçoit en les travaillant qu'il leur manque les qualités qu'il leur avait supposées, il est de son devoir de les rebuter. Il manquerait à la confiance du propriétaire s'il ne l'avertissait pas du danger qu'il y aurait à employer de pareilles matières. Nous disons plus : l'entrepreneur qui userait de négligence ou d'une complaisance coupable dans une circonstance aussi essentielle, serait responsable des vices de solidité qui pourraient en résulter.

En effet, lorsqu'on désigne à un entrepreneur certains matériaux, c'est toujours sous la condition tacite qu'il les trouvera propres à l'objet qu'il faut construire. Si donc ils sont défectueux, il ne doit pas en faire usage, sinon il serait garant des vices de construction que cet emploi de mauvaise matière aurait occasionnés. L'industrie que loue l'entrepreneur, et sur laquelle a droit de compter le propriétaire, consiste non-seulement dans la manière de construire suivant les méthodes approuvées par les règles de l'art; mais encore dans le choix des matières qu'il met en œuvre, soit qu'il les fournisse lui-même, soit qu'on les lui procure.

Certains entrepreneurs, il est vrai, rebutent de bons matériaux afin d'en fournir d'autres; c'est alors que les conseils d'un architecte sont utiles. Quelquefois aussi des propriétaires, poussés par un esprit d'économie mal entendue, ne voulant pas appeler un architecte, s'obstinent à faire employer des matériaux défectueux. En pareil cas, l'entrepreneur qui désire écarter la responsabilité à laquelle il s'exposerait en cédant aux volontés du propriétaire, prend la précaution de se faire donner par écrit l'ordre d'employer tels matériaux, nonobstant sa résistance fondée sur leur mauvaise qualité.

Remarquez que, si l'objet était important, s'il s'agissait d'une construction dont les vices pussent donner lieu à des inconvéniens graves, l'entrepreneur manquerait à son devoir en faisant usage de matériaux qui porteraient atteinte à la solidité de l'ouvrage : sur ce point, l'ordre du propriétaire ne doit pas être écouté ; un entrepreneur honnête préférerait abandonner les travaux. D'ailleurs, outre qu'il ne lui convient pas, s'il est jaloux de sa réputation, de seconder des projets absurdes, c'est qu'il lui est expressément défendu par les lois de police de faire aucune construction qui pourrait compromettre la sûreté publique par une solidité insuffisante.

§ VII. *Des ouvriers qui travaillent pour le compte de l'entrepreneur.*

Pour l'exécution des ouvrages qui lui ont été confiés, l'entrepreneur prend les ouvriers qui lui conviennent ; c'est à lui qu'ils louent leur temps et leur industrie. Le propriétaire ne peut donc pas les commander, ni par conséquent les détourner de leur travail, même sous prétexte de les occuper à un autre objet qui dépend également de l'entreprise. Cette liberté entière, qui doit être laissée à l'entrepreneur pour disposer de ses ouvriers, en ce qui concerne l'ouvrage qu'il leur donne à faire, est fondée sur ce qu'il répond entièrement d'eux et de tout ce qu'ils font en travaillant pour lui. *Code civil, art.* 1797.

Une conséquence de cette disposition, est que toute la responsabilité porte sur l'entrepreneur ; le propriétaire n'a pas même le droit de diriger sa garantie contre les ouvriers, pour quelque cause que ce puisse être : ils ne doivent compte de la manière dont ils ont travaillé qu'à celui qui les a employés. (11)

Lorsqu'un entrepreneur exécute une construction sous la direction d'un architecte, celui-ci n'a pas plus que le propriétaire droit de disposer des ouvriers pour quelque motif que ce soit : ses ordres doivent s'adresser directement à l'entrepreneur, à qui seul appartient la faculté de diriger ses ouvriers comme il convient pour l'exécution des travaux dont il s'est chargé.

Si l'entrepreneur est seul responsable envers le propriétaire, il a du moins son recours contre ses ouvriers. La convention qu'il fait avec eux est un contrat de louage dont l'objet est leur temps et leur main-d'œuvre ; ainsi ils s'obligent d'une part à employer pour le compte de l'entrepreneur tout le temps qu'il est d'usage de consacrer à l'ouvrage ; de plus ils s'engagent à exercer leur métier pendant ce même temps avec toute l'application dont ils sont susceptibles.

Lors donc qu'un ouvrier perd du temps dans sa journée, soit en prolongeant ou en multipliant les heures de repos, soit en s'occupant d'un autre ouvrage, il contrevient à son obligation : l'entrepreneur a donc droit non-seulement de ne lui pas payer le temps perdu, mais encore de rendre même ouvrier responsable du tort qui pourrait résulter de la négligence dont il est coupable.

On voit rarement des contestations ayant pour objet ce genre de garantie, parce que la surveillance des entrepreneurs sur leurs ouvriers est ordinairement si active, que le préjudice qu'ils reçoivent de la perte de temps ne vaut jamais la peine de former une demande contre chacun en particulier ; il est plus expéditif de renvoyer celui qui n'emploie pas sa journée convenablement. D'ailleurs la perte de temps d'un ouvrier, quoique trop certaine pour l'entrepreneur, est

ordinairement impossible, ou du moins d'une trop grande
difficulté à prouver. Enfin la plupart des ouvriers sont des
mercenaires qui ne possèdent que leurs bras et leur indus-
trie : il serait donc aussi dur qu'inutile de les poursuivre en
garantie pour une perte de temps. Voilà pourquoi une sur-
veillance très-active, et le renvoi de ceux qui se détournent
du travail, sont les seuls moyens dont les entrepreneurs
font usage pour tirer tout le parti qu'ils peuvent des bras
qu'ils emploient.

La seconde obligation des ouvriers, est d'exécuter confor-
mément aux règles de l'art les ouvrages qui leur sont confiés.
Ceux qui exercent un métier doivent le savoir; par consé-
quent ils sont tenus des fautes qu'ils commettent par négli-
gence ou par ignorance. L'ouvrier qui fait un travail vicieux
est donc responsable envers l'entrepreneur, comme celui-ci
en répond vis-à-vis du propriétaire.

Il est également assez rare de voir des entrepreneurs élever
des contestations relativement à ce genre de garantie, d'abord
à cause de leur active surveillance; car à peine un mauvais
ouvrage est-il commencé, qu'aussitôt ils y portent remède,
soit en indiquant une bonne méthode, soit en confiant l'ou-
vrage à un ouvrier plus habile. D'un autre côté, la plupart
des ouvriers possèdent si peu de chose, que toute demande
qui aurait quelque importance serait inutile; en sorte qu'il
vaut beaucoup mieux pour l'entrepreneur de veiller à ce que
ses ouvriers ne fassent aucun mauvais ouvrage.

Néanmoins il arrive quelquefois qu'un entrepreneur
forcé de s'absenter pendant quelques jours trouve à son re-
tour un mauvais ouvrage. Il peut exiger que ceux qui l'ont
fait le recommencent à leurs frais. Ordinairement ces sortes
de contestations ne font pas la matière d'un procès, et l'ou-
vrier est seulement obligé de renoncer à son salaire pour le
temps qu'il a passé à faire et à défaire le mauvais ouvrage; et
même si l'ouvrier ne gagne que ce qui est absolument néces-
saire pour sa subsistance, l'entrepreneur par humanité seu-
lement doit se relâcher de ses droits.

L'ouvrier contracte encore une autre obligation; elle n'est
pas plus particulière au contrat de louage qu'à toute autre

convention; c'est de ne commettre aucune fraude en exécutant son ouvrage. L'entrepreneur aurait donc une action contre l'ouvrier coupable de dol; et s'il ne pouvait pas en obtenir la réparation pécuniaire faute de facultés, il ne manquerait pas, si le cas était grave, de le faire punir suivant le vœu de la loi.

On ne fait pas ici de distinction entre les ouvriers qui travaillent à la tâche, et ceux qui se louent à la journée, parce que leurs obligations sont les mêmes. La seule différence consiste dans la mesure prise pour fixer le paiement de leur salaire : pour les ouvriers à la journée le salaire se règle par le temps qu'ils ont employé; tandis que pour ceux qui sont à la tâche le salaire est déterminé par la quantité de leur travail. Dans les deux cas, l'objet du louage est seulement la main-d'œuvre, employée suivant la direction donnée de moment en moment par l'entrepreneur. L'ouvrier quoiqu'à la tâche est obligé d'employer tout son temps pour l'entrepreneur à qui il s'est loué; et l'ouvrier quoiqu'à la journée n'en est pas moins obligé de mettre toute son application à faire de bon ouvrage. Enfin l'un et l'autre sont responsables du travail dans lequel ils usent de mauvaise foi au préjudice de l'entrepreneur, ou du propriétaire, ou de qui que ce soit.

De la nature des obligations des ouvriers qui se louent à un entrepreneur, soit à la journée, soit à la tâche, il résulte qu'il n'a contre eux aucun recours pour raison d'un événement qui occasionnerait la ruine de tout ou de partie de l'édifice pendant les dix premières années, à moins que ce malheur ne fût arrivé par suite d'une fraude qu'ils auraient eu l'adresse de commettre et de cacher à leur maître. Ce cas est d'autant plus rare, qu'on ne doit jamais laisser travailler les ouvriers à la journée ou à la tâche sans une surveillance continuelle; au moyen de quoi il est impossible qu'ils fassent de mauvais ouvrage qui ne soit promptement aperçu par leur maître, et facilement réparé d'après ses ordres. Aussi l'ouvrage achevé a-t-il du mérite? L'entrepreneur ne manque pas de s'attribuer la gloire de l'exécution : il est donc juste qu'il soit le seul responsable des fautes qu'il laisse commettre

par ses ouvriers, sauf son recours contre eux dans les cas
fort rares où ils ont pu tromper sa surveillance. On peut ici
appliquer la loi romaine, qui rend un ouvrier responsable
des défauts de son ouvrage, à moins que le maître ne l'ait
lui-même conduit et réglé : *nisi si ideò in operas singulas
merces constituta erit, ut in arbitrio domini opus efficeretur.*
L. 51, *in fine* ff. *locati.*

Si les ouvriers qui travaillent pour le compte d'un entrepreneur ne sont pas garans envers lui de la solidité de la
construction, à plus forte raison n'a-t-il point de recours à
exercer contre eux pour raison de l'inobservation des lois
soit du voisinage, soit de police. Il est assez évident qu'ils ne
travaillent que dans les temps, dans les places et de la manière que leur maître le leur ordonne ; ils ne sont donc chargés en aucune manière de se conformer aux lois des bâtimens, qu'ils ne sont pas même obligés de connaître. Leurs
bras qu'ils louent n'agissent pas d'après leur volonté, mais
suivant la seule direction que leur donne l'entrepreneur :
c'est donc ce dernier seul qui est tenu de respecter dans les
ordres qui émanent de lui, tant les égards prescrits pour le
voisinage, que les règlemens faits pour la sûreté ou la salubrité publique.

Puisque l'entrepreneur est seul garant envers le propriétaire, qui par conséquent ne peut pas disposer des ouvriers,
il en résulte que ceux-ci n'ont de paiement à réclamer que
de celui à qui ils ont loué leur travail. En vain demanderaient-ils leur salaire au propriétaire : il n'est obligé qu'à
remplir les conditions arrêtées avec l'entrepreneur, et il ne
lui est pas permis de s'immiscer dans les arrangemens qu'il a
plu à ce dernier de faire avec les ouvriers qu'il a employés.
D'après les mêmes motifs, le propriétaire ne serait pas fondé
à refuser de payer l'entrepreneur, sous prétexte que celui-ci
n'a pas encore soldé les ouvriers qui ont fait l'ouvrage.

Cependant les ouvriers, pour sûreté de ce qui leur est dû,
ont droit de faire une saisie-arrêt entre les mains du propriétaire ; afin de l'empêcher de payer ce qu'il reste devoir à l'entrepreneur, et afin que ce qui revient à celui-ci serve à leur
salaire : en cas d'insuffisance, cet argent leur est distribué

par contribution. De là il suit que les ouvriers ne peuvent pas réclamer du propriétaire une somme plus forte que celle qu'il reste devoir à l'entrepreneur au moment où leur action est intentée : c'est la décision précise de *l'art.* 1798 du Code civil.

§ VIII. *Des ouvriers qui travaillent pour leur compte.*

On entend par ouvriers qui travaillent pour leur compte, ceux qui sont chargés directement d'un ouvrage par le propriétaire sans la médiation d'un entrepreneur : le cas arrive toutes les fois que le propriétaire fait travailler par lui-même, ou autrement dit, par économie. Il y a des ouvriers que le maître du bâtiment emploie à la journée; avec d'autres, il fait des marchés à la tâche; enfin il en est à qui il donne certaines portions de son ouvrage à l'entreprise.

Les obligations des ouvriers employés à la journée ou à la tâche par le propriétaire sont les mêmes que celles qu'ils contractent avec un entrepreneur; c'est le même contrat de louage qu'ils font, et qui a pour objet leur temps et leur main-d'œuvre. Ils sont donc tenus d'employer au profit du maître du bâtiment tout le temps qu'ils lui ont promis; ils doivent aussi exécuter leur travail comme il a droit de l'attendre d'eux, c'est-à-dire comme le doivent faire des hommes qui savent le métier qu'ils exercent. Tout ce qu'on a dit du droit de recours que peut avoir l'entrepreneur contre des ouvriers qui perdent du temps, ou qui font de mauvais ouvrage, s'applique au propriétaire à qui des ouvriers se sont loués directement.

De son côté, le propriétaire est obligé de payer à ses ouvriers le salaire qu'il leur a promis, soit à raison du temps qu'ils ont employé, soit à raison de la quantité d'ouvrage convenable qu'ils ont fait, selon qu'ils ont travaillé à la journée ou à la tâche.

A l'égard des ouvriers à qui le propriétaire donne à faire des portions de sa construction à l'entreprise, ce sont de véritables entrepreneurs qui louent leur travail et leur industrie; et si, en outre, chacun fournit les matériaux necessaires à la portion de l'édifice qui lui est confiée, il est,

sous ce dernier rapport, un véritable fournisseur. En consé-
quence, tout ce qui a été dit dans le paragraphe IV sur la
garantie de la solidité des ouvrages des entrepreneurs, dans
le paragraphe V, sur la garantie à laquelle ils sont sujets pour
l'observation des lois des bâtimens, et dans le paragraphe VI,
sur la garantie des matériaux qu'ils fournissent et qu'ils em-
ploient, est applicable à chacun des ouvriers, tels que le
maçon, le charpentier, le serrurier, et autres qui entrepren-
nent ce qui dans un édifice concerne seulement leur état.
Cette décision est écrite dans l'*art.* 1799 du Code, où on lit
que les ouvriers qui font directement des marchés à prix fait
sont de véritables entrepreneurs dans la partie qu'ils traitent.
La loi ne parle pas généralement de tous les ouvriers avec
qui on fait des marchés, ce qui s'étendrait même à ceux qui
travaillent à la journée ou à la tâche : elle ne met dans la
classe des entrepreneurs que ceux qui ont des marchés à
prix fait, c'est-à-dire des marchés dont l'objet est la façon
d'un ouvrage pour un prix convenu expressément ou tacite-
ment, soit qu'on fournisse la matière, soit qu'on ne la four-
nisse pas. Celui qui se loue à la journée ou à la tâche met
ses bras à la disposition d'un maître qui les dirige à sa vo-
lonté, et qui paye à raison de la quantité de temps ou de tra-
vail. L'ouvrier qui s'occupe à l'entreprise, ou, autrement dit,
à prix fait, loue son industrie, et ne soumet pas ses bras in-
définiment à un maître : il promet de faire le travail comme
il en est convenu, et le prix ne lui en est dû que quand l'ou-
vrage est livré, ou jugé recevable.

Ayant diverses réparations de peu d'importance à faire à
votre maison, vous prenez un maçon à la journée. Après lui
avoir fait boucher quelques trous dans un mur, vous lui or-
donnez de raccommoder l'enduit d'une cloison; il vous de-
mande ensuite vos ordres, et vous lui indiquez le chaperon
d'une clôture qui a besoin d'être rétabli. Voilà comment il
vous loue ses bras pour en faire ce qui vous est utile dans
les choses de son métier; son salaire est proportionné au
temps qu'il a employé. Voulez-vous démolir un vieux mur
et ranger les matériaux qui en sortiront? mettez votre ou-
vrier à la tâche, en sorte qu'au lieu de le payer à raison des

journées qu'il aura passées à faire l'ouvrage, son salaire sera proportionné à la quantité de toises de pierres qu'il aura rangées.

S'il s'agit de construire, par exemple, un pavillon dans votre parc, vous chargez un ouvrier de toute la partie de la maçonnerie; un autre promet de faire la charpente; un serrurier, un menuisier, un couvreur, s'obligent à confectionner, chacun ce qui concerne son état. Ces divers ouvriers sont de véritables entrepreneurs : ils ne vous louent pas leur temps pour que vous les occupiez à ce que vous leur ordonnerez; mais chacun est tenu de vous faire un ouvrage déterminé, auquel il emploiera son industrie comme il l'entendra; et vous n'en paierez le prix que quand la construction sera achevée, à moins que vous ne soyez convenu de donner des sommes à compte pendant le cours de la construction.

Ces divers ouvriers, faisant votre ouvrage à l'entreprise, sont garans et de sa solidité et de l'observation des lois des bâtimens, chacun en ce qui le concerne. Observez pourtant que cette garantie n'est pas solidaire entre eux : en sorte que si, par exemple, un vice de construction avait été reconnu par experts comme venant de la mauvaise qualité des murs, et qu'il en fût résulté la chute des planchers, le maçon seul serait responsable de la totalité de la perte, sans qu'on pût faire aucune poursuite contre le charpentier. Pareillement, si les planchers ou les combles avaient péri par le vice des bois, le charpentier seul en serait responsable, sans que ni le maçon, ni le couvreur, ni tout autre ouvrier, pût être recherché pour raison de cet accident.

Lorsqu'un ouvrier à l'entreprise fait de mauvais ouvrages ou de mauvaises fournitures qui occasionnent quelque destruction, il est seul responsable, non-seulement de la perte faite dans sa partie, mais encore des événemens arrivés dans les parties des autres ouvriers. C'est ainsi que le maçon qui a mal établi les fondations d'un mur est tenu des dommages que ce mur a éprouvés, et de la perte qui en est résultée dans la charpente, ou la menuiserie, ou la serrurerie. Réciproquement, si les vices dans les bois ou dans les fers causent, pendant les dix premières années, le dépérissement de la couverture ou d'une partie de la maçonnerie, celui par qui l'ouvrage défectueux a été fait à l'entreprise répond d'abord de la perte des bois ou des fers, et ensuite de celle de la couverture et de la maçonnerie.

La réparation des objets qui ont souffert d'un vice de construction n'est pas la seule chose que doive l'ouvrier qui, en travaillant à l'entreprise, n'a pas suivi les règles de l'art, ou n'a pas fourni de bons matériaux. Si l'accident a porté le moindre préjudice, soit au voisin, soit à quelque autre personne, le propriétaire sera directement tenu des dommages-intérêts dont les tiers obtiendront la condamnation; mais il aura son recours pour ces mêmes dommages-intérêts contre l'auteur du mauvais ouvrage.

Les ouvriers qui travaillent à l'entreprise étant considérés comme de véritables entrepreneurs pour les parties qu'ils traitent, il en résulte, ainsi qu'on l'a déjà dit, qu'ils sont responsables pour ces mêmes parties séparément, comme le sont les entrepreneurs pour la totalité de la construction. Pendant dix ans la solidité de la maçonnerie, de la charpenterie, de la serrurerie, est donc garantie par le maçon, le charpentier, le serrurier; c'est ce qu'on vient de voir : il faut donc aussi que l'observation des lois du voisinage et de police soit garantie par ces mêmes ouvriers, chacun dans sa partie. Ainsi le maçon ne peut pas faire des enfoncemens dans un mur mitoyen, sans qu'on lui justifie, soit du consentement du voisin, soit d'un jugement; le charpentier ne peut pas faire passer une pièce de bois dans le tuyau d'une cheminée. Celui de ces ouvriers qui, en faisant la partie de construction dont il s'est chargé, manque à une des lois concernant les bâtimens, en est responsable envers le propriétaire; et même il peut être poursuivi à la diligence des magistrats qui veillent à l'exécution des règlemens de police. La raison en a été donnée en parlant de cette portion de la responsabilité des entrepreneurs: ils doivent savoir les lois des bâtimens : s'ils trompent sur ce point le propriétaire, dont la confiance en eux est établie en pareille circonstance sur une présomption de droit, il est juste qu'il ait son recours contre eux. Ce qui est ainsi décidé à l'égard des entrepreneurs s'applique nécessairement aux ouvriers qui, dans une construction, entreprennent seulement la partie qui tient à leur métier. En se chargeant, à titre d'entreprise, d'un certain ouvrage, l'ouvrier s'oblige donc, non-seulement à le faire suivant les règles de l'art, mais encore à y observer les lois des bâtimens relatives, ou à l'intérêt des voisins, ou à l'intérêt public.

Un architecte dirige quelquefois des travaux dont l'exécution n'est pas confiée à un seul entrepreneur; chaque nature d'ouvrage est entreprise séparément par un ouvrier. Alors les obligations de chacun de ces entrepreneurs particuliers sont, pour la partie qu'il traite, les mêmes que celles de celui qui se chargerait seul d'exécuter la totalité : il doit en tout se conformer aux plans et devis que lui donne l'architecte, et suivre ses ordres pour les différens détails non expliqués suffisamment dans ce qui est figuré ou décrit. Au reste, nous renvoyons sur cet objet à ce qui a été dit dans les paragraphes précédens, en parlant des architectes qui dirigent des travaux; et en parlant de la responsabilité des entrepreneurs en général.

Art. IV. *Des devis et des marchés.*

En traitant dans les trois articles précédens de la garantie de solidité pour les constructions, de la garantie relative à l'observation des lois, et des personnes contre qui s'exercent ces deux sortes de garanties, nous avons eu occasion de citer quelques dispositions du Code civil sur les devis et les marchés. Cependant nous ne les avons envisagées que sous le rapport de la garantie : il convient donc de réunir sous un seul point de vue, et de traiter d'une manière plus générale les principes concernant les devis et les marchés.

Cet article sera divisé en neuf paragraphes : dans le premier, on verra la nature de ce contrat; dans le second, les obligations de l'entrepreneur; dans le troisième, celles du propriétaire; dans le quatrième, au risque de qui est l'ouvrage pendant le temps de la construction; dans le cinquième, quand et comment se fait la résiliation d'un marché;

dans le sixième, on parlera du privilége qui s'établit sur les constructions; dans le septième, des contestations relatives à l'établissement de ce privilége; dans le huitième, de son étendue; dans le neuvième, de ceux qui prêtent leurs deniers pour payer les ouvrages.

§ Ier. *De la nature du contrat qui intervient dans les devis et les marchés.*

La convention par laquelle on confie la construction d'un bâtiment à quelqu'un est un contrat de louage d'ouvrage. C'est ce qu'on voit dans le Code : il dit, *art.* 1708, qu'il y a deux sortes de contrats de louage, celui des choses et celui d'ouvrages. Dans l'*art.* 1710 il est dit que le louage d'ouvrage est un contrat par lequel l'une des parties s'engage à faire quelque chose pour l'autre, moyennant un prix convenu.

Trois sortes de contrats de louage d'ouvrage sont distingués par la loi, *art.* 1779 : le louage des gens de travail qui s'engagent au service de quelqu'un, comme font les domestiques et les ouvriers occupés pour le compte d'un maître ; le louage des voituriers tant par terre que par eau, lesquels se chargent du transport des personnes et des marchandises; enfin le louage des entrepreneurs d'ouvrages par suite de devis ou de marché.

Quand on charge une personne de faire un ouvrage, on peut convenir qu'elle fournira seulement son travail ou son industrie, ou bien qu'elle fournira aussi la matière. Dans le premier cas la convention est simplement un louage d'ouvrage, et dans le second il y a de plus un contrat de vente, relativement aux matériaux que l'entrepreneur s'engage à fournir. Le Code fait lui-même cette distinction, *art.* 1711, sur la fin : il dit expressément que les *devis, marché* ou *prix fait* pour l'entreprise d'un ouvrage moyennant un prix déterminé, sont aussi un louage, lorsque la matière est fournie par celui pour qui s'exécute l'ouvrage. De là il suit que, quand l'entrepreneur, outre son industrie, fournit des matériaux, il y a louage et vente. Ces deux espèces de contrats ne sont pas incompatibles : ils peuvent former l'objet de la même convention, ainsi que la loi le déclare *art.* 1787.

On ne doit pas objecter ce que dit Justinien dans ses Inᵣ titutes, au titre *de locat. et condict.* § III et IV : lorsque c'est l'ouvrier qui fournit la matière, il veut que le contrat soit une simple vente, tandis que c'est simplement un louage, quand la matière est donnée par celui qui commande l'ouvrage. Cette décision a lieu sans doute dans les cas où l'ouvrier fournit, outre son industrie, la totalité de la matière, comme dans l'exemple qu'il cite. Il s'agit d'un orfévre à qui on a demandé un vase d'or ou d'argent : il vend sa marchandise, si toute la matière lui appartient; et il ne fournit que son travail, quand il fait le meuble avec la matière qui lui a été confiée. Mais il y a des circonstances où la nature du louage ne disparaît pas, quoiqu'il y ait vente; c'est quand l'ouvrier ne fournit pas la totalité de la matière. Le cas arrive particulièrement quand il s'agit d'un édifice; car, même en supposant que l'entrepreneur soit chargé de fournir tous les matériaux, le sol appartenant à celui qui commande l'édifice, on ne peut pas dire que la totalité de l'objet construit lui ait été vendu. Ainsi le Code a sagement décidé que le louage et la vente peuvent exister dans la même convention.

On remarquera qu'en caractérisant le louage d'ouvrage sur la fin de l'*art.* 1711, le Code le nomme *devis, marché* ou *prix fait;* de là il faut conclure que ces trois expressions indiquent la même espèce de contrat; c'est-à-dire la convention par laquelle quelqu'un est chargé de faire un ouvrage moyennant un prix. Quelquefois cette convention n'a pour signe que le devis de l'ouvrage; et l'entrepreneur l'ayant exécuté, on en conclut que les parties sont tacitement convenues du prix qu'il est d'usage de donner pour pareils objets. D'autres fois c'est un marché qui s'écrit pour constater les conditions arrêtées entre les parties; et si quelques circonstances n'ont pas été prévues, on suit à leur égard l'usage qui s'observe dans ces sortes d'entreprises. Enfin il est des cas où il n'intervient aucun écrit, soit comme devis, soit comme marché, entre le propriétaire et l'entrepreneur; alors, dès que celui-ci se met à l'ouvrage, et que le maître de la construction le laisse faire, le contrat est suffisamment formé : il en résulte que l'édifice a été établi moyennant un prix fait tacitement, et qui doit être réglé suivant l'usage. C'est pour comprendre dans sa disposition ces différentes manières dont le louage d'ouvrage peut être contracté, que le Code le nomme ou devis, ou marché, ou prix fait.

Au surplus, l'engagement formé entre un entrepreneur et un propriétaire sous l'une de ces trois dénominations ressemble beaucoup à celui de la vente : il est de même un contrat du droit des gens, qui, par conséquent, n'est assujetti à aucune forme par le droit civil pour être valable : il se régit donc par les règles de l'équité naturelle dans tous les points qui n'ont pas été prévus dans le marché ou par les lois.

Par le consentement que donnent les parties pour former le contrat de louage dont on parle, elles s'engagent réciproquement l'une envers l'autre ; d'où il suit qu'il est, comme la vente, un contrat synallagmatique. Il est également commutatif ; c'est-à-dire qu'à l'exemple du vendeur et de l'acheteur, chacune des parties dans le contrat de louage d'ouvrage entend recevoir la valeur de ce qu'elle donne : si, d'une part, l'entrepreneur veut recevoir tout ce que vaut l'ouvrage qu'il a fait ; de son côté, le propriétaire est bien décidé à ne pas payer plus que le juste prix.

De ces explications propres à fixer la nature de la convention qui se fait entre un propriétaire et un entrepreneur de bâtimens, il résulte qu'elle n'est un louage que quand elle a pour objet un ouvrage à faire moyennant un prix, et qu'en même temps le consentement des parties est intervenu.

Puisqu'il s'agit d'un contrat de louage d'ouvrage, il est clair qu'un pareil engagement ne peut exister s'il n'y a pas un ouvrage à exécuter ; mais il faut que l'ouvrage soit possible, parce que toute convention qui aurait pour objet une chose impossible à faire serait nulle, comme étant un acte de folie condamné par la raison : *impossibilium nulla obligatio est.* L. 185, ff. *de reg. jur.* On parle ici d'une impossibilité absolue, et non pas de celle qui ne serait que relative à l'entrepreneur : c'est sa faute d'avoir promis ce qui était au-dessus de ses moyens ou de son savoir ; et le propriétaire n'était pas obligé de connaître jusqu'à quel degré s'étendait la possibilité de cet entrepreneur.

L'ouvrage ne doit être contraire ni aux lois ni aux bonnes mœurs; autrement le contrat serait nul : et même celui qui l'exécuterait serait punissable, comme ayant fait une chose défendue. *Pacta quæ contra leges constitutionesque, vel contra bonos mores fiunt, nullam vim habere, indubitati juris est.* L. 6, C. *de pactis.*

Non-seulement l'espèce de contrat dont il s'agit doit avoir pour objet un ouvrage à faire, mais encore il faut que ce soit moyennant un prix fait : car, si le propriétaire ne promettait rien à l'entrepreneur, ce ne serait plus un louage: ce serait un mandat, qui est un contrat d'une autre nature. Quand on dit un prix fait, on entend une somme d'argent; parce qu'un ouvrage qui serait entrepris à la charge que le propriétaire donnerait quelque autre chose que de l'argent, serait l'objet d'un échange, ou d'un autre contrat, et ne formerait pas un louage.

Remarquez que le louage étant un contrat commutatif, chaque partie veut recevoir la valeur de ce qu'elle donne. Le prix fait doit donc être sérieux, et tel qu'il paraisse évidemment dans l'intention des parties de le regarder comme la valeur de l'ouvrage convenu : autrement il n'y aurait pas de louage; ce serait un contrat de bienfaisance, soit que le prix fût fort au-dessus, soit qu'il fût fort au-dessous de la valeur de l'ouvrage. On ne parle pas ici précisément du juste prix; il suffit qu'il soit d'une importance assez grande pour être considéré comme la valeur à laquelle les parties ont porté sérieusement l'ouvrage. A l'égard du point où elles se fixent au-dessus ou au-dessous du juste prix, il importe peu, pourvu que la différence ne soit pas excessive, et ne fasse pas présumer que l'on ait voulu déguiser une autre sorte de contrat sous la forme du louage d'ouvrage. (12)

Enfin il n'y a de contrat de louage d'ouvrage que quand le consentement des parties est intervenu sur l'objet et sur le prix convenu. En conséquence nulle obligation ne peut résulter de la convention dont on parle, si l'une des parties n'est pas capable de donner son consentement, comme serait un mineur, un interdit, une femme sous puissance de mari.

Rien ne peut suppléer la désignation de l'ouvrage à faire ; il est absolument nécessaire que les parties s'entendent sur ce point essentiel. Cependant il n'est pas besoin que les détails sur la manière de l'exécuter soient exprimés ; le silence à cet égard est, de la part de l'entrepreneur, un engagement de faire la construction comme il est d'usage, et suivant les règles de l'art.

Pareillement il y a prix fait, quoiqu'il n'en soit pas parlé, lorsqu'il est évident que les parties ont intention que l'ou vrage soit payé : alors la convention est tacite, et le prix est censé fait pour la somme à laquelle il est d'usage d'évaluer chaque espèce d'ouvrage dont la construction sera composée. En adoptant ce principe dans son Traité du contrat de louage, Pothier ajoute que, si l'ouvrage n'a pas une valeur connue, la convention tacite est que l'ouvrage sera payé sur le prix de l'estimation. Par exemple, si j'ai chargé un entrepreneur de me bâtir une maison suivant un certain devis, nous sommes censés être tacitement convenus que l'ouvrage sera estimé quand il sera achevé.

C'est pourquoi, suivant le même auteur, il n'est pas nécessaire que la somme qui constitue le prix du louage d'ouvrage soit déterminée dès le temps du contrat ; il suffit que les contractans aient voulu qu'elle le devînt par une estimation. Pour l'effectuer, il est assez d'usage que l'entrepreneur présente son mémoire : le propriétaire le fait vérifier et régler par un architecte ; et ordinairement l'entrepreneur s'en tient à ce qui a été ainsi fixé. Néanmoins, si l'entrepreneur ou le propriétaire a un juste sujet de se plaindre du règlement de l'architecte, il a droit de ne pas en adopter l'avis ; alors il faut s'en rapporter à des experts nommés à l'amiable ou en justice.

A l'égard de la manière dont le consentement doit intervenir, il n'y a aucune forme particulièrement exigée. Le contrat peut être fait ou par écrit ou verbalement : ces sortes de conventions étant du droit des gens, et réglées d'après l'équité naturelle, les actes qu'on en dresse n'en font pas la substance : ils servent seulement à attester l'existence du contrat, qui, sans cette précaution, pourrait manquer de preuve; ils servent aussi à procurer des hypothèques, et à faire usage des voies d'exécution contre celle des parties qui manquerait à son engagement.

Ainsi vous avez chargé verbalement un entrepreneur de reconstruire votre maison que la vétusté force à démolir, **et vous convenez** seulement qu'elle sera rétablie sur les anciens plans. Il ne serait pas possible de prétendre qu'il n'a point existé entre vous et lui un contrat de louage d'ouvrage à prix fait : l'objet à construire est la maison que vous avez souffert qu'il fît élever sous vos yeux; le prix fait est celui qu'indiquera l'estimation de chaque nature d'ouvrage qu'il a fallu exécuter; enfin le consentement des parties résulte et du fait de l'entrepreneur, et de votre silence, qui suppose une adhésion très-formelle quoique tacite. Si l'entrepreneur a fourni des matériaux, il y a vente pour ces objets, dont vous devez le prix suivant qu'ils seront évalués : dans ce cas, l'estimation sera faite pour la façon de chaque espèce d'ouvrage, et en outre pour le prix des matériaux fournis.

§ II. *Des obligations contractées par l'entrepreneur.*

Dans le contrat de louage d'ouvrage, celui qui promet son travail s'engage à le commencer et à le finir dans le temps convenu. S'il n'est fixé aucun délai expressément, ni tacitement par la nature même de l'ouvrage, le propriétaire est fondé à former une demande contre l'entrepreneur pour le faire condamner à commencer ou à finir la construction dans un délai que le jugement désignera.

Que le temps de commencer ou de terminer un édifice ait été expressément convenu, ou bien qu'il se trouve déterminé par la nature même de l'objet, ou enfin qu'il ait été fixé par la justice, peu importe; dans tous les cas, l'entrepreneur doit observer le temps prescrit, soit pour commencer, soit pour achever. S'il y manque, le propriétaire sera autorisé à confier les travaux à une autre personne; et par le même jugement l'entrepreneur négligent sera condamné aux dommages-intérêts résultans du retard qu'il a fait éprouver au propriétaire. Par exemple, un entrepreneur s'est engagé formellement à me livrer au premier juillet prochain la maison qu'il me construit : me fiant sur l'exécution du marché j'ai loué cette maison à commencer du même terme de juillet prochain. L'entrepreneur n'ayant pas tenu la clause de son obligation, il est juste qu'il m'indemnise des loyers dont il me cause la perte, et des condamnations qui seront prononcées contre moi faute d'exécuter à l'époque fixée le bail que j'ai souscrit.

Ce n'est pas assez que l'entrepreneur fasse la construction dans le temps prescrit, il est encore nécessaire qu'il l'établisse conformément aux règles de l'art et aux lois du voisinage. Cette obligation n'a pas besoin d'être exprimée ; elle est de l'essence même de la convention qui intervient entre le propriétaire et la personne à qui il confie ses travaux, soit pour les diriger, soit pour les exécuter : il lui suppose nécessairement les connaissances ordinaires à tous ceux qui se mêlent de bâtimens. Les vices de construction qui font craindre que l'édifice n'ait pas une solidité suffisante, ou qui résultent de l'inexécution des lois du voisinage et de police, donnent lieu à deux espèces de garanties amplement traitées dans les trois articles précédens. On y a vu en quoi consiste la garantie de solidité des ouvrages, ce que c'est que la garantie de l'exécution des lois des bâtimens, contre qui s'exercent ces deux garanties, et comment les architectes, les entrepreneurs et les ouvriers sont garans chacun en ce qui le concerne.

Bien souvent l'entrepreneur est chargé d'employer des matériaux qui lui sont confiés, sauf à fournir le surplus des matériaux qui seront nécessaires : le cas arrive principalement lorsqu'on détruit des bâtimens pour en faire d'autres. Il est de l'intérêt du propriétaire que les matériaux qui en sortent soient utilisés autant qu'il est possible ; par conséquent, il est du devoir de l'entrepreneur de tirer parti des démolitions avec probité. Au reste, sans examiner d'où viennent les matériaux que le propriétaire fournit à l'entrepreneur, il est certain que celui-ci est tenu de les employer convenablement ; en sorte que, s'il les avait mis hors d'état de servir à l'édifice dont il s'occupe, ou si cet accident était arrivé par la maladresse de ses ouvriers, il en serait responsable, et devrait en fournir d'autres de même qualité.

De cette décision il résulte que, pour éviter toute contestation sur ce point, il est bien nécessaire de constater les matériaux qui sont mis par le propriétaire à la disposition de l'entrepreneur. Par ce moyen on ne peut pas exiger de celui-ci qu'il représente des matériaux meilleurs que ceux qu'il a reçus; et de son côté il est tenu d'en rendre compte d'après l'état qui en a été dressé.

On observe que si, en travaillant les matériaux, on les trouve défectueux, leur perte doit être supportée par le propriétaire, qui ne peut l'imputer à l'entrepreneur ni à ses ouvriers. Par exemple, une pièce de bois paraissant fort saine à l'extérieur, on reconnaît, après l'avoir coupée selon les mesures convenables, qu'elle est pourrie dans l'intérieur; elle n'est point à la charge de celui qui devait l'employer. Mais si cette pièce de bois, n'ayant aucun défaut, avait été préparée dans des dimensions trop faibles pour servir, l'entrepreneur serait responsable de cette erreur commise, ou par sa négligence, ou par la maladresse de ses ouvriers.

Une autre obligation de l'entrepreneur consiste à n'user d'aucune fraude dans l'exécution de ses travaux pour parvenir à les faire paraître plus considérables qu'ils ne sont, ou d'une autre nature que celle qu'ils ont en réalité. La bonne foi doit régner dans toutes les sortes de contrats : elle n'est pas exigée plus particulièrement dans le louage d'ouvrage que dans les autres; aussi le dol que l'une des parties y commet est puni de la même manière. Nous avons dit dans l'art. II, § II, que les vices de construction qui proviennent de la fraude de l'entrepreneur donnent lieu contre lui à une action qu'il ne faut pas confondre avec la simple garantie de solidité, qui ne dure que dix ans; on y voit de quel jour est ouverte cette action de dol, et pendant combien de temps on peut l'intenter, à compter du moment où elle est à la disposition du propriétaire.

Enfin l'entrepreneur doit satisfaire aux différentes conditions accessoires qui lui ont été imposées; et s'il y manque il est tenu des dommages-intérêts résultans de l'inexécution de son obligation. Par exemple, s'il s'est engagé à ne pas obstacler par des matériaux le devant de la maison, s'il s'est soumis à faire enlever les décombres, les terres, les plâtras, les débris de pierres, à mesure qu'il s'en forme, afin de ne pas gêner les voisins ou de ne pas gâter le jardin, il ne peut pas se dispenser de remplir sa promesse ; sinon il doit être garant des dédommagemens que les voisins exigeraient du propriétaire, et l'indemniser des dégâts causés à son jardin.

§ III. *Des obligations du propriétaire.*

L'obligation principale du propriétaire qui fait construire, est de payer les ouvrages comme il en est convenu ; c'est-à-dire suivant le prix fixé, quand il en a été exprimé un, ou suivant l'estimation, lorsque le prix a été stipulé tacitement. L'entrepreneur ne peut former sa demande à fin de paiement, s'il n'a pas achevé l'ouvrage et s'il ne l'a pas fait recevoir, ou s'il n'a pas mis le propriétaire en demeure de le recevoir ; mais il arrive quelquefois que l'on convient de payer une partie du prix pendant la construction : il faut s'en tenir alors à ce qui est particulièrement stipulé.

Non-seulement le propriétaire doit le prix des ouvrages convenus par le marché, mais encore le prix des augmentations qui ont été faites de son aveu, soit par nécessité, soit pour satisfaire son goût. Lorsque c'est la nécessité qui force à faire plus d'ouvrage qu'on ne s'y attendait, l'entrepreneur doit en prévenir le propriétaire, afin que celui-ci se détermine ou à consentir l'augmentation, ou à renoncer à la construction, si la dépense nouvelle était trop considérable. Présumer en pareille circonstance de l'intention du propriétaire, quelque évidente que soit la nécessité de l'augmentation du travail convenu, ce serait, de la part de l'entrepreneur, s'exposer à un refus de paiement dont il n'aurait pas droit de se plaindre. Par exemple, on croyait très-solide le terrain sur lequel ont été ouvertes les fondations d'un édifice ; dans une des places préparées à cet effet on découvre une excavation qui ne permet pas de continuer, à moins de faire une augmentation de dépense que les parties n'avaient pas prévue. Quelque essentielle que soit la construction, l'entrepreneur agira imprudemment s'il fait les ouvrages sans prendre le consentement du propriétaire, et sans que la nature du travail excédant ait été constatée.

Il n'y a aucune difficulté à décider que les augmentations qui ont été requises par le propriétaire doivent être payées au-delà du prix convenu. Mais s'il y a un devis auquel l'entrepreneur s'est engagé de se conformer, il ne doit pas manquer de prendre par écrit les ordres qui lui sont donnés de s'en écarter : c'est le seul moyen de n'éprouver aucun refus légitime pour le paiement des augmentations.

Le Code civil, *article* 1793, porte cette décision formellement, pour le cas où l'entrepreneur s'est chargé à forfait d'un bâtiment d'après un plan arrêté et convenu : il ne peut demander aucune augmentation de prix, ni sous le prétexte que la main-d'œuvre et les matériaux sont devenus plus chers depuis le marché, ni sous prétexte qu'il a été fait des changemens ou augmentations sur le plan, à moins que ces modifications n'aient été autorisées par écrit, et que le prix n'en ait été convenu avec le propriétaire. Pour éviter les débats qu'entraîne souvent le règlement des mémoires de l'entrepreneur, et les incertitudes sur la question de savoir si les augmentations et changemens faits aux plans et devis ont été ordonnés, un propriétaire prend le parti quelquefois de fixer irrévocablement par le marché le prix qu'il consent de donner. Malgré les stipulations les plus précises sur ce point, il était fort ordinaire de voir des contestations s'élever sur la fixation du prix. L'entrepreneur prétendait tantôt que les matériaux ou la main-d'œuvre étaient renchéris depuis la conclusion du marché; tantôt il soutenait que, pour répondre aux désirs du propriétaire, il avait été fait différens changemens au plan arrêté, et que, par égard pour celui dont il avait la confiance, il n'avait pas voulu exiger que les changemens demandés fussent constatés par écrit. Le poids de diverses considérations que l'on ne manquait pas d'accumuler en faveur de l'entrepreneur ne décidaient que trop ordinairement les juges à lui accorder l'objet de sa demande. Pour mettre fin à cette source d'abus très-fâcheux, le Code a rappelé la rigueur des principes : il ne permet plus d'écouter les réclamations de l'entrepreneur, dont le marché fixe un prix pour le total de l'ouvrage, à moins que les changemens et augmentations n'aient été consentis par écrit, et que le prix n'en ait été arrêté avec le propriétaire.

Comme le Code ne parle à ce sujet que du cas où le marché est un forfait, on demande s'il faut en conclure que l'entrepreneur peut réclamer des augmentations de prix sous divers prétextes, quand le prix, au lieu d'avoir été arrêté à une somme fixe pour la totalité de l'ouvrage, n'est payable qu'à raison de la valeur qui lui aura été reconnue lors de sa réception.

La réponse est négative, parce que le Code, dans son *art.* 1793, n'établit pas un droit nouveau : il y rappelle les principes pour un cas qui lui a paru mériter une mention particulière; ce qui n'empêche pas de les étendre à tous les autres cas où ils peuvent recevoir application. Ainsi il faut décider en général que, quand il n'y a pas de plan arrêté, l'entrepreneur peut soutenir n'avoir rien fait qui ne lui ait été commandé : faute de moyen pour prouver le contraire, le propriétaire est tenu de payer la totalité des ouvrages exécutés. Par cette réflexion, tout propriétaire est assez averti qu'il doit prendre ses précautions pour ne pas laisser à l'entrepreneur plus de liberté qu'il ne convient dans l'exécution des travaux qui lui sont confiés.

S'il y a un plan arrêté par la signature des parties, rien ne pourra y être changé, à moins qu'il ne soit prouvé que le propriétaire a autorisé les différentes modifications qu'il désire : autrement, l'entrepreneur ne pourra pas prétendre qu'on lui paye les augmentations qu'il lui aura convenu de faire sans ordre exprès. Bien plus, si les changemens non autorisés étaient préjudiciables, le propriétaire aurait droit non-seulement d'en refuser le paiement, mais encore d'exiger que les choses fussent rétablies aux frais de l'entrepreneur, conformément aux plans arrêtés. Cette décision a lieu, soit que le prix ait été fixé à forfait, soit qu'il ne doive être connu que par le règlement des mémoires; car, dans ce dernier cas, il n'en est pas moins vrai que l'entrepreneur a dû se conformer aux plans et devis convenus, et que son paiement dépend de la manière dont il les a exécutés. (13)

Outre que le propriétaire est tenu de payer le prix des ouvrages qu'il a commandés, il doit aussi faire tout ce qui dépend de lui pour faciliter à l'entrepreneur leur exécution. Par exemple, j'ai fait un marché pour que dans un délai fixé le mur de ma maison soit relevé; comme on ne peut y travailler tant que les officiers de la voirie n'auront pas donné l'alignement, je suis obligé de faire les démarches propres à me le procurer : autrement, l'entrepreneur ne sera pas responsable, si la condition relative au délai n'est pas exécutée. Pareillement le propriétaire doit procurer un passage suffisant à l'entrepreneur et à ses ouvriers pour aller et venir sur le lieu de la construction, et pour y conduire tous les matériaux, tant ceux que ce dernier fournit que ceux qui sont mis à sa disposition : faute par le propriétaire de procurer ce qui dépend de lui et devient nécessaire aux travaux, l'entrepreneur n'est pas responsable de leur retard; il est même dans le cas de réclamer des dommages-intérêts, s'il a souffert de la négligence dont il se plaint; enfin il peut demander la résolution du marché, si, dans un temps limité par le juge, le propriétaire ne lui donne pas satisfaction.

§ IV. *Aux risques de qui sont les ouvrages pendant la construction.*

Quand il s'agit d'un ouvrage pour lequel la matière est fournie par celui qui s'est chargé du travail, il n'y a pas de louage : c'est la vente d'une chose qui n'est pas encore livrée. Par conséquent, tous les accidens qui arrivent à l'objet commencé avant qu'il soit achevé ne peuvent pas être aux risques de la personne qui se propose d'acheter, puisqu'elle n'a encore aucun droit sur ce même objet. Voilà pourquoi le Code, *art.* 1788, dit que, si la chose vient à périr, de quelque manière que ce soit, avant d'être livré, la perte en est pour l'ouvrier, si c'est lui qui fournit la matière, à moins que celui qui a commandé la chose ne soit en demeure de la recevoir.

L'application de cette décision se fait au cas où vous chargez un orfévre de vous faire une paire de flambeaux en or, dont il fournira la matière. Il en est de même si je conviens avec un entrepreneur qu'il me construira une maison sur un sol qui lui appartient, et qu'il en fournira tous les matériaux. Ce n'est là qu'une vente projetée, qui ne s'effectuera que par la tradition de la maison, après qu'elle aura été achevée : d'où il suit que jusqu'à ce moment tous les événemens qui arriveront aux ouvrages pendant la construction ne peuvent concerner que l'entrepreneur, il est seul propriétaire de l'édifice, qui ne cessera de lui appartenir que quand il l'aura livré.

Si la chose vient à périr avant d'avoir été livrée, dans le cas où l'ouvrier ne fournit que son travail ou son industrie, le Code, *art.* 1789, ne rend celui-ci responsable que de sa faute : en sorte que le maître supporte seul toute la perte, si elle a été occasionnée par une force majeure. Ainsi, nulle difficulté ne se présente, lorsqu'avant d'avoir été achevée, la construction que j'ai confiée à un entrepreneur, et pour laquelle il n'emploie que des matériaux mis à sa disposition, se trouve détruite par le feu du ciel, ou par une inondation : je dois seul supporter la perte des objets gâtés, suivant la maxime, *res perit domino.*

On demande si, dans ce cas, l'entrepreneur peut exiger le prix de son travail : la raison de douter, est que la perte devant retomber sur le propriétaire, d'après la décision de la loi, on ne doit pas en rejeter une partie sur l'entrepreneur, en lui refusant le prix de son travail.

Pour décider, il faut considérer que l'entrepreneur est le propriétaire de son travail et de son industrie, comme le maître de la construction est propriétaire du sol et des matériaux. Or, si l'effet du cas fortuit doit être supporté par celui à qui appartient la chose qui a péri, suivant la règle *res perit domino,* il en résulte que le maître de la construction souffrira par le dommage arrivé à ce qui lui appartient, tandis que l'entrepreneur souffrira par l'inutilité de son travail : l'accident ne pouvant être attribué à personne, ses suites sont un malheur commun au maître et à l'entrepreneur; il est donc juste que chacun le supporte en ce qui le concerne. Ce n'est pas l'avis de Pothier, qui voudrait que l'entrepreneur fût payé de la portion de travail par lui exécutée : en sorte que le propriétaire serait le seul à qui le cas fortuit ferait tort. Nos législateurs nous paraissent avoir adopté une opinion plus raisonnable, qui, au surplus, ne permet plus de discuter sur ce point, puisqu'elle est devenue loi dans le Code, *art.* 1790 : on y lit que l'ouvrier n'a point de salaire à réclamer, lorsque la chose périt par cas fortuit avant d'avoir été livrée.

En raisonnant toujours dans l'hypothèse où des ouvriers ne fournissent que leur travail, supposons que des accidens arrivent à la construction par la faute du propriétaire, ou par le vice des matériaux qu'il a fait employer : par exemple, des bois qui paraissent bons à l'extérieur ont fléchi sous le poids dont on les a chargés, parce qu'ils étaient gâtés intérieurement; les ouvriers auront droit de réclamer leur salaire, parce que l'événement n'est plus un cas fortuit, c'est le résultat de la volonté du propriétaire qui doit seul en supporter les suites. A son égard, il a été trompé par les apparences; mais cette erreur frappe sur des matériaux qui lui appartiennent, et dont par conséquent la mauvaise qualité ne peut préjudicier qu'à lui seul, comme leur bonne qualité n'aurait profité qu'à lui. Le même *art.* 1790 dit expressément que l'ouvrier doit être payé de son travail, quand la chose a péri par le vice de la matière : bien entendu qu'on ne paye alors la main-d'œuvre qu'en raison de la portion des ouvrages qui étaient faits quand l'accident est arrivé; en sorte qu'il n'est rien dû pour le travail qui n'avait pas encore été exécuté.

Nous venons d'expliquer aux risques de qui sont les accidens de force majeure qui arrivent pendant la construction, lorsque l'entrepreneur, outre son travail, fournit encore le sol et les matériaux; ou bien lorsqu'il ne fournit que son travail : que faut-il décider lorsque le sol appartient à celui qui fait bâtir, et que les matériaux ainsi que le travail sont fournis par l'entrepreneur? On ne peut pas dire alors que toute la matière appartient à ce dernier : ainsi, ce n'est pas simplement une vente qui intervient en pareil cas; il y a tout à la fois louage d'ouvrage, et vente de matériaux.

Pothier pensait que l'entrepreneur devait être payé de son travail et de ses fournitures, lorsque l'accident arrivait avant la réception des ouvrages : la raison qu'il en donnait est que tout ce qui résulte du travail de l'ouvrier, et même les matériaux qu'il fournit, sont accessoires de la chose principale, qui est ici le sol, suivant la règle *ædificium solo cedit.* De là il concluait que des matériaux devenus inhérens au sol par le travail de l'entrepreneur sont acquis au propriétaire du terrain, *jure accessionis;* et qu'ainsi leur perte occasionnée par force majeure est à la charge seulement de la personne à qui appartient le terrain.

Notre Code ayant décidé que les effets d'un cas fortuit, quand il arrive pendant la construction, sont supportés, pour la matière, par celui qui l'a fournie, et pour le travail par celui qui l'a fait, le principe de l'accession ne peut plus être considéré. Il est applicable dans d'autres circonstances, telle que celle où il s'agit de la revendication de mon terrain, sur lequel une construction a été faite sans mon consentement : en rentrant en vertu de mon droit dans la possession du sol, je deviens maître également de tous les matériaux qui ont été employés sur ma propriété pendant mon absence. À l'égard du cas où le bâtiment a été fait par mes ordres, les ouvrages faits par l'entrepreneur ne deviennent à ma charge que quand il me les a livrés; c'est-à-dire quand ces ouvrages ont été reçus. Voilà l'intention du Code : en conséquence, jusqu'à la réception, le travail de l'entrepreneur n'est pas encore ma propriété; en sorte que, si un accident imprévu arrive, je perds les objets gâtés qui m'appartiennent, comme l'entrepreneur perd son travail qu'il ne m'a pas encore livré.

De cette décision il résulte que si le terrain seul m'appartient, et que l'entrepreneur ait fourni la totalité des matériaux, les effets de l'accident arrivé avant la réception des ouvrages seront supportés par moi en ce qui concerne le sol, et par lui en ce qui concerne soit les matériaux, soit la main-d'œuvre. Par la même raison, si, outre le sol, une partie des matériaux m'appartient, le surplus ayant été fourni par l'entrepreneur, le dommage occasionné par la force majeure sera à ma charge en ce qui touche le sol et mes matériaux; tandis que l'entrepreneur souffrira sa part de l'événement pour son travail, et pour les matériaux qu'il aura fournis. Cette opinion est une conséquence de celle expliquée plus haut conformément au Code, et par laquelle on voit que, si tous les matériaux et le sol m'appartiennent, je supporterai le mal qu'aura causé l'accident à ces deux objets, tandis que l'entrepreneur perdra son travail. En effet, les ouvrages (ce qui comprend les matériaux et la main-d'œuvre) ne peuvent être payés que quand il a été possible au propriétaire de les constater; on ne doit pas le prix d'une chose qu'on a commandée, lorsqu'elle a péri avant qu'on ait pu en vérifier l'existence, et reconnaître qu'elle a été faite suivant le marché.

Ici vient une distinction entre l'ouvrage entrepris pour la totalité, sous la condition de ne livrer qu'après l'avoir achevé, et l'ouvrage à plusieurs pièces ou à la mesure, dont chaque partie peut être livrée séparément. Lorsque le marché est fait en bloc, c'est-à-dire pour la construction totale, ou, comme disaient les Romains, *aversione*, l'entrepreneur ne peut faire recevoir son travail que quand l'édifice est achevé : il est donc tenu de courir les risques des cas fortuits, jusqu'à ce qu'il puisse livrer la totalité de l'objet entrepris. Au contraire, lorsque le marché est fait à la pièce ou à la mesure, tel qu'à la toise ou au mètre, l'entrepreneur n'est pas obligé d'attendre que l'ouvrage soit terminé; il peut faire recevoir chaque pièce ou chaque toise aussitôt qu'elle est finie : telle est la décision de l'*art.* 1791 du Code.

Dès que chaque portion est vérifiée séparément, elle est livrée, et cesse par conséquent d'être aux risques de l'entrepreneur : ainsi tout accident qui la ferait périr serait à la charge du propriétaire, et le prix du travail serait dû à l'entrepreneur, aussi-bien que le prix des matériaux qu'il aurait fournis pour cette portion.

Lorsque le propriétaire retarde ou refuse de recevoir les ouvrages, tant ceux qui ne se livrent qu'après avoir été achevés, que ceux qui se livrent à la pièce ou à la mesure, l'entrepreneur fait nommer en justice des experts pour les examiner; et s'ils sont trouvés faits convenablement, ils sont déclarés reçus, à compter du jour où le propriétaire a été mis en demeure de les vérifier, et d'en prendre possession. De là il suit que, si pendant la contestation il arrivait un accident par force majeure, les pertes seraient supportées par le propriétaire qui aurait retardé la réception; à moins qu'il ne justifiât que son refus était fondé, et que les ouvrages n'étaient pas recevables.

Tout ce qu'on a dit jusqu'à présent, pour déterminer sur qui retombe la perte de l'ouvrage qui périt avant d'avoir été livré, suppose que l'accident est arrivé par force majeure ou cas fortuit : à l'égard du dommage dont l'une des parties est la cause, il ne peut pas y avoir de difficulté; c'est elle qui seule en est responsable. Ainsi, avant la réception d'un édifice, le propriétaire a fait faire des travaux de terrasse qui ont affaibli les fondations, et ont occasionné la chute d'une portion de cet édifice; l'entrepreneur ne peut pas souffrir de cet accident : il ne lui en est pas moins dû le prix de la main-d'œuvre pour la portion détruite, et le prix des matériaux qu'il a fournis pour cette même portion.

Pareillement, si c'est l'entrepreneur qui est la cause de l'accident arrivé à l'édifice, non-seulement le prix de la main-d'œuvre et des matériaux par lui fournis pour la portion détruite ne lui est pas dû, mais encore il est tenu d'indemniser le propriétaire, à cause de la perte des matériaux qui appartenaient à ce dernier, et des autres dommages que peut lui avoir causés l'accident. Cette obligation de l'entrepreneur est la même, soit que la chute du bâtiment arrive par sa faute avant la réception des ouvrages, soit qu'elle arrive après dans le cours des dix premières années : *Code civil, art.* 1792. On a vu le développement et l'application de cette décision dans les articles précédens, où on a traité avec détail ce qui concerne la garantie des architectes, des entrepreneurs et des ouvriers.

Si pendant la construction il arrive un accident dont on ne connaît pas la cause, on présume que l'ouvrage n'a péri que par la faute de l'entrepreneur. En effet, son obligation est de faire un édifice solide : il ne peut donc être excusé, en pareil cas, que quand il prouve que l'accident vient d'une force majeure, ou du fait du propriétaire. (14)

§ V. *De la résiliation des marchés.*

Le marché étant un contrat synallagmatique, il peut être résilié par le consentement mutuel des parties; cette vérité est évidente. L'objet difficultueux est donc de savoir si la volonté de l'une des parties peut opérer la résolution du marché. On ne doute aucunement que l'entrepreneur n'a pas le droit de renoncer à l'exécution de la construction qu'il s'est engagé à faire; s'il ne la commence pas, ou si, l'ayant commencée, il ne l'achève pas dans le temps convenu, le propriétaire se fait autoriser à confier l'ouvrage à un autre, aux risques et aux dépens de l'entrepreneur négligent. Alors celui-ci est tenu de payer tout ce qu'il en coûtera au-delà du prix arrêté par son marché; et en outre il est condamné aux dommages-intérêts résultans du préjudice que son refus ou son retard a occasionné au propriétaire.

On parle ici seulement d'un marché qui contient des conditions que le propriétaire n'est pas assuré d'obtenir d'un autre entrepreneur; car c'est dans ce cas uniquement que le refus ou le retard qu'il éprouve lui est préjudiciable. Ainsi je charge un entrepreneur de construire ma maison suivant les plans et devis que je lui remets, et rien de plus n'est convenu entre nous : il en résulte qu'il s'oblige à bâtir solidement, et conformément aux lois. De mon côté, je m'engage à lui payer, d'après l'estimation, tout ce qu'il aura fait et fourni : s'il ne commence pas aussitôt que je le voudrais, ou si, ayant commencé, il ne finit pas aussi promptement qu'il m'aurait été agréable, il s'expose seulement à perdre ma confiance, et à voir un autre entrepreneur faire ou achever la construction.

Il peut même me déclarer qu'il n'entend pas continuer, car il ne s'est pas engagé à faire la totalité de l'ouvrage, ni même à le commencer ou à le finir dans un délai fixé. En pareil cas, je serai tenu de payer ce qu'il aura fait et fourni après que la vérification en aura été effectuée, et il ne pourra exiger aucun dédommagement, pas même pour les matériaux qu'il aurait approchés ou préparés, et qui lui resteront.

Au contraire, supposons que je sois convenu de quelque chose de déterminé, soit sur le temps auquel il faut commencer ou achever l'ouvrage, soit sur le prix des matériaux à fournir, ou sur le prix des façons, soit enfin sur toute autre circonstance qui me porterait préjudice, si l'exécution de la clause n'avait pas lieu; il est évident que l'entrepreneur ne pourrait pas renoncer au marché sans me mettre en droit de le poursuivre en dommages-intérêts : j'ai dû compter sur les conditions que nous avons arrêtées ensemble; les unes, telles que celles qui concernent le temps, peuvent me causer par leur inexécution un tort irréparable; d'autres, telles que celles des prix, sont quelquefois impossibles à obtenir d'un nouvel entrepreneur, comme j'aurais pu le faire dans le temps où nous avons traité.

A l'égard du propriétaire, sa volonté peut toujours mettre fin au marché, mais avec des effets différens, selon les circonstances. On doutait si le propriétaire pouvait résilier le marché conclu à forfait; on disait que l'entrepreneur ayant compté sur cet ouvrage, avait pris ses arrangemens en conséquence, soit pour s'assurer des ouvriers, soit pour se procurer des matériaux, soit en refusant d'autres travaux. En consacrant l'opinion la plus généralement reçue, le Code civil, dans son *article* 1794, décide que, même lorsque le marché est à forfait, il est résolu dès que le propriétaire fait connaître qu'il n'est pas dans l'intention de l'exécuter. Peu importe que l'ouvrage soit ou non commencé, l'entrepreneur à qui la volonté du propriétaire est notifiée n'a plus la faculté de travailler : par conséquent ce dernier peut lui refuser le passage et les autres facilités qu'il était tenu de donner aux personnes employées à sa construction.

On a considéré que l'entrepreneur, dont la profession est de bâtir pour ceux qui en ont besoin, donne essentiellement lieu de compter sur l'engagement qu'il prend; car, s'il lui

survient quelque surcroît de travaux, ou quelque empêche-
ment, il lui est facile de faire exécuter son marché. Il n'en
est pas de même du propriétaire, qui souvent ne compte que
sur des ressources très-peu multipliées; quelquefois même
il ne s'est résolu à construire, malgré la gêne où il se trouve,
que par l'impossibilité de différer l'ouvrage sans s'exposer à
une trop grande perte. Dans une pareille position, s'il lui
survient quelque contre-temps ou de bonnes raisons pour ne
pas bâtir, raisons dont il ne doit compte à personne, il ne
lui reste pas la liberté de choisir; il est forcé de rompre le
marché n'ayant aucun moyen de satisfaire aux engagemens
qui résulteraient s'il était tenu de laisser faire la construc-
tion. On voit pourquoi l'entrepreneur ne peut jamais renon-
cer à un marché fait avec des conditions sur lesquelles le
propriétaire a pu se reposer, tandis que celui-ci est toujours
autorisé à résilier le marché, même quand cette convention
est un forfait.

Au reste, quelque raisonnable que soit la loi, en mettant
une différence très-marquée entre l'intérêt du propriétaire
et celui de l'entrepreneur concernant la résiliation d'un
marché, elle n'entend pas que le propriétaire puisse user de
son droit au détriment de l'entrepreneur; en conséquence,
le même article du Code veut que celui-ci, lorsque la rési-
liation du marché lui est signifiée, soit dédommagé, non-
seulement de ses dépenses et travaux, mais encore de tout
ce qu'il aurait pu gagner si l'entreprise eût été achevée. Ainsi
un propriétaire ne se déterminera plus que par de fortes
raisons à rompre un marché conclu; et, ce qui est surtout
fort équitable, cette rupture ne se fera jamais dans le dessein
de nuire à l'entrepreneur, et de le priver d'un gain légitime
sur lequel il lui a été permis de compter. En effet, quel que
soit le motif qui porte un propriétaire à renoncer au mar-
ché, il n'en doit pas moins payer à l'entrepreneur tous les
travaux déjà exécutés, toutes les fournitures déjà faites, tou-
tes les autres dépenses que lui a occasionnées le marché, et
qu'il n'aurait pas faites s'il n'avait pas compté l'exécuter;
enfin l'intention de la loi est que l'indemnité soit tellement
complète, que l'entrepreneur y trouve même le gain qu'il

aurait pu faire légitimement si le marché eût reçu son en-
tière exécution. (15)

Quand un marché à forfait a été résilié par la volonté du
propriétaire, et que peu après il veut continuer sa construc-
tion, peut-il s'adresser à un autre entrepreneur? Celui-ci
ayant reçu, non-seulement le remboursement de ses tra-
vaux, de ses fournitures, de ses autres dépenses, mais en-
core le gain qu'il aurait fait sur la construction, il est com-
plètement désintéressé : le marché à son égard a été entiè-
rement exécuté. Ainsi ce serait sans aucun fondement qu'il
se plaindrait de ce que le propriétaire aurait choisi un autre
entrepreneur.

Le Code n'a parlé de la résiliation par la volonté du pro-
priétaire que quand le marché est à forfait; de là, naît la
question de savoir si dans tous les autres cas le marché peut
être résilié de la même manière.

La raison de douter est que la faculté de résilier étant
donnée pour une sorte de marché, il semble en résulter
qu'elle est refusée pour les autres espèces suivant l'axiome :
inclusio unius est exclusio alterius.

Ce qui décide, c'est que le marché à forfait est celui qui
contient le lien le plus fort; tous ceux qui n'ont pas ce ca-
ractère ont quelque chose de moins rigoureux, et par consé-
quent offrent moins d'inconvéniens à résilier : or la volonté
du propriétaire étant capable de résoudre un marché à for-
fait, à plus forte raison peut-elle opérer la résolution de
toute autre espèce de marché. En s'occupant particulière-
ment du contrat le plus rigoureux, parmi ceux qui ont pour
objet le louage d'ouvrage, la loi a laissé voir suffisamment
son intention à l'égard des autres sortes de marchés, suivant
la règle, *ubi eadem est ratio decidendi, idem jus dicendum
est.* D'ailleurs il paraît que nos législateurs ont voulu sur-
tout décider une question fort débattue, celle de savoir si
l'entrepreneur de qui le marché est résilié, peut exiger qu'on
lui paye le gain qu'il aurait fait s'il eût achevé son travail. La
loi prononce affirmativement pour le cas où le marché est à
forfait; en sorte que les autres cas restent soumis aux princi-
pes de la matière : ainsi la volonté du propriétaire opère la

résiliation, quelle que soit la nature du marché, même quand il est à forfait. A l'égard de l'indemnité, elle doit être complète quand le marché est à forfait, et comprendre même le gain qu'avait droit d'espérer l'entrepreneur. S'agit-il d'un marché d'une nature moins rigoureuse, les juges doivent suivre ce que l'équité leur indique, et étendre l'indemnité d'autant plus que le marché se rapproche plus du forfait : la règle générale est d'indemniser l'entrepreneur en raison de ce qu'il souffre réellement à cause de l'inexécution des conventions.

Qu'arriverait-il, si l'entrepreneur avait reçu le tout ou partie du prix de son ouvrage lorsque la volonté du propriétaire a rompu le marché? L'entrepreneur imputerait ce qui lui a été payé sur le montant du dédommagement qui lui revient : en conséquence, si ce dédommagement excède tout ce qui a été avancé, le propriétaire devra le surplus; tandis que, si les sommes payées à l'entrepreneur sont plus considérables que ce qui lui est dû, y compris son dédommagement, il rendra ce qu'il se trouvera avoir reçu de trop. Observez que pour cette restitution il faudra lui accorder un délai, s'il le demande, de manière qu'il ne soit pas incommodé par l'obligation de payer une somme dont il a eu droit de disposer, ne pouvant pas prévoir qu'il serait dans le cas de la restituer. (16)

La mort de l'une des parties opère-t-elle la résiliation du marché?

On distingue le décès du propriétaire, et celui de l'entrepreneur, comme on a distingué la volonté de l'un et celle de l'autre. On a vu que le propriétaire rompt le marché quand il lui plaît, sauf à indemniser, tandis que l'entrepreneur n'a pas la même faculté. Le contraire a lieu quand il s'agit du décès : celui du propriétaire ne dissout pas le contrat, qui pourtant se trouve résilié par la mort de l'entrepreneur. Cette différente manière de décider prouve que, dans les marchés, on envisage ce qui est le plus conforme à l'équité. Nulle bonne raison ne pourrait autoriser un entrepreneur à renoncer volontairement à un marché, tandis qu'il peut arriver qu'un propriétaire soit dans la nécessité d'en arrêter l'exécu-

tion; voilà pourquoi on a accordé à la volonté de l'un plus
d'effet qu'à celle de l'autre. En cas de décès, on trouve aussi
que les parties ne sont pas dans la même position : quand le
propriétaire vient à mourir, rien n'empêche l'entrepreneur
de continuer ses travaux; peu lui importe que le prix lui en
soit payé par la personne même avec qui il a traité, ou par
la succession. Il n'en est pas de même quand c'est l'entrepre-
neur qui décède; ses héritiers n'exercent pas sa profession,
et ne seraient pas en état de faire les travaux convenus : en
conséquence, il est juste qu'ils ne soient pas forcés à exécuter
le marché. Bien plus, quand même le fils du défunt aurait le
même état que son père, il pourrait n'avoir pas succédé à la
confiance que ce dernier savait inspirer : le propriétaire ne
doit donc pas être forcé, même en pareil cas, à laisser conti-
nuer le marché par l'héritier de l'entrepreneur.

Avant le Code, les jurisconsultes, tel que Pothier, distin-
guaient le cas où l'ouvrage peut être fait par un autre aussi
bien que par le défunt : alors il était décidé que les héritiers
de l'entrepreneur devaient faire exécuter le marché. Quand
l'ouvrage était de nature à dépendre surtout du talent per-
sonnel de celui à qui on l'avait confié, on ne balançait pas à
regarder le marché comme résilié par le décès de l'entrepre-
neur. Il n'est plus possible d'admettre cette distinction de-
puis que le Code, *art.* 1795, a établi en principe général,
que le contrat de louage d'ouvrage est dissous par la mort de
l'ouvrier, de l'architecte, ou de l'entrepreneur : *ubi lex non
distinguit, nec nos distinguere debemus.* Ce n'est pas sans
de bonnes raisons que la loi n'a plus voulu qu'il fût fait de
différence entre les sortes d'ouvrages : il était très-difficile de
connaître les travaux que les héritiers pouvaient aisément
faire continuer. Ils soutenaient presque toujours, et avec
quelque fondement, qu'il leur était impossible de trouver
les ressources que savait se procurer le défunt. En consé-
quence, suivant le Code, il serait trop dur d'exiger que des
héritiers fussent forcés d'exécuter un marché auquel ils ne
connaissent rien.

Quand une construction est dirigée par un architecte, et
exécutée par un entrepreneur, le décès de l'architecte rompt-

il le marché fait avec l'entrepreneur ; et réciproquement, le décès de l'entrepreneur opère-t-il la résiliation du marché fait avec l'architecte ?

En considérant le contrat de louage d'ouvrage fait avec l'architecte comme un acte séparé du louage d'ouvrage contracté avec l'entrepreneur ; il est facile de sentir que le décès de l'un des deux ne dissout que le marché fait avec le défunt : ainsi, quoique l'architecte soit mort, le propriétaire qui peut le faire remplacer par tel autre qu'il choisira, ne peut pas argumenter de ce décès pour arrêter l'entrepreneur dans ses travaux. Il peut bien user du droit de rompre le marché par sa volonté ; mais alors il faut qu'il indemnise l'entrepreneur, comme on l'a expliqué plus haut. Pareillement, le décès de l'architecte ne peut pas être un motif pour autoriser l'entrepreneur à renoncer au marché.

On raisonnera de même, si c'est l'entrepreneur qui est décédé : les conventions faites avec l'architecte n'en doivent pas moins s'exécuter. Celui-ci n'a pas le droit de motiver son refus sur un événement qui lui est étranger, et le propriétaire, de son côté, ne peut pas s'autoriser du décès de l'entrepreneur pour rompre la convention faite avec l'architecte. Il a bien le droit de notifier à ce dernier sa volonté de rompre tout engagement, mais c'est en vertu d'un autre principe développé plus haut : le propriétaire alors est obligé à tous les dédommagemens dont il a été parlé.

On suppose ici qu'il y a eu avec l'architecte un marché contenant des conditions sur lesquelles celui-ci a dû compter, et dont l'inexécution peut lui causer du dommage. Ce cas arrive rarement : l'architecte qui exerce sa profession avec noblesse ne veut être engagé que par la confiance qu'il inspire au propriétaire. S'aperçoit-il qu'il ne reçoit plus les mêmes témoignages de satisfaction, il se retire, et le propriétaire, avec qui il n'existe aucun marché, ne peut pas s'en plaindre, puisque lui-même il aurait pu remercier l'architecte. Dans ce cas, de quelque côté que vienne la résolution de quitter, le propriétaire doit le prix des travaux faits par l'architecte, et du temps que celui-ci a passé pour diriger les ouvrages.

La résiliation du marché, lorsqu'elle résulte du décès de l'entrepreneur donne à sa succession le droit de réclamer le prix des ouvrages déjà exécutés : c'est ce que décide le Code, *art.* 1796. Il ajoute que les matériaux préparés doivent être payés également par le propriétaire, mais seulement lorsqu'ils peuvent lui être utiles. Le prix des ouvrages et des matériaux dus à la succession de l'entrepreneur se fixe en proportion du prix établi par le marché; et s'il avait été convenu que les ouvrages et fournitures seraient payés sur estimation, il faudrait faire procéder par experts à l'évaluation des ouvrages exécutés et des matériaux préparés.

La loi n'ayant prononcé la résiliation du marché pour cause de mort que quand elle arrive du côté de l'ouvrier, de l'architecte ou de l'entrepreneur, il en résulte que le décès du propriétaire ne dissout pas le contrat de louage d'ouvrage : comme il n'y a point de parité entre les deux cas, la même disposition ne leur convenait pas. L'héritier du propriétaire a bien le droit de rompre le marché, en signifiant que telle est sa volonté, et en payant une indemnité complète, comme on l'a dit plus haut; mais alors la mort de celui à qui il succède n'est pas la cause de la résiliation : en conséquence, tant que l'héritier ne s'explique pas en qualité de propriétaire, le marché subsiste, et l'entrepreneur ne peut pas se dispenser de continuer son travail.

Lorsqu'un propriétaire laisse plusieurs héritiers qui ne s'accordent pas sur la question de savoir si on laissera continuer le marché, ou si on signifiera la volonté de le dissoudre, l'entrepreneur ne doit pas cesser de travailler; car le contrat de louage d'ouvrage n'est point rompu par le décès du propriétaire. Ce qui devient embarrassant, c'est lorsqu'une partie des héritiers notifie sa volonté de résoudre ce marché, tandis que les autres gardent le silence. L'entrepreneur alors assignera ceux de qui il a reçu une signification, et conclura à ce que, dans le délai que le tribunal fixera, ils aient à se régler avec leurs cohéritiers; sinon à ce qu'il soit autorisé, après l'expiration du délai, à suivre l'exécution des travaux. L'entrepreneur se réservera la faculté de demander une indemnité pour les dommages qu'il aura soufferts à cause du retard qu'aura occasionné la dénonciation faite par une partie des héritiers.

Si sur cette demande les héritiers s'accordent, le marché est continué, ou dissous, selon leur intention notifiée à l'entrepreneur : si au contraire ils sont d'avis différens, le tribunal décide lui-même s'il est plus utile aux intérêts communs de continuer ou de résilier le marché. Pour s'éclairer sur cette question, il nomme des experts afin d'examiner le marché, les travaux, s'il y en a de commencés, les ressources de la succession, et pour faire un rapport sur ce qui paraît le plus convenable. (17)

Le contrat de louage d'ouvrage se dissout encore par la force majeure. Ce principe n'est pas écrit particulièrement dans le Code; mais il se trouve énoncé d'une manière générale dans l'*art.* 1302, où il est dit que l'obligation est éteinte, si la chose a péri ou a été perdue sans la faute du débiteur. D'ailleurs il est dans l'équité naturelle que l'on ne soit pas tenu des événemens qui n'ont pas été prévus lorsqu'on a contracté : *rapinæ, tumultus, incendia, aquarum magnitudines, impetus prædonum, à nullo præstantur.* L. 23, *infin., de regul. jur.* Ainsi j'ai fait marché avec un entrepreneur pour qu'il me construisît une maison sur un terrain que je lui ai désigné; avant l'époque fixée pour la commencer, ou même pendant qu'il travaillait, un tremblement de terre a ouvert mon terrain, qui s'est changé en un gouffre où il n'est plus possible d'établir une construction. Il est évident que le marché est résilié par une force majeure, qui ne peut être imputée à aucune des parties contractantes : en conséquence, chacune supportera la perte qui le concerne particulièrement. Je serai donc obligé de payer à l'entrepreneur les travaux par lui faits, et qui pourront être constatés : à l'égard de ce qu'il sera impossible de vérifier, il le perdra comme une suite de l'événement. Par la même raison, pour l'inexécution du marché, il n'est pas plus fondé à me demander des indemnités que je ne peux en réclamer contre lui; puisque la cause qui a dissout le contrat n'est imputable ni à lui, ni à moi.

§ VI. *Comment les architectes, entrepreneurs et ouvriers obtiennent privilége sur leurs constructions.*

Puisque celui qui vend un immeuble a un privilége pour se faire payer le prix convenu, il est juste que ceux qui contribuent à la conservation ou à l'augmentation de l'héritage aient aussi un privilége pour se faire payer de leurs travaux et de leurs fournitures.

Ce privilége n'a pas lieu de plein droit; il faut qu'il ait été établi avec les formalités que prescrit le Code civil, *art.* 2103, § IV. Quand il s'agit d'édifier, reconstruire ou réparer des bâtimens, canaux ou autres ouvrages quelconques, le propriétaire qui veut procurer à ceux qu'il emploiera ou comme architectes, ou comme entrepreneurs et fournisseurs, ou comme ouvriers, un privilége pour le prix de leurs travaux, doit présenter requête au tribunal de première instance dans l'arrondissement duquel se trouve située la construction projetée. Sur cette demande, un expert est nommé d'office; c'est-à-dire qu'il est choisi par le tribunal. Le jugement de nomination rendu au bas de la requête, commet un membre du tribunal pour recevoir le serment de l'expert, et ordonne que ce dernier dressera procès-verbal de l'état dans lequel se trouvent les lieux, et des ouvrages que le propriétaire se propose d'y faire. A la diligence du propriétaire, et en vertu de l'ordonnance qu'il a obtenue du juge-commissaire, l'expert est assigné à venir prêter serment : sur le procès-verbal qui est dressé de cette formalité l'expert indique le jour et l'heure où il fera son opération en présence du propriétaire, ou de son fondé de pouvoirs.

Après avoir constaté l'état des lieux, l'expert énonce sur son procès-verbal les ouvrages que le propriétaire déclare avoir dessein de faire exécuter. Le propriétaire signe chaque vacation; et s'il ne peut pas écrire, mention en est faite par l'expert, qui dépose ensuite la minute de son travail au greffe du tribunal où il a reçu sa mission.

On voit que le propriétaire a seul le droit de requérir cette première opération, et qu'il n'est nullement nécessaire de désigner quelles personnes seront employées à l'exécution des ouvrages projetés. Pour tirer tout l'avantage qu'il désire trouver dans cette formalité, le propriétaire prend au greffe une expédition du procès-verbal déposée par l'expert, et le fait inscrire au bureau des hypothèques de l'arrondissement dans lequel est située la construction. Muni de cette première inscription, il est facile au propriétaire de trouver, soit architecte, soit entrepreneurs, soit ouvriers, pour exécuter les ouvrages projetés; car chacun de ceux à qui il s'adressera aura la certitude d'avoir un privilége pour le paiement des travaux qu'il fera. Ce n'est pas que la première formalité dont on vient de parler soit suffisante pour opérer le privilége de ceux qui auront été employés par le propriétaire : elle est sans doute absolument nécessaire; mais elle doit être suivie d'une seconde opération que prescrit le même article du Code.

Dans les six mois au plus tard, à compter du jour où les ouvrages sont parvenus à leur perfection, il est nécessaire qu'ils soient reçus juridiquement. Sans cette seconde formalité, le privilége n'aurait pas d'existence; mais aussi, dès qu'elle a eu lieu, et que le procès-verbal de réception a été inscrit au bureau des hypothèques, le privilége obtient toute sa force, et date du jour où l'inscription du premier procès-verbal a été prise : voilà pourquoi on a conseillé de ne point retarder cette première inscription. On voit que si le propriétaire a seul le droit de requérir la première visite des lieux, il n'en est pas de même de la seconde; les personnes qui ont travaillé dans l'espoir que le privilége préparé serait effectué, ont évidemment intérêt à ce que le délai de six mois ne se passe pas sans que la réception des ouvrages n'ait été faite judiciairement.

A cet effet, soit par le propriétaire, soit par la réunion de toutes les personnes ayant droit au privilége, soit par l'une d'elle séparément, une requête est présentée au tribunal de la situation des lieux. Par le jugement qui intervient, un expert est nommé d'office, et un juge est commis pour recevoir son serment. A la diligence du requérant, l'expert est assigné pour prêter serment; en même temps sommation est faite aux autres parties intéressées d'être présentes, si bon leur semble, à la prestation de serment : il faut en effet qu'elles puissent fournir, avant cette formalité, leurs moyens de reproche, si elles en ont. Lorsque c'est le propriétaire qui poursuit la réception des ouvrages, il appelle à la prestation de serment tous ceux qui ont droit au privilége : remarquez qu'ils pourraient y intervenir, s'ils n'avaient point reçu de sommation. Quand c'est par la masse des personnes ayant droit au privilége, que la réception des ouvrages est demandée, la sommation d'assister au serment de l'expert est signifiée au propriétaire. Si la réception des ouvrages est requise séparément par un ou plusieurs de ceux qui y ont travaillé, les autres ayant droit au privilége et le propriétaire, sont sommés de se trouver au serment de l'expert.

L'une des parties intéressées n'a-t-elle pas été appelée ; elle peut intervenir, former opposition à l'ordonnance qui reçoit le serment de l'expert, et fournir ses moyens de reproche. A l'égard de ceux qui ont été dûment appelés, ils ne sont plus recevables à reprocher l'expert après la prestation de serment ; à moins que la cause de reproche ne soit survenue postérieurement. Au reste, ceux qui n'ont pas été appelés au serment, et qui n'ont point de reproches à proposer contre l'expert, n'ont rien de mieux à faire que de se présenter à lui, et de requérir que la réception des ouvrages se fasse avec eux.

Pour la prestation de serment du second expert, on suit la même procédure tenue pour le serment du premier expert. Le poursuivant obtient du juge-commissaire une ordonnance qui indique le jour où le serment sera prêté. En vertu de cette ordonnance, qui est signifiée à l'expert et aux parties intéressées, avec assignation, la formalité prescrite est remplie ; et, par le procès-verbal qui en est dressé, mention est faite du jour que fixe l'expert pour procéder à la réception des ouvrages.

A la diligence du poursuivant, les parties intéressées qui n'ont pas comparu à la prestation du serment où elles ont été appelées, sont sommées de se trouver au jour et à l'heure indiquées par l'expert. Souvent la réception des ouvrages se faisant sans contestation, les parties se trouvent soit à la prestation de serment, soit à l'opération, sans avertissemens signifiés; et leur présence, constatée sur le procès-verbal, rend valable vis-à-vis d'elles toute la procédure. Il est donc bon de remarquer en général, que si une personne ayant droit au privilége n'avait pas été appelée au procès-verbal de réception des ouvrages, elle serait fondée à s'y présenter; et l'expert constaterait la déclaration qu'elle lui ferait, ainsi que les réponses, soit du propriétaire, soit des autres parties intéressées.

L'opération de l'expert consiste à énoncer sommairement les différentes sortes d'ouvrages qui ont été faits depuis la première visite des lieux, à déclarer s'ils ont été exécutés suivant les règles de l'art, et conformément aux conventions arrêtées entre les parties, et à en faire l'estimation, soit d'après les prix convenus par le marché, soit d'après le réglement des mémoires, si le prix n'a pas été fixé avec le propriétaire. En conséquence, tous ceux qui prétendent droit au privilége remettent leurs mémoires à l'expert, qui vérifie et arrête le montant de chacun en particulier : le tout est constaté au procès-verbal. Chaque vacation est signée par l'expert et les parties présentes : mention est faite des parties qui ne savent pas écrire, ou qui, soit en personne, soit par un fondé de pouvoirs, n'ont pas comparu. Dès que le procès-verbal de réception est terminé, l'expert le dépose au greffe : la partie la plus diligente s'en procure une expédition; et, si toutes les parties sont d'accord, il ne s'agit plus que de le faire inscrire au bureau des hypothèques. Par cette dernière formalité, le privilége est assuré au profit de ceux dont le travail a été constaté : ce privilége date de l'époque où le procès-verbal de la première visite a été inscrit au même bureau, ainsi qu'on l'a dit plus haut.

Le tribunal peut-il nommer pour recevoir les ouvrages le même expert qui a fait la première visite des lieux? Le Code ne s'expliquant pas sur ce point, il en résulte qu'il est laissé à la prudence des juges de confier la seconde opération à l'expert qui a fait la première : non-seulement il n'y a aucun inconvénient, lorsque rien ne s'y oppose, mais encore on peut assurer que l'expert qui a dressé l'état des lieux, et désigné les ouvrages qu'on se proposait d'y faire, est plus qu'un autre en état de reconnaître la nature des travaux effectués, et de donner son avis sur les difficultés qui peuvent s'élever entre les parties. Le règlement qui dans cette matière servait de guide autorisait expressément les juges suivant qu'ils le croyaient utile à nommer, pour recevoir les ouvrages, le même expert qui a fait la première visite : le Code n'ayant rien de contraire à cette disposition, on ne doute pas qu'elle ne soit adoptée. On sait que, pour obvier à divers abus qui s'étaient introduits dans l'établissement des priviléges sur les ouvrages, le parlement de Paris rendit l'arrêt de règlement dont nous parlons, le 18 août 1766 : les précautions exigées par cet arrêt sont celles que notre nouvelle loi a consacrées, et que nous venons d'expliquer. (18)

§ VII. *Des contestations relatives à l'établissement du privilége sur les constructions.*

Lors du procès-verbal d'état des lieux, il n'y a aucun contradicteur, c'est le propriétaire qui, pour procurer un privilége aux personnes qu'il pourra employer à sa construction, obtient du juge la nomination d'un expert afin de constater l'état dans lequel sont les choses, et énoncer les ouvrages qu'on projette d'y faire. Nulle difficulté ne peut donc s'élever lors de cette première opération : il suffit de la faire avec le propriétaire seul. Cependant, si déjà il a un marché avec un entrepreneur, rien n'empêche que celui-ci ne soit présent à la visite des lieux : bien plus, si par le marché le propriétaire a promis d'établir un privilége, l'entrepreneur, avant de commencer les travaux, peut demander lui-même que l'état des lieux soit dressé, et que les ouvrages qui sont l'objet de son marché soient énoncés au procès-verbal.

Dans ces différens cas, il n'y a pas lieu ordinairement à contestation, puisqu'il ne s'agit que de vérifier des faits qui n'ont pas de contradicteur, ou bien sur lesquels on est nécessairement d'accord. Cependant, si par extraordinaire il s'élevait quelque difficulté entre le propriétaire et l'entrepreneur, dès cette première visite, on aurait recours au **tribu-**

nal, dans la forme qu'on va expliquer, pour le cas où il y a contestation lors de la réception des ouvrages.

Cette seconde opération qui se fait toujours entre le propriétaire et ceux qui ont travaillé à sa construction, a pour objet de fixer ce qui est dû à ces derniers. Par conséquent, il n'est pas étonnant qu'il survienne à cette occasion quelque discussion : tantôt c'est le propriétaire qui conteste à l'un de ceux qui se présentent, le droit au privilége; tantôt ceux qui ont travaillé à la construction, se disputent entre eux sur la question de savoir par qui a été faite telle espèce de fourniture; d'autres fois l'opération même de l'expert est attaquée comme irrégulière ou erronée.

Quand les difficultés ne frappent point sur la validité de l'opération, l'expert se contente de recevoir les dires de chaque partie; et comme il n'a pas d'autorité pour décider, il renvoie à se pourvoir. Si la difficulté n'est pas de nature à empêcher la suite de l'opération, il la termine. Au contraire, s'il est essentiel que le point contentieux soit réglé avant de pousser plus loin son travail, l'expert déclare qu'il n'achèvera que quand les parties se seront fait juger : alors la plus diligente assigne les autres pour faire prononcer, soit en référé, soit par le tribunal, selon l'objet de la contestation. En vertu du jugement, l'expert à qui il est remis reprend le cours de son opération.

Dans le cas où les difficultés n'ont pas empêché l'expert de terminer le procès-verbal de réception des ouvrages, les parties qui ont intérêt à faire prononcer se pourvoient, afin que le privilége, quoique bien établi, puisse être exercé par ceux à qui il appartient, en proportion des droits de chacun. A cet effet, soit que le procès-verbal de réception ait déjà été inscrit au bureau des hypothèques, soit que l'inscription n'ait pas encore été prise, celui qui veut faire prononcer sur les dificultés doit faire assigner le propriétaire et toutes les parties qui ont intérêt à l'objet de la contestation. Le jugement qui intervient sur le vu du procès-verbal de réception, et d'après l'instruction que reçoit l'instance, fixe la part de chacun dans le privilége établi sur les ouvrages. Alors, si le procès-verbal de réception n'a pas encore été inscrit, il est porté au bureau des hypothèques avec le jugement, et la date du privilége remonte à celle de l'inscription du procès-verbal de la première visite. Quand une des parties, n'ayant pas d'intérêt aux contestations, a fait inscrire le procès-verbal de réception avant qu'elles aient été décidées, on fait modifier l'inscription, conformément au prononcé du tribunal, après que sa décision a obtenu force de chose jugée.

Dans tout ce qu'on vient de dire, on suppose que les difficultés qui s'élèvent entre les parties présentes à la réception des ouvrages ne concernent point l'opération en elle-même; mais si l'une des parties prétendait, par exemple, que l'expert a été reproché en temps utile, ou qu'il a excédé ses pouvoirs, ou qu'il a commis, soit des erreurs, soit des nullités, le procès-verbal ne pourrait pas être porté au bureau des hypothèques sans avoir été préalablement homologué par le tribunal. En effet, le titre qu'il s'agit d'inscrire peut bien contenir des clauses qui demandent des explications postérieures : cette circonstance n'empêchant pas le titre d'être reconnu valable par les parties, il n'y a aucun inconvénient à l'inscrire. Il n'en est pas ainsi lorsque la validité du titre est contestée, et surtout lorsqu'il porte avec lui la preuve que des reproches lui sont opposés, ainsi qu'il arrive dans les rapports d'experts, où sont consignés les protestations qui sont faites contre l'opération elle-même : en pareil cas, il n'est pas convenable de porter l'acte au bureau des hypothèques, à moins qu'un jugement n'en ait prononcé la validité. En conséquence, s'il est survenu des oppositions à la réception des ouvrages, ou si le procès-verbal, après que l'expédition en a été levée, est trouvé nul ou erroné par l'une des parties, la première chose à faire est de se pourvoir devant le tribunal. Si la partie qui ne conteste pas l'opération est la plus diligente, elle assigne toutes les autres sans exception pour voir prononcer l'homologation du procès-verbal de réception des ouvrages. La partie qui réclame contre le rapport de l'expert est-elle la plus diligente; elle assigne toutes les autres parties pour voir adjuger les conclusions qu'elle se croit fondée à prendre dans la circonstance. Si le jugement ordonne l'homologation, le rapport est porté

au bureau des hypothèques, et le privilége date du jour où
le procès-verbal de la première visite a été inscrit. Quand le
rapport n'est pas homologué, l'opération est recommencée
ou rectifiée, selon que le tribunal a prononcé; et c'est lorsque
les ouvrages sont reçus convenablement que la seconde ins-
cription est prise.

Ce qu'il faut observer d'essentiel dans cette procédure,
c'est que les ouvrages doivent avoir été reçus dans les six
mois au plus tard, à compter du jour où ils ont été terminés.
Quelque longues que soient ensuite les discussions qui s'élè-
vent sur le procès-verbal de réception des ouvrages, il peut
être inscrit utilement après qu'elles ont été terminées, et le
privilége n'en est pas moins assuré à la date de l'inscription
du premier rapport. On voit combien il est important de ne
pas retarder la présentation de ce premier procès-verbal au
bureau des hypothèques.

§ VIII. *Sur quels objets s'étend le privilége de ceux qui ont*
travaillé à une construction.

Deux conditions sont imposées à l'exercice du privilége
accordé par l'*article* 2103, § IV, du Code civil, à ceux qui
ont été employés aux travaux d'une construction. La pre-
mière est que ce privilége ne puisse pas excéder les valeurs
des travaux constatés par le procès-verbal de leur réception.
Ainsi celui qui a droit au privilége pour une somme, par
exemple de 10,000 francs à laquelle ses travaux ou fourni-
tures ont été évalués par l'expert chargé de la seconde visite,
ne pourrait pas faire participer au même privilége le paie-
ment d'une somme plus considérable. En vain il prouverait
que ce qu'il demande au-delà des 10,000 francs lui est dû légi-
timement pour objets faits et fournis dans la construction sur
laquelle est son privilége; il a eu tort de ne pas faire com-
prendre ces objets dans le procès-verbal de réception; rien ne
peut plus suppléer à cette formalité; il pourra bien exercer son
action contre le propriétaire, et même prendre sur l'immeu-
ble une inscription, s'il a titre convenable, mais il ne réus-
sira jamais à étendre au-delà des 10,000 francs le privilége qui
lui est assuré par le procès-verbal de réception des ouvrages.

La seconde condition sous laquelle est accordé le privilége dont il s'agit, est qu'il soit réduit à l'augmentation de valeur que les travaux ont procurée à l'immeuble à l'époque où il est aliéné. On sent que cette disposition de la loi citée est fondée sur ce que ceux par qui a été exécutée une construction ne peuvent pas être préférés aux autres créanciers pour la valeur qu'aurait conservée l'immeuble, si les ouvrages n'y eussent pas été faits. Ils est donc juste de n'accorder de privilége pour les constructions qu'en raison de l'augmentation de valeur qu'elles procurent à l'héritage.

De là il résulte que si les travaux faits donnent à l'objet une valeur qui surpasse à la fois le prix qu'il valait avant et le prix de ces mêmes travaux, les personnes qui les ont exécutés ne tirent aucune utilité de cet excès de valeur, car elles ne peuvent exercer leur privilége que pour le montant des ouvrages : il leur suffit donc que l'immeuble, après les travaux, se trouve augmenté de tout ce qui est nécessaire pour les payer. Le surplus de l'augmentation profite, ou au propriétaire, ou à ses autres créanciers.

Par suite du même principe, supposons qu'après les constructions faites ou réparées, l'immeuble ne se trouve augmenté au-delà de ce qu'il valait auparavant que de moitié seulement de ce qui est nécessaire pour acquitter les travaux, l'entrepreneur ne pourra exercer son privilège que pour la moitié du prix de ses ouvrages constatés par le procès-verbal de leur réception. Ainsi une maison n'ayant que deux étages, on lui a fait deux autres étages qui ont coûté 10,000 francs, et pour lesquels il a été établi un privilége au profit de l'entrepreneur. Lorsqu'il s'agit de vendre cette maison, il se trouve que si elle n'avait pas été élevée de deux étages, elle vaudrait 20,000 francs; en sorte que, si elle avait reçu une augmentation de prix proportionnée aux nouveaux travaux, elle vaudrait au total 30,000 francs. Cependant, lors de l'aliénation qui en a été faite quelque temps après, soit volontairement, soit par voie judiciaire, le prix ne s'est élevé qu'à la somme de 25,000 francs; les travaux n'ont donc augmenté la valeur de la maison que de 5,000 francs; ainsi le privilége de l'entrepreneur se trouve réduit à cette dernière somme, quoique le procès-verbal de réception de ses ouvrages les ait évalués à 10,000 francs.

Ce n'est pas que l'entrepreneur ne soit légitime créancier du prix total de ses travaux, mais il n'en pourra exiger que la moitié à titre de privilége. Pour le surplus il n'aura qu'une simple hypothèque, qui datera de l'inscription du premier procès-verbal. Il sera donc payé par privilége d'une somme de 5,ooo francs, à quoi se monte la plus-value que ses travaux ont procurée à l'immeuble, et il sera colloqué à son rang d'hypothèque pour les autres 5,000 francs dont il restera créancier. (19)

Dans l'espèce proposée, on a dit que la maison vendue 25,000 francs aurait valu 20,000 francs sans les travaux qui y ont été faits : on demande comment on peut reconnaître, à l'époque où l'immeuble est aliéné, combien il vaudrait si on n'y avait pas fait les ouvrages nouveaux, et par conséquent à quoi se monte l'augmentation de valeur que lui procurent ces mêmes ouvrages.

Les uns pensent que, lors de la première visite qui se fait pour constater l'état des lieux avant de commencer les travaux, l'expert doit estimer ce que vaut l'immeuble. Après cette précaution, on voit facilement, lorsqu'il est aliéné, de combien le prix auquel il est porté surpasse le prix de l'estimation énoncée dans le premier procès-verbal.

On répond avec raison que ce moyen ne satisferait pas à la loi ; elle considère la valeur de l'immeuble seulement à l'époque où il est aliéné, sans égard à ce qu'il a pu valoir avant que les nouveaux ouvrages y aient été faits. Quand un propriétaire provoque la première visite pour préparer un privilége au profit des personnes qu'il emploiera à de nouveaux ouvrages, souvent il n'a pas de contradicteur : il pourrait donc aisément déterminer l'expert à donner à l'immeuble une valeur trop considérable, ce qui serait au préjudice du privilége, et tromperait les personnes qui exécuteraient les travaux projetés. D'ailleurs, le privilége ne s'exerce que sur le prix de l'immeuble ; par conséquent il faut qu'il ait été aliéné. C'est alors seulement qu'on doit l'apprécier et distinguer ce qu'il vaudrait sans les travaux pour lesquels on a obtenu privilége, et de combien ces mêmes travaux ont augmenté sa valeur. Pour arriver à ce résultat, il n'est qu'un seul moyen, c'est de faire une ventilation. Cette opération consiste à examiner dans quelle proportion les ouvrages privilégiés ont augmenté la valeur de l'immeuble à l'époque de l'aliénation.

Quand l'immeuble est aliéné pour un prix capable de satisfaire à toutes les dettes hypothéquées, on conçoit que la ventilation devient inutile ; cette opération ne se fait que quand le prix de l'aliénation n'est pas assez élevé pour payer tous les créanciers inscrits; car ceux qui craignent de n'être pas colloqués utilement ont intérêt à provoquer la réduction des créances qui les priment. En pareil cas, la ventilation est confiée à des experts choisis à l'amiable; et si les parties ne s'accordent pas, la nomination est faite judiciairement.

La forme qu'il faut suivre pour procéder en justice à la ventilation dont il s'agit est facile à reconnaître, si on considère que, quand les parties ne s'accordent pas sur la distribution du prix d'un immeuble, on n'a pas d'autre moyen à employer que d'ouvrir un ordre, comme le prescrit le Code de procédure civile. Celui qui a droit au privilége produit ses titres avec une requête; il y conclut à être payé par privilége de ce qui lui est dû pour les ouvrages dont il a augmenté l'immeuble. Pendant le délai accordé pour contredire, aucun créancier ne s'oppose-t-il à cette demande; le privilégié est colloqué comme il est requis. Si la demande du privilégié est contestée, si un autre créancier soutient sur le procès-verbal du juge-commissaire que l'immeuble n'a pas reçu, par les nouveaux ouvrages, une augmentation de valeur égale à leur prix, la contestation est renvoyée à l'audience, ce qui n'empêche pas le juge-commissaire d'arrêter l'ordre pour les créances antérieures à celle qui fait l'objet de la discussion.

Dans la huitaine qui suit le mois consacré à contredire sur le procès-verbal d'ordre, tous les créanciers postérieurs en hypothèques à celui que l'on conteste sont tenus de choisir un avoué pour les représenter dans la contestation renvoyée à l'audience; ce choix n'ayant pas été fait dans le délai de huitaine, l'avoué du créancier dont l'inscription est la moins ancienne se trouve de plein droit le représentant commun.

Au moyen de cet arrangement prescrit par l'*art.* 760 du Code de procédure civile, les parties de la cause renvoyée à l'audience sont, 1º celui qui a vendu l'immeuble, ou sur qui on l'a saisi; 2º le créancier dont le privilége est contesté; 3º tous les créanciers qui lui sont postérieurs, et qui sont nécessairement représentés par un seul avoué. L'audience est poursuivie dans cet état par la partie la plus diligente sur un simple acte d'avoué à avoué, sans autre procédure. *Ibid. art.* 761.

Après les plaidoiries, le juge-commissaire fait son rapport, et le ministère public est entendu. *Ibid, art.* 762. Dans l'espèce, le point de la contestation étant de savoir combien les ouvrages pour lesquels un privilège est réclamé ont augmenté la valeur de l'immeuble, un jugement interlocutoire nomme des experts : ce sont ceux dont les parties conviennent volontairement entre elles; sinon ce sont ceux que le tribunal choisit d'office.

En vertu de ce jugement, les experts visitent l'immeuble, et opèrent la ventilation. Si leur rapport est approuvé par le tribunal, un jugement définitif règle la somme pour laquelle celui à qui les ouvrages sont dus sera colloqué par privilége.

Les experts chargés à l'amiable ou par justice de faire la ventilation dans le cas dont il s'agit, doivent bien savoir qu'ils n'ont pas à examiner si l'immeuble a été aliéné pour une somme moindre ou plus forte qu'il ne vaut : leurs fonctions se bornent à déterminer dans quelle proportion les ouvrages privilégiés ont augmenté la valeur de cet immeuble; par exemple, s'il se trouve valoir la moitié, ou le tiers, ou le quart de plus que si les ouvrages n'existaient pas : de là il résultera que le privilége affectera la moitié, le tiers ou le quart du prix de l'aliénation. Cette observation est d'une grande importance; et si on n'y faisait pas attention, les conséquences en seraient très-contraires à la loi.

7

Prenons pour exemple une maison valant réellement 5o,ooo francs, et qui par expropriation forcée a été adjugée seulement pour 3o,ooo francs. Un entrepreneur a fait établir sur cette maison à son profit un privilége pour des travaux réglés à 2o,ooo francs : comme il n'y a pas de quoi payer tous les créanciers hypothécaires, il s'agit de savoir à quoi se réduira le privilége de l'entrepreneur. Si les experts disaient qu'à l'époque de l'adjudication la maison valait réellement 5o,ooo francs; que sans les travaux privilégiés elle aurait valu réellement 3o,ooo francs; qu'ainsi l'augmentation de valeur opérée par les ouvrages nouveaux est de 2o,ooo francs : le résultat serait d'accorder privilége à l'entrepreneur pour la totalité de ce qui lui est dû. Cette manière d'opérer ne laisserait aux créanciers hypothécaires que 1o,ooo francs à partager, puisque l'adjudication n'est que de 3o,ooo francs.

Au contraire, si le rapport déclare que les travaux faits par l'entrepreneur sont cause que la maison, à l'époque où elle a été adjugée, valait deux cinquièmes de plus que s'ils n'eussent pas été exécutés, il en résultera que le privilége de l'entrepreneur n'absorbera que deux cinquièmes du prix de l'adjudication. En conséquence il ne lui sera payé par privilége que 12,ooo francs; et il restera 18,ooo francs à partager entre les créanciers hypothécaires, parmi lesquels, comme on l'a dit plus haut, le même entrepreneur figurera pour ce qui ne lui aura pas été payé en vertu de son privilége. On sent combien différent ces deux manières d'opérer : il est évident que la seconde est la seule qui soit juste, puisque le prix de l'aliénation est définitivement fixé, et que les créanciers qui se le partagent ne peuvent l'augmenter.

Observez que le privilége peut être établi au profit de plusieurs ouvriers, comme cela arrive quand le propriétaire, au lieu de s'adresser à un seul entrepreneur, a confié la maçonnerie à l'un, la charpenterie à l'autre, la serrurerie à un troisième, et ainsi des autres parties de la construction. Chacun de ces ouvriers a droit au privilége en proportion des ouvrages qu'il a faits, et qui se trouvent constatés et appréciés par le procès-verbal de leur réception. Quand, par

la ventilation, on a déterminé dans quelle proportion les ou-
vrages considérés dans leur ensemble ont augmenté la va-
leur de l'immeuble à l'époque de son aliénation; il faut de
plus que les experts déterminent dans quelle proportion
chaque espèce d'ouvrage doit subir une réduction. Suppo-
sons, par exemple, que, dans l'espèce proposée, les 20,000
francs d'ouvrages soient dus; savoir, au maçon 10,000 francs,
au charpentier 5,000 francs, au couvreur 3,000 francs, et au
menuisier 2,000 francs. Après avoir été déclaré par les ex-
perts que la totalité des travaux a causé à la maison une
augmentation de deux cinquièmes, il en résulte, ainsi qu'on
l'a expliqué plus haut, que le privilége, au lieu d'être exercé
pour le prix total des travaux, qui est de 20,000 francs,
ne peut excéder les deux cinquièmes du prix de l'adjudica-
tion montant à 30,000 francs : en conséquence, la somme à
payer par privilége pour tous les ouvrages n'est que de
12,000 francs. Par-là on voit que le privilége total est réduit
aux trois cinquièmes de ce qu'il aurait été s'il eût pu s'exer-
cer pour les 20,000 francs qu'ont coûté les travaux : il faut
donc que chacun de ceux qui ont droit à ce privilége se ré-
duisent aux trois cinquièmes du prix qui leur est dû. Ainsi
le maçon, au lieu de 10,000 francs, ne réclamera par privi-
lége que 6,000 francs; le charpentier, au lieu de 5,000 francs,
ne répétera par privilége que 3,000 francs; le couvreur, au
lieu de 3,000 francs, n'aura privilége que pour 1,800 francs;
enfin le privilége du menuisier, au lieu de valoir 2,000
francs, ne sera que de 1,200 francs. (20)

§ IX. *Du privilége de ceux qui ont prêté leurs deniers pour
payer les ouvrages.*

Le premier privilége autorisé sur les immeubles, est celui
du vendeur, pour le prix de son aliénation. *Code civil, art.*
2103, § 1. Le même privilége est transmis à ceux qui ont
fourni l'argent nécessaire pour payer le vendeur : ils sont
subrogés à ses droits, pourvu que, par un acte authentique,
l'emprunt soit constaté, avec déclaration de l'emploi auquel
il est destiné. Il faut aussi que cet emploi annoncé, ait été
effectué : la quittance du vendeur à qui est payé le prix de

l'immeuble doit porter expressément que les deniers qu'il
à reçus sont les mêmes que ceux qui ont été empruntés.
Ibid. § 2.

Le privilége établi en troisième rang sur les immeubles,
celui des ouvrages qui en augmentent la valeur est traité de
même. D'abord il est accordé à toutes les personnes em-
ployées aux travaux faits sur l'immeuble; tels sont les archi-
tectes, les entrepreneurs, les fournisseurs, et toutes les sortes
d'ouvriers. *Ibid.* § 4 : c'est ce qui a été expliqué dans le pa-
ragraphe précédent. En second lieu, ce privilége passe à
ceux qui ont payé le prix des ouvrages aux personnes qui y
ont été employées. *Ibid.* § 5 : c'est ce qui nous reste à dire
dans le présent paragraphe.

Pour être subrogé aux droits de celui qui a un privilége
d'ouvrages, il faut le concours de trois circonstances : la pre-
mière est que le privilége ait été établi au profit de celui qui
a travaillé, et qu'on veut payer en l'acquit du propriétaire.
En effet, on ne pourrait pas être subrogé à un droit qui
n'existerait pas; et il ne serait plus temps de se procurer un
privilége pour raison d'ouvrages qui se trouvent exécutés, si
avant les travaux l'état des lieux n'avait pas été juridique-
ment constaté. Ainsi, lorsqu'en l'acquit d'un propriétaire,
on paye l'entrepreneur ou les ouvriers, on ne peut espérer
de jouir d'un privilége que quand déjà il a été établi dans
la forme prescrite au paragraphe précédent, au profit de
ceux que l'on consent à désintéresser.

Une seconde condition est exigée pour que celui qui
prête ses deniers soit subrogé au privilége des personnes
qu'il paye; il faut que l'emprunt soit constaté, comme on le
fait lorsqu'il s'agit de subroger aux droits du vendeur la per-
sonne qui prête son argent pour payer le prix de l'immeuble :
c'est la décision du même texte. *Ibid,* § 5. En conséquence,
un acte passé en forme authentique doit énoncer que l'em-
prunt fait par le propriétaire est destiné à payer les ouvrages
privilégiés.

Enfin, quoique ces deux premières conditions aient été
remplies, la subrogation n'est opérée que quand celui à qui
les ouvrages sont dus en a donné une quittance : il est es-

sentiel de déclarer dans cet acte que les deniers dont il est l'objet proviennent de l'emprunt lors duquel a été fait l'énonciation de cet emploi.

Avec ces précautions, si on prête au propriétaire les sommes qui lui sont nécessaires pour payer les personnes qu'il a employées à ses travaux, on est assuré d'être subrogé aux droits de ces derniers, et de jouir du privilége qui a été établi à leur profit.

Quand les ouvrages ont été faits par un seul entrepreneur, c'est pour lui seul qu'est établi le privilége; mais quelquefois le propriétaire s'adresse à un maçon, à un charpentier, à un serrurier, à un couvreur, à un menuisier, et ainsi aux divers ouvriers dont le travail est nécessaire pour sa construction. Alors chacun est entrepreneur pour la partie qui le concerne; et le privilége est établi pour tous ceux dont les ouvrages ont été constatés par le procès-verbal de réception, qui en même temps en a fixé les prix. Chacun de ces ouvriers a donc droit au privilége, pour la somme qui lui est due particulièrement dans la valeur totale des ouvrages; par conséquent, on peut prêter des deniers pour payer seulement un ou quelques-uns des ouvriers : alors on n'est subrogé au privilége que pour la portion des ouvrages faits par ceux que l'on désintéresse, après avoir observé les formalités prescrites. Si donc le privilége, ou la portion de privilége que l'on a droit d'exercer en vertu de subrogation, a subi une réduction par suite de la ventilation dont on a parlé dans le paragraphe précédent, on ne peut pas exiger par privilége une plus grande somme que celle réduite : pour le surplus, on est au nombre des créanciers hypothécaires, comme l'entrepreneur, ou l'ouvrier aux droits duquel on est subrogé. En effet, comme nous l'avons déjà observé dans le paragraphe précédent, les formalités propres à obtenir le privilége servent aussi à donner hypothèque à la date de l'inscription du premier procès-verbal; en sorte que, si le privilége n'a pas lieu pour la totalité du prix fixé par le second procès-verbal, l'ouvrier peut au moins réclamer le surplus, comme créancier hypothécaire.

Ceux qui ont prêté leurs deniers pour payer les ouvrages

font remonter la date de leur privilége à l'époque où le premier procès-verbal a été inscrit, comme en auraient eu le droit les personnes auxquelles sont subrogés les prêteurs. Par conséquent, si le privilége se trouve réduit, et qu'une portion du prix des ouvrages ne puisse être réclamée que comme objet d'une simple hypothèque, la collocation hypothécaire s'en fera à la date de l'inscription du premier procès-verbal. Nous avons énoncé ces principes dans le paragraphe VI, en parlant de l'établissement du privilége de ceux qui travaillent à une construction. Les personnes de qui ils ont reçu leur paiement sont subrogées en tous leurs endroits; elles ont la faculté de les faire valoir tels qu'ils sont : elles se trouvent donc ou privilégiées, ou hypothécaires à la date attribuée à ces mêmes droits par l'*art.* 2110 du Code. Il dit expressément que non-seulement les architectes, les entrepreneurs, et les ouvriers conservent leur privilége à la date de l'inscription du premier procès-verbal, mais encore que le même droit passe à ceux qui les ont remboursés avec des deniers dont l'emploi a été convenablement constaté.

CHAPITRE II.

DES RÉPARATIONS OCCASIONNÉES PAR ACCIDENS.

L'objet de ce chapitre est d'examiner par qui doivent être supportées les réparations occasionnées aux immeubles par des accidens. Cette matière sera traitée dans trois articles : on verra dans le premier les principes sur les accidens qui arrivent par force majeure ou cas fortuit; dans le second, on parlera des accidens occasionnés par le fait du voisin; et dans le troisième, on dira ce qui concerne les accidens que causent particulièrement les incendies.

Art. Ier. *Des accidens par cas fortuits.*

Cet article est divisé en deux paragraphes : dans le premier, on dira ce qu'on entend par cas fortuit, et sur qui

tombe la perte qui en résulte; le second expliquera quels engagemens peuvent naître entre deux propriétaires par suite
d'un cas fortuit.

§ Ier. *Ce que c'est qu'un cas fortuit, et sur qui tombe la perte*
qui en résulte.

On appelle *cas fortuit* tout événement qu'aucune des
parties n'a occasionné et n'a pu empêcher. Il faut donc,
d'après cette définition, comprendre dans les cas fortuits
ceux qui arrivent par force majeure, c'est-à-dire les événemens qui ont pour cause une force quelconque à laquelle on
ne peut pas résister, et qu'on n'a pas été maître d'éviter. L'autorité qui ordonne ou défend est une force majeure; une attaque de voleurs est une force majeure : tandis que la découverte d'un trésor, le débordement d'une rivière, sont des
cas fortuits. (21)

Nous avons à examiner ici par qui doivent être supportées les dépenses de réparations occasionnées à un immeuble
par cas fortuit, ou force majeure : ces deux dernières expressions indiquant des accidens qui s'imputent suivant les
mêmes principes, nous nous servirons indifféremment de
l'une ou de l'autre pour signifier à la fois les deux sortes d'événemens que nous venons de définir. Nous devons avertir
aussi qu'un accident est heureux ou malheureux; mais il
indique ici un événement fâcheux, parce que ce mot est
toujours pris en mauvaise part, à moins qu'il ne soit accompagné d'une épithète qui en détermine le sens d'une autre
manière.

De l'idée qu'on doit avoir du cas fortuit, il résulte que
personne n'est responsable du préjudice qu'il cause; en conséquence, ses effets funestes sont supportés par le maître de
la chose endommagée, sans qu'il puisse recourir pour des indemnités contre qui que ce soit : *rapinæ, tumultus, incen*
dia, aquarum magnitudines, impetus prædonum, à nullo
præstantur. L. 23, ff. *de regul. jur.*

D'après le même principe, le Code civil, article 1148,
a décidé qu'il n'y a lieu à aucuns dommages-intérêts, lorsque

par suite d'une force majeure, ou d'un cas fortuit, on a été empêché de remplir un engagement.

Si donc un tremblement de terre occasionne la chute de votre maison, vous seul devez supporter cette perte. Si, par une convention particulière, je suis obligé à toutes les réparations du mur mitoyen qui sépare nos deux propriétés, vous ne pouvez pas exiger que je fasse reconstruire le mur tombé par cas fortuit : vous serez tenu d'y contribuer pour votre part. J'ai un forfait avec un couvreur pour qu'il entretienne en bon état les toits de ma maison, de manière qu'il ne peut pas exiger, pour une année, un prix plus considérable que celui convenu, quoiqu'il y ait eu plus d'ouvrages que l'année précédente : on demande s'il faut comprendre dans son marché les réparations extraordinaires causées par la foudre, ou tel autre cas fortuit. Non, parce que ces sortes de réparations n'ont pas fait l'objet de la convention : il faudra donc que le propriétaire paye, non pas le prix de l'abonnement, mais celui des travaux que l'accident imprévu a occasionné.

Néanmoins, si par le marché il a été convenu que le couvreur se charge des cas fortuits, il ne pourra pas exiger un prix plus considérable que celui fixé pour chaque année, nonobstant les dégâts que la foudre aura pu faire; car une pareille condition doit être exécutée. C'est ce que décide la loi romaine : elle parle d'un bail à ferme, mais l'application doit s'en faire au louage d'ouvrage : *si quis fundum locave rit, ut etiam si quid vi majore accidisset, hoc ei præstaretur, pacto standum esse. L. 9, § 2, ff. locat. et cond.*

Suivant le Code, *art.* 1773, la convention par laquelle on se charge des cas fortuits ne comprend que ceux qui arrivent par l'injure du temps, tels qu'un orage, une gelée, un débordement, et autres semblables. A l'égard des accidens qui sont causés par la main de l'homme, comme une violence, une guerre, un incendie, ils ne sont pas naturels, et ne peuvent pas entrer dans les calculs de l'avenir : on ne doit donc pas supposer qu'aucun de ces accidens ait fait l'objet de la convention : *id de quo cogitatum, non docetur. L. 9, infin., ff. de transact.* (22)

Il faut dire, en général, que ce qui accompagne un accident arrivé par cas fortuit doit être bien examiné, ainsi que les clauses de l'obligation contractée entre les parties; car il peut se faire que les suites d'un événement de cette nature tombent sur le propriétaire de l'objet endommagé, ou que celui-ci ait un recours contre quelqu'un, selon les circonstances. Par exemple, Titius faisant les affaires de Paul, a reçu pour ce dernier une somme d'argent qu'il tient en réserve; quelque temps après, cette somme est enlevée par des voleurs, ou bien elle est perdue dans un incendie : Titius sera ou non responsable de la perte de l'argent, selon qu'il avait de fortes raisons de le garder, ou qu'il était en retard d'en faire emploi. On ne douterait pas qu'il ne supportât la perte, s'il avait négligé de payer des dettes qu'il connaissait, et pour lesquelles Paul a été poursuivi : au contraire, si la somme n'était restée dans les mains de Titius qu'à dessein de la remettre à Paul peu de jours après et quand celui - ci serait de retour, la perte ne serait pas imputée à celui chez qui l'argent a été volé ou a péri. Cette doctrine est établie par le droit romain. L. 13, ff. *de negot. gest.*

Ainsi, pour qu'un propriétaire qui éprouve du préjudice dans son héritage par un cas fortuit ou une force majeure n'ait aucun droit de recours, il ne suffit pas que l'événement soit indépendant de la volonté de qui que ce soit, il faut encore que, par aucune circonstance, ou par aucune clause particulière, les suites de l'accident ne puissent être imputées à personne.

Par le titre d'une servitude à laquelle votre héritage est assujetti au mien, vous êtes tenu de tenir en bon état une digue qui me garantit des grandes eaux de la rivière. Vous négligez tellement les réparations de cette digue, qu'elle se trouve rompue en quelques endroits; en sorte qu'à l'époque où arrivent les crues, les eaux s'étendent sur mon terrain et y causent du ravage. Il est bien certain que je puis vous demander des dommages-intérêts, quoique vous ne soyez pas l'auteur de l'augmentation des eaux de la rivière.

Lorsqu'il s'échappe une pierre, ou une tuile, ou une pièce de bois d'un édifice dont on fait la construction, et qu'elle blesse quelqu'un, ou qu'elle brise quelque chose chez le voisin, est-ce un cas fortuit? Non; l'événement arrive par la faute d'une personne qui pouvait le prévenir : celui qui commande aux ouvriers est responsable du dommage, sauf son recours contre ces derniers, s'il y a lieu.

A cette occasion, il faut dire que les maçons, couvreurs, charpentiers, plombiers, et tous ceux dont les travaux menacent, ou les passans, ou les voisins, sont tenus, par les lois de police, de prendre des précautions pour prévenir tout accident. Ils sont obligés, en outre, d'avertir, soit les passans, soit les voisins, et généralement toutes les personnes à qui leurs ouvrages pourraient nuire. Les ouvriers de bâtimens, pour avertir les passans, sont dans l'usage de suspendre des lattes posées en croix ou en triangle aux endroits où ils travaillent. Dans les rues et les places où il y a une grande population, cet avertissement muet n'est pas suffisant, il faut que quelqu'un soit chargé de prévenir à chaque instant les personnes qui, occupées ou de leurs affaires ou de leur chemin, n'aperçoivent pas le signe suspendu.

§ II. *Quels engagemens peut faire naître un cas fortuit entre deux propriétaires.*

Quoique les effets d'un cas fortuit, considéré dans sa cause ou dans ses suites, ne soit imputable à personne, néanmoins il peut en résulter des engagemens involontaires; c'est ainsi que celui qui trouve un trésor dans le terrain d'autrui est obligé de partager l'objet découvert avec le propriétaire du terrain. *Code civil, art.* 716. Voilà un exemple d'un cas fortuit qui donne du profit. Lorsque, pour sauver un vaisseau du naufrage, il faut jeter divers objets à la mer, la perte doit être supportée en commun; il se forme entre les propriétaires, soit du vaisseau, soit des effets qui y étaient chargés, un engagement de contribuer proportionnellement à dédommager ceux qui ont perdu par l'événement : *lege Rhodiâ conetur ut si levandæ navis gratiâ jactus mercium factus est, omnium contributione sarciatur,* **quod pro omni-**

bus datum est. L. 1, ff. *de lege Rhod.* Cet exemple montre un cas fortuit d'où il résulte du préjudice.

On voit qu'il peut se former toutes sortes d'engagemens involontaires par des accidens dont la cause ne peut être imputée à personne, selon la nature des événemens et les circonstances qui les accompagnent. Ici nous nous bornerons à examiner quelques obligations qui naissent entre deux propriétaires relativement à leurs héritages, quand il y arrive quelque cas fortuit.

Supposons que plusieurs héritages soient traversés par des eaux coulantes, et qu'un ouragan ait amoncelé des ordures en assez grande quantité pour faire refluer les eaux sur les héritages supérieurs; les propriétaires à qui cet accident porte préjudice ont droit de rétablir le libre cours de l'eau; et les propriétaires des héritages inférieurs sont tenus de souffrir que les choses soient remises au premier état, ou de les y remettre eux-mêmes, s'ils ne veulent pas donner accès chez eux aux ouvriers de leurs voisins. *Apud Namusam relatum est, si aqua fluens iter suum stercore obstruxerit, et ex restagnatione superiori agro noceat, posse cum inferiori agi, ut sinat purgari.* L. 2, § 6, ff. *de aquâ et aqu. pluv. arc.*

Lorsque le changement opéré par le cas fortuit est irréparable, ou s'il ne peut être réparé qu'en détériorant l'héritage voisin, il faut que la perte reste à celui que l'événement a frappé, sans qu'il puisse forcer son voisin à souffrir que les lieux soient remis dans leur ancien état. Par exemple, un débordement ayant détaché des rochers, les a transportés sur un autre héritage qui se trouve détérioré par ce cas fortuit; le propriétaire à qui ce malheur arrive n'est pas fondé à reporter les rochers dans leur ancienne place, ce qui le plus souvent serait au-dessus des forces ordinaires des hommes : il n'a pas non plus le droit de réclamer des dédommagemens contre son voisin, dont l'héritage s'est trouvé amélioré. C'est ici un de ces accidens qu'on ne peut pas réparer, et qui ne sont imputables à personne; il faut en supporter les effets avec résignation. *Cùm per se natura agri fuerit mutata, æquo animo unumquemque ferre debere, sive melior, sive deterior ejus conditio facta sit. D. L. id.* §.

Le débordement a emporté de mon héritage, pour le dé-
poser sur le vôtre, des matériaux ou d'autres objets que je
suis intéressé à recouvrer; vous êtes obligé de souffrir que
je fasse enlever de chez vous ce qui s'y trouve m'appartenir.
*Si ratis delata sit vi fluminis in agrum alterius, posse eum
conveniri ad exhibendum Neratius scribit.* L. 5, § 4, ff. *ad
exhib.*

Dans le cas dont il s'agit, celui qui veut retirer de l'héri-
tage voisin les objets que l'événement y a transportés est
obligé de dédommager le propriétaire sur le terrain duquel
il demande accès. Le dédommagement doit comprendre d'a-
bord le préjudice que causera le travail propre à retirer les
objets réclamés; de plus, le dédommagement s'étendra aux
pertes que ces mêmes objets ont causées par leur arrivée
inattendue : *si ex fundo tuo crusta lapsa sit in meum fun-
dum, eamque petas, dandum in te judicium de damno jam
facto.* L. 9, § 2, ff. *de damno infec.*

Objectera-t on contre cette décision que l'accident est
arrivé par cas fortuit, sans qu'aucune circonstance rende
personne responsable des suites? Il est bien vrai que celui
chez qui les matériaux du bâtiment voisin ont été jetés par
les eaux n'a pas le droit d'exiger la réparation du tort que
leur présence lui a causé : aussi est-ce seulement quand le
maître des matériaux déplacés veut les réclamer qu'il est
tenu de payer les indemnités dont il s'agit. Lorsqu'on laisse
les choses dans l'état où elles se trouvent, chacun reste
avec le préjudice ou le bénéfice que lui occasionne le cas
fortuit. L'un des propriétaires veut-il recouvrer les objets
qui ont été emportés hors de chez lui; il ne s'en tient plus
alors aux résultats de la force majeure : dès qu'il cherche à
réparer ses pertes, et qu'à cet effet il s'adresse au voisin, ce-
lui-ci, par une juste réciprocité, a droit de lui faire une sem-
blable demande. Si donc l'un peut reprendre ses matériaux
où il les trouve, l'autre aussi peut exiger qu'on ne les enlève
pas sans l'indemniser du préjudice qu'ils lui ont causé.

De là il suit que le propriétaire dont les matériaux ont
été emportés n'est tenu à l'indemnité que quand il re-
quiert l'autorisation de reprendre ce qui lui appartient chez

le voisin. On demande d'après cela, si celui-ci n'a pas également la faculté d'exiger qu'on le débarrasse des objets étrangers qui ont été apportés violemment sur son héritage. La réponse est négative : d'un côté, on ne peut pas empêcher un propriétaire d'enlever les choses qui lui appartiennent, s'il paye les dégâts qu'elles ont occasionnés ; de l'autre, on n'a pas le droit de le forcer à reprendre les objets dont la force majeure l'a privé. Ce n'est pas par son fait qu'ils ont été transportés chez le voisin ; il peut donc les lui laisser pour éviter toute indemnité : *Unicuique licet damni infecti nomine rem derelinquere,* L. 10, § 1, ff. *de negot. gest.*

Observez que le propriétaire dont les matériaux ou autres objets ont été emportés par une force majeure peut bien les laisser sans indemniser, ou les reprendre en payant l'indemnité ; mais, dès qu'il s'est déterminé pour ce dernier parti, il doit l'exécuter tout entier. Il ne doit donc pas enlever seulement ce qui lui convient, et laisser les choses inutiles ; un pareil arrangement ne pourrait pas rendre le voisin complètement indemne : *tollere non aliter permittendum, quàm ut omnia, id est, et quæ inutilia essent, auferret.* L. 7, § 2, ff. *de damn. infect.*

Art. II. *Des accidens arrivés par le fait du voisin.*

Nous ne considérons ici les accidens qu'en ce qu'ils peuvent occasionner des réparations aux héritages : dans l'article précédent, on a vu sur qui retombent les dommages, lorsqu'ils sont causés à un immeuble par cas fortuit ; voyons maintenant ce qui a lieu lorsque l'événement est la suite d'un fait qui peut être imputé au propriétaire de l'héritage voisin.

Cet article est divisé en deux paragraphes, où on verra, 1° quels ouvrages on peut faire chez soi sans être responsable de leurs suites envers le voisin ; 2° les précautions à prendre contre le voisin dont l'édifice menace ruine ; 3° en quoi consistent les dommages-intérêts résultans d'un accident causé par le voisin ou par tout autre.

§ 1er. *Quels ouvrages on peut faire chez soi sans répondre de leurs suites.*

Encore bien que la faculté d'user de sa propriété soit très-étendue, cependant tout propriétaire qui fait travailler chez lui doit s'arranger de manière à ne blesser en rien le droit d'aucune autre personne, ni par conséquent celui de ses voisins : *sic debet meliorem suum agrum facere, ne vicini deteriorem faciat. L. 1, § 4, ff. de aquâ et aqu. pluv. arc.*

Ainsi, quoique l'on ait la faculté d'élever sa maison autant qu'on veut, il n'est pas permis d'excéder les dimensions déterminées par les règlemens de police dans les villes où cette autorité a fixé la plus grande hauteur des constructions. Pareillement, si un titre de servitude vous défend de porter vos bâtimens plus haut que le premier étage de mon édifice, vous ne serez pas fondé à blesser le droit qui m'appartient.

Il faut conclure de là que tout ouvrage qui n'est contraire ni aux lois ni aux droits des voisins peut être exécuté, même quand il en résulterait du dommage à l'héritage contigu. Par exemple, mon fonds est, comme le vôtre, placé sur le bord d'une rivière; pour empêcher les ravages des débordemens, je construis une digue, et vous ne prenez pas la même précaution : lorsque les grandes crues d'eau arriveront, votre héritage sera plus submergé que si je n'avais opposé aucun obstacle à la rivière. Ce dommage que vous éprouverez ne peut pas m'être imputé, parce que j'ai usé de mon droit sans blesser le vôtre : *Labeo ait : Si vicinus flumen, torrentem avertit, ne aqua ad eum perveniat, et hoc modo sit effectum ut vicino noceatur, agi cum eo aquæ pluviæ arcendæ non posse. L. 2, § 9, ff. de aquâ et aqu. pluv.*

Il en est de même lorsque je creuse un puits, et que cette opération tarit l'eau du vôtre : pour être à l'abri de toute réclamation, il suffit que j'aie placé mon puits de manière qu'il se trouve éloigné du vôtre, comme le prescrivent les règlemens particuliers du pays où sont situés nos héritages. Dans ces cas, et dans tous les autres semblables, le dommage vient plutôt de la nature du terrain que du fait de l'homme : par son travail, il n'a été que la cause innocente du cas fortuit, dont il ne pouvait pas prévoir l'effet. *In domo meâ puteum aperio, quo aperto venæ putei tui præcisæ sunt ; an tenear? Ait Trebatius non teneri me damni infecti : neque enim existimavi operis mei vitio damno tibi dari, in eâ re, in quâ jure meo usus sum. L.* 24, § 12, ff. *de damno infec.*

Au surplus, quoiqu'un certain travail ne fût contraire ni à la loi ni aux droits du voisin, celui qui le ferait dans son héritage répondrait des suites fâcheuses qui en résulteraient s'il ne l'avait entrepris que pour nuire : cette intention coupable se manifeste, par exemple, lorsque celui qui a commandé l'ouvrage ne pouvait évidemment en espérer ni utilité, ni agrément.

Vous avez sur votre fonds une fontaine dont les eaux ne vous arrivent qu'après avoir traversé mon héritage; à la proximité de l'endroit où elles passent j'ai une perte d'eau. Dans le dessein de vous priver de votre fontaine, je fais établir une conduite souterraine pour détourner les eaux de leur route ordinaire, et les amener dans la perte d'eau. A peine l'opération est-elle achevée que votre fontaine est tarie : cet événement vous force à un arrangement que je désirais depuis long-temps; mais que la jouissance de votre fontaine vous empêchait d'accepter. Quelque temps après, vous reconnaissez que le travail fait sur mon héritage est la seule cause de la perte des eaux qui vous étaient nécessaires; certainement vous serez autorisé à intenter contre moi une demande pour que je sois tenu de rétablir les lieux dans l'état où ils étaient, afin que les eaux reprennent leur première destination; et si cela n'est plus possible, vous conclurez en des dommages-intérêts proportionnés au préjudice que je vous ai causé. Vous serez également fondé à faire déclarer nulle, si vous le voulez, la convention que vous avez souscrite uniquement parce que je vous ai méchamment privé de votre fontaine. En vain soutiendrai-je que chacun est maître de faire sur son fonds les ouvrages qui lui conviennent : on me répondrait que ce principe reçoit une exception dictée par l'équité, et qui a lieu lorsqu'un ouvrage est fait dans le seul dessein de nuire. Il n'y avait aucune utilité, aucun agrément pour moi à retirer les eaux de votre fontaine pour les laisser perdre dans mon puisard : il est donc évident que j'ai fait ce travail avec l'intention unique de vous priver de votre fontaine, afin de vous amener à l'arrangement que vous n'auriez jamais voulu accepter, si vous n'eussiez pas manqué d'eau. Cette décision se trouve dans le texte romain qu'on a cité plus haut : L. 2, § 9, ff. *de aquâ et aqu. pluv. arc.* Le jurisconsulte dit que l'opinion qui y est énoncée est vraie lorsque l'ouvrage n'a point été fait dans le dessein de nuire : *Quæ sententia verior est, si modò non hoc animo fecit, ut tibi noceat, sed ne sibi noceat.* D'ailleurs un principe consacré par la raison, l'intérêt de la société et les bonnes mœurs, ne permet jamais de tolérer ce qui est fait par pure méchanceté : *neque malitiis indulgendum est.* . 38, ff. *de rei vind.*

J'ai dans mon parc une pièce d'eau que je veux disposer d'une certaine manière ; mais, sans de trop grandes dépenses, je ne peux y réussir qu'en détournant momentanément les eaux sur les héritages contigus : on demande si je puis me livrer à ce travail qui ne blesse ni les lois ni aucun titre.

La réponse est négative. Quelque légitime que soit l'ouvrage qui se fait dans une propriété, on doit préférer le mode de l'exécuter qui ne peut nuire à personne ; autrement, on s'expose au dédommagement de tous les torts qui en résultent.

Supposons qu'il fût absolument impossible de faire les changemens projetés à ma pièce d'eau sans la tarir momentanément, en versant les eaux sur les terres des voisins ; alors je n'ai plus à choisir entre deux moyens, dont l'un, quoique plus dispendieux que l'autre, ne pourrait pas nuire. On répond que, même dans ce dernier cas, il ne m'est pas permis de vider ma pièce d'eau sur les héritages qui m'environnent. Chacun sans doute peut faire chez soi ce qui lui convient, quoiqu'il en résulte du tort pour autrui, lorsque l'ouvrage n'est contraire ni à la loi ni à des conventions particulières ; mais il faut pour cela que le travail soit concentré dans la propriété de celui qui le commande, et qu'il n'en résulte aucune invasion, ni d'ouvriers, ni de chose, sur le terrain des voisins. Or, dans l'espèce proposée, je ferais sortir les eaux de mon parc pour les jeter sur les héritages contigus : voilà l'invasion d'une chose que je pousse volontairement chez autrui; c'est une voie de fait qui m'est défendue. On sent combien le cas dont il s'agit diffère de celui où j'ouvre dans ma maison un puits qui tarit le vôtre, quoique j'aie observé les distances et fait les maçonneries prescrites par les règlemens locaux. Il diffère aussi du cas où, par l'exhaussement d'un mur qui m'appartient, plusieurs chambres de votre habitation se trouvent privées du jour. Pour ces deux sortes d'ouvrages tout s'est passé chez moi : il n'est résulté sur votre terrain aucune invasion, ni d'ouvriers, ni de matériaux, ni d'aucune autre chose. Dès-lors mon travail qui vous nuit est légitime, et je ne vous dois aucune indemnité pour la privation soit des eaux de votre puits, soit du jour de vos appartemens.

On propose le cas où un propriétaire a fait sauter avec la poudre à canon d'anciennes maçonneries : elles lui semblaient assez isolées pour employer ce moyen sans danger. En effet, il ne paraît pas que les éclats des matériaux aient causé aucun dommage chez les voisins; mais l'air a été ébranlé avec assez de force pour briser les vitres dans plusieurs maisons : celui qui a démoli à l'aide de la poudre est-il tenu de payer la valeur des vitres qui ont été détruites?

Pour la négative, on dit que son travail n'est contraire ni à la loi ni à des conventions particulières; il s'est passé dans la propriété de celui qui avait droit de l'entreprendre, et il n'a produit aucune invasion ni d'hommes ni de choses sur les terrains contigus.

L'affirmative est soutenue avec plus de raison, en disant que la force de la poudre a poussé l'air de l'endroit où il s'opérait la démolition sur les habitations voisines, et y a causé du dégât. Cette invasion de l'air est de même nature que si des éclats de pierres ou de bois eussent été jetés contre les vitres des maisons d'alentour, quoique l'air soit invisible, il n'en est pas moins un corps qu'il n'est pas permis de pousser vers les héritages d'autrui avec assez de violence pour les endommager.

Puisqu'on ne peut faire chez soi rien qui blesse les droits des voisins, soit qu'ils les tiennent de la loi, soit qu'ils les trouvent dans des titres particuliers; il en résulte que tout ouvrage qui est commencé doit éveiller l'attention des propriétaires limitrophes : celui d'entre eux qui le trouve préjudiciable à ses intérêts est autorisé à se plaindre. L'action qu'il intente en pareille circonstance, est la dénonciation de nouvel œuvre, *nunciatio novi operis*, dont nous avons parlé t. I, p. 319. Nous n'avons pas adopté les différentes distinctions que des auteurs modernes ont tirées du droit romain sur cet objet ; leur motif est que le Code civil n'ayant pas parlé particulièrement de cette action, elle leur paraît devoir être réglée par les lois romaines. Nous pensons au contraire que notre Code ayant gardé le silence à cet égard, il faut conclure que la dénonciation de nouvel œuvre reste soumise aux dispositions de notre droit qui sont communes à toutes les actions.

Ainsi, bien loin d'admettre que la dénonciation ne puisse être faite qu'aux lieux où est l'ouvrage, nous croyons qu'en général cette action doit être signifiée, comme toutes les autres, à personne ou à domicile. A l'égard des textes latins qui disent que la dénonciation de nouvel œuvre se fait sur le lieu du travail, *præsenti operis novi*, il ne faut pas en conclure dans notre droit que l'action donnée à la personne ou au domicile du défendeur serait nulle, s'il ne demeurait pas sur le lieu même où il fait travailler; la seule conséquence qu'on en doive tirer, est que la signification, quoique valablement faite à la personne ou au domicile du défendeur, ne serait pas moins régulière si l'exploit était remis à quelqu'un sur les lieux où se font les ouvrages, de manière pourtant que le propriétaire pût en avoir connaissance : *sufficit enim, in re præsenti operis novi, nunciatio facta sit, ut domino possit renuntiari.* L. 5, §. 3, ff. *de oper. nov. nunciat.*

Nous avons dit aussi que l'effet de la dénonciation de nouvel œuvre était de suspendre le travail jusqu'à ce que les

juges en aient autrement ordonné. Si depuis la demande si-
gnifiée les travaux continuent, celui qui les dénonce peut
exiger provisoirement, et avant que son adversaire soit
écouté sur le fonds de la question principale, que la portion
d'ouvrage faite au mépris de la dénonciation du nouvel œu-
vre soit détruite. On trouve dans les différens recueils plu-
sieurs arrêts qui attestent que telle est la jurisprudence : au-
cune de nos lois nouvelles ne s'y trouve contraire, et elle est
fondée en bonnes raisons que les Romains avaient senties.
*Sed si is, cui opus novum nunciatum est, ante remissionem
ædificaverit, deindè cœperit agere, jus sibi esse ita ædifi-
catum habere : prætor actionem ei negare debet; et inter-
dictum in eum de opere restituendo reddere.* L. 1, § 7, ff.
eod.

On conçoit combien il est difficile de prouver qu'un tra-
vail a été continué après la dénonciation, si l'état des lieux
contentieux n'est pas constaté : en conséquence, il est de
l'intérêt du demandeur d'obtenir dans les formes prescrites
pour les cas d'urgence (c'est-à-dire en référé, devant le pré-
sident du tribunal de l'arrondissement où sont les héritages),
une ordonnance qui nomme un expert, à l'effet de constater
l'état où est l'ouvrage dénoncé. Par ce moyen on pourra
s'assurer si, depuis la dénonciation, cet ouvrage a été con-
tinué. (23)

§ II. *Des précautions à prendre contre le voisin dont l'édifice menace ruine.*

Dans le paragraphe précédent on a vu qu'un propriétaire
peut dénoncer à la justice les ouvrages qui se font chez son
voisin, lorsqu'il les croit contraires à ses droits : ici nous
parlerons du cas où un propriétaire craint qu'un accident ne
lui arrive par l'héritage voisin. C'est encore par la dénoncia-
tion qu'il doit agir; au lieu de se plaindre d'un nouvel œuvre,
il dénonce le péril dont il est menacé. Par sa demande il
conclut à ce que l'objet d'où pourrait naître un accident soit
mis en tel état qu'il ne puisse plus causer de craintes.

Si le défendeur ne convient pas du danger, des experts
sont nommés pour vérifier le fait qui a été dénoncé : si leur

rapport justifie les appréhensions, un jugement condamne le défendeur à les faire cesser dans un délai fixé; faute par le défendeur de commencer ou de finir les travaux ordonnés dans le temps déterminé, le demandeur est autorisé à y faire procéder; il est ordonné en même-temps que celui-ci sera contraint d'en payer le montant, en vertu de l'exécutoire qui en sera délivré sur le vu des quittances des ouvriers.

Cette action est fondée sur ce qu'il est plus naturel de prévenir un danger que d'attendre après l'événement pour réparer le dommage qu'il a causé. Un titre entier est consacré dans le droit romain pour régler ce qu'il faut faire quand on est menacé d'un accident qu'il est convenable de prévenir. *Damnum infectum, est damnum nondùm factum, quod futurum vereatur.* L. 2, ff. *de damn. infec.* Après cette définition d'un danger qui est à craindre, l'autorité promet protection contre tout péril menaçant. *Prætor ait, damni infecti suo nomine promitti; alieno satis dari jubebo ei, qui, etc.* L. 7. *cod.*

Chez les Romains, si le propriétaire de l'héritage d'où l'on craignait l'accident n'avait pas fait cesser le danger dans le délai qu'avait fixé le préfet, le demandeur était mis en possession de cet héritage, à moins que celui à qui il appartenait ne donnât caution suffisante. Cette manière de procéder n'est pas assez naturelle pour être admise sans avoir été prescrite par une loi; et comme il n'en existe aucune où elle soit autorisée, il faut conclure que dans notre droit l'action à fin de prévenir un accident est permise comme fondée sur l'équité naturelle; mais qu'elle n'est exercée que suivant les règles ordinaires. Ainsi on obtient un jugement qui, comme nous l'avons dit, ordonne que les travaux propres à prévenir le danger seront faits par le défendeur, sinon à ses frais par les soins du demandeur.

L'assignation peut être donnée à la personne ou au domicile réel du propriétaire de l'héritage d'où on craint l'accident : c'est une règle générale qui n'a point d'exception; mais il est des cas où la loi permet de poser l'exploit ailleurs qu'au domicile réel. Dans le cas d'un danger qui menace il y a urgence : *res damni infecti celeritatem desiderat, et pericu-*

losa dilatio. L. 1, ff. *de damn infec.* Le plus souvent il serait trop long d'assigner le défendeur à son véritable domicile, quand il ne demeure pas dans la commune où se trouve situé son héritage dénoncé; c'est pourquoi dans ce cas il est permis de porter l'assignation à ce même héritage. Une déclaration du roi rendue pour le Châtelet de Paris, le 18 juillet 1729, et une autre du 18 août 1730, pour le bureau des finances, le décident formellement : or ces lois, qui font partie du Code de police, et qui sont établies pour la sûreté publique, n'ayant pas été abrogées, doivent avoir toute leur force; elle leur est confirmée par la raison et l'équité. (24)

L'action à fin de faire cesser un danger imminent appartient à tous ceux qui pourraient souffrir quelque dommage, si l'accident qu'on craint se réalisait. Cependant comme un pareil danger intéresse l'ordre public, les magistrats chargés de la police doivent veiller à ce qu'aucun édifice, aucune construction ne menacent la vie des citoyens : il est donc dans leurs attributions de dénoncer au ministère public les objets pour lesquels il est besoin de prendre des précautions.

Lorsqu'une maison qui menace ruine appartient indivisément à plusieurs personnes, la demande formée contre l'un des propriétaires est valable : il est tenu d'exécuter tous les travaux ordonnés pour prévenir l'accident, sauf son recours contre ses copropriétaires. Les monumens de la jurisprudence attestent que cette décision formait le droit commun, fondé en cette occasion sur la saine raison. Il y a même des coutumes qui ont à ce sujet des dispositions précises : de ce nombre sont celle de Berry, *tit.* X, *art.* 8, et celle de Nivernais, *chap.* 10, *art.* 5 *et* 6 : on y voit que, quand un héritage est possédé par indivis, l'un des propriétaires peut faire la dépense totale des réparations; ce qu'il ne doit exécuter qu'après un procès-verbal qui en constate la nécessité. Si les autres copropriétaires retardent de rembourser leur part dans un délai fixé, celui qui en a fait les avances est autorisé à s'emparer de l'immeuble commun, afin d'en percevoir les fruits ou les loyers jusqu'à ce qu'il ait été remboursé. Jusque-là ces coutumes ne décident rien qui ne soit équitable; mais elles ajoutent que les fruits et loyers perçus en cette occasion par celui qui a fait les avances ne doivent point entrer en déduction du remboursement de ce qui lui est dû. Cette disposition pénale est trop rigoureuse pour qu'on puisse l'étendre au-delà des pays qu'elles régissent; c'est une sorte d'amende qui ne doit pas avoir lieu dans les coutumes où elle n'est pas prononcée. (25)

On demande ce qui arriverait si les différens étages d'une maison menaçant ruine appartenaient à autant de propriétaires différens. Dans un pareil cas, ils ne possèdent pas indivisément ; l'un est seul propriétaire du rez - de-chaussée, tandis qu'un autre est seul propriétaire du premier étage, et qu'un troisième possède seul le surplus. De là il résulte qu'il faut actionner celui dont l'étage occasionne le danger : les propriétaires des autres étages sont des voisins; ils ont droit de dénoncer la partie de la maison d'où l'accident est à craindre. Il peut arriver que l'édifice menace **de** toutes parts; alors régulièrement il faut que tous les différens propriétaires soient appelés devant le tribunal. Cependant, si un seul était assigné, les circonstances détermineraient ou à ordonner la mise en cause des autres, ou à condamner le seul qui aurait été cité, sauf son recours contre les autres, selon la nature du danger, et selon qu'il serait plus ou moins urgent de travailler à le prévenir. (26)

Suivant le droit romain, si la chute d'un bâtiment arrivait avant qu'il eût été fait un avertissement judiciaire pour prévenir ce malheur, il n'en résultait aucuns dommages-intérêts contre le propriétaire, lorsqu'il abandonnait la place avec tous les matériaux au voisin à qui cet accident avait causé du tort. Il n'en est pas tout-à-fait de même parmi nous : on a vu dans le paragraphe précédent que celui dont les débris de sa maison, tombés par accident, ont été portés avec violence sur le terrain d'autrui, est tenu à des dommages - intérêts seulement lorsqu'il veut reprendre les objets qui lui appartiennent; s'il les abandonne, on n'a aucun recours contre lui, ni pour le forcer à les enlever, ni pour des indemnités. Le motif que nous avons donné de cette décision n'est applicable, dans notre droit, qu'au cas

où la chute d'un bâtiment est l'effet d'une force majeure ;
mais si la ruine de l'édifice est arrivée par défaut d'entretien,
le propriétaire est entièrement dans son tort, et doit dédom-
mager le voisin à qui cet accident porte préjudice. On ne
distingue pas si le propriétaire abandonne ou non la place
et les matériaux, ni s'il lui a été fait ou non une sommation
préalable. Telle était la jurisprudence du Châtelet de Paris,
qui faisait le droit commun ; tel est l'esprit du Code civil,
qui veut, *article 1382*, que tout événement quelconque
oblige celui par la faute duquel il est arrivé à réparer le dom-
mage qui en est résulté.

Une maison a été dénoncée et même condamnée, sur rap-
port d'experts, à être démolie ; avant que le propriétaire ait
exécuté les travaux ordonnés, un débordement survient et
cause la chute de la maison, qui entraîne avec elle une por-
tion du bâtiment voisin. On demande si l'événement sera
regardé comme un cas fortuit, et si le propriétaire est à l'abri
de toute indemnité.

Il faut distinguer : si la force des eaux débordées a été
assez violente pour détruire la maison dans le cas où elle eût
été en bon état ; il n'est point dû d'indemnité par le proprié-
taire, parce que l'accident ne vient pas de sa négligence à
réparer sa maison. Mais si aucune des maisons voisines, qui
ont une solidité médiocre, n'a souffert de l'inondation ; s'il
est prouvé que celle qui est tombée aurait résisté dans le cas
où elle n'eût pas été en danger, le propriétaire est réellement
dans son tort pour n'avoir pas entretenu sa maison de ma-
nière à l'empêcher de céder à la plus légère attaque des eaux.
En conséquence, il sera forcé à réparer le dommage que la
chute de sa maison a causé au voisin.

§ III. *En quoi consiste l'indemnité due pour accident causé*
par le voisin ou autres.

Il est moins difficile de décider dans quels cas il est dû des
dommages-intérêts pour l'accident arrivé par la faute de
quelqu'un, que de fixer leur quotité. Le Code civil pose
des règles pour déterminer en quoi consistent les indem-
nités, lorsqu'une obligation n'a pas été exécutée, ou lorsque

son exécution a été retardée; mais nous parlons ici d'un accident, et non pas de l'inexécution d'une convention. Néanmoins la raison dit assez qu'il faut appliquer, autant qu'il est possible, aux indemnités dont il est ici question les règles que le Code établit pour les indemnités relatives à l'inexécution des conventions.

Les travaux qu'un propriétaire commande témérairement, ou bien son extrême négligence à entretenir ses constructions, sont des délits, s'il est mû par le dessein de nuire; et ce sont des quasi-délits, s'il n'est coupable que d'imprudence. De là il suit que, pour évaluer les indemnités dues à cause des accidens qu'il occasionne, il faut distinguer s'il est de mauvaise foi, ou s'il n'y a aucune malignité à lui reprocher.

Quand un propriétaire est convaincu d'avoir causé du tort à son voisin avec une intention méchante, la réparation doit comprendre toute la perte qu'il a fait éprouver, et tout le gain qu'il a empêché d'arriver, sans examiner s'il a pu en prévenir toute l'étendue. Cependant, quoiqu'il y ait dol, on ne doit comprendre dans la perte faite, et dans le gain manqué, que ce qui est une suite immédiate du fait dont on s'est rendu coupable : cette décision est dans l'esprit de l'*art.* 1151; il déclare que, dans le cas même où la mauvaise foi a occasionné l'inexécution de la convention, il faut restreindre les indemnités comme on vient de le dire.

Par exemple, le propriétaire d'un moulin à eau tient ses vannes baissées pendant plusieurs jours dans le dessein de submerger les foins coupés qui appartiennent à son voisin, et qui ne sont pas encore enlevés; le délit est constaté, et il s'agit de déterminer les dommages-intérêts. La partie lésée demande d'abord le prix ordinaire du foin qu'elle a perdu; en second lieu, la valeur du bénéfice qu'elle aurait fait en vendant ce même foin dans l'auberge qu'elle tient; troisièmement, étant en marché d'affermer avantageusement ses prés, et l'accident ayant écarté ceux à qui ils convenaient, elle comprend dans l'indemnité le profit qu'elle aurait fait sur le bail. La justice n'accordera pas ce dernier chef de demande, attendu qu'il concerne un effet trop éloigné de l'inon-

dation volontaire. Remarquez qu'on ne parle ici que de l'é-
valuation des objets d'indemnités : ils sont indépendans des
peines et amendes prononcées contre ceux qui se rendent
coupables de certains délits, tels que celui que nous prenons
pour exemple. Le décret du 6 octobre 1791, sur la police
rurale, veut que celui qui aura inondé l'héritage voisin soit
condamné aux dommages-intérêts, et en outre à une amende
égale à la valeur de l'indemnité.

Lorsqu'il n'y a pas de mauvaise foi de la part de l'auteur
de l'accident, l'indemnité se borne au seul dommage qu'il a
pu prévoir quand l'événement est arrivé : cette décision est
dans l'esprit de l'*art.* 1150, qui, en parlant de l'inexécution
d'une convention, ne met à la charge du débiteur non cou-
pable de dol que les dommages qui ont pu être prévus lors
du contrat. S'il a été possible de prévoir toute la perte et
tout le gain manqué, l'indemnité aura la plus grande éten-
due qu'elle puisse avoir; mais, si l'on n'a dû prévoir qu'une
partie de la perte, et rien concernant le gain qui serait arrivé,
l'indemnité ne s'étendra pas au-delà des choses dont la des-
truction a été prévue : donnons un exemple.

Un mur tombe de vétusté; il occasione chez le voisin la
destruction de différens objets, et notamment de plusieurs
meubles, parmi lesquels est un secrétaire d'un prix excessif.
Le propriétaire du mur paiera toute la perte qu'il a pu pré-
voir; c'est-à-dire les croisées, les portes, les meubles qui
ont été détériorés par sa faute : à l'égard du secrétaire, il
sera évalué seulement comme un beau meuble de cette na-
ture, et non pas d'après le prix exorbitant qu'il a coûté,
parce qu'il n'est pas ordinaire d'avoir des choses aussi pré-
cieuses, et qu'on n'a pas dû penser que la chute du mur cau-
serait la perte d'un pareil objet.

Puisque, même en cas de dol, l'indemnité ne s'étend pas
au-delà de ce qui est la suite immédiate de l'événement, à
plus forte raison cette règle doit-elle être observée quand il
n'y a qu'imprudence ou négligence à reprocher à l'auteur du
dommage. Ainsi, dans l'espèce qu'on vient de proposer,
supposons que l'un des meubles brisés renfermât une somme
d'argent, et qu'elle se soit trouvée volée par l'une des per-

sonnes employées à relever les débris; le propriétaire du mur tombé ne sera pas responsable de cette somme, parce que le vol n'est pas une suite immédiate de la chute du mur.

Ces explications suffisent pour faire sentir comment l'indemnité, quand la mauvaise foi a causé l'accident, est évaluée autrement que quand on n'a point de dol à reprocher. Dans le premier cas, il faut que les dommages-intérêts comprennent la totalité de la perte faite, et la totalité du gain dont on a été privé, sans examiner si l'auteur du délit a pu prévoir l'étendue de la condamnation. L'événement est-il exempt de dol ; celui par la faute de qui le dommage est arrivé, paiera seulement, soit la perte, soit la privation de gain qu'il a pu prévoir. Au surplus, dans tous les cas, qu'il y ait dol, ou qu'il n'y en ait pas, l'évaluation de la perte ou de la privation de gain ne doit pas s'étendre au-delà de ce qui est une suite immédiate du fait qui a causé le dommage.

Quelque précises que soient ces règles posées par le Code pour évaluer les indemnités, on ne peut pas se dissimuler que, dans leur application, si on ne veut pas s'écarter de l'équité, il faut souvent consulter les circonstances : en sorte qu'il peut se faire que, dans tel cas, certaines considérations déterminent à restreindre la condamnation; tandis que, dans tel autre cas qui paraît semblable, des considérations d'une autre nature fassent étendre l'indemnité. Domat, de qui nous empruntons cette réflexion, cite pour exemple une maison qui menace ruine, et qui appartient à une personne peu fortunée. A la sommation qui lui est signifiée de faire cesser le danger, elle répond qu'elle n'a pas le moyen d'y satisfaire, et qu'elle prie le demandeur, homme riche, de faire étayer, ou de faire les réparations nécessaires, lui offrant pour sûreté un privilége sur la maison elle-même. Peu touché de cette proposition, le voisin la refuse : bientôt après la maison vient à tomber, et cause du dégât par sa chute sur la propriété de ce dernier; par cet événement, il perd quelques termes de loyers, parce que ses locataires sont forcés de quitter leurs logemens : ne serait-il pas de l'équité, dit le célèbre auteur, de modérer le dédommagement que réclame

le riche demandeur, et même d'en décharger le propriétaire
pauvre? Au contraire, ajoute-t-il, si on suppose un homme
riche et négligent, qui, sans faire attention à l'avertissement
judiciaire d'étayer son bâtiment, l'ait laissé tomber sur la
maison d'un voisin pauvre, dont les locataires se sont retirés
à cause de l'accident; cette négligence ne devra-t-elle pas
être punie d'une entière indemnité, qui s'étendra non-seule-
ment à la valeur de la maison détruite, mais encore à tous
les loyers dont le voisin se trouve privé par une suite immé-
diate de l'accident?

Il faut donc considérer les circonstances, pour étendre
les indemnités ou les restreindre, sans pourtant passer les
bornes prescrites par les dispositions du Code civil, et
que nous avons citées. Ce sont aussi les circonstances qui
servent à indiquer quand il faut estimer les objets d'indem-
nité à leur juste valeur, ou avec modération. Par exemple,
si la chute d'une maison, en causant du dommage chez le
voisin, a détruit des plafonds ornés de peintures d'un grand
prix; l'estimation du plancher et des plafonds en eux-mêmes
se fera à leur juste valeur : mais on usera de modération en
évaluant les peintures précieuses. Celui qui les possédait ne
perd que des choses superflues; il souffre moins que s'il était
privé d'objets nécessaires. Il serait trop dur, quand l'accident
n'est pas causé par mauvaise foi, que l'indemnité fût beau-
coup plus forte pour des objets de luxe que pour des choses
utiles. Cette décision a été écrite dans le droit romain, par
ce sentiment profond d'équité qui caractérise le jurisconsulte
Ulpien. Il veut que la modération et un certain tempéra-
ment de justice, dirige les évaluations des choses qui n'ont
été établies que pour le plaisir : *ex damni infecti stipula-
tione non oportet infinitam vel immoderatam fieri............
quia honestus modus servandus est, non immoderata cujus-
que luxuria subsequenda.* L. 40, ff. *de damn. infec.*

On demande si tous les propriétaires indivis de l'édifice
qui, par sa chute, a causé du dommage au voisin, sont tenus
solidairement de l'indemnité.

La raison de douter vient de ce que, suivant que nous l'a-
vons dit dans le paragraphe précédent, l'un des propriétaires

qui est sommé de faire étayer sa maison possédée indivisé-
ment, n'est pas fondé à s'excuser sur ce qu'elle lui appartient
pour portion seûlement. Ce qui décide, c'est que la solida-
rité est un effet nécessaire de la possession indivise d'un im-
meuble : en attaquant l'un des propriétaires, c'est comme si
on s'adressait à tous, parce qu'il lui est impossible de veiller
à sa portion, sans veiller à la totalité de l'objet commun. Au
contraire, une indemnité qui se résout toujours en une
somme d'argent, n'entraîne pas essentiellement de solida-
rité : chacun des propriétaires est donc tenu de sa part des
dommages-intérêts, en proportion de la part qu'il avait dans
l'édifice tombé. Cette décision conforme à la raison est tirée
du droit romain : *Si plurium sint ædes quæ damnosè immi-
nent, utrùm adversùs unumquemque dominorum in solidum
competit, an in partem? Et scribit Julianus, quod Sabinus
probat, pro dominicis partibus conveniri eos oportere.*
D. L. § 3. (27)

Art. III. *Des accidens arrivés par incendie.*

Nous venons de parler des accidens en général dont un
immeuble peut être endommagé : ceux qui arrivent par cas
fortuit ont fait la matière d'un premier article; et dans le se-
cond, on s'est occupé des accidens qu'éprouve un héritage
par le fait, ou la faute du voisin. L'incendie se trouve natu-
rellement compris dans les cas divers qu'on a expliqués; ce-
pendant, comme ce terrible accident n'est malheureusement
que trop fréquent, et qu'il présente des circonstances qui
lui sont particulières, nous avons cru devoir le traiter sépa-
rément dans un troisième article qui se divise en quatre pa-
ragraphes. On verra dans le premier les précautions à
prendre contre l'incendie; dans le second, la nature du
dépôt des objets sauvés de l'incendie; dans le troisième, les
travaux permis pour arrêter les progrès de l'incendie; dans
le quatrième, l'action que peuvent exercer ceux qui souffrent
de l'incendie.

§ Ier. *Des précautions à prendre contre l'incendie.*

Les ravages terribles que font les flammes, lorsqu'elles dévorent les bâtimens, ont porté de tout temps les législateurs à ordonner des précautions capables de diminuer les causes si multipliées d'incendie. Ce qui est le plus remarquable chez les Romains à ce sujet, est l'usage où chacun était de construire sa maison entièrement isolée; en sorte qu'il n'y avait presque point de mur mitoyen, ainsi que nous l'avons remarqué dans la première partie, en parlant de cette espèce de mur. Les Romains laissaient de tous les côtés, entre leurs habitations, un espace plus ou moins large, mais toujours suffisant pour empêcher que les flammes ne communiquassent de l'une à l'autre : c'est pourquoi ils appelaient leurs maisons *insulæ*, pour indiquer que chacune formait **une île.**

Bien loin d'adopter cet usage en France, les lois y ont toujours favorisé la construction des murs mitoyens; c'est ce que l'on voit par les dispositions fort anciennes qui forcent dans les villes tout propriétaire à céder la mitoyenneté d'un mur qu'il a construit sur la dernière extrémité de son terrain. On a pensé que dans nos mœurs la police des villes trouverait trop de difficulté pour y maintenir la propreté, et y veiller à la sûreté, si chaque maison était séparée par une ruelle.

Delà il résulte que les malheurs occasionnés par incendie ont des suites bien plus fâcheuses; car elles s'étendent souvent d'une manière effrayante au-delà du lieu où le feu a pris naissance. Ainsi, quelque attentionné que soit un propriétaire pour veiller chez lui aux accidens du feu, il n'est jamais assuré que sa maison ne sera pas la proie des flammes allumées par l'imprudence d'un voisin : c'est pourquoi les lois de police ont multiplié les précautions pour diminuer les occasions de pareils événemens.

En parlant dans la première partie, page 146, des contre-murs qui sont prescrits pour les cheminées, les forges, les fours et les fourneaux, nous avons rappelé un réglement de police renouvelé en 1781 et en 1808, et qui détermine comment ces objets destinés à contenir le feu nécessaire aux besoins de la vie doivent être construits : jamais aucune pièce de bois ne doit en approcher; certaines distances sont à observer, et certains ouvrages de maçonnerie doivent servir de préservatifs. Nous ne répéterons pas ce que nous avons dit à ce sujet; il suffit de rappeler que ceux qui se sont chargés d'une construction de cette espèce, et qui ne l'ont pas faite conformément aux réglemens, sont responsables des accidens qui en peuvent résulter. Quoique le propriétaire soit directement attaqué pour les dommages-intérêts, il a son recours contre l'entrepreneur : c'est ce qu'on a expliqué en parlant de la garantie concernant l'observation des lois de police, seconde partie, page 17.

Parmi les différentes précautions à prendre contre l'incendie, il en est qui, après que la construction est faite, exigent des soins continuels : c'est ainsi que les habitans d'une maison sont obligés de faire ramoner leurs cheminées d'autant plus souvent qu'ils y allument plus de feu. Par conséquent, les cheminées de cuisine, selon les réglemens de police, doivent être nettoyées plus souvent que celles où on fait un feu moins continuel et moins considérable. De même les boulangers, les pâtissiers, les traiteurs, les teinturiers, les brasseurs, et généralement tous ceux qui se servent de fours et fourneaux, sont tenus de se conformer aux ordonnances de police qui exigent le fréquent ramonage de leurs cheminées. Il y a des amendes prononcées contre les personnes dans la cheminée desquelles le feu s'est manifesté faute d'avoir été nettoyée, quand même il n'en serait résulté aucun accident : elles sont punies pour ne s'être pas conformées aux réglemens, et pour avoir alarmé tout le voisinage par leur négligence.

La même crainte du feu a fait défendre toute espèce de cheminée dans les boutiques ou loges construites dans les foires, les halles et les marchés : voyez l'ordonnance du 4 février 1684, concernant la foire Saint Germain qui avait lieu à Paris.

Depuis long-temps aussi il a été défendu d'allumer des pailles dans les rues, d'y tirer aucun artifice, ni fusées, ni pétards : le danger de ces feux imprudens est assez évident.

Ceux qui ont habitude d'entrer la nuit dans des écuries, tels que les voituriers, cochers, palefreniers, sont obligés d'y tenir dans des lanternes les chandelles allumées dont ils se servent pour s'éclairer; il leur est défendu de sortir ces mêmes chandelles allumées de leurs lanternes pour les attacher au mur, sous prétexte de se procurer une plus grande lumière.

Pareillement, il est défendu aux laboureurs ou autres de battre le grain dans les granges quand il ne fait plus jour, attendu qu'il n'est pas permis de porter du feu ou de fumer dans les lieux où sont enfermées les pailles. On ne doit pas non plus porter des grains pour les battre dans les habitations, à cause du danger du feu : ces défenses sont consignées dans une ordonnance de police du 31 mai 1784.

Il est à remarquer que plusieurs ouvriers en bois, tels que des menuisiers, des charrons exercent en même temps, et dans la même maison, la profession de serrurier, ou de taillandier, ou de maréchal grossier; il leur est enjoint d'avoir des ateliers séparés par un mur de huit pieds au moins de hauteur : dans la construction de ce mur il ne doit entrer aucune espèce de bois, et il est défendu d'y adosser des forges. Les compagnons ou apprentis travaillant en bois ne peuvent pas être employés dans l'atelier où sont les forges; la porte qui communique d'un atelier à l'autre doit être placée de manière que les étincelles de la forge ne puissent jaillir dans l'atelier où se travaille le bois.

Le règlement qui contient ces dispositions pousse les précautions encore plus loin : il défend de déposer dans l'atelier des forges aucun bois, aucune pièce de charronnage, ni de menuiserie, excepté celles qu'on s'occupe à ferrer; mais à la charge de les retirer à la fin de la journée et de les placer dans un endroit séparé de la forge, de manière qu'il ne reste pendant la nuit aucune matière combustible dans les ateliers où on se sert de feu.

Enfin, avant de former dans la même maison deux sortes d'établissemens dont le voisinage est aussi dangereux, on est tenu d'en faire la déclaration au commissaire de police : il s'y transporte, et il dresse procès-verbal aux frais du réquérant, afin de constater que la distribution des ateliers est conforme à ce règlement. Ceux qui négligeraient d'obéir à cette disposition seraient condamnés à une amende de 400 francs, à démolir leurs forges et à fermer leurs ateliers. Voyez l'ordonnance de police, rendue sur les incendies, le 15 novembre 1781, et renouvelée en 1808.

Une autre précaution prise par l'autorité publique contre l'incendie se trouve dans l'*art.* 32, *du tit.* 27, de l'ordonnance des eaux et forêts : il défend à toute personne de porter ou allumer du feu, en quelque saison que ce soit, dans les forêts, landes et bruyères, à peine de punition corporelle, outre les dommages que l'incendie pourrait avoir causés, et dont sont également responsables les communes et autres par qui les gardes ont été choisis.

Il serait trop long de rapporter ici toutes les dispositions légales faites pour prévenir les malheurs de l'incendie : celles que nous venons de citer font assez voir combien la police est prévoyante; il serait à désirer que partout elle pût assez surveiller l'exécution des règlemens qu'elle prescrit. Au reste, si ceux qui ne s'y conforment pas échappent aux peines qu'ils encourent par leur désobéissance, c'est seulement tant qu'il n'en résulte aucun accident, parce que la police ne connaît pas leur contravention. Mais aussitôt qu'est éveillée l'attention des magistrats chargés de pourvoir à la sûreté publique, les délinquans sont punis conformément aux lois qui les concernent : il n'est pas besoin que des effets funestes aient été la suite des contraventions; la peine est encourue et prononcée pour n'avoir pas pris les précautions ordonnées. Il est vrai que, quand un dommage est arrivé par la faute du condamné, il supporte en outre l'indemnité des pertes qu'il a occasionnées.

Remarquez que les craintes du feu ne sont pas seulement pour ceux qui s'y exposent par imprudence ou négligence; elles sont communes à tout le voisinage, et même à tous les individus qui composent le public. De là il suit que toute personne a le droit de dénoncer à la justice ceux qui contreviennent aux règlemens faits pour prévenir les incendies,

et qui par conséquent compromettent la vie et les propriétés
des citoyens. (28)

§ II. *Du dépôt des objets sauvés de l'incendie.*

Nous ne voulons pas ici expliquer les principes relatifs
au contrat de dépôt : ils doivent faire l'objet d'un traité par-
ticulier. Mais en parlant de l'incendie, il est impossible de
ne pas faire quelques réflexions sur la triste nécessité où
l'on est de placer chez des voisins les objets que l'on arrache
aux flammes : nous dirons seulement de quelle nature sont
les engagemens qui résultent de cette circonstance, et en
quoi ils diffèrent des dépôts faits librement.

En général, le dépôt est un acte par lequel on reçoit la
chose d'autrui, à la charge de la garder et de la restituer en
nature. *Code civil, art.* 1915.

Si l'objet est déposé à cause d'une contestation, c'est ce
qu'on appelle un séquestre ; si le dépôt est fait uniquement
pour qu'il soit gardé et rendu à la volonté de celui qui l'a
confié, c'est un dépôt proprement dit. Ce contrat est essen-
tiellement gratuit, et ne peut avoir pour objet que des choses
mobilières. *Ibid., art.* 1917 *et* 1918.

On distingue le dépôt volontaire et le dépôt nécessaire.
Ibid., art. 1920.

Par dépôt volontaire, on entend celui qui est fait libre-
ment par le propriétaire de la chose entre les mains d'une
personne qu'il a choisie lui-même.

Le dépôt est nécessaire quand on se trouve forcé de con-
fier quelque chose à quelqu'un par un événement imprévu,
tel qu'un incendie, une ruine, un pillage, un naufrage.
Ibid., art. 1749.

Ainsi, le dépôt dont nous voulons parler étant fait pour
sauver des flammes ce qu'on en peut retirer dans le moment
où le péril est imminent et prochain, il est évident qu'il s'a-
git d'un dépôt nécessaire. Dans un pareil événement, on
n'a pas le choix du dépositaire : on est forcé de placer chez
les voisins tous les objets qu'on veut garantir : alors le dépôt
est valablement fait soit par le propriétaire de la chose, soit

Tome II.

par tout autre qui aide à le démeubler, soit même sans son consentement : ce dernier cas arrive lorsque celui dont l'appartement est menacé par les flammes se trouve absent, et que des étrangers lui rendent le service de retirer ses meubles du lieu où ils sont en danger. Voilà un premier point en quoi le dépôt nécessaire diffère du dépôt volontaire ; car celui-ci n'est valable que quand il est fait par le propriétaire de la chose, ou avec son consentement.

Pareillement, le dépôt volontaire n'a de valeur que par le consentement réciproque du propriétaire de la chose et de celui à qui elle est confiée ; il n'en est pas ainsi du dépôt forcé ; on vient de dire qu'il est valablement fait sans le consentement du propriétaire : ajoutons qu'il a lieu aussi sans le consentement de la personne chez qui les objets sont placés. Ce sentiment d'humanité, qui est le premier lien des sociétés, ne veut pas qu'on refuse de prêter secours à un incendié, ni par conséquent de recevoir les choses que ce dernier est forcé à déposer. De là il suit que, quand même le voisin serait absent, ceux qui le représentent dans sa maison sont obligés de recevoir et de garder ce que la nécessité fait apporter chez lui. C'est un second point en quoi le dépôt nécessaire diffère du dépôt volontaire.

Suivant le Code, *art.* 1923, la preuve du dépôt fait librement doit être consignée par écrit ; du moins on ne pourrait pas se servir de témoins pour établir qu'une chose a été déposée, si sa valeur excédait cent cinquante francs. Ici nous trouvons une troisième différence entre les deux sortes de dépôts que nous comparons ; car la preuve par témoins peut être reçue pour le dépôt nécessaire, même quand il s'agit d'une valeur au-dessus de cent cinquante francs. *Ibid.* *art.* 1950.

Enfin, pour se faire restituer un dépôt volontaire, on n'a que les voies ordinaires de contrainte sur les biens meubles et immeubles du dépositaire infidèle. La loi est plus sévère contre celui qui a reçu un dépôt nécessaire et le nie : outre les voies d'exécution sur ses biens, il est contraignable par corps. *Ibid.*, *art.* 2060, § 1. (29)

Tels sont les quatre points en quoi diffèrent le dépôt volontaire et le dépôt nécessaire; pour le surplus, ils sont l'un et l'autre régis par les mêmes règles. *Ibid., art.* 1951.

Ainsi les obligations du dépositaire dont le secours a été invoqué par nécessité sont les mêmes que celles de celui qui a été choisi librement. Il doit garder le dépôt avec le même soin qu'il apporte à la conservation des choses qui lui appartiennent : il est tenu de rendre le dépôt en nature, mais dans le même état où l'objet se trouve au moment de la restitution. Il ne peut le refuser aussitôt qu'il est réclamé par celui qui le lui a confié ou par celui au nom duquel la chose a été mise sous sa garde. Chez les Romains, celui à qui un dépôt nécessaire avait été confié et qui ne le rendait pas, était puni d'une amende égale à la valeur du dépôt; en sorte qu'il se trouvait condamné à payer le double de ce qu'il avait reçu. Cette législation n'a pas été adoptée en France : il ne faut pas croire pourtant que l'infidélité pour dépôt nécessaire n'y soit pas poursuivie plus rigoureusement que celle commise à l'occasion d'un dépôt volontaire. D'abord, dans le premier cas, on peut exercer la contrainte par corps; en second lieu l'infidèle dépositaire auquel on s'est adressé forcément doit être jugé d'après la gravité des circonstances; il est même de l'intérêt public qu'il subisse une peine; c'est l'opinion de Domat. Il dit que, dans nos lois, la restitution du double n'est pas admise, parce que nous regardons comme plus équitable de laisser la fixation de la condamnation à la prudence des juges. Ainsi il considère que celui qui malverse à l'égard d'un dépôt forcé commet une sorte de délit qui doit être vengé, et qui entraîne une condamnation pénale, outre la restitution de l'objet déposé. (3o)

A l'égard de celui à qui appartiennent les objets sauvés des flammes, il est obligé de payer toute la dépense qui a été faite pour leur conservation, et le dépositaire est indemnisé de toutes les pertes que le dépôt peut lui avoir occasionnées. Pour sûreté de ce qui lui est dû, le dépositaire peut même retenir les objets dont la garde lui a été confiée : les choses dont il a droit de réclamer le paiement, concernent seulement les dépenses et les pertes qu'il justifie avoir faites pour le dépôt, car ce contrat, comme nous l'avons déjà remarqué, est de sa nature essentiellement gratuit. Au reste, nous ne faisons ici qu'indiquer les engagemens formés par le contrat de dépôt : ils sont plus amplement marqués par le Code, dans l'*art.* 1927 et suivans; mais il ne nous serait pas possible de les expliquer dans cet ouvrage sans sortir de notre sujet.

Il est bon de remarquer, avant de terminer, que si, dans un temps d'incendie ou de tumulte, on dépose chez quelqu'un un objet qui devait lui être confié, même quand l'incendie et le tumulte ne serait pas arrivé, le dépôt ne peut pas être considéré comme forcé; il est au contraire un dépôt librement fait. Cette décision aurait lieu, quand même l'incendie ou le tumulte aurait été cause que le dépôt s'est effectué plus tôt qu'on ne l'espérait; car ce qui caractérise un dépôt volontaire est surtout le libre choix de la personne à qui l'objet est confié : or, dans l'hypothèse, elle était déjà indiquée lorsqu'est arrivé l'accident; il a seulement accéléré le moment de réaliser le dépôt convenu : *eum deponere tumultûs, vel incendii, vel cæterarum causarum gratiâ intelligendum est, qui nullam aliam causam deponendi habet.* L. 1, § 3, ff. *depositi.*

§ III. *Des travaux permis pour arrêter les progrès de l'incendie.*

Dès qu'un incendie se manifeste, il est du devoir de tous ceux qui en sont avertis de prêter leur secours, soit pour éteindre le feu, soit pour l'empêcher de faire des progrès. C'est pourquoi, quand un pareil accident arrive, on sonne le tocsin pour faire venir tous les habitans qui sont épars; et si le feu prend dans une campagne, le tocsin appelle les habitans des communes voisines.

Dans les villes, on a ordinairement des pompes qui restent à la disposition des officiers municipaux; et même dans plusieurs grandes villes il y a des compagnies de pompiers, qui sont toujours prêtes à se porter où le danger du feu les appelle. On ne peut, sans un sentiment de reconnaissance, penser à l'activité, au zèle et au succès des pompiers de Paris. Les services que leur corps utile rend continuellement aux habitans de la capitale devrait engager toutes les villes qui en ont le moyen à former de semblables établissemens : il est démontré que l'utilité qu'on en retire est infiniment plus grande que les sacrifices qu'exige leur entretien.

Comme tout est d'une urgence extrême en cas d'incendie, les magistrats de police et de justice, et tous ceux qui sont dépositaires d'une partie de l'autorité publique, s'empressent de se rendre sur le lieu où est le danger. Là ils peuvent, sans le moindre retard, donner les autorisations nécessaires pour que rien, autant qu'il est possible, ne s'y fasse illégalement, et pour empêcher ce genre de désordre qui rend souvent inefficaces les secours les plus prompts. Ajoutez que s'il arrivait, par suite de l'événement, des discussions qui ne pourraient se décider que par la considération des circonstances, les magistrats qui ont été eux-mêmes témoins du désastre sont plus en état de reconnaître la vérité. D'ailleurs l'exemple du dévouement, quand il est donné par les chefs, est suivi avec bien plus de zèle et de succès.

Lorsque le propriétaire de la maison incendiée est absent, ou lorsqu'il s'obstine à ne pas ouvrir, ou si les flammes l'empêchent d'approcher de la porte à laquelle la foule se présente à l'extérieur, les magistrats ordonnent que l'ouverture en soit faite par force; et ils commettent quelqu'un pour que l'opération s'exécute avec les précautions que les circonstances permettent. Ce sont eux qui déterminent, autant qu'il est possible, les mesures capables d'assurer le dépôt des objets arrachés aux flammes; ils autorisent aussi la démolition des constructions dont la suppression peut mettre fin aux ravages du feu.

En l'absence des magistrats, on fait comme on peut; et la loi de la nécessité est alors la seule que l'on est force à suivre.

La destruction d'une partie de la maison incendiée est presque toujours le seul moyen efficace pour empêcher de plus grands malheurs; aussi le but de ceux qui dirigent avec intelligence les secours en cas d'incendie, est de faire en quelque sorte la part du feu, et de lui couper tout moyen de se communiquer. De là il résulte que, même sans le consentement du propriétaire, on peut être autorisé à démolir les parties de l'héritage incendié qui n'ont pas encore été la proie des flammes. Régulièrement, lorsque celui à qui cet héritage appartient est absent, ou lorsqu'il refuse de consentir à la démolition, on doit prendre l'ordonnance du juge; mais quand le péril est éminent, et que le temps d'obtenir cette autorisation apporterait un retard préjudiciable, on procède à la démolition par droit de nécessité. (31)

Les voisins qui craignent la communication des flammes peuvent-ils faire démolir les maisons qui les séparent de celle que le feu dévore? Il arrive quelquefois que l'on perd entièrement l'espoir de sauver même une portion de l'édifice incendié; il ne faut plus songer alors qu'à cerner le mal pour l'empêcher de gagner autour de lui. Ce remède violent ne peut s'opérer qu'en détruisant les constructions qui environnent le bâtiment où est le feu. On ne doute pas que ceux qui dirigent les secours en pareil cas ne soient autorisés à faire démolir ce qui est menacé, afin de rompre la communication des flammes; mais on demande si cette démolition peut s'effectuer sans le consentement des propriétaires, et quel recours peut être exercé par ceux dont les maisons ont été ainsi détruites.

Il est certain que la nécessité d'arrêter les progrès de l'incendie est une autorisation suffisante : la démolition de ce qui est en danger peut donc s'opérer, même sans qu'il soit besoin du consentement de ceux à qui appartiennent les objets qu'il s'agit de sacrifier. Cependant il faut qu'une personne revêtue d'autorité ait reconnu l'urgence de la démolition requise. Avec l'acte qui atteste la nécessité, et si on en a le temps, on obtient du juge une ordonnance qui autorise les travaux indispensables, et qui commet quelqu'un pour veiller à ce qu'ils soient faits avec les précautions que permettent les circonstances.

Lorsque le danger est si pressant qu'on n'a pas le temps de prendre de pareilles précautions, la démolition s'effectue, mais au risque et péril de ceux qui la réclament. On veut dire par-là que ces derniers sont responsables des objets démolis, s'ils ne peuvent pas prouver que la démolition en était indispensable pour arrêter le progrès des flammes. Par exemple, s'il était justifié que l'incendie était éteint lorsque l'on a commencé la démolition, ou que le vent portait les flammes du côté opposé à celui où on a démoli; ceux qui auraient exigé inutilement la démolition d'un édifice seraient tenus d'en payer la valeur.

A l'égard de l'indemnité des propriétaires qui ont souffert de la démolition, ils doivent la réclamer contre l'auteur de l'incendie, ou contre le propriétaire de la maison par laquelle le feu a pris, sauf son recours contre ceux qui ont causé l'accident. Quoique les flammes n'aient pas touché aux objets qui n'ont été démolis que par prudence, il n'en est pas moins vrai que cette démolition est une suite directe de l'incendie, et que la personne qui doit répondre de l'événement est responsable de toutes les pertes qui en sont résultées.

Il n'y aurait aucune difficulté, si l'auteur de l'accident avait le moyen de payer toutes les indemnités auxquelles il s'est exposé; mais le plus souvent celui par la faute de qui l'incendie s'est allumé en est la première victime. Alors, non-seulement il est hors d'état de payer une indemnité, mais encore il reste dans un tel dénuement, qu'il n'a d'autre ressource que d'implorer la commisération publique. Est-il juste pourtant que ceux dont les propriétés ont été sacrifiées pour l'utilité de tout le voisinage, souffrent seuls le dommage? N'est-il pas convenable que tous les propriétaires à qui ont été profitables les démolitions faites pour arrêter l'incendie contribuent à supporter la perte des objets démolis?

Quelques jurisconsultes prétendent que la nécessité où l'on se trouve de démolir une maison pour arrêter l'incendie doit être considérée, par rapport aux autres propriétés voisines, comme un cas fortuit : en sorte que, si le maître de la maison incendiée est l'auteur de l'accident, et s'il n'a pas le moyen de payer le prix des constructions démolies, la perte en doit retomber sur ceux à qui elles appartiennent, suivant la règle, *res perit domino.*

D'autres, avec plus de raison, regardent un incendie

comme un événement qui menace tout le voisinage. C'est par suite de ce danger commun que chaque voisin, en venant au secours, non-seulement remplit un devoir, mais encore cède à son intérêt. Voilà pourquoi il a droit de requérir l'ouverture de la maison incendiée, et de demander que les travaux propres à éteindre le feu y soient faits, même contre le gré du maître de cette maison. On peut donc comparer les voisins d'un incendie aux personnes qui se trouvent sur un vaisseau battu de la tempête : dans l'un et l'autre cas le danger est commun ; les sacrifices nécessaires pour l'éviter doivent être faits en commun.

Cette conséquence n'est pas douteuse, lorsque des marchandises sont jetées à la mer pour sauver le vaisseau qui les porte : le Code du commerce le décide formellement au livre II, où le titre XII est consacré à régler comment doit s'opérer le jet à la mer, et la contribution des pertes. Cette législation était adopté par le titre VIII de l'ordonnance de la Marine, rendue en 1681, et était établie chez les Romains : *lege rhodiâ cavetur ut, si levandæ navis gratiâ jactus mercium factus est, omnium contributione sarciatur, quod pro omnibus datum est.* L. 1, ff. *de leg. rhod.*

D'après le même principe d'équité, qui fait supporter en commun par tous les intéressés les pertes éprouvées pour sauver un vaisseau, on doit décider que la perte des démolitions opérées pour écarter le danger commun de l'incendie sont supportées par tous les voisins à qui ce genre de secours a été utile ; ce qui est juste dans le premier cas l'est évidemment dans le second : *ubi eadem est ratio decidendi, jus idem dicendum est.*

La parité entre les deux sortes de dangers dont nous parlons a été reconnue par la coutume de Bretagne, *art.* 645, où il est dit que « tous ceux de qui on peut apercevoir que « les maisons ont été sauvées de l'incendie sont tenus de « dédommager ceux de qui les maisons ont été abattues, « chacun à la discrétion de justice. »

Pour établir la contribution dont il s'agit, il faut d'abord déterminer les propriétés pour lesquelles les démolitions ont été une sauve-garde ; ensuite on évalue, d'un côté, les bâtimens préservés, et de l'autre, les objets démolis pour l'utilité commune. Ces opérations se font par experts; et la part de chacun de ceux qui contribuent est facile à fixer dans la proportion de la valeur de sa propriété.

Supposons que le feu ait pris à une maison, et qu'il ait fallu détruire deux maisons voisines, l'une au midi, et l'autre au couchant, à cause du vent qui portait les flammes vers ces deux côtés. Lorsqu'on voudra faire la contribution, on désignera les maisons voisines qui ont profité de ces démolitions; on n'y comprendra pas les maisons situées au nord et au levant de l'édifice incendié, puisque nul danger ne les a menacées. On évaluera ensuite ce que valent actuellement les maisons qui ont été préservées, et qui, par exemple, sont au nombre de quatre, dont l'une vaut 10,000 francs, une seconde 20,000 francs, une troisième 30,000 francs, et une quatrième 40,000 francs. On fixera de même la valeur qu'avait chacune des deux maisons démolies au moment où leur destruction a été jugée nécessaire; l'une était du prix de 50,000 francs, et l'autre du prix de 60,000 francs.

Par ces évaluations on voit que la somme totale des quatre maisons préservées et des deux maisons démolies est de 210,000 francs. C'est sur cette masse qu'il faut prendre la perte des objets abattus, et qui se montent ensemble à 110,000 francs. En conséquence on dira : si sur 210,000 francs il y en a 110,000 à perdre, de combien sera la perte proportionnelle du propriétaire de la maison de 10,000 francs, ou de la maison de 20,000 francs, et ainsi des autres. On trouvera par-là que ceux dont les maisons ont été démolies ne recevront pas le prix total de ce qu'ils ont perdu; car ils doivent contribuer à la perte, en raison de la valeur de leurs propriétés. (32)

Remarquez que l'indemnité d'objets démolis pour l'utilité du voisinage est due même quand l'incendie provient d'un cas fortuit; pour que la contribution ait lieu, il suffit que les maisons démolies ne puissent pas être payées, soit parce que personne n'est responsable, soit parce que ceux qui ont occasionné l'événement sont hors d'état de réparer leur tort.

On observera aussi qu'on ne peut pas réclamer l'indemnité pour une maison démolie à l'occasion d'un incendie, si déjà le feu avait gagné cette maison; car alors sa perte était inévitable, et sa démolition n'est point un sacrifice fait uniquement pour l'utilité commune.

Il résulte de cette réflexion que, si les principes sur lesquels on s'appuie, pour assurer l'indemnité dans le cas dont il s'agit sont incontestables, leur application du moins présente beaucoup de difficultés; parce que les circonstances seules doivent faire connaître si une démolition est un effet nécessaire de l'incendie, ou si elle n'est qu'un sacrifice ordonné par la prévoyance et pour la sécurité du voisinage.

§. IV. *De l'action que peuvent exercer ceux qui souffrent de l'incendie.*

Lorsque l'incendie est occasionné par un cas fortuit, tel qu'est un coup de foudre, ou une bombe venue du camp ennemi, ou un artifice lancé dans une fête publique, ni le maître de la maison incendiée, ni ceux qui en ont reçu chez eux les flammes, n'ont de recours en dommages et intérêts : la perte qu'ils éprouvent est l'effet d'une cause qui ne peut être imputée à personne. (33)

Si rien ne prouve que l'incendie vient d'une force majeure, le propriétaire de la maison brûlée est fondé à réclamer des dommages et intérêts contre les auteurs de l'accident, soit qu'ils l'aient occasionné par imprudence ou négligence, soit qu'il y ait dans leur fait une intention de nuire : dans ce dernier cas, ils sont poursuivis criminellement.

Quand la maison incendiée est occupée par un locataire, il est responsable des suites du feu envers le propriétaire, à moins qu'il ne lui prouve que l'accident vient de cas fortuit, ou que les flammes ont été communiquées par une maison voisine : dans le premier cas, comme nous venons de le dire, il n'y a de recours contre personne, et dans le second, le garant de l'événement doit être cherché dans la maison voisine; c'est ou le propriétaire, ou le locataire. *Code civil, art.* 1733.

S'il y a plusieurs locataires dans la maison où l'incendie a pris naissance, ils en sont tous solidairement responsables envers le propriétaire, à moins qu'ils ne prouvent que le feu a commencé dans l'habitation de l'un d'eux, auquel cas celui-ci est seul tenu de l'indemnité. *Ibid. art.* 1734.

Quelquefois un locataire ne peut pas démontrer que l'accident a été occasionné par tel autre locataire; mais il peut prouver au moins que le feu n'a pas pris naissance chez lui : c'en est assez pour le mettre à l'abri de toute condamnation. *Ibid.*

Dans ces différens cas, la preuve est à la charge des locataires; car la présomption de droit, est que l'incendie a été occasionné par leur faute; ils sont donc obligés de prouver le contraire, s'ils veulent éviter toute attaque de la part du propriétaire. C'est la décision du droit romain : *plerumquè incendia culpâ fiunt inhabitantium. L. 3, § 1, ff. de offic. præf. vigil.*

Il arrive souvent que le propriétaire habite une partie de sa maison, et que l'autre est occupée par des locataires : on demande si ces derniers sont alors également responsables solidairement envers le propriétaire.

La cohabitation est le seul motif qui ait déterminé nos législateurs à rendre les locataires d'une même maison responsables solidairement des accidens du feu : lors donc que le propriétaire demeure avec ses locataires dans sa maison, il est autant qu'eux présumé l'auteur de l'incendie. De là il suit que la charge de l'indemnité se divise entre tous ceux qui habitent la maison incendiée, c'est-à-dire entre le propriétaire et les locataires, comme le paiement d'une dette se divise entre tous ceux qui l'ont contractée solidairement. En conséquence, chacun supporte dans l'indemnité une part proportionnée à la valeur du local qu'il occupait dans la maison brûlée : par cet arrangement, le propriétaire n'aura aucun recours pour la portion d'indemnité qui répond au logement qu'il habite.

Une fois que le propriétaire connaît la portion d'indemnité mise à sa charge, peut-il au moins répéter le surplus solidairement contre ses locataires? Non : la solidité d'une dette n'a d'effet qu'au profit du créancier, et nullement entre les codébiteurs; chacun d'eux ne doit que sa part de la dette.

La difficulté vient de ce que le propriétaire, dans le cas dont il s'agit, est tout à la fois le créancier et un des débiteurs. C'est précisément là ce qui arrive lorsque l'un des débiteurs solidaires paye le créancier et se trouve subrogé à ses droits : il n'est autorisé à réclamer que la part de chacun de ses codébiteurs, et non pas à demander à l'un d'eux la totalité de ce que doivent tous les autres. Il est vrai que, si l'un des codébiteurs est insolvable, celui qui est subrogé aux droits du créancier peut faire contribuer tous les autres débiteurs au paiement de la part qui n'est pas acquittée. Cette sorte de contribution est amplement expliquée par le célèbre Pothier, en son excellent Traité des obligations, part. II, chap. III, art. VIII, § V. (34)

En appliquant cette décision au propriétaire, qui, solidairement avec ses locataires, est tenu de contribuer à l'indemnité de sa maison incendiée, on voit qu'il ne pourra pas exercer d'action solidaire contre aucun des locataires : il demandera à chacun sa part; et si l'un d'entre eux est hors d'état de payer, tous les autres contribueront avec le propriétaire à l'acquittement de la portion qui manque.

Le propriétaire peut néanmoins prouver, comme chaque habitant de la maison en a le droit, que le feu ne vient pas de chez lui; alors il exerce son action en indemnité solidairement contre tous les locataires, excepté contre ceux qui démontrent pareillement que l'incendie n'a pas pris naissance dans leur habitation.

De même, lorsque l'un des locataires indique avec preuves le local où le feu a commencé, le propriétaire n'a de recours que contre la personne qui occupe ce local.

Après avoir dit contre qui le propriétaire de la maison incendiée peut former sa demande en dommages et intérêts, voyons à qui doivent s'adresser les voisins chez qui le feu s'est communiqué. Si l'incendie a pour cause un cas fortuit, ils n'ont de recours contre personne, ainsi qu'on l'a déjà remarqué; mais, si aucune force majeure n'est reconnue pour avoir occasioné l'accident, il y a présomption de droit que l'auteur est un des habitans de la maison où le feu a commencé : en conséquence, tous ceux qui y demeurent sont responsables solidairement, comme on l'a vu plus haut, non-seulement envers le propriétaire, mais encore envers tous ceux qui ont souffert des suites directes de l'accident.

Cependant, si l'un des habitans indique l'endroit où l'incendie a pris naissance, celui qui occupe ce lieu est seul responsable.

Il faut aussi mettre à l'abri de toute réclamation du voisinage ceux qui habitent la maison, et qui, sans indiquer l'endroit où le feu a commencé, prouvent que ce n'est pas chez eux.

Enfin celui dont la propriété a reçu les flammes d'une maison voisine ne peut adresser sa demande en indemnité contre aucun des habitans de cette maison, s'il est prouvé que le feu y a été communiqué par un autre bâtiment : c'est donc parmi les habitans de ce dernier édifice qu'il faudra chercher la personne responsable des dégâts causés par l'accident.

S'il est constant que l'incendie est l'effet d'une intention coupable, l'auteur peut être poursuivi criminellement par l'un de ceux à qui ce délit a causé du préjudice. Lorsque l'auteur du crime n'est pas un des habitans de la maison d'où le feu s'est communiqué, les voisins qui ont été atteints par les flammes ne peuvent plus s'adresser pour leurs dommages et intérêts à ces mêmes habitans; car alors il n'y a plus lieu à présomption, la vérité est connue, elle montre le coupable.

Ces diverses décisions sont des conséquences de celles qu'on a expliquées plus haut, et qui sont écrites dans le Code, *art.* 1733 et 1734; elles ne font aucune difficulté. Une question qui reste indécise, est celle de savoir si, pour répondre des suites d'un incendie dont on est la cause, il faut avoir commis une grande imprudence ou une négligence grave, ou bien s'il suffit d'une faute légère.

Il paraît que la jurisprudence n'a été ni constante ni uniforme sur ce point : on trouve des arrêts qui ont déchargé de toute indemnité les auteurs d'un incendie , quand on ne pouvait leur reprocher qu'un défaut d'attention. Cependant les suites de pareils accidens sont si fâcheuses, et les occasions qui les font naître sont si fréquentes, qu'il n'est pas de moyen qu'on ne doive employer afin de forcer tous les citoyens à prendre les précautions les plus minutieuses pour prévenir les malheurs affreux de l'incendie. Une des mesures les plus efficaces est de rendre responsable tous ceux qui, par la plus petite négligence, sont cause d'accidens arrivés par le feu.

Telle était la législation romaine. On voit, par la loi *Aquilia,* que l'incendie allumé par suite d'une négligence très-excusable dans tout autre cas donne action côntre le maître de l'esclave qui n'a pas été assez surveillant, parce qu'en cette matière on est tenu de la faute la plus légère : *in lege Aquiliâ et levissima culpa venit.* L. 44, ff. *ad leg. Aquil.*

On voit dans les recueils un grand nombre d'arrêts qui attestent que la jurisprudence française s'est fixée en adoptant les principes du droit romain.

Une autre question qui se présente sur cette matière, consiste à savoir si le propriétaire de la maison où l'incendie a pris naissance est directement responsable envers les voisins qui ont souffert des flammes. Ceux-ci sans doute peuvent agir contre les auteurs de l'accident, ou contre les habitans de cette maison; mais ne peuvent-ils pas s'adresser de préférence au propriétaire, sauf le recours de ce dernier, soit contre ceux qui occupent sa maison, soit contre l'auteur de l'événement?

Suivant quelques jurisconsultes, le Code civil ayant déclaré que les locataires sont responsables de l'incendie qui commence dans leur habitation, le propriétaire se trouve par-là nécessairement à l'abri de toute recherche. Ceux qui embrassent cette opinion se fondent sur les *art.* 1733 et 1734, qui parlent de cette responsabilité. On leur objecte que ces deux dispositions ne concernent que le contrat de louage, c'est-à-dire les obligations réciproques qui lient les propriétaires et les locataires. On ne peut en conclure autre chose, si ce n'est que le propriétaire dont la maison est incendiée a son recours contre ceux qui y sont logés. Les articles cités prononcent sur la responsabilité des locataires envers le propriétaire, et ils ne disent rien sur le rapport qui s'établit entre le propriétaire et les voisins. Les mêmes insistent en disant, au surplus, que l'incendie est un délit, ou un quasi-délit, selon qu'il est occasionné par une mauvaise intention, ou involontairement. Or les auteurs d'un délit ou d'un quasi-délit sont seuls responsables de ses suites, à moins que ceux qui l'ont commis ne soient sous la dépendance essentielle de quelqu'un, comme d'un tuteur, ou d'un maître : alors le tuteur, ou le maître, est directement responsable, sauf son recours contre son pupille, ou son domestique.

On dit, pour l'opinion contraire, que l'on possède par ses fermiers ainsi que par ses mandataires : ce qui est fait d'avantageux dans l'héritage est pour le profit du maître, qui n'est tenu qu'à payer les dépenses légitimes occasionnées par l'accroissement ou l'amélioration de sa propriété. Pareillement ce qui arrive de fâcheux à l'immeuble doit être au détriment du maître, sauf son recours contre les auteurs du mal. Un locataire ne serait pas exempt de garantie, en prouvant que le feu a été mis dans son habitation par une personne qui a voulu tirer une vengeance de lui. Cette décision est écrite dans la L. 25, § 4, ff. *loc. cond.*, où il est dit qu'un fermier ne cesse pas de répondre des arbres qui ont été coupés, quoique le délit ait été commis par un particulier qui avait de l'inimitié contre lui. Ce qui a lieu pour des arbres détruits doit s'appliquer au dégât d'un incendie, puisqu'il y a même raison de décider. Ne faut-il pas conclure de là qu'un propriétaire, pour éviter l'action de ses voisins, ne peut pas les renvoyer à se pourvoir contre ses locataires? Ils représentent le maître pour les avantages comme pour les événemens fâcheux qui arrivent à l'héritage : ceux que ces événemens font souffrir sont donc fondés à s'adresser au propriétaire pour leurs indemnités, sauf son recours contre les personnes à qui il a confié son héritage.

Cette question nous semble dépendre beaucoup des circonstances : elle est livrée à la discussion et à la prudence des juges. (35)

CHAPITRE III.

DES RÉPARATIONS PROVENANT DE VÉTUSTÉ.

Lorsqu'un propriétaire occupe lui-même sa maison, ou fait valoir son bien rural, il est évident que toutes les espèces de réparations qui y sont occasionnées par vétusté sont à sa charge : il n'a recours contre qui que ce soit pour en répéter la moindre portion. Mais souvent un héritage est possédé précairement par quelqu'un à qui il n'appartient pas, et qui est obligé à le rendre dans un temps déterminé : un pareil possesseur doit supporter une partie des réparations selon le titre en vertu duquel il jouit. Pour distinguer les réparations qui sont à la charge du propriétaire, et celles que doit payer le possesseur à titre précaire, on divisera ce chapitre en trois articles. Le premier parlera des réparations locatives dues par ceux qui tiennent des héritages par bail à loyer ou à ferme; le second, des réparations à la charge d'un usufruitier; le troisième indiquera ce qui a lieu pour les réparations, quand l'héritage est l'objet d'un bail à vie, ou à rente, ou emphitéotique.

Art. 1er. *Des réparations locatives.*

Dix paragraphes expliqueront successivement, 1° l'origine des réparations locatives; 2° les réparations locatives désignées par le Code pour les maisons; 3° celles d'usage; 4° celles des moulins; 5° celles des biens ruraux; 6° de qui elles sont exigibles; 7° dans quel temps; 8° les changemens que peut faire un locataire; 9° l'utilité d'un état des lieux; 10° sa forme.

§ Ier. *De l'origine des réparations locatives*

Le bail est parmi les contrats de louage de chose celui par lequel on confie à une autre personne la jouissance d'un immeuble soit en totalité, soit seulement en partie, pendant un certain temps, et pour un prix convenu. Non-seulement le propriétaire peut donner son bien à loyer, mais encore tout autre possesseur, tel qu'un usufruitier, qui a la même jouissance que le propriétaire, peut faire un bail. Bien plus, celui qui tient un héritage à bail peut aussi pendant le temps de sa jouissance en confier le tout ou partie à un autre, qui à son tour est libre de donner à bail le même objet ou une portion, et ainsi de suite.

Lorsqu'un locataire abandonne sa jouissance totale à un autre, il céde son bail : s'il ne donne qu'une partie de l'objet qui lui a été loué ou affermé, et même s'il divise la totalité de la jouissance entre plusieurs personnes, il sous-loue ou sous-afferme : il est appelé principal locataire, s'il s'agit d'une habitation, ou fermier principal, s'il s'agit d'un bien rural; ceux qui tiennent de lui sont donc des sous-locataires ou sous-fermiers. Au reste, ces distinctions ne sont utiles que pour la pratique, parce que les principes sont les mêmes, soit que le locataire ou fermier cède son bail, soit qu'il en divise la jouissance. Ceux qui tiennent de lui ou la totalité, ou une portion de l'objet, peuvent à leur tour le céder ou en sous-louer ou sous-affermer les parties; et ceux à qui le tout ou portion de l'immeuble est ainsi confié ont également la fa-culté d'en disposer de la même manière.

Observez pourtant que le locataire ou le sous-locataire, le fermier ou le sous-fermier, ne peut ni céder son bail ni sous-louer, lorsque par une clause particulière cette faculté lui a été interdite. Cette clause ne doit pas se suppléer, il est vrai, quand elle n'a pas été exprimée; mais aussi, quand elle a été écrite dans l'acte, elle n'est plus simplement commina-toire, ainsi qu'on le disait autrefois; elle doit nécessairement recevoir son exécution; car le Code civil, *article* 1717, déclare qu'elle est toujours de rigueur.

Au surplus, ce qui nous suffit ici, est de faire sentir que, quand l'objet d'un bail est cédé ou sous-loué, le locataire ou fermier n'en doit pas moins tenir tous les engagemens qu'il a contractés envers le propriétaire, et il devient responsable directement des faits de ses sous-locataires ou sous-fermiers. Pareillement le propriétaire est obligé de garantir la jouissance qu'il a promise, quoiqu'elle ait été cédée à d'autres par le locataire ou fermier à qui la faculté d'en disposer n'a pas été interdite. Il en est de même du locataire ou fermier vis-à-vis du sous-locataire ou sous-fermier, comme de celui-ci vis-à-vis de la personne à qui il a cédé le tout ou portion de sa jouissance. Chacun ne connaît que celui avec qui il a traité : le bailleur doit garantir la jouissance qu'il promet, et il répond des faits de ceux qui tiennent de lui. A leur tour, ceux à qui il a sous-loué sont tenus envers lui comme s'il était le propriétaire, et lui répondent des faits des personnes à qui ils pourront sous-louer.

De là il résulte que tout ce que nous dirons concernant les réparations qui sont à la charge du propriétaire, s'applique à tout bailleur : comme aussi tout ce qui est relatif aux réparations locatives s'applique à tout preneur. En effet, l'action du propriétaire pour le paiement des réparations que doit le locataire peut-être exercée par celui-ci contre son sous-locataire ou sous-fermier pour la portion de jouissance cédée à ce dernier : et si le sous-locataire ou sous-fermier a lui-même confié le tout ou partie de son bail à un autre, il peut en exiger les réparations locatives. Ainsi, sur la demande que le propriétaire, pour avoir le paiement des réparations locatives, formerait contre le locataire ou fermier, celui-ci pourrait appeler en garantie son sous-locataire ou sous-fermier; ce dernier à son tour appellerait comme sous-garant la personne à qui il aurait cédé le tout ou partie de ses droits. Enfin ce recours en garantie descendrait de degré en degré, jusqu'à celui qui se trouve le dernier en possession de l'héritage ou d'une de ses portions.

Ces explications étaient nécessaires pour faire bien comprendre que les droits attribués au propriétaire vis-à-vis de son locataire ou fermier, et réciproquement, conviennent à tout bailleur vis-à-vis de son preneur, et respectivement, quoique le bailleur soit preneur à l'égard d'un tiers, et quoique son preneur soit devenu lui-même bailleur envers un autre. Ainsi ne parlons maintenant que des réparations qui doivent être supportées par le propriétaire, et de celles qui sont à la charge du locataire ou fermier; les principes s'ap pliqueront facilement aux sous-locataires ou aux sous-fermiers.

En général, toutes les réparations occasionnées par la vétusté doivent être faites par le propriétaire, même quand il a loué ou affermé son bien ; ce qui est conforme à la maxime *res perit domino.* En effet, le prix qu'il reçoit pour le bail l'oblige à garantir une jouissance entière ; en sorte que si elle dépérit sans la faute du locataire ou fermier, celui-ci a droit d'exiger les réparations qui la lui assurent. Enfin il est de toute justice que celui qui a les avantages de la propriété en supporte les pertes, quand elles n'arrivent que par l'effet du tems et de l'usage : *secundùm naturam est commoda cujusque rei eum sequi, quem sequentur incommoda.* L. 10, ff. *de reg. jur.*

Mais lorsque des réparations sont occasionnées par la faute du locataire ou fermier, il doit en répondre : il est facile de reconnaître si les réparations des gros entretiens viennent de vétusté, ou des personnes qui occupent l'immeuble. Il y a plus de difficulté à l'égard des réparations du menu entretien ; elles sont sans doute occasionnées par l'usage qu'on fait de l'objet loué ou affermé, et sous ce rapport, d'après le principe général que nous venons de citer, il semble qu'elles devraient être à la charge du propriétaire. Cependant il arrivait souvent que celui-ci prétendait qu'elles étaient trop fréquentes, et que le locataire ou fermier avait usé trop indiscrètement ; de là est venu le parti qu'on a pris de mettre à la charge du locataire ou fermier certaines menues réparations, sans examiner si elles sont l'effet d'un usage modéré ou abusif. Par ce moyen, on a tari la source d'une infinité de petites contestations fondées sur des faits presque impossibles à vérifier. Telle est l'origine des réparations *locatives;* elles sont ainsi appelées, parce que de plein droit elles sont supportées par les locataires ou fermiers, qui ont leur recours contre leurs sous-locataires ou sous-fermiers.

Long-temps la législation de ces menues réparations n'a été établie que par la jurisprudence, et leur désignation variait selon les diverses coutumes ; mais le Code civil a converti en loi générale cet usage ancien et raisonnable. Son *art.* 1754 porte que les réparations locatives ou de menu entretien, dont le locataire est tenu, s'il n'y a clause contraire, sont celles désignées comme telles par l'usage des lieux. Cependant le même article indique les principales de ces réparations, qui partout, et sans égard à l'usage observé antérieurement à cette loi, doivent être nécessairement à la charge des locataires ou fermiers. Comme il y a quelques différences entre les réparations locatives des maisons, celles des moulins, et celles qu'exigent les fermes; on parlera des unes et des autres successivement dans les paragraphes suivans.

§ II. *Des reparations locatives désignées pour les maisons par le Code civil.*

On a vu dans le paragraphe précédent ce que l'on entend par réparations locatives : ce sont celles de menu entretien qu'un locataire ou sous-locataire est tenu de faire à ses frais dans les lieux qu'il occupe à titre de bail écrit ou verbal. La présomption de droit, est que ces sortes de réparations sont occasionnées par la faute de celui qui est dans les lieux, et qu'elles ne viennent pas de vétusté ou de cas fortuit. En conséquence, tant que le locataire ou sous-locataire ne prouve pas que les réparations locatives ont été causées par le vice même des objets détériorés ou par accidens dont il ne peut répondre, il doit seul supporter la charge de ces mêmes réparations. *Code civil, art.* 1755.

Il est également tenu des réparations plus importantes, lorsqu'elles ont lieu par son fait; mais, à leur égard, la présomption de droit n'est pas contre lui : le propriétaire doit prouver que le dégât qui excède le menu entretien a été occasionné par ceux qui se servent de son bâtiment : à défaut de faire cette preuve, ces sortes de réparations sont censées provenir d'une cause dont il doit supporter tous les effets. Remarquez que ces présomptions de droit n'ont lieu que quand il n'y a rien de convenu particulièrement sur ce qui concerne les réparations; car il faut toujours que les clauses arrêtées par les parties soient exécutées : en cette occasion, la loi ne sert que pour les cas où rien n'a été stipulé de con-

traire à ce qu'elle prescrit, pour les réparations dont chacun
doit être chargé.

On voit qu'il est très-important de déterminer quelles
sont les réparations qui sont présumées à la charge des loca-
taires ou sous-locataires : car toutes les autres, de quelque
nature qu'elles soient, seront par conséquent présumées à la
charge des propriétaires. Il est un usage dans chaque pays,
d'après lequel on se dirige pour faire la distinction des répa-
rations locatives. Le Code civil, *article* 1754, veut que
l'on se conforme sur ce point à l'usage des lieux, s'il n'y a
clause contraire dans le bail. Néanmoins le même article
désigne certaines réparations qui nécessairement doivent
être comprises parmi les locatives, dans tous les pays, no-
nobstant les usages contraires. Delà la distinction des me-
nues réparations absolues, c'est-à-dire qui ont ce caractère
dans toutes les parties de l'Empire ; et les menues répa-
rations relatives, c'est-à-dire celles indiquées par l'usage de
chaque pays. Nous ne verrons dans ce paragraphe que
les premières : on parlera des autres dans le paragraphe
suivant.

Le Code, dans son *art.* 1754, indique cinq sortes de ré-
parations qui sont nécessairement à la charge des locataires,
à moins que ceux-ci ne prouvent que les objets désignés ont
été détériorés par vétusté, ou par cas fortuit. Nous expli-
quons ces cinq sortes de réparations, suivant Desgodets et
et son annotateur Goupy.

1° Les réparations qui sont à faire aux âtres, contre-
cœurs, chambranles et tablettes des cheminées. On a pensé
que le dépérissement de ces objets venait le plus souvent du
peu d'attention des locataires, qui jettent du bois dans le
foyer avec trop de force, ou qui font un feu plus ardent
qu'il ne serait convenable pour la conservation de toutes les
parties de la cheminée. Quand les contre-cœurs sont en
plaques de fonte, et qu'elles viennent à casser, les locataires
en sont responsables, ainsi que des scellemens qui retiennent
ces mêmes plaques. Pareillement les croissans propres à
retenir les pelles et pincettes, sont à la charge de ceux qui
occupent la maison ; ils doivent faire replacer et même

fournir les croissans qui se trouvent descellés, ou perdus, ou cassés.

On ne distingue pas si les chambranles et les tablettes des cheminées sont en menuiserie, ou en pierre, ou en marbre; les locataires en sont responsables, quand ces objets sont ou cassés, ou fêlés, ou détériorés d'une manière quelconque par la trop grande activité du feu. Goupy, dans ses notes sur Desgodets, dit qu'il n'est pas aisé de juger sainement si un chambranle, une tablette, le revêtissement et l'attique d'une cheminée en marbre ou en pierre, sont détériorés par la faute du locataire, ou par l'effort des plâtres, ou par un tassement, ou par autre cause dont il n'est pas responsable. Il ajoute même que fort souvent les marbriers vendent de pareilles pierres comme saines et entières; tandis qu'elles sont tranchées par des fils, qu'ils ont soin de boucher avec du mastic mêlé de poudre de marbre : de là il conclut que ces réparations, qui sont d'une grande dépense, ont besoin d'être examinées soigneusement avant de décider par qui elles seront supportées.

Les tables et les buffets couverts en marbre, les coquilles et les cuvettes de même matière, sont aussi à la charge du locataire, si ces objets ont été écornés, ou cassés par sa faute; mais il faut faire les mêmes attentions qu'on vient d'expliquer à l'occasion des chambranles et tablettes de cheminées.

2° Le Code veut aussi que le crépi du bas des murailles des appartemens et autres lieux d'habitation, soit refait par les locataires ou sous-locataires jusqu'à la hauteur d'un mètre. En posant des meubles ou autres objets près des murailles, on peut détruire l'enduit dont elles sont recouvertes : il était bon d'obliger ceux qui occupent les lieux à réparer cet enduit jusqu'à hauteur d'appui, afin de les forcer à y avoir attention.

3° Sont encore à la charge des locataires ou sous-locataires, les pavés et les carreaux des chambres, lorsqu'il y en a seulement quelques-uns de cassés. Par cette disposition, il faut entendre que le locataire n'est pas présumé être l'auteur de la détérioration, lorsque, par exemple, une grande partie des carreaux se trouve feuilletée ou cassée. Il est vraisemblable que c'est leur mauvaise qualité, ou la vétusté, ou l'humidité qui les a détruits. Quand une grande partie des pavés ou des carreaux a besoin de réparation, il faut donc qu'elle soit à la charge du propriétaire, à moins qu'il ne prouve que le locataire a occasionné le dommage.

Dans les pièces carelées en carreaux blancs et noirs, il y a des plates-bandes de pierre au pourtour des murs; elles font partie du carreau, et sont à la charge du locataire, lorsqu'elles sont cassées seulement en quelques endroits. Néanmoins, il faut examiner si les cassures n'ont point été faites par la charge des plâtres qu'on a mis dessus, en enduisant les murs, ou par quelque lambri posé à force, ou par tout autre effort; car, dans l'un de ces cas, le locataire n'est pas responsable.

Au parquet, lorsque quelques panneaux ou battans sont cassés, ou enfoncés par violence, le locataire en est tenu : mais il ne répond pas d'un parquet détérioré dans de grandes parties, à moins qu'il n'ait causé lui-même le dommage; ce que doit prouver le propriétaire.

Les pavés des grandes cours et des remises ne sont réparés par les locataires que quand il s'y trouve quelques pavés hors de place : mais ceux qui sont écrasés, cassés ou ébranlés doivent être à la charge du propriétaire, parce que ces différens lieux sont destinés à supporter des voitures d'une grande pesanteur. Il en est de même du pavé des écuries, que les chevaux battent continuellement avec les pieds. Les propriétaires doivent s'attendre à ces efforts des voitures et des chevaux : si donc il en résulte des dégradations, on ne peut pas les imputer aux locataires qui n'ont pas fait un mauvais usage des endroits pavés. Il suit de là qu'il est de l'intérêt des propriétaires de veiller à ce que des pavés durs soient employés dans les grandes cours, et dans les écuries, et que le ciment n'y soit pas épargné.

A l'égard des petites cours, où il n'entre pas de voitures, et des cuisines ou autres lieux, dans lesquels il n'est pas reçu de grosses charges, le locataire est tenu de réparer les pavés qui sont cassés, et de remplacer ceux qui manquent, à moins que ces défauts ne viennent évidemment de vétusté;

ce qui se présume, quand une grande partie des pavés se trouve en mauvais état. L'entretien des pavés qui ne sont qu'ébranlés n'est pas à la charge du locataire, dans les cours, parce qu'elles sont exposées aux intempéries de l'air, à la pluie, aux égouts, causes naturelles de la destruction des cimens. Il en est de même dans les cuisines, les offices, et les laboratoires destinés à recevoir des eaux qui détériorent le ciment des pavés : les locataires, par de continuels lavages, ne font qu'un usage ordinaire et convenu de ces mêmes lieux; il n'y a rien de forcé dans leur jouissance; ils ne sont donc pas tenus de réparer les pavés qui s'ébranlent.

4° Le lavage des vitres, suivant le Code, est une réparation locative, parce qu'il est toujours présumé que le propriétaire les a livrées nettes : d'où il suit qu'on doit les lui rendre dans le même état, à moins qu'il ne soit prouvé que les vitres n'étaient pas nettoyées quand le locataire a pris possession.

Pareillement, il est présumé que les vitres sont livrées sans cassure ni fêlure, et tenant bien dans leur châssis; le locataire doit donc les rendre de même. S'il était prouvé qu'en entrant en jouissance, le locataire a trouvé une certaine quantité de vitres cassées ou fêlées, il ne serait pas tenu de les rendre dans un meilleur état. Quand les vitres ont été endommagées par une force majeure, telle que la grêle, ce n'est pas au locataire à les réparer.

Si les vitres tiennent à des panneaux de plomb, la réparation des plombs est à la charge du propriétaire, parce que la présomption est que la vétusté les a détériorés; en sorte que, s'il était évident que les plombs n'ont pu être ruinés que par le fait du locataire, celui-ci en serait responsable. A l'égard des verges de fer qui soutiennent les panneaux de plomb dans lesquels sont enchâssées les vitres, le locataire est tenu de remplacer celles qui manquent et celles qui sont cassées; à moins qu'il ne soit prouvé qu'elles ont été détruites par le vice de la matière, telle que serait une paille, ou tout autre défaut provenant du fer.

On doit dire ici que les glaces qui garnissent une maison, soit sur les cheminées, soit partout ailleurs, sont sous la garde du locataire, qui doit les rendre nettoyées et entières. S'il a le malheur d'en casser, il doit en rendre des neuves, de mêmes qualités et dimensions : alors les morceaux de celles qu'il remplace lui appartiennent. Il arrive que des glaces se trouvent cassées, soit par l'effort des parquets qui les supportent, soit par le tassement ou gonflement des plâtres : dans ce cas, la perte est supportée par le propriétaire.

5° C'est encore à la charge du locataire que le Code met les réparations à faire aux portes, aux croisées, aux planches de cloison ou de fermeture de boutiques, aux gonds, targettes et serrures.

Dans ces articles doivent être compris les contrevens et leurs volets, ainsi que toute autre sorte de fermeture; les chambranles des portes, les embrasures des croisées et des portes, les lambris d'appui, ceux à hauteur de plancher, toute espèce de cloison, et généralement toutes les menuiseries d'une maison : elles sont à la charge du locataire, si elles se trouvent endommagées par sa faute, et autrement que par vétusté ou cas fortuit.

Si un locataire a fait percer dans une porte, ou une cloison, un trou de chatière, il est tenu de faire remettre la planche entière où le trou a été pratiqué : il ne suffirait pas de faire remettre un morceau pour boucher l'entaille. Il en est de même lorsque l'on fait poser une serrure à une porte, dans une autre place que celle où elle était; le locataire n'eût-il fait que le trou nécessaire pour le passage d'une clef, le propriétaire peut exiger qu'on remplace par une planche neuve celle où s'est opéré ce changement, et qu'elle soit peinte de la même couleur que le reste de la porte.

Les dessus de portes ou autres tableaux, ainsi que leurs bordures, sont à la charge du locataire, lorsqu'ils ont été gâtés pendant sa jouissance : on peut dire la même chose des objets de sculpture et des autres ornemens, s'ils ont été cassés ou détériorés autrement que par vétusté ou force majeure.

Aux croisées sont quelquefois laissées par le propriétaire, des tringles de fer destinées à soutenir les rideaux, avec leurs poulies et doubles poulies pour le jeu des cordons ainsi que des croissans ou autres objets en fer, propres à tenir les rideaux ouverts ; si ces diverses choses sont de manque ou cassées, le locataire doit les remplacer, ou prouver que leur détérioration ne vient pas de sa faute.

Il en est de même des balcons, des grilles de fer, s'il y manque quelques pièces, ou s'il y en a de cassées, la présomption est que le locataire en est cause : il en est responsable, ainsi que des treillis de fil de fer ou de laiton, quand ils ont été brisés autrement que par vétusté ou par cas fortuit.

Toute la serrurerie des portes, des fenêtres, des armoires, est mise par le Code au nombre des objets dont les réparations sont locatives ; ainsi elle est presumée avoir été livrée en bon état : si donc quelques fers sont descellés, ou sont cassés, si les serrures sont forcées, si les clefs s'en trouvent brisées, le locataire en est responsable. On dira peut-être à l'égard des serrures, que les garnitures n'en sont pas assez solides pour résister au frottement continuel des clefs ; et qu'ainsi elles peuvent être gâtées sans qu'il y ait de la faute des locataires. La réponse est que le Code a établi cette responsabilité ; c'est sans doute afin d'avertir les locataires d'ouvrir et de fermer les portes et les armoires avec précaution : s'il en était autrement, il y aurait de la part des locataires inattentifs, ou négligens, ou de mauvaise foi, un abus dont les propriétaires seraient trop souvent dupes.

§ III. *Des réparations locatives des maisons, suivant l'usage.*

Les objets dont on a parlé dans le paragraphe précédent, sont à la charge des locataires, dans tous les pays où le Code civil est en activité, tant qu'il n'est pas prouvé que ces objets sont détériorés, ou par vétusté, ou par cas fortuit. Ce sont là les menues réparations absolues, parce que la loi générale le veut ainsi ; mais elle décide que d'autres objets, désignés par l'usage des lieux, peuvent être également à la charge des locataires : nous les nommons menues réparations relatives. L'énumération en serait impossible, parce qu'il faudrait connaître sur ce point les usages particuliers de tous les pays qui composent l'Empire français. Nous nous bornerons donc à faire connaître ce qui est pratiqué dans l'étendue de la coutume de Paris : on peut le regarder comme le droit commun, à cet égard, pour les cas où rien de contraire n'est établi par l'usage des différens lieux. Ce que nous allons dire est attesté par Desgodets et son annotateur Goupy, dont les avis, fondés sur une longue expérience, sont d'un grand poids en pareille matière.

1° Dans les écuries, les trous faits dans la maçonnerie des mangeoires doivent être rebouchés aux dépens du locataire. Lorsque le devant des mangeoires se trouve rongé, c'est encore le locataire qui est tenu d'en faire la réparation ; car il doit s'imputer d'avoir placé dans cette écurie des chevaux qui avaient le défaut de ronger le bois. Goupy observe que l'on évite cet inconvénient, en recouvrant de tôle le devant de la mangeoire : mais c'est au locataire à exiger, avant d'entrer en jouissance, que cette précaution soit prise par le propriétaire, où à la prendre lui-même.

Les râteliers et leurs roulons, les piliers et les barres servant à la séparation des chevaux, sont entretenus par le locataire, à moins qu'ils ne soient détruits par vétusté ou par force majeure.

2° Le ramonage des cheminées est une réparation locative, parce qu'il doit être plus ou moins fréquent, selon qu'il est fait plus ou moins de feu par ceux qui occupent la maison. Par exemple, les cheminées où se trouve un grand feu continuel, doivent être nettoyées une fois par mois, ou au plus tard, une fois toutes les six semaines. Au reste, il faut dans chaque pays se conformer aux règlemens de police sur cette sorte d'entretien.

Si donc le feu qui a pris dans une cheminée en avait fait crever le tuyau, le locataire serait tenu de le rétablir, pourvu qu'il ne se trouvât dans ce tuyau aucune pièce de bois qui ait pu être la cause de l'accident.

3° A l'égard des fourneaux de cuisine, soit ceux qu'on appelle potagers, soit tous autres, tels que ceux qui servent aux lavoirs, leurs voûtes, murs et planchers, sont à la charge du propriétaire. Le locataire est tenu d'entretenir le carreau tant celui qui est placé sur le plancher où tombe les cendres des réchauds, que celui du dessus des fourneaux. Le locataire fait refaire le scellement des réchauds : il doit remplacer les réchauds potagers qui sont cassés, et leurs grilles quand elles sont brûlées. Quant aux paillasses de cuisine, le locataire n'est tenu d'entretenir que le carreau de dessus. Les paillasses de cuisine sont de petits massifs de maçonnerie, carrelés par-dessus, élevés de terre de douze ou de quinze pouces, ou, suivant les nouvelles mesures, d'environ trente-six centimètres ; on y met du charbon, ou de la cendre chaude, pour faire cuire doucement les viandes.

4° Aux fours, l'usage est que le propriétaire en entretienne les murs, la voûte du dessous s'il y en a, le tuyau ou la cheminée : il y a donc à la charge du locataire l'aire du four, qui est ou en terre, ou carrelée, et la chapelle du four ; c'est à-dire la voûte de briques qui le couvre, et reçoit la chaleur qu'on veut obtenir pour les différens usages auxquels est destiné le four.

5° C'est au locataire à répondre des pierres à laver lorsqu'elles sont écornées ou cassées par son fait : mais si dans la pierre il se trouvait quelque défaut qui eût causé la détérioration, elle serait à la charge du propriétaire ; il doit supporter les accidens qui arrivent à sa chose par le vice de la matière. Quand il y a une grille sur l'orifice d'un tuyau propre à recevoir les eaux du lavoir, elle sert à prévenir les engorgemens ; le locataire ne doit donc pas entretenir le tuyau, mais réparer la grille si elle est enfoncée ou rompue. Il y a des experts qui veulent que la jonction du tuyau à la pierre soit rétablie par le locataire quand elle est détruite ; mais Goupy n'est pas de cet avis, parce qu'il y a un moyen solide de souder le tuyau à la pierre en employant du plomb au lieu de mastic ; il n'est pas juste que le locataire souffre de ce que le propriétaire, pour économiser, n'a pas établi le tuyau de la manière la plus solide.

6° Il est d'usage que les barrières et les bornes qui se trouvent ou dans les cours, ou sous les remises, soient à la charge du locataire. Goupy ne pense pas que cet usage soit juste, parce que, dit-il, ces barrières et ces bornes sont établies pour préserver les murs du choc des voitures; elles ne sont donc utiles qu'au propriétaire, et ne servent point au locataire.

Nous croyons que, quand des bornes et des barrières ne sont point en état de vétusté, et qu'elles sont brisées par la maladresse des cochers ou des voituriers, le locataire en est responsable; ces objets sont toujours assez forts pour supporter le frottement ordinaire des voitures, en sorte que s'ils se trouvent cassés, ce ne peut être que par un fait étranger au propriétaire et dont il ne doit pas souffrir.

Quand il y a des auges de pierre dans une cour, le locataire doit veiller à ce qu'elles ne soient pas endommagées. Goupy prétend que l'on peut les garnir de fer, et par-là les préserver de tout accident : d'où il conclut que les locataires n'en sont pas tenus. Nous croyons que la pierre est une matière assez solide pour qu'une auge puisse servir à sa destination sans crainte d'être détruite. Si donc elle est écornée ou cassée pendant le cours du bail, on présume que l'accident est arrivé par la faute du locataire, ou de ses gens; c'est à lui à prouver que la pierre était viciée, ou que la rupture a été causée par cas fortuit.

7° Le curage des puits était regardé autrefois comme une réparation locative dans certains pays, tandis que dans d'autres le propriétaire en était seul chargé. Le Code, *art.* 1756, assimile le curage des puits à celui des fosses d'aisance, et décide que ces deux sortes d'opérations doivent être faites par le propriétaire.

Mais les poulies des puits et les mains de fer, les poulies des greniers, les chapes des poulies sont des sortes de meubles que le propriétaire confie au locataire, qui par conséquent est obligé d'en répondre.

Dans plusieurs maisons, l'eau est tirée des puits par des pompes : on demande ce qui est alors à la charge du locataire. Suivant Goupy, c'est le piston, la tringle qui sert à le mouvoir et le balancier. La raison qu'il donne, est que ces objets dépérissent plus ou moins promptement, selon qu'on se sert d'une pompe plus ou moins fréquemment, et avec plus ou moins de ménagement; d'ailleurs ces mêmes objets épargnent des cordes que serait obligé de fournir le locataire, et lui facilitent beaucoup les moyens de se procurer de l'eau.

8° Il n'est pas d'usage de mettre à la charge du locataire les tuyaux de descente établis pour conduire les eaux des toits et des appartemens. Les engorgemens de ces mêmes tuyaux sont également des accidens auxquels doit seul remédier le propriétaire. En effet ou il y a grille à l'orifice des tuyaux, ou bien il n'y a pas de grille ; dans ce dernier cas, c'est la faute du propriétaire, qui aurait évité l'engorgement en garnissant d'une grille l'entrée des tuyaux : s'il y a grille, l'engorgement ne vient alors que des sels qui se forment sur les parois intérieures des tuyaux ; ce dont le locataire n'est pas responsable, quand il use convenablement des tuyaux. Si pourtant les grilles sont rompues ou enfoncées, leur rétablissement se fait aux dépens du locataire ; comme il répondrait des cassures faites aux tuyaux par violence, et autrement que par vétusté ou cas fortuit.

9° Dans les jardins, les locataires sont obligés d'entretenir en bon état les allées sablées, les parterres, les plate-bandes, les bordures et les gazons. Les arbres et arbrisseaux doivent être rendus de même espèce et en même nombre qu'ils étaient lorsque le bail a commencé ; et s'il en meurt quelques-uns, les locataires doivent les remplacer.

On ne regarde point comme réparations locatives celles des treillages placés le long des murs ou dans les autres parties du jardin, en telle forme que ce puisse être, tels que palissades, berceaux, portiques ; le locataire n'en est tenu que quand il est prouvé que ces objets ont été détériorés par son fait.

Pareillement l'entretien des bassins, des jets d'eau et de leurs conduits, n'est point à la charge du locataire, à moins qu'il n'y ait de sa faute ; par exemple, lorsqu'il a négligé de vider les bassins et conduits pendant l'hiver, et que la gelée les a fait crever, il est responsable de cet accident arrivé par sa négligence. On suppose ici que le locataire est maître de vider les eaux à sa volonté ; mais si elles arrivent par des canaux publics, il ne lui est plus possible de vider les bassins et les conduits quand il lui convient, et alors les événemens de la gelée ne lui sont pas imputables.

A l'égard des vases, des pots de fleurs et des bancs qui servent à l'ornement des jardins, Goupy fait une distinction : il dit que les vases de faïence, de fonte ou de fer, les caisses et les bancs de bois, s'ils se trouvent cassés ou dégradés autrement que par vétusté, sont réparés par le locataire; la présomption étant que ces accidens sont arrivés par sa faute ou celle de ses gens. Mais la dégradation des vases et des bancs de marbre, de pierre, de terre cuite, pouvant venir de l'intempérie de l'air, le locataire n'en est pas tenu, à moins de prouver qu'ils ont été détériorés par sa faute.

10° Toute dégradation qui arrive par vol, comme lorsqu'il se trouve des plombs, des fers, des pierres emportés, doit être réparée par le locataire, parce que sa négligence peut avoir occasionné l'accident. Cependant, si on prouve que les soins qu'il est raisonnable de prendre pour la sûreté des objets compris au bail étaient insuffisans pour empêcher le vol, ce qui arrive, par exemple, quand il est fait à main armée par une bande de brigands, la présomption ne peserait plus sur le locataire, et la perte sera supportée par le propriétaire suivant cette règle de droit : *impetus prædonum à nullo præstantur.* L. 23, ff. *de reg. jur.*

11 Un bail à loyer ayant été signé, le preneur s'aperçoit que différens objets dont il n'a pas besoin se trouvent dans la maison; on demande s'il peut refuser de s'en charger.

Il est évident que cette question n'a d'intérêt que dans le cas où le bail est conclu, et qu'on ne s'est point expliqué sur les choses dont le locataire ne veut pas être responsable. En effet, si l'observation était faite avant la signature du bail, une des parties serait encore libre d'accorder ou de refuser ce que l'autre demanderait; et si on s'est expliqué dans le bail sur tous les objets qui se trouvent dans la maison, ils ne donnent lieu à aucune difficulté. Voilà pourquoi on suppose que le bail est parfait et qu'on n'y a pas parlé des choses dont le locataire avant d'entrer en jouissance refuse d'être responsable.

Goupy pense que l'on ne peut pas forcer, dans le cas proposé, un locataire à se charger d'aucunes choses qui ne font pas essentiellement partie de la maison; c'est-à-dire des objets qui sont meubles, et qui peuvent facilement s'emporter. Pour exemple, il cite dans les jardins, les bancs de bois qui ne tiennent pas au sol, les vases de toute espèce, les caisses de bois propres aux arbrisseaux; dans les appartemens, les tringles des rideaux, les croissans pour tenir les rideaux ouverts, les tables, les glaces qui ne sont point attachées à perpétuelle demeure, les armoires non scellées, les doubles portes d'étoffe, les stors de croisées, les tables, les tableaux, les dessus de portes non arrêtées par la menuiserie de la maison; dans les escaliers, les lanternes; dans les cuisines, les tablettes, les râteliers propres à la vaisselle; en un mot, tout ce qui est meuble, et par conséquent ne fait pas partie nécessaire de la maison.

Remarquez que si le locataire est entré en jouissance, il n'est plus recevable à refuser d'entretenir les objets mobiliers qui se trouvent dans la maison. Il est donc bon, pour mettre sa responsabilité à l'abri, qu'il fasse sa protestation avant d'accepter les clefs. (36)

§ IV. *Des réparations locatives des moulins.*

Ce qu'on veut dire ici sur les réparations locatives des moulins ne concerne pas les édifices qui les contiennent, ou qui forment, soit leurs magasins, soit les logemens de ceux qui en ont la garde : ces bâtimens sont sujets aux mêmes réparations locatives que les maisons; elles ont été expliquées dans les deux paragraphes précédens.

Les moulins, outre des édifices, ont des tournans et travaillans, des machines, des ustensiles et des meubles consacrés spécialement à leur exploitation : comment le locataire doit-il entretenir ces objets? voilà ce que nous nous proposons d'examiner.

Il n'est point parlé dans le Code civil des réparations locatives qui sont particulières aux différentes sortes de moulins; en conséquence, il faut suivre sur ce point l'usage des lieux où ils sont situés.

Dans l'impossibilité de connaître les usages de chaque pays, nous nous contenterons d'indiquer l'usage dans la coutume de Paris, et qui fait le droit commun : cet usage est atttesté par Desgodets, et par Goupy son annotateur. Les objets qu'on va indiquer sont à la charge du locataire, quand le contraire n'est pas stipulé au bail : en conséquence, la présomption de droit est que les réparations qui sont nécessaires à ces objets ont été occasionnées par la faute du locataire. Ainsi il est tenu de faire ces réparations, à moins qu'il ne prouve que la vétusté, ou une force majeure a causé les dégradations.

L'usage est de faire estimer ce que valent tous ces objets particuliers aux moulins, lorsqu'on les livre au locataire, et lorsque son bail est fini. Si la dernière prisée est plus forte que la première, le propriétaire rembourse au locataire ce qu'elle vaut de plus, et lorsque la dernière prisée est moins considérable que la première, c'est le locataire qui paye au propriétaire ce que celle-ci vaut de moins. (37)

Tous les objets particuliers aux moulins, et qu'on n'énonce pas comme sujets à réparations locatives, sont à la charge du propriétaire ; la présomption est qu'ils sont usés par vétusté : le locataire n'en serait tenu que dans le cas où on prouverait que la dégradation est arrivée par violence, et n'est pas l'effet d'un cas fortuit.

1° Les palécs des moulins à eau sont entretenues par le locataire. On nomme *palées* une rangée de pieux enfoncés les uns près des autres, et derrière lesquels sont attachées des planches. Un espace entouré de palées, et les palées elles-mêmes, est ce que l'on appelle *palis :* ils forment des espèces de coffres que l'on remplit de pierres pour serrer le canal de l'eau et lui donner un cours plus rapide.

2° On met aussi à la charge du locataire les réparations à faire aux vannes. Ce sont des espèces de portes de bois qui se lèvent et se baissent pour donner à l'eau qui pousse la roue du moulin un volume plus ou moins considérable, selon le besoin, et même pour empêcher totalement l'eau de se porter sur la roue, quand on veut arrêter le moulin.

3° Les tournans et travaillans d'un moulin à eau doivent être entretenus par le locataire, à moins qu'il ne prouve que les dégradations qui y arrivent viennent ou de vétusté, ou de force majeure.

Pour entendre en quoi consistent les tournans et travail-lans, nous ne pouvons mieux faire que de suivre les indica-tions de Goupy : par état, il connaissait les termes techni-ques qui sont familiers à tous ceux qui construisent ou gou-vernent ces moulins à eau.

On comprend dans les tournans et travaillans, d'abord l'arbre gisant, c'est-à-dire celui qui est placé horizontale-ment. Le locataire est responsable de cet arbre, ainsi que de ses frettes de fer, de ses deux tourillons, de son gros et de son menu bout, qui portent sur les deux chevreciers garnis de plumars de cuivre ; du rouet avec ses embrasures, bosses, paremens, chaussures des chevilles, ses embraie-mens, coins et fermetures ; de la volée, garnie de ses petits bras, coins, fermetures, entretoises, coilleaux, liens et aubes.

En second lieu, fait partie des tournans et travaillans qui sont à la charge du locataire l'arbre qui est debout avec sa potence et ses frettes, et par conséquent sa souche garnie de sa palette, de ses pars, contre-fiches, embraiemens, coins et fermetures. Ce même arbre a pour accessoires un boutteau avec crêtes de fer, une chaussure de fuseaux, des moires, un noyau et sa frette, un hérisson de bois d'orme et ses cour-bes, embrasure et chaussure de cheville, une chaise, et un palier avec son pars, sa palette, son noyau, ses coins et fer-metures.

Le troisième objet des tournans et travaillans que le loca-taire doit entretenir, est la lanterne faite en bois d'orme, avec ses frettes, sa queue d'arondé, sa chaussure de fuseaux, son fer garni de la fusée et de la nille, et ses quatre bras.

Quatrièmement, les tournans et travaillans dont répond le locataire, comprennent encore la meule gisante, c'est-à-dire celle qui est immobile. Elle a pour accessoires, sa boîte, son boîtillon avec liens de fer pour retenir la boîte ; des pièces d'enchevêtrures, des archures et couverseaux avec équerres, crochets par haut et par bas, crampons ; enfin des planches.

La cinquième pièce principale des travaillans et tournans dont est tenu le locataire, est la meule courante, celle qui reçoit le mouvement, et qui couvre la meule gisante. La

meule courante est garnie de son lien de fer à moufle, et
d'une croisée par-dessus, avec crampons scellés en plomb.

On compte en sixième lieu, parmi les tournans et tra-
vaillans à la charge du locataire, les deux trémions, les porte-
trémions, le chapeau, l'orgueil et les coins de levée.

Vient en septième lieu la trémie, avec ses augets et frayons,
ses quatre branches de fer et ses platines.

Enfin, on compte la huche destinée à recevoir la farine,
le baille-blé garni de ses bajoues et petits moulinets, l'arbre
du tambour garni d'une gacaunonc avec sa poulie et son
boulon.

Tels sont les objets compris sous la dénomination de
tournans et travaillans des moulins à eau, et dont l'entretien
est à la charge du preneur. Les différens noms que nous ve-
nons de leur donner changent suivant les différens pays : il
y a même des objets qu'il faut supprimer ou ajouter, ou qui
ont une autre forme, selon la structure des moulins. La des-
cription qu'on vient de donner pour exemple, fait suffisam-
ment connaître tout ce qui doit être compris dans la prisée
d'un moulin, et dont le locataire est responsable.

4° Dans les moulins pendans, c'est-à-dire dans ceux dont
la roue peut se hausser et se baisser, afin de se conformer à
la hauteur des eaux, lorsqu'ils sont sur des rivières sujettes
à varier, les tournans et travaillans comprennent, en outre,
une charpente qui sert à élever ou à baisser la roue, selon
l'augmentation ou la diminution des eaux. Le locataire est
également tenu des réparations de cette charpente, qui est
composée :

D'une reille de la lotoire, garnie de boulons, rondelles,
clavettes de fer, planches, liernes, suspotreaux, chevilles de
reille, écharpe et poulie;

D'une reille du gros bout d'amont-l'eau, garnie de sa clef,
de ses boulons, de ses clous à hune, et de son suspotreau à
chevilles de reilles;

D'une reille du même bout d'amont-l'eau, garnie de ses
boulons, rondelles et clavettes, clous à hune, de sa clef par
bas, de son suspotreau par haut, et de ses chevilles de reilles;

D'une reille du gros bout d'aval-l'eau, garnie de fer, boulons, rondelles et clavettes, clous à hune, suspotreau et chevilles de reilles;

D'une reille de menu bout d'aval-l'eau, garnie comme on l'a dit ci-dessus;

De deux pars, de trois arbalêtriers du gros bout, de trois arbalêtriers du menu bout, de godivelles du gros bout et du menu bout, de chevreciers du gros et du menu bout. Par gros et menu bout, on entend les deux bouts de l'arbre gisant, et qui ne sont pas de même grosseur : on distingue les pièces dont on vient de donner le détail par la place qu'elles occupent du côté du gros ou du menu bout.

On demande si le locataire d'un moulin pendant est tenu de réparer la charpente dont il s'agit, lorsqu'elle a été endommagée, soit par les glaces, soit par le choc de quelque bateau, ou de quelque autre objet entraîné par les eaux.

La raison de douter, est que le locataire n'est pas responsable des accidens arrivés par cas fortuits. Ce qui décide, c'est que les dommages causés par les glaces, ou par le choc des corps qu'entraînent les eaux, peuvent s'éviter en prenant des précautions usitées sur les rivières. Le locataire qui ne fait rien pour prévenir ces sortes d'accidens est responsable de leurs suites : s'il n'a pas d'autre moyen de se garantir que d'avoir des pieux de garde, il doit en demander au propriétaire; celui-ci étant mis en demeure de les faire placer, il supporte seul les pertes qui arrivent par le défaut de pieux.

5° Outre les tournans et travaillans, les ustensiles et objets mobiliers servant à l'exploitation du moulin, sont à la charge du locataire. Dans un moulin à eau, ce sont ordinairement les câbles à reprendre l'hérisson, les verins, les pinces de fer et le treuil garni de ses bras, ou autrement dit, de son moulinet; le câble à lever la meule, les vingtaines sur le tambour et pour la lotoire; les escaliers pour monter à la trémie, et les treuils servant à suspendre le moulin; des corbeilles à engrener, un crible de fil de fer, une banne de treillis; les marteaux à rhabiller les meules, le marteau à pannes, les masses, les ciseaux, et la petite échelle à monter la farine.

6° Il y a des circonstances où les locataires de moulins à

eau sont tenus à d'autres espèces de réparations : mais il faut que le bail en fasse mention, sinon elles restent à la charge du propriétaire. Tels sont les digues qui se font pour retenir l'eau, et la porter en plus grande quantité sur les moulins ; le fauchage des herbes qui croissent dans l'eau et en ralentissent la vitesse ; l'enlèvement des atterrissemens, c'est-à-dire des amas de vase ou de sable qui se forment au-dessus ou au-dessous des moulins, et qui privent l'eau de la force dont elle a besoin pour faire tourner la roue. Si le propriétaire manquait de charger le locataire de ces objets d'entretien, celui-ci pourrait exiger qu'on fît cesser tous les obstacles qu'éprouverait le cours des eaux : il aurait droit de demander que les eaux qui s'échappent soient retenues dans la direction qu'elles doivent avoir vers la roue du moulin. Mais aussi, dès que par le bail on oblige le locataire à ces sortes de travaux, il est seul tenu de les exécuter : et quand même les grandes eaux détruiraient ce qu'il aurait fait, il n'en serait pas indemnisé par le propriétaire, parce que le cas de l'accroissement des eaux est un des inconvéniens qui se prévoit naturellement, et auquel les parties sont censées avoir pensé en souscrivant le bail.

7° Il y a des moulins à eau construits sur masses de pierres, et d'autres établis simplement sur bateaux : or les locataires de ces dernières sortes de moulins, non-seulement sont tenus de l'entretien des tournans et travaillans, ainsi que des ustensiles, comme on l'a dit plus haut, mais encore ils sont responsables de tous les dommages arrivés aux bateaux qui supportent les moulins, ainsi qu'au corps même du moulin. Ils sont cependant à l'abri de toute poursuite à cet égard, lorsqu'ils prouvent que les réparations sont occasionnées par vétusté, ou par force majeure.

On demande sur qui tombe la perte causée aux moulins sur bateaux, lors des grandes eaux ou des glaces, par la surcharge, par la rupture des câbles, par les frottemens ou le choc, soit des autres bateaux, soit de tout autre corps entraîné par les eaux.

On ne regarde pas ces événemens comme l'effet d'une force majeure : ces sortes de moulins sont naturellement exposés à ces divers accidens, et les parties sont censées les avoir prévus. D'ailleurs il y a des précautions à prendre pour les éviter : le locataire est donc responsable s'il a été négligent ou maladroit.

8° Dans les moulins à vent, les tournans et travaillans, ainsi que les ustensiles, sont également à la charge du locataire.

Les tournans et travaillans sont les volans de dehors, et leurs toiles ; les volans de dedans, et l'arbre tournant ; le marbre, le frein, le rouet et le gros fer ; les trois palliés, qui sont, le pallié de gros fer, celui du petit collet, et celui du heurtoir ; la lanterne, le câble, et les quatre pièces d'archures ; les meules courante et gisante, et le cerceau de fer ; le petit fer, la tempure, le pallié du petit fer, la boîte et le boîtillon ; le babillard, la petite et grande huche, le bluteau et le moulinet, ou engin à monter le blé. Quant aux ustensiles et autres objets mobiliers, ils sont ordinairement, pour les moulins à vent, les quatre marteaux à rhabiller les meules ; une pince ou queue de fer, une corbeille, un boisseau, un picotin, et des échelles ; la nille de fer, une armoire de la queue, et une brouette ; la garoine ou grouanne, les garouans, et la rouette ; les crocs, les pieux, et le câbleau pour l'escalier.

Nous avons dit que, quand le corps d'un moulin à eau reçoit du dommage par le choc d'un autre bateau, le locataire en est responsable, parce qu'il pouvait l'en garantir : par la même raison, si le corps d'un moulin à vent éprouvait des dégradations par la force du vent, le locataire en serait responsable, s'il était prouvé qu'il a négligé de tourner le moulin comme il convenait pour éviter l'accident.

On conçoit que les ustensiles et autres effets mobiliers peuvent varier selon les lieux, la nature des moulins, et le bon état dans lequel ils sont tenus par le propriétaire. Au surplus, en règle générale, tous les objets de ce genre qu'il fournit au locataire doivent être rendus par ce dernier dans le même état qu'il les a reçus ; c'est pourquoi il est nécessaire de les comprendre dans la prisée qui est faite avant de mettre le locataire en jouissance, et dans celle qui a lieu à la fin de

son bail pour constater l'état dans lequel il rend les objets qui lui ont été confiés.

Desgodets fait, à l'occasion de la prisée des moulins, une réflexion qui est très-importante : il recommande aux experts chargés de la seconde estimation de considérer l'état où se trouvent les objets, eu égard à l'état où ils étaient au commencement du bail. Si on ne faisait attention qu'à leur valeur actuelle, qui peut varier selon les temps, le propriétaire ou le locataire pourrait être lésé.

Par exemple, les tournans et travaillans d'un moulin sont en très-bon état lorsque le locataire en prend possession, et leur prix est porté à 1,500 francs. A la fin du bail, en trouve que les mêmes objets ont été mal entretenus, et ne sont pas, à beaucoup près, dans un état aussi bon que celui où ils étaient lors de l'entrée en jouissance du locataire. Cependant comme les circonstances ont rendu les bois et autres matières plus chères, la seconde évaluation des mêmes objets, si elle était faite à raison des prix actuels, se monterait à la même somme que la première, c'est-à-dire à 1,500 francs. Alors le locataire qui a manqué d'entretenir, comme il y était obligé, ne devrait aucune indemnité au propriétaire, ce qui serait injuste. Il faut donc, lors de la seconde estimation, que les appréciateurs déclarent d'abord dans quelle proportion les objets estimés ont perdu de leur valeur, s'ils ont été dépréciés du quart, ou du tiers, ou de toute autre partie aliquote : ensuite les experts indiquent le prix actuel de ces mêmes objets, et le locataire est débiteur du quart, ou du tiers, ou de toute autre portion perdue, dont la vente est fixée en proportion du prix actuel.

Supposons, dans l'exemple proposé, que la dégradation des objets de la prisée soit d'un quart; ils valent, dit-on, au moment de la seconde estimation, 1,500 francs; cette somme est donc seulement le prix des trois quarts de ce qu'est tenu de rendre le locataire; il devra donc, pour le quart qu'il a laissé perdre, une somme de 500 francs. En effet, les objets de la prisée ayant été livrés en bon état, il faut les rendre de même. Au commencement du bail, ces objets en bon état valaient 1,500 francs; on trouve qu'à la fin du bail, s'ils

étaient également en bon état, ils vaudraient 2,000 francs,
à cause de l'augmentation des matières. C'est donc cette der-
nière valeur que doit rendre le locataire; mais les objets de
la prisée ayant perdu un quart de leur valeur, ils ne montent
qu'à 1,500 francs au lieu de 2,000 francs qu'ils vaudraient
sans la négligence du locataire. Ce dernier est donc évidem-
ment redevable de la perte du quart dont il est cause, et qui
est évaluée 500 francs. (38)

Dans le cas où le propriétaire loue sa maison à deux ou
plusieurs locataires, on demande par qui sont supportées
les réparations locatives qui sont à faire dans les escaliers,
les passages et autres lieux communs à tous ceux qui habitent
la maison.

On doit faire payer chaque réparation par celui des loca-
taires qui en est cause : cette décision est conforme à l'é-
quité, et n'est point contestée. Mais la difficulté naît lorsqu'il
est impossible de connaître celui des locataires qui a fait une
dégradation à un objet commun. Goupy, dans ses notes sur
le commentaire de Desgodets, pense que le propriétaire ne
pouvant avec justice s'adresser à un locataire plutôt qu'à un
autre, il doit seul supporter les réparations dont il s'agit. La
présomption qui milite contre le locataire, à l'égard des dé-
gradations qui sont faites dans le local qu'il occupe seul ne
peut pas être invoquée pour les réparations des lieux qui sont
communs à tous les habitans de la maison.

Cette opinion est combattue par Pothier : il ne croit pas
que la présomption opposée au locataire soit la cause pro-
chaine de l'obligation où est ce dernier de supporter les ré-
parations dont on parle. On peut bien présumer que celui à
qui un objet est loué, l'a dégradé ou laissé dégrader par sa
faute; et sans doute que c'est là le fondement de l'usage qui
a mis certaines réparations à la charge des locataires. Mais,
ajoute le même jurisconsulte, dès que l'usage est établi, la
cause prochaine de l'obligation imposée aux locataires de
payer ces sortes de réparations vient de ce qu'ils se sont ta-
citement soumis à faire les réparations que l'usage met à
leur charge suivant cette maxime : *in contractibus tacitè ve-
niunt ea quæ sunt moris et consuetudinis.*

Il ne nous paraît pas que le raisonnement de Pothier soit concluant. De ce que les locataires s'obligent tacitement à faire les réparations que l'usage met à leur charge, il suit que chacun est tenu des réparations locatives qu'exigent les lieux qu'il occupe pour son compte particulier; mais on ne trouve pas dans ce principe un motif pour décider par qui seront supportées les réparations des objets qui ne sont pas exclusivement confiés à la garde particulière de chacun des locataires. Voudrait-on que tous contribuassent aux réparations communes en proportion du prix de leurs loyers? Les embarras d'une pareille opération, plus encore les discussions auxquelles elle ne manquerait pas de donner lieu entre les habitans d'une même maison, qu'on doit au contraire maintenir autant qu'il est possible dans une bonne union, font assez sentir qu'il ne convient pas de penser à aucune contribution, à moins qu'elle n'ait été stipulée dans les baux des différens locataires.

Nous nous rangeons donc à l'avis de Goupy; nous croyons que, si l'usage a mis certaines réparations à la charge des locataires, c'est qu'il est à présumer qu'elles sont occasionnées par leur faute : or, sur qui la présomption doit-elle porter lorsqu'il y a des dégradations dans les escaliers, les passages et autres lieux communs à tous les locataires d'une maison? Chacun dira qu'en prenant son bail il s'est chargé tacitement des réparations de son appartement, parce qu'il est le maître de veiller à la conservation de tout ce qui le compose; mais qu'il n'a pas entendu se rendre garant des objets dont tous les autres locataires ont la jouissance comme lui. Sa défense sera d'autant plus péremptoire, qu'il ne s'est passé aucune convention entre lui et les autres locataires; leur jouissance commune ne peut donc établir entre eux aucune obligation. Le propriétaire est libre, il est vrai, d'insérer dans les baux qu'il fait à chaque locataire quelque clause relative aux réparations des objets communs; quand il ne prend pas cette précaution, il consent donc tacitement à supporter seul ces mêmes réparations.

Au reste, cette décision n'a lieu que quand il est impossible de savoir par le fait de qui une dégradation est arrivée;

dès que l'on connaît celui des locataires qui a occasionné un accident par lui-même ou par ses gens, ou par les étrangers qui vont à son logement, lui seul en est responsable. Le recours contre lui s'exercerait quand bien même, par leurs baux, les locataires auraient consenti à contribuer proportionnellement aux réparations locatives des objets communs; car ce consentement n'est jamais donné que pour les cas où on ne peut pas savoir par qui ces réparations ont été occasionnées.

On conçoit que toutes ces discussions ne peuvent pas avoir lieu lorsqu'une maison ou tout autre édifice est loué à une seule personne ou à un principal locataire; il répond de toutes les parties de l'objet envers le propriétaire. A l'égard de ceux à qui il sous-loue, il exerce les mêmes droits que le propriétaire; en conséquence, s'il a plusieurs sous-locataires, les décisions qu'on vient d'expliquer auront lieu, relativement aux réparations des objets dont ils jouissent en commun. (39)

§ V. *Des réparations locatives des fermes.*

Le contrat de louage d'une maison, d'un bâtiment, d'une construction quelconque, et généralement de tout objet qui ne rapporte aucun fruit, se nomme bail à loyer. On entend par bail à ferme le contrat de louage des biens qui de leur nature produisent des fruits, tels que les terres labourables, les prés, les vignes, les bois, les étangs. Le prix des baux à loyer est proportionné à l'avantage que peut procurer la maison ou le moulin, ou le magasin, ou tout autre objet du bail; les produits qu'on en retire se nomment fruits civils. A l'égard du prix des baux à ferme, il est proportionné aux produits des biens ruraux qui donnent des fruits naturels ou industriels.

Nonobstant cette distinction, la nature du contrat de louage reste la même, soit qu'il s'agisse du bail d'une maison ou de tout autre édifice, soit que le bail concerne un bien rural. Mais dans l'application des principes il y a des détails qui sont particuliers à l'une ou à l'autre espèce de bail, à cause de la différence des biens qui en font l'objet; c'est ce qu'on va voir à l'égard des réparations locatives.

Dans un bail à ferme s'il y a des bâtimens tels que sont le logement du fermier, les granges, les écuries, les étables et autres constructions, les réparatious à la charge du preneur se règlent comme on l'a expliqué aux paragraphes II et III : tout ce qui y est décidé s'applique aux maisons et à toute espèce d'édifice soit de la ville, soit de la campagne. Parcillement, si un moulin est compris dans un bail à ferme, on se conforme pour les réparations locatives de ce moulin à ce qui est dit au paragraphe IV, consacré à cette sorte de construction.

Il nous reste donc à parler des biens ruraux, abstraction faite des bâtimens qui servent à leur exploitation. Le Code civil ne dit rien de particulier sur les réparations qui sont à la charge des fermiers des biens ruraux. Cependant quelques-unes de ses dispositions concernant les obligations des fermiers peuvent être considérées comme des charges d'entretien qu'on peut exiger d'eux. Il veut, *art.* 1766, que le fermier n'abandonne pas la culture de la terre qui lui est donnée à bail. En effet, la culture est un entretien si nécessaire, que, quand elle est abandonnée, le terrain devient très-difficile à travailler ; il faut de grandes dépenses pour le rendre à son premier état de production. Si donc un fermier avait négligé de cultiver les terres qui lui sont affermées, il serait tenu de dédommager le propriétaire en raison du tort que celui-ci éprouverait. Bien plus, si le propriétaire s'aperçoit pendant le cours du bail que la culture est abandonnée, il peut demander la résiliation du contrat de louage.

L'abandon total de la culture n'est pas le seul cas où le propriétaire ait droit de se plaindre du fermier ; celui-ci est obligé de cultiver en bon père de famille. Ainsi une culture trop négligée serait considérée comme si elle était abandonnée : par la même raison, une culture forcée, ayant l'effet de détériorer la terre, porte également préjudice au propriétaire, qui peut réclamer contre le fermier. Lorsque la négligence ou l'abus dans la culture est assez considérable, le propriétaire peut faire prononcer la résiliation du bail, et dans tous les cas il obtient des indemnités proportionnées. *Ibid.*

Il en est de même lorsque le fermier emploie la terre qui lui est affermée à un autre usage que celui auquel elle a été destinée par le bail, et qu'il en résulte un dommage pour le propriétaire. Supposons que le bail ne parle que de cultiver convenablement, le fermier est libre de choisir le genre de culture usité dans le pays, et même une culture nouvelle, si elle ne porte aucun préjudice à la terre. Mais l'objet du bail étant une vigne, par exemple, le fermier ne pourrait pas l'arracher pour avoir à la place un champ ou un pré; comme aussi il ne pourrait pas planter de la vigne dans une terre qui lui a été livrée pour être labourée. Pareillement, les terres affermées étant habituellement consacrées à la culture du grain, le fermier ne pourrait pas, sans le consentement du propriétaire, y cultiver des plantes capables d'appauvrir le sol, quoiqu'elles se coupent annuellement comme le grain. Par exemple, il n'est pas permis de cultiver le safran ou le chardon dans des terres qui n'ont pas été affermées pour cet usage. Dans ces différens cas et autres semblables, le propriétaire aurait droit à des dommages-intérêts, et même il pourrait demander la résiliation du bail, selon les circonstances. *Ibid.*

Il n'est permis au fermier de déposer les grains de sa récolte que dans les granges désignées par le bail pour cet usage. En se conformant sur ce point à son obligation, il n'est tenu que des réparations locatives, telles qu'on en a donné le détail dans les paragraphes II et III, où on fait connaître les réparations locatives des maisons et autres bâtimens; mais si le fermier engrangeait dans des lieux qui ne sont pas destinés à cet usage, il s'exposerait à supporter toutes les réparations qu'exigeraient ces mêmes lieux, parce qu'on pourrait soutenir qu'il est cause des dégradations qui y sont arrivées. Pour se soustraire à la demande qui serait formée contre lui, ce serait à lui à prouver que les réparations qu'on exigerait ne viennent pas de l'abus qu'il a fait des lieux endommagés. *Code civil, art.* 1767.

On peut encore regarder comme une sorte d'entretien,

la surveillance que doit avoir le fermier pour empêcher qu'il ne soit rien usurpé sur les fonds qui lui sont confiés. Dès qu'une usurpation est commise, le fermier est tenu d'en avertir le propriétaire, sous peine de tous dépens, dommages et intérêts que celui-ci pourrait réclamer, s'il avait souffert de la négligence du fermier. *Ibid., art.* 1768.

Si, par exemple, l'usurpateur acquiert la possession annale, faute par le propriétaire d'avoir été averti en temps utile, c'est un des cas où le fermier est responsable des suites fâcheuses que sa négligence peut avoir : par conséquent il ne pourra pas répéter d'indemnité contre le propriétaire pour la non-jouissance du terrain usurpé. Cette indemnité serait exigible au contraire par le fermier, s'il avait dénoncé l'usurpation au propriétaire avant qu'elle ait duré une année, et si ce dernier avait négligé de se faire réintégrer dans la possession.

Il faut pourtant que le fermier ait donné l'avertissement au propriétaire assez à temps pour que celui-ci ait pu former sa demande au possessoire avant l'expiration de la première année d'usurpation. Pour décider si le propriétaire a été averti en temps utile, on calcule les délais qu'il faut pour agir contre l'usurpateur à compter du jour où la voie de fait lui est dénoncée suivant la distance des lieux, comme il est réglé pour les assignations. *Ibid.*

Ainsi un propriétaire demeurant à Paris a donné à ferme des terres situées dans la Beauce, à neuf myriamètres ou dix-huit lieues de cette capitale. Un habitant du lieu où sont situées les terres en a usurpé une portion en faisant des labours au premier octobre de l'an 1807. Pour que le propriétaire puisse se pourvoir au possessoire, il faut qu'il soit averti avant le premier octobre 1808, assez tôt pour que d'abord il ait une huitaine de délai afin de préparer sa demande, rechercher ses titres et se consulter; c'est là le délai ordinaire des assignations, suivant l'*art.* 72 du Code de procédure civile. Dans cette huitaine il ne faut comprendre ni le jour de la signification de l'avertissement, ni le jour de l'échéance du délai, parce que la huitaine doit être franche. *Ibid., art.* 1033. En second lieu, il faut que le propriétaire ait un jour par chaque fois trois myriamètres de la distance qui sépare son domicile de celui de l'usurpateur; ce qui, dans l'exemple, exige trois jours, puisque cette distance, par l'hypothèse, est de neuf myriamètres. On voit par ce calcul que les délais nécessaires au propriétaire pour se pourvoir au possessoire dans l'espèce proposée est au moins de treize jours francs. Le fermier ne l'avertirait donc pas en temps utile, s'il n'y avait pas au moins treize jours pleins depuis la signification de la dénonciation jusqu'au jour où doit expirer l'année d'usurpation. (40)

Les diverses obligations qu'on vient de considérer comme faisant partie de l'entretien à la charge du fermier font loi dans tous les pays où le Code civil est en vigueur. A l'égard des réparations proprement dites, on conçoit qu'elles sont peu considérables pour les seules terres; cependant, pour connaître l'entretien que doit y faire le fermier, il faut consulter les usages qui dans chaque pays varient autant qu'il y a de sorte de culture et de climats différens.

Néanmoins on peut dire en général que, si les terres labourables ne sont sujettes à aucune réparation locative, elles doivent cependant être rendues bien cultivées, à moins qu'il n'ait été constaté en commençant le bail que ces mêmes terres n'étaient pas en valeur. En effet, le principe exige qu'on rende l'objet loué ou affermé, précisément comme il a été livré; et la présomption est que cet objet a été livré en bon état; il faut donc qu'il soit rendu dans le même état, si rien de contraire n'a été convenu. De plus, le fermier sortant doit laisser les pailles et les fumiers qui sont destinés à la culture, s'il les a reçus lors de son entrée en jouissance. *Cod. civil, art.* 1778. (41)

● On doit dire aussi qu'il faut rendre en bon état les étangs, et ce qui sert à les vider et à les remplir, lorsqu'ils ont une construction qui donne ces facilités. Si le fermier fait constater que ces objets lui ont été livrés en mauvais état, il pourra les laisser dans un état semblable.

Aux vignes l'entretien des échalas, qui dans certains pays se nomment charnier , est à la charge du fermier, qui par conséquent doit en rendre une quantité suffisante pour garnir la vigne qui lui a été affermée. Il faut qu'il les rende de qualité, grandeur et grosseur convenables, selon l'usage des lieux. Il doit aussi entretenir les haies qui servent ordinairement de clôture dans les vignobles, comme aussi il doit laisser les fossés creusés dans les dimensions qui sont d'usage pour chaque pays.

Il n'y a point de réparations locatives pour les prés : on fait à leur égard ce qui est stipulé au bail ; et, faute d'explication, on se conforme à ce qui est pratiqué dans le lieu où ils sont situés.

Pour ce qui concerne les bois, on ne voit aucune réparation locative ; le fermier est seulement tenu de se conformer aux lois relatives aux forêts. Par exemple, dans les bois taillis, il doit respecter les arbres corniers, c'est-à-dire ceux qui marquent les limites de la portion de bois qui lui est affermée. Il est aussi tenu de laisser les baliveaux de l'âge actuel du bois, les modernes et les anciens, les gros arbres, et même les arbres fruitiers. Au reste, le propriétaire et le fermier peuvent convenir des clauses qu'ils jugent à propos, pourvu qu'elles soient permises par les lois rendues en matière de forêts.

§ VI. *De qui les réparations locatives peuvent être exigées.*

Par tout ce qu'on a dit sur les réparations locatives on voit que le propriétaire n'a droit de les exiger que de celui au profit de qui il a consenti le bail. Si le locataire ou fermier a sous-loué ou sous-affermé, le propriétaire n'a aucune action personnelle contre les sous-locataires ou sous-fermiers.

Cependant, comme le Code civil, *article 2102*, § 1, accorde au propriétaire, pour les réparations locatives, un privilége sur tous les meubles qui garnissent la maison ou la ferme, il en résulte qu'il peut saisir tous les objets mobiliers qui s'y trouvent, même ceux appartenant à des sous-locataires ou à des sous-fermiers, afin d'avoir sûreté des réparations locatives. Remarquez néanmoins que les meubles de chaque sous-locataire ou sous-fermier ne doivent répondre que des dégradations faites dans la portion de l'héritage qu'il occupe. Il ne serait pas juste que tous les sous-locataires d'une maison fussent solidaires des réparations qui s'y trouvent à faire. D'ailleurs l'intérêt du propriétaire n'est nullement blessé par cette décision, puisqu'il trouve dans chaque portion de son bien des objets mobiliers pour lui répondre des réparations qu'exige chacune de ces portions. Il arrive quelquefois, dit-on, que certaines portions de l'héritage sont sous-louées à des personnes qui ne les garnissent pas suffisamment de meubles. La réponse est que le propriétaire doit veiller d'abord à ce qu'il y ait dans sa maison ou dans sa ferme un mobilier suffisant, et, en second lieu, à ce que les réparations locatives ne soient pas négligées au point qu'il faille une trop grosse somme pour les payer. (42)

Le principal locataire ou fermier, qui est seul personnellement responsable de l'exécution de son bail vis-à-vis de son propriétaire, a son recours contre chacun des sous-locataires ou sous-fermiers. Il exerce même à leur égard les droits de propriétaire. Cette décision est si vraie, que le principal locataire peut réclamer les réparations locatives contre ses sous-locataires, sans attendre que le propriétaire ait formé sa propre réclamation. En conséquence, les sous-locataires ou sous-fermiers ne seraient pas fondés à refuser les réparations locatives, sous prétexte que le propriétaire ne les a pas exigées du principal locataire ou fermier : les conventions que celui-ci a faites avec ceux à qui il a souscrit des sous-baux n'ont rien de commun avec celles qui constituent le louage par lui contracté avec le propriétaire.

Puisque le principal locataire ou fermier exerce contre ses sous-locataires ou sous-fermiers des droits semblables à ceux du propriétaire, il en résulte que, sur les meubles de ceux avec qui il a des sous-baux, il jouit d'un privilége pour la sûreté des réparations locatives dont chacun est responsable.

Ce qui est dit du droit du principal locataire ou fermier contre ses sous-locataires et sous-fermiers s'applique à ceux-ci, vis-à-vis de ceux à qui ils donnent à loyer ou à ferme les objets ou partie des objets qu'ils tiennent au même titre.

Toutes les réparations qui ne sont pas locatives tombent à la charge du seul propriétaire ; c'est ce que nous avons observé au commencement de ce chapitre. Voilà pourquoi nous n'avons pas eu besoin d'en donner le détail : en énonçant les entretiens locatifs, il est facile de sentir que tous ceux qui ne se trouvent pas compris dans cette classe sont à la charge du propriétaire. (43)

Cependant, en parlant ici de la faculté accordée au propriétaire pour demander à ses locataires ou fermiers les réparations locatives, il est bon de dire que réciproquement tout locataire peut demander au propriétaire les réparations qui sont à la charge de ce dernier. Ce droit est fondé sur l'*art.* 1719, § 2 du Code : il oblige le bailleur à entretenir les choses par lui louées ou affermées en état de servir à l'usage pour lequel elles ont été livrées au preneur. Peu importe que les réparations à la charge du propriétaire soient urgentes lors de la signature du bail, ou qu'elles surviennent pendant sa durée, le locataire ou fermier n'en est pas moins fondé à exiger qu'elles soient faites. Si le bailleur prétend que les réparations réclamées ou ne sont pas à sa charge, ou ne sont pas nécessaires, des experts sont nommés ; et lorsqu'ils ont reconnu le besoin de réparations, et qu'elles sont dues par le propriétaire, un jugement condamne ce dernier à les faire dans un délai fixé. Le même jugement ajoute que, faute par le bailleur d'avoir fait exécuter les ouvrages dans le temps prescrit, le locataire ou fermier est autorisé à les faire faire, et à en retenir le prix sur les loyers ou fermages échus : s'il n'en doit pas, il est ordonné que le bailleur le remboursera, et qu'à cet effet il sera délivré au locataire un exécutoire sur le vu des quittances des ouvriers. Si, par le retard que le propriétaire a mis à faire les réparations depuis la demande qui lui en a été signifiée, le locataire ou fermier a éprouvé quelque préjudice, le même jugement peut lui accorder des dommages et intérêts.

Il arrive quelquefois que le locataire ou fermier, au lieu de conclure à ce que les réparations soient exécutées, demande la résiliation du bail ; ce qui lui est accordé, selon les circonstances. Par exemple, la résiliation du bail ne lui serait pas refusée, si les réparations étoient très-considérables et devaient empêcher l'exploitation de l'objet loué ou affermé ; surtout si, dans de pareilles circonstances, le locataire ou fermier était hors d'état de faire les avances que ces réparations exigeraient.

Le locataire ou fermier peut-il demander des indemnités au propriétaire qui lui fait souffrir de grandes incommodités par les réparations que celui-ci fait à l'immeuble loué ou affermé ?

La réponse à cette question est consignée dans l'*art.* 1724 du Code. D'abord le propriétaire ne doit faire que les réparations urgentes qui ne peuvent pas être différées jusqu'à l'expiration du bail, à moins qu'elles ne lui aient été demandées par le locataire ou fermier, et qu'il ait consenti à les faire.

Dans ces deux cas, lorsque les réparations sont urgentes, ou quand elles sont requises par le preneur, celui-ci doit les souffrir, quelque incommodité qu'elles lui causent, et quoique pendant qu'elles se font il soit privé d'une partie de la chose louée. *Ibid.*

Mais lorsque des réparations urgentes qui sont faites, soit du propre mouvement du bailleur, soit sur la demande du preneur, durent plus de quarante jours, le prix du bail doit être diminué en raison de la portion de l'immeuble dont le preneur aura été privé, et du temps que cette privation aura duré. *Ibid.*

Dans le cas dont il s'agit, si les réparations sont de telle nature qu'elles rendent inhabitable ce qui est nécessaire au logement du preneur et de sa famille, celui-ci peut demander la résiliation du bail. *Ibid.*

Si les réparations ne sont pas urgentes et ne sont faites volontairement par le propriétaire qu'après en avoir obtenu le consentement du preneur ou pour la seule satisfaction de ce dernier, elles ne peuvent jamais l'autoriser, soit à demander une indemnité quand les ouvriers restent plus de quarante jours, soit à faire résilier le bail, lorsque les travaux le privent de son logement pour un temps.

Un principal locataire est quelquefois autorisé par son

bail à faire de certains travaux ; il est même possible qu'il soit tenu de différentes réparations assez importantes et convenues entre lui et le propriétaire. Alors il peut arriver entre le principal locataire et ceux qui tiennent de lui en sous-location les mêmes discussions que celles dont on vient de parler relativement aux réparations urgentes. Les mêmes décisions doivent être prononcées, puisqu'il s'agit des mêmes droits respectifs.

Que le locataire soit ou non chargé par son bail de faire de grosses réparations, c'est pourtant à lui seul que ses sous-locataires peuvent s'adresser pour obtenir les réparations nécessaires à la jouissance des objets qui leur ont été loués : alors le principal locataire met en cause le propriétaire comme étant son garant.

Si les réparations durent plus de quarante jours, c'est avec le principal locataire qu'est réglée l'indemnité due au sous-locataire ; sauf au premier à régler séparément son indemnité avec le propriétaire. Pareillement, si les réparations sont de nature à priver de leur logement un ou plusieurs des sous-locataires, ils peuvent faire résilier leurs sous-baux ; mais leur demande est dirigée uniquement contre celui avec qui ils ont traité. Le propriétaire n'a point à s'en mêler : il aura seulement à répondre au principal locataire, qui exigera pour indemnité une diminution de prix proportionnée aux circonstances ; et même, s'il y a lieu, il obtiendra la résiliation du bail. (44)

§ VII. *Dans quel temps on peut exiger les réparations locatives*.

Par la nature du contrat de louage, le preneur est tenu d'user en bon père de famille de la chose qui lui est confiée ; c'est la disposition du Code civil, *article* 1728, § 1. Or un bon père de famille a soin de faire sans retard les réparations qui ne peuvent pas être négligées sans porter préjudice à sa chose : voilà donc la règle qu'il faut suivre pour déterminer le temps où on peut forcer, soit un locataire, soit un fermier, à faire les réparations qui sont à sa charge.

Ainsi, parmi les réparations locatives il faut distinguer

celles qui sont urgentes de celles qui peuvent sans danger s'effectuer à la fin du bail. Il n'est pas douteux que le bailleur, étant intéressé à la conservation de sa propriété, a le droit d'exiger les réparations locatives qui sont urgentes aussitôt que le besoin s'en est manifesté. Si le locataire ou fermier prétend que les réparations qu'on lui demande ne sont pas urgentes, des experts en font la visite; et s'ils décident que les réparations ne peuvent pas être retardées, le locataire ou fermier est condamné à les faire dans un délai fixé. Le même jugement décide que, si les travaux ordonnés ne sont pas exécutés dans le temps prescrit, le propriétaire pourra les faire faire aux dépens du locataire ou fermier, et qu'à cet effet un exécutoire lui sera délivré sur le vu des quittances des ouvriers. Comme l'*art.* 2102, § 1, donne sur les meubles qui garnissent la maison ou la ferme un privilége pour les réparations locatives, on voit que le propriétaire est assuré du paiement des avances qu'il aura faites en vertu du jugement dont on vient de parler. À l'occasion de ce même privilége, on a fait voir, dans le paragraphe précédent, qu'il s'étend aux meubles des sous-locataires ou sous-fermiers, seulement pour les réparations locatives des portions qu'ils occupent dans l'immeuble.

Ce qu'on vient de dire des réparations locatives s'applique à plus forte raison aux autres espèces de réparations dont serait tenu le preneur, soit parce qu'elles seraient survenues par sa faute, soit parce qu'il s'y serait obligé spécialement par son bail. En effet, quoiqu'il soit chargé des réparations locatives, à moins qu'il n'y ait convention contraire, ou qu'elles ne viennent, soit de vétusté, soit de cas fortuit, il n'en est pas moins obligé de réparer en outre les dégradations plus importantes arrivées par son fait, ou par celui de ses gens. La seule différence est que, pour se défendre de payer les réparations locatives, c'est à lui à prouver qu'il ne les doit pas, parce que la présomption établie par la loi est contre lui; au lieu que, pour le forcer à faire d'autres espèces de réparations, c'est au propriétaire à prouver qu'elles ont été occasionnées par le fait du locataire, ou de ceux qui le représentent.

Il peut donc arriver que le bailleur ait à réclamer contre le preneur des réparations plus fortes que celles qui sont simplement locatives; alors la contestation peut devenir très-sérieuse : tel serait le cas où un locataire aurait crevé un plancher en plaçant une trop forte quantité de marchandises pesantes dans une chambre destinée à recevoir seulement les meubles d'usage pour coucher. Un pareil accident ouvrirait une action au profit du propriétaire, non-seulement pour exiger sur-le-champ la réparation; mais encore pour résilier le bail, ce qui dépendrait des circonstances. Cette décision est dans l'*art.* 1729 du Code; elle est prononcée contre tout preneur qui emploie la chose louée à un usage auquel elle n'est pas destinée, ou dont il peut résulter du dommage pour le bailleur.

A l'égard des réparations locatives qui peuvent se différer sans inconvéniens, et sans compromettre les intérêts du propriétaire, il n'y a aucune raison pour ne pas laisser au locataire, la liberté de les faire dans le temps qui lui est le plus commode, à moins que les circonstances ne permettent pas de se fier au locataire, ou qu'il y ait quelque danger à laisser accumuler les réparations à la charge d'un locataire qui ne paye ses loyers qu'avec difficulté.

C'est donc ordinairement à la fin du bail que sont exigibles les réparations locatives qui ne sont pas urgentes. Le propriétaire est autorisé à retenir les meubles de son locataire ou fermier, et même à les mettre sous la main de justice par voie de saisie-gagerie, afin d'avoir sûreté pour le paiement de toutes les réparations quelconques qui sont à la charge du locataire ou fermier; car, comme on l'a dit plus haut, les réparations sont, ainsi que les loyers, privilégiées sur les meubles qui garnissent la maison ou la ferme. S'il y a contestation, des experts sont nommés, et sur leur rapport, le tribunal désigne les réparations que doit faire le locataire ou le fermier sortant, et détermine la somme à laquelle elles peuvent se monter. Le jugement laisse le choix au locataire, ou de faire exécuter lui-même les réparations dans un délai fixé, ou d'en payer la valeur. Il ordonne aussi que, faute par le locataire d'avoir fait ou payé les réparations dans le temps prescrit, le propriétaire sera autorisé à se procurer le prix de leur estimation, par toutes les voies ordinaires d'exécution, et même par privilége, sur les meubles qui garnissent l'objet dont le bail est fini. De là, il suit que le propriétaire n'est pas tenu d'attendre qu'il soit commode au locataire de faire les réparations, et de sortir de la maison ou de la ferme : en vertu du jugement, les meubles sont mis dehors, et vendus jusqu'à la concurrence des indemnités adjugées.

On traiterait de même les meubles d'un sous-locataire ou sous-fermier, en observant seulement de n'en vendre que pour payer les réparations de la portion qu'il occupait dans l'immeuble.

Le locataire ou fermier qui a sous-loué, soit le tout, soit une portion de l'objet, à une seule personne ou à plusieurs, peut exercer envers les sous-locataires ou sous-fermiers la même action que l'on vient d'expliquer; il a contre eux les mêmes droits dont peut user contre lui le propriétaire. Ce que l'on dit du preneur et du bailleur, doit donc s'entendre de celui qui accorde le bail et de celui qui l'accepte, soit que la maison ou la ferme appartienne au preneur, ou qu'il la tienne lui-même d'une autre personne.

Il n'est pas possible de donner ici le détail des réparations locatives qui sont urgentes, et de celles qu'on ne peut exiger qu'à la fin du bail : on conçoit aisément qu'elles varient à l'infini, selon la nature des objets loués, selon les usages de chaque pays, et selon les différentes parties de l'objet loué, qui se trouvent endommagées.

Par exemple, le Code met à la charge des locataires l'entretien des âtres, contre-cœurs, chambranles et tablettes des cheminées. Il est évident que la réparation d'un chambranle ou d'une tablette n'est pas urgente; il suffit qu'elle soit faite à la fin du bail. Il n'en est pas de même de l'âtre et du contre-cœur; il peut arriver des cas où il soit prudent de ne pas différer la réparation de ces parties de la cheminée, afin d'éviter toute communication du feu.

Pareillement, les vitres qui ne sont que fêlées, peuvent rester dans cet état jusqu'à la fin du bail; mais, s'il y a des vitres de manque à une croisée, il est nécessaire de les remplacer sans délai, afin d'empêcher la pluie de se répandre dans la chambre éclairée par cette croisée, et d'y causer du dommage en pénétrant à travers le plancher.

Quoiqu'une réparation ne soit pas urgente, il est quelquefois important de la faire, pour qu'elle ne devienne pas plus considérable. Par exemple, si le crépi des murs de l'appartement est détruit jusqu'à la hauteur d'appui, c'est une réparation à la charge du locataire, et qui ne semble pas urgente; cependant, si on retarde trop à la faire, la dégradation pourra devenir plus considérable : le propriétaire a donc un intérêt suffisant à l'exiger pendant le cours du bail En vain dirait-on que, si le crépi se détériore davantage, c'est le locataire qui en souffrira, puisqu'à la fin du bail il en aura une plus forte dépense à supporter. On répondrait que le propriétaire est intéressé à ne pas laisser augmenter trop fortement la masse des indemnités qui pourront lui être dues par son locataire. D'un autre côté, le crépi sert à conserver les murs; plus il est soigné, plus la maçonnerie a de durée : cet intérêt est suffisant pour que le propriétaire puisse exiger cette sorte de réparation, sans attendre la fin du bail.

En général, il est peu de réparations locatives que le propriétaire n'ait pas intérêt d'exiger sans délai : cependant, pour celles qui doivent se faire pendant le cours du bail, les juges ont l'attention d'accorder plus ou moins de temps, suivant le degré d'urgence qu'elles présentent, et suivant que la solvabilité du locataire est plus ou moins rassurante. Il faut allier l'intérêt du propriétaire avec la commodité du locataire, de manière pourtant à ne point blesser l'équité.

§ VIII. *Si on peut faire des changemens dans la disposition des lieux qui sont loués.*

Un locataire peut-il faire dans les lieux qui lui sont confiés les changemens dont il a besoin, quand ce n'est pas pour employer l'objet loué à un autre usage que celui auquel il est destiné?

En principe général, il n'est pas permis de faire des changemens dans les dispositions d'une maison ou d'une ferme.

si on n'en a pas reçu l'autorisation par le bail, ou postérieurement par le propriétaire. Celui qui prend à bail un objet quelconque voit bien s'il lui convient dans l'état où il le trouve, ou s'il faut y faire des changemens : il est donc facile de les prévoir par le contrat, de convenir aux dépens de qui ils seront exécutés, et même si le preneur laissera subsister les nouvelles dispositions, ou bien s'il sera obligé de remettre les lieux dans leur ancien état. Lorsque les parties ne se sont pas expliquées sur ce point, il faut en conclure que leur intention a été de laisser les lieux comme ils étaient lorsqu'ils ont été loués. L'une des parties qui voudrait y faire des changemens sans le consentement de l'autre agirait donc contre ce qui a été convenu.

Cette vérité est évidente à l'égard du propriétaire ; dès qu'il a livré sa maison ou sa ferme, en vertu du contrat de louage, il ne lui est plus possible d'y faire exécuter aucun ouvrage nouveau. Le Code, dans son *art.* 1723, dit expressément que le bailleur, pendant la durée du bail, ne peut changer la forme de la chose louée. Il est un seul cas où le propriétaire peut mettre des ouvriers chez son locataire, même sans le consentement de ce dernier ; c'est, suivant l'*art.* 1724, lorsque la chose louée a besoin de réparations tellement urgentes, qu'elles ne peuvent pas être différées jusqu'à la fin du bail. On a vu plus haut comment le locataire doit souffrir ces sortes de travaux, et à quelles conditions.

Si des réparations qui ne sont pas urgentes ne sont pas permises au propriétaire, à plus forte raison n'a-t-il pas le droit de faire des améliorations ou des changemens. En vain soutiendrait-il qu'ils sont avantageux au locataire, si celui-ci les refusait, il ne serait pas possible de le troubler dans sa jouissance, suivant cette règle : *invito beneficium non datur.* L. 69, ff. *de reg. jur.*

Néanmoins, comme l'équité est la première règle à suivre dans l'interprétation des contrats de louage, nous avons peine à croire qu'un propriétaire ne fût pas autorisé à faire une amélioration dans l'objet qu'il a loué, si le travail qu'elle exige ne gênait en rien le locataire. Celui-ci ne s'opposerait alors aux désirs du propriétaire que par humeur et pour lui nuire; or la justice ne permet pas d'avoir égard à de pareils motifs : *malitiis non est indulgendum*. C'est pour l'intérêt du locataire qu'on défend au propriétaire de rien changer à la chose louée : si donc le changement proposé ne fait aucune espèce de tort au locataire, il n'y a plus lieu à la défense; et le propriétaire, en pareil cas, peut être autorisé à exécuter ce qu'il demande.

Par exemple, je vous ai donné à bail une maison de campagne, dont le parc est entouré de murs, à l'exception d'un espace de vingt mètres qui est clos en planches. Il n'a point été dit dans le bail, que je ferais faire cette portion de clôture en mur; en sorte que vous ne pourriez pas m'y obliger. Cependant j'ai lieu de craindre pour les plombs et les fers qu'on peut voler dans le parc : il est vrai que vous êtes responsable des objets qui s'y trouvent; mais j'ai intérêt que votre responsabilité soit garantie par une clôture solide. D'ailleurs je desire que le public prenne une bonne opinion de ma maison, afin de la louer avantageusement quand vous ne l'occuperez plus; et pour cela il faut convertir en bon mur ce qui n'est qu'en planches. Je demande donc à faire cet ouvrage dans la saison où vous n'habitez pas la campagne; je m'oblige à faire faire le service des ouvriers par dehors, de manière que rien ne sera sali de votre côté; enfin j'offre de prendre toutes les autres précautions qui pourront vous convenir.

Votre réponse est négative; et vous vous contentez de m'opposer la disposition du Code, qui défend au bailleur de faire aucun changement dans la chose louée, ni de faire d'autres réparations que celles qui sont urgentes. Nous pensons que dans cette espèce, et dans celles où pareillement le locataire n'aurait aucun motif raisonnable de s'y opposer, les améliorations peuvent être autorisées. Au reste, c'est à la prudence des juges à peser toutes les circonstances avant de permettre au propriétaire de faire travailler, malgré le locataire, à des ouvrages qui ne sont pas d'une nécessité indispansable.

Il doit être très-rare que des travaux soient faits à une

maison, sans qu'il en résulte la moindre gêne pour le locataire, dont la jouissance ne doit être troublée en aucune manière ; mais, lorsque c'est ce dernier lui-même qui desire des changemens, ne peut-il pas les exécuter à ses dépens, pourvu qu'ils ne portent aucun préjudice à la propriété? Suivant la rigueur des principes, il ne lui est pas permis de contrevenir au contrat ; cependant, si l'équité défend au locataire de s'opposer à ce que la maison reçoive des améliorations dont il n'éprouve aucun embarras, ni aucun préjudice, il faut dire la même chose à l'égard du bailleur : il n'y aurait qu'une humeur déplacée qui le porterait à empêcher le locataire de faire dans la maison certains changemens, quand ils ne peuvent en aucun cas compromettre les intérêts de la propriété.

Ainsi, il y a dans une maison qui m'est louée, une grande chambre qui me serait plus commode, si elle était divisée en deux par une cloison ; quoique le bail ne me donne pas la faculté de faire cette nouvelle distribution, il suffit qu'il ne me le défende pas pour que j'y sois autorisé : je pourrai donc former une cloison en planches, ou en briques posées sur leur champ, ou de toute autre manière qui ne charge pas les planchers. Le propriétaire n'a aucun intérêt à s'opposer à ce que je me donne cette commodité, pourvu que je ne dégrade, ni les plafonds, ni le parquet ou les carreaux, ni les menuiseries du pourtour de la chambre.

Pareillement il existe dans une autre chambre une alcove qui me gêne ; et le bail n'en parle ni pour m'obliger à la laisser subsister, ni pour m'autoriser à la déplacer. Le propriétaire serait mal fondé à m'empêcher de me satisfaire, si je peux enlever l'alcove, et la replacer en quittant sans l'endommager et sans dégrader l'appartement.

On dit la même chose des différentes glaces trouvées dans des places qui ne conviennent pas au locataire : il serait ridicule de s'opposer à ce qu'il fît mettre ces objets dans les endroits où ils lui seraient plus utiles ou plus agréables : bien entendu qu'il répond des accidens qui pourraient leur arriver dans l'opération du déplacement.

Au surplus, quand des propriétaires ont loué à des personnes dont la solvabilité leur est assurée, ils n'ont pas coutume de se rendre difficiles pour permettre les changemens demandés par le locataire, surtout quand il les fait à ses dépens. A l'égard des locataires qui ne présentent pas une solvabilité suffisante, les propriétaires sont plus attentifs à ne permettre des changemens que quand il en résulte une amélioration pour la maison, ou au moins lorsque ces changemens n'exigent pas que les lieux soient remis à la fin du bail dans leur état primitif. S'il s'élève des contestations sur la question de savoir si un locataire aura la faculté de faire les changemens qu'il désire, la justice, d'après un rapport d'experts, se détermine par les circonstances et suivant les principes et les considérations dont on vient de parler.

Dans tous les cas où le locataire a fait des changemens dans la disposition des lieux, il est tenu, à la fin de sa jouissance, de les remettre dans l'état où ils lui ont été livrés; à moins que par le bail il n'ait été convenu de laisser subsister en sortant les changemens qu'il aurait faits. En vertu de cette clause, il ne lui serait pas permis de rétablir les lieux dans leur ancien état, quand même ce qu'il laisserait serait plus précieux que ce qu'il aurait à faire, pour rendre les choses comme elles lui ont été livrées.

S'il ne se trouve aucune clause de cette nature dans le bail, le propriétaire peut bien forcer le locataire à rétablir les lieux dans leur état primitif; mais il n'a pas droit d'exiger que celui-ci laisse les objets qu'il a substitués aux anciens.

Desgodets pose en principe qu'un locataire ne doit faire aucun changement dans les lieux qu'il occupe sans la permission du propriétaire : c'est en effet le vrai moyen d'éviter toute contestation, surtout quand il s'agit de changemens importans. Mais cet architecte ajoute que, si le propriétaire n'a pas donné par écrit son consentement, il a l'option d'exiger le rétablissement des lieux dans leur ancien état, ou de les faire laisser tels qu'ils se trouvent : il en excepte les tableaux et les glaces qui ne seraient attachés qu'avec des vis, et permet aux locataires de les emporter. On ne voit pas sur quoi serait fondée une pareille opinion. Supposons, par exemple, qu'une alcove et des lambris de hauteur faits en bois de chêne et travaillés avec soin , aient été placés par le locataire dans une chambre où il n'y avait que les murs quand il y est entré, ne répugnerait-il pas que le propriétaire pût s'approprier sans aucun motif ces objets précieux qui ne sont pas à lui? L'équité ne permet jamais de s'enrichir au détriment d'autrui : *Nemo detrimento alterius locupletior fieri potest.*

Le judicieux annotateur de Desgodets n'admet point la décision de ce dernier; il pense que le locataire peut retirer de l'appartement qu'il quitte tout ce qu'il y avait placé sans le consentement du propriétaire. Si ce consentement existe par écrit, il en résulte la preuve que les changemens ont été faits par le locataire; tandis que, quand le propriétaire n'a pas donné de permission écrite, c'est au locataire à prouver que les changemens ont été exécutés par lui : mais, dès que ce fait est constant, le locataire peut toujours emporter ce qui lui appartient, en rétablissant les lieux dans l'état où il les a reçus. Néanmoins il est bon de distinguer les changemens dont les principaux objets peuvent s'emporter avec utilité pour le locataire, et les changemens dont la destruction ne servirait point à celui qui quitte la maison. Dans le premier cas s'applique notre décision : le propriétaire peut bien forcer le locataire à remettre les lieux dans leur ancien état; mais, sous prétexte que les changemens ont été opérés sans son consentement, il n'a pas le droit de s'approprier les objets que le locataire a placés pour le temps de sa jouissance, et dont il peut tirer avantage, soit en les vendant, soit en les faisant servir dans un autre logement.

Si, au contraire, les ouvrages que le locataire a exécutés pour sa commodité ou son agrément ne peuvent lui être d'aucune utilité après leur destruction, il n'y aurait que mauvaise humeur de sa part s'il voulait rétablir l'ancien état des lieux contre le gré du propriétaire. Celui-ci serait donc bien fondé à s'opposer à la destruction des changemens, s'il lui convenait de les laisser subsister. Peu importe, dans ces différentes circonstances, que les changemens aient été faits à l'insu du propriétaire ou avec sa permission. Ainsi, quand il n'a pas été convenu que les changemens seront laissés, le locataire sortant peut être forcé de remettre les lieux dans leur ancien état; comme aussi le propriétaire peut exiger que les choses restent dans leur état actuel, lorsque leur destruction ne peut pas être utile au locataire.

Un locataire avait pris, rue Saint-Denis, à Paris, une maison sans plafonds, ni papiers, ni peintures; il fit faire à ses frais des plafonds, de jolies peintures, et fit coller des papiers sur les murs. Le propriétaire ne voulut pas renouveler le bail, et signifia qu'il gardait les changemens. Sous prétexte qu'on ne pouvait pas l'empêcher de rétablir les lieux dans leur état primitif, le locataire détruisit les plafonds, gratta les peintures et arracha les papiers.

Le propriétaire se pourvut en dommages et intérêts : il soutint que son intention de conserver les lieux dans leur état actuel ayant été connue du locataire, qui n'en disconvenait pas, celui-ci n'avait eu le droit d'y rien détruire; qu'à la vérité les embellissemens avaient été exécutés à ses dépens; mais qu'il ne pouvait tirer aucune espèce d'avantage de la destruction des plafonds en plâtre, ni des papiers qui étaient collés sur les murs, et non pas sur la toile. À l'égard des peintures, il était évident qu'un esprit de méchanceté avait porté le locataire à les gâter.

Une sentence du Châtelet ayant adjugé des dommages et intérêts au propriétaire, il y eut appel qui fut porté à l'audience de la grand'chambre, où la sentence fut confirmée par arrêt rendu sur les conclusions de M. Séguier. Nous étions présens, et nous entendîmes que M. l'avocat général invoqua d'abord le principe qui ne permet pas de faire le mal d'autrui sans intérêt pour soi. Il observa que les embellissemens opérés par le locataire avaient le caractère évident de choses faites avec l'intention de la perpétuelle demeure, puisqu'elles ne pouvaient pas être enlevées sans être entièrement détruites. Ces embellissemens étaient ainsi devenus parties intégrantes de la maison, et par conséquent la propriété du maître de cette maison. Celui-ci avait donc le droit d'exiger ou que l'ancien état des lieux fût rétabli, ou qu'ils fussent laissés dans l'état actuel : le propriétaire ayant fait son choix pour ce dernier parti, le locataire ne devait pas toucher à des embellissemens qui ne lui appartenaient plus.

Si les objets d'embellissement placés par un locataire dans une maison étaient susceptibles d'être enlevés sans être détruits, nous disons que le propriétaire ne pourrait pas empêcher le locataire de les reprendre, à la charge par ce dernier de rétablir les lieux dans leur état primitif. Mais si le propriétaire, en pareil cas, offrait au locataire de payer les choses qui peuvent s'enlever, celui-ci pourrait-il s'obstiner à remettre les lieux dans leur ancien état?

On doit distinguer en quoi consistent les objets qui ont servi à opérer les embellissemens. S'ils sont tels qu'il est facile au locataire de s'en procurer d'autres de même qualité, avec le prix qui lui est offert, il ne pourrait refuser les propositions du propriétaire sans marquer une envie de lui nuire; ce que la justice n'autorise jamais. Ainsi des papiers collés sur toile et une alcove en bois de chêne ont été placés par le locataire; en sortant de l'appartement, il veut enlever ces objets qui lui seront utiles ailleurs. Le propriétaire est en droit de s'opposer à l'enlèvement, en offrant de payer comptant le prix qui sera estimé par gens connaisseurs, parce qu'il est facile au locataire de faire faire une autre alcove et d'acheter un papier semblable. Observez qu'alors les objets laissés par le locataire doivent lui être payés, non pas précisément selon leur valeur réelle, mais en proportion du prix qu'il en coûterait pour s'en procurer de semblables.

Il n'en serait pas de même si le locataire avait embelli son appartement avec des objets pour lesquels il peut raisonnablement avoir une affection particulière, tels que sont des glaces d'une certaine qualité, des tableaux, des chambranles de marbre rare, des boiseries sculptées ou ornées d'une manière qui n'est pas ordinaire. En vain le propriétaire offrirait-il un grand prix de ces sortes de choses, il ne serait pas juste de forcer le locataire à s'en priver; on ne peut pas dire alors que ce dernier est mu par le désir de désobliger le propriétaire.

Un locataire ou fermier qui a planté des arbres peut-il les arracher à la fin de son bail?

D'un côté, ils ont été placés à perpétuelle demeure, parce que des arbres sont toujours destinés à rester où ils ont été plantés; par conséquent ils font partie de l'immeuble. D'un autre côté, on ne peut pas dissimuler que si le propriétaire les gardait, il en profiterait aux dépens du locataire ou fermier, qui en les arrachant pourrait au moins faire usage du bois qu'il en retirerait.

Nous croyons que, pour être juste, il faut décider que le propriétaire peut empêcher qu'on arrache les arbres; mais alors il doit en payer la valeur au locataire : c'est ce qui a été jugé au parlement de Bretagne, par arrêt du 17 octobre 1575.

Si la même question s'élevait pour des arbres en pépinière, il n'y aurait pas de difficulté; il est évident que le locataire en les plantant n'a pas eu l'intention de la perpétuelle demeure; ces arbres étant destinés nécessairement à être déplacés, le locataire peut les enlever à la fin de son bail, s'il ne s'est pas obligé à les laisser.

§ IX. *De l'utilité d'un état des lieux.*

On appelle état des lieux un acte qui est ordinairement fait sous seing-privé entre le propriétaire et le locataire ou fermier, ce qui suppose que l'un et l'autre savent signer; mais, si l'un des deux ne pouvait signer, il faudrait faire faire l'état des lieux par-devant notaire. On pourrait aussi faire donner une procuration devant notaire par la partie qui ne sait pas signer, et l'état des lieux se ferait sous signatures privées avec le mandataire.

Cet état contient la description détaillée de toutes les parties quelconques, grandes ou petites, de l'objet loué ou affermé; il énonce la matière, les qualités, la forme et la situation de ces mêmes parties; ce qu'elles peuvent avoir de particulier en excellence ou en défectuosité; l'état où elles se trouvent par rapport au service; par exemple, si elles sont neuves ou vieilles, bonnes ou mauvaises, usées ou cassées.

Il est rare qu'un propriétaire soigneux n'ait pas un état des lieux, soit pour ses maisons et bâtimens, soit pour toutes ses autres sortes de biens qu'il veut donner à loyer ou à ferme. Au reste, lorsque le propriétaire montre de l'indifférence sur ce point, le locataire ou fermier peut exiger qu'un état des lieux soit joint au bail. En effet, ce bail étant utile à la conservation des droits du bailleur et du preneur, chacun est fondé à demander un état des lieux. Si l'un des deux refuse, l'autre obtient un jugement par lequel le juge de paix de la situation de l'héritage ordonne que l'état en sera constaté par lui en présence des parties intéressées, ou elles dûment appelées. Il nomme en même temps un expert, s'il croit en avoir besoin pour l'aider dans la description des lieux. Si ce jugement est définitif, il énonce le lieu, le jour et l'heure de la visite; en le signifiant, assignation est donnée à l'expert et à la partie; à l'un pour prêter serment et assister le juge de paix, à l'autre pour être présent à la prestation de serment et à la rédaction de l'état des lieux, si bon lui semble. Lorsque le jugement qui ordonne la visite n'est que préparatoire, il n'est pas permis de l'expédier; alors l'expert et la partie sont assignés en vertu d'une cédule que délivre le juge de paix, et qui énonce le lieu, le jour et l'heure de la visite.

Au jour et à l'heure indiqués, le juge de paix, assisté de son greffier, se transporte sur les lieux contentieux; et si le jugement qui a ordonné la visite est définitif, il procède à la rédaction de l'état des lieux, après avoir mentionné la comparution ou la non-comparution des parties, ainsi que la prestation du serment de l'expert, s'il y en a un. Lorsque le jugement qui a ordonné la visite est simplement préparatoire, le juge écoute les dires respectifs des parties présentes; et, soit d'après les motifs allégués par le défendeur, soit par l'inspection des objets loués, s'il trouve qu'il n'est pas besoin d'un état des lieux, et que leur énonciation dans le bail est suffisante, il rend son jugement définitif, qui déboute le demandeur.

Mais si ce dernier est fondé en bonnes raisons, s'il est évident que les objets loués sont trop imparfaitement énoncés dans le bail, le jugement définitif, rendu sur place par le juge de paix, porte qu'il va être procédé par lui à la description des lieux, tant en l'absence qu'en la présence des par-

ties; alors il fait prêter serment par l'expert, s'il y en a un,
et mentionne cette formalité en son procès-verbal; ensuite il
y consigne l'état dans lequel se trouvent les lieux compris
au bail. Ce procès-verbal est clos par la signature des parties
présentes, la mention de celles qui sont absentes ou ne sa-
vent pas signer, et la signature du juge, de son greffier et de
l'expert s'il y en a un.

Ces formes, qu'il faut suivre pour faire par autorité de jus
tice un état des lieux, sont fondées sur les dispositions du
Code de procédure civile. D'abord, suivant l'*art.* 3, § 3, ce
qui concerne les réparations locatives est de la compétence
du juge de paix; c'est donc à lui qu'il faut s'adresser pour
faire un état des lieux; car cet acte sert entre le bailleur et le
preneur, à faire connaître les réparations qui sont à la charge
de l'un, et celles dont l'autre est tenu, soit pendant le cours
du bail, soit lorsqu'il est expiré.

En second lieu, l'*art.* 41 porte que, quand il s'agit de con-
stater l'état des lieux ou d'apprécier la valeur des indemnités
et dédommagemens demandés, le juge de paix ordonnera
que les lieux contentieux seront visités par lui en présence
des parties. De plus, l'*art.* 42 ajoute que, si l'objet de la vi-
site ou de l'appréciation exige des connaissances qui soient
étrangères au juge, il nommera par le même jugement des
gens de l'art pour faire la visite avec lui. Dans le cas dont il
s'agit, la contestation ne porte pas sur des objets d'arts; il
n'est question que de bien connaître certains termes. En con-
séquence, pour indiquer les expressions usitées, il suffit d'un
seul expert; et même le juge peut souvent s'en passer, quand
il se trouve en état de décrire les objets dont il fait la visite.

L'état des lieux est indispensable pour la conservation des
droits du propriétaire qui aurait le malheur de louer à quel-
qu'un de mauvaise foi. Par exemple, si à des objets pré-
cieux, tels que des chambranles de marbre, des boiseries en
chêne, des serrures et des verrous bien conditionnés, un
locataire substituait des chambranles de pierre, des boiseries
de sapin, des serrures et des verrous en mauvais état; si
même il faisait disparaître certains objets, comme des glaces,
des armoires, des doubles portes, le propriétaire serait em-

barrassé pour prouver que les objets par lui réclamés **ont été** livrés au locataire.

Sans qu'il soit besoin de supposer de la mauvaise foi de la part du locataire, l'état des lieux est encore nécessaire pour l'intérêt du propriétaire. En cas d'accident arrivé par la faute du locataire, comme serait un incendie, comment, sans un état des lieux, apprécier les objets qui ont été la proie des flammes, et dont le locataire doit l'indemnité?

Il n'est pas moins utile pour le locataire de faire un état des lieux, surtout quand tous les objets qui font partie de la maison ou de la ferme ne sont pas en très-bon état. En effet, comment se défendra-t-il si on lui demande la réparation d'un chambranle de marbre écorné, d'une serrure usée, d'un parquet enfoncé dans quelques parties, s'il n'a pas un acte capable de prouver que ces dégradations existaient quand les lieux lui ont été livrés, et qu'ainsi il n'en peut répondre? Comment pourrait-il avec sécurité faire des changemens ou des embellissemens, si rien n'établit que les objets par lui placés en décoration n'existaient pas lors de son entrée en jouissance? Il doit craindre qu'on lui dispute le droit de les reprendre à la fin du bail.

Pour la sûreté du locataire ou fermier, il n'y a pas de milieu, ou il faut un acte qui constate l'état circonstancié dans lequel se trouvent les objets qui lui sont livrés, ou bien il faut qu'en entrant en jouissance tout ce qui est compris au bail soit en bon état.

De là il suit que, même après la signature du bail et avant de prendre possession, le locataire peut exiger du propriétaire que les objets loués et qui se trouvent détériorés soient rétablis en état convenable. Il y a même des objets dont il peut refuser de se charger, tels que sont des meubles que le propriétaire aurait laissés; car, en louant un héritage à la ville ou à la campagne, on ne se rend responsable que des choses qui en font partie. Si donc en entrant en jouissance on trouve des objets purement mobiliers dont on ne veuille pas se charger, on est en droit d'exiger que le propriétaire en débarrasse les lieux qu'il donne à loyer. Cette observation ne s'applique pas au cas où, par le bail, le preneur s'est obligé à garder les meubles; il ne peut plus alors demander qu'on les enlève, et il est tenu de leur entretien. (45)

L'effet d'un état des lieux, est que le preneur doit rendre la maison ou la ferme telle qu'il l'a reçue; on ne peut pas lui demander plus d'objets qu'il n'en est énoncé dans cet état; on ne peut pas lui en demander d'autres, et il n'est pas tenu de rendre ceux qui y sont compris meilleurs qu'ils n'étaient quand on les lui a livrés. Pareillement il doit rendre exactement tout ce qui est énoncé dans l'état des lieux; et si quelque objet a été détérioré pendant sa jouissance, il en doit le rétablissement : c'est la décision du Code, *art.* 1730, qui décide pourtant que le locataire ne répond pas de ce qui a péri ou a été dégradé par vétusté ou par force majeure. Des experts indiquent, en cas de contestation, si l'objet litigieux a cédé à la vétusté ou à la violence.

Quand il n'a pas été fait d'état des lieux, le preneur est présumé les avoir reçus en bon état de réparations locatives, et doit les rendre tels, sauf la preuve contraire. *Ibidem*, *art.* 1731. Le locataire qui ne reçoit pas les lieux en bon état est donc bien intéressé, comme nous venons de le dire, à en faire une description circonstanciée, afin de n'être pas obligé de les rendre meilleurs qu'ils ne lui ont été livrés. La preuve qui pourrait suppléer à l'état des lieux est si difficile à établir à l'expiration d'un bail, il reste si peu de traces quelquefois de l'état où était, il y a plusieurs années, l'objet contesté, qu'il serait très-imprudent de compter sur tout autre moyen que celui résultant d'un état des lieux. (46)

§ X. *Forme de l'état des lieux.*

Pour opérer régulièrement en faisant un état des lieux, on commence par les caves; ensuite on passe au rez-de-chaussée, qui comprend les cours, les remises, les écuries, les hangars et les jardins : de là on monte au premier étage, puis au second, et ainsi de suite; de manière qu'on termine par les greniers. Quelques personnes commencent la description par le haut de la maison, et descendent successivement d'étage en étage jusqu'aux caves. Ces deux méthodes sont également bonnes; le point important est de mettre de l'ordre dans l'opération, afin de rendre faciles les recherches que l'on a besoin de faire dans l'acte de l'état des lieux, et afin d'en vérifier les détails sans confusion.

A chaque étage on décrit l'escalier qui y conduit, le palier et les jours qu'il reçoit; dans chaque étage on passe successivement d'une pièce à une autre. On voit par ce moyen qu'un état des lieux est naturellement divisé en autant de chapitres qu'il y a d'étages, et que chaque chapitre est lui-même divisé en autant d'articles qu'il y a de pièces à chaque étage. Ainsi, dans un acte de cette espèce, où la description de l'immeuble se fait en commençant par le bas, le premier chapitre est celui des caves : il se divise en autant d'articles qu'il y a de pièces différentes dans ce souterrain. S'il y a plusieurs étages de caves, comme cela arrive quelquefois, le chapitre des caves se divise en autant d'articles qu'il y a de caves l'une sur l'autre; et l'article de chaque cave se divise en autant de paragraphes qu'elle contient de pièces.

Le second chapitre se compose des objets qui forment le rez-de-chaussée, quelque étendu qu'il soit. S'il y a jardin et cour, ce chapitre se divise en autant d'articles, et chaque article en autant de paragraphes qu'on y trouve de lieux à décrire séparément; c'est ainsi que dans les cours sont les écuries et les remises, comme dans les jardins sont les parties d'agrément, celles destinées aux fruits ou aux légumes, divers cabinets et autres constructions.

Au troisième chapitre est décrit le premier étage, dont le premier article est pour l'escalier et le palier qui y conduit; on fait ensuite autant d'autres articles qu'il y a de pièces dans ce premier étage.

Il y a de même autant d'autres chapitres qu'il se trouve d'autres étages; et chacun de ces nouveaux chapitres se compose d'autant d'articles qu'on a de pièces à y décrire.

Quand il existe deux escaliers pour monter à un étage, l'un forme le premier article du chapitre consacré à cet étage; et l'autre escalier fait la matière du dernier article de ce même chapitre : ce qui fait sentir qu'on peut monter par l'un des escaliers, et qu'après avoir parcouru l'étage entier on peut descendre par l'autre.

Dans chaque pièce d'appartement, on commence par indiquer le nombre des croisées, d'où elles tirent leur jour, si c'est d'une rue, d'une cour ou d'un jardin; on dit le nom de la rue, si la cour ou le jardin dépend de la maison ou appartient à un voisin, et par conséquent si le jour est légal ou de souffrance, ou s'il est l'objet d'une servitude volontaire. On décrit ensuite la forme et la grandeur de chaque croisée, ses barreaux de fer ou ses balcons, s'il y en a, et leur nombre, sa ferrure, le nombre des carreaux de verre et la qualité du verre, si ces carreaux sont collés en papier ou s'ils tiennent avec du mastic, les tringles de fer pour les rideaux, les croissans.

De la description des croisées on passe à celle des portes : on en constate le nombre, puis les dimensions et la figure d chacune ; on indique de quelle matière elle est : par exemple, si c'est en bois de chêne ou de sapin, si elle est pleine ou en placards, ou vitrée, si elle est à un ou à deux venteaux, s'il y a des tringles, des portières, des croissans.

On décrit ensuite le pourtour de la pièce, tels que les lambris, soit de hauteur, soit d'appui, les dessus de portes et les tableaux, dont il faut indiquer les sujets et les bordures, les glaces, les places où elles se trouvent, leurs dimensions, leur qualité, leurs parquets et leurs bordures. S'il y a de la dorure, on en désigne la qualité; on dit, par exemple, si elle est brunie ou matte.

Après quoi on s'occupe des autres objets qui peuvent se rencontrer, tels que buffets, armoires, tables et tablettes, dont on décrit toutes les circonstances concernant la matière, la forme, les dimensions. La cheminée est un des objets essentiels à indiquer : on en spécifie le chambranle, la tablette, les retours, le revêtissement, le foyer; on dit ce qui est en marbre, et de quelle nature est ce marbre, ce qui est en pierre ou carreaux de terre, et de quelle espèce; on parle des croissans et des autres garnitures de la cheminée, ainsi que des plaques de fonte, dont on marque les mesures.

Vient ensuite la désignation du parquet : on dit s'il est en planches ou en feuilles, et combien il y a de panneaux à chaque feuille; s'il est posé carrément ou en échiquier, de quel bois il est fait; s'il y a des frises, on les indique; et si au lieu de parquet il y a du carreau, on désigne s'il est de marbre ou de pierre, ou de terre cuite, sa forme et la manière dont il est posé.

Enfin on décrit le plancher haut: on dit si les solives sont apparentes ou si elles sont recouvertes d'un plafond, s'il y a une corniche, une poutre, des peintures. En un mot, on n'omet aucun objet appartenant au propriétaire, ni aucune circonstance qui puisse faire connaître ce même objet, en indiquer la valeur actuelle, et l'état bon ou mauvais dans lequel il se trouve. (47)

Dans les cuisines, les offices, les lavoirs, les garde-mangers, on en explique toutes les dépendances, tels que les fourneaux avec leurs paillasses et leur armature; on désigne la nature de leur construction et leurs formes, le nombre, la figure et la mesure de leurs réchauds. Il ne faut oublier ni les pierres à laver, ni les auges, dont on marque les mesures. On parle des plaques des cheminées, des barres de garde, des porte-crémaillères, des crémaillères, des porte-écumoirs, des porte-broches, des tourne-broches, des fours, dont on spécifie le diamètre, la construction et la fermeture.

On marque aussi dans les écuries tout ce qui y tient, comme sont les râteliers, les mangeoires, les coffres, les chevilles, les porte-brides, les porte-selles et autres objets: ou en indique les mesures, et l'état de bonté ou de vétusté.

Aux greniers, on marque le nombre des fermes composant la charpente du toit: on dit si ell s sont couvertes en tuile ou en ardoise, si elles sont éclairées par des mansardes ou des lucarnes, ou des vues faîtières; on donne leur nombre, et on fait le détail de leur construction. On indique s'il y a chéneaux ou gouttières pour recevoir les eaux des combles; si elles se rendent à terre par des tuyaux de descente, ou si elles s'y précipitent par des godets ou canons: on dit de quelle matière sont ces différens objets.

Pour les jardins, on indique leur situation, le nombre des portes qui y conduisent, et le nombre des issues pour en sortir par la rue; on compte les pieds d'arbres, tant en bouquets qu'en espaliers; on décrit les treillages, les berceaux, les niches, les bancs, les bassins, les jets d'eau et leurs conduits. On spécifie la matière de chaque objet, sa mesure, sa forme, sa construction, l'état de bonté ou de vétusté dans lequel il se trouve. Il faut indiquer encore le nombre des allées, leur longueur, leur direction; et on dit si elles sont sablées.

On indique dans les cours si elles sont pavées, et de quelle manière, si elles sont entourées de bornes, ou de barrières, dont on fait la description : on parle des arbres qui s'y trouvent, et des fers dont est quelquefois armé le haut des murs de clôture. On explique les portes qui conduisent dans la rue, leur grandeur, leur fermeture, leur ferrure, leur forme, les cordons et leurs conduits pour ouvrir, soit du dedans de la maison, soit de la loge du portier. Aux passages des portes cochères, on dit s'il y a un plancher haut, si les solives en sont visibles, ou si elles sont recouvertes d'un plafond, avec ou sans corniche : on compte les bornes, dont on donne les dimensions; si elles sont armées, on explique comment.

A l'égard des caves, on compte le nombre des berceaux; on décrit les portes, les fermetures, les soupiraux, et les différentes divisions qui s'y trouvent.

En général, on décrit toutes les parties les plus petites de l'immeuble, et on en donne un détail assez exact pour que, si un objet vient à se détériorer, on puisse facilement s'en apercevoir, juger si c'est par vétusté ou par violence, et apprécier le dommage qu'il a éprouvé.

Il est aisé de sentir que, pour tirer d'un état des lieux tout l'avantage qu'on doit en attendre, il faut qu'il soit bien fait; c'est-à-dire qu'il ne doit rien manquer à la description de chaque objet : par conséquent, c'est à un architecte qu'il faut en confier la rédaction. Non-seulement il y a une infinité de détails qui échapperaient à tout autre qu'à un homme de l'art, mais encore il est seul capable, par son expérience, de bien juger de l'état de bonté, de médiocrité ou de vétusté dans lequel se trouvent les différens objets qu'il faut décrire.

Ordinairement, c'est le propriétaire qui fait dresser l'état des lieux à ses frais : il en donne une copie au locataire, qui, avant de signer, la vérifie ou la fait vérifier, soit par un ar-

chitecte, soit par tout autre; et c'est lui seul qui doit payer
cette vérification. En effet, le même état sert au propriétaire
pour tous les baux qu'il passe successivement; c'est donc à
lui à en faire les frais. Mais, à chaque bail, il faut deux
copies de l'état des lieux; l'une reste au propriétaire, et
l'autre au locataire, après que leurs signatures y ont été
apposées : or le locataire doit payer la copie qui lui est
remise; ce qui comprend la vérification, le coût du papier
timbré, et la peine du copiste. Ceci s'observe, à moins que
le bail ne contienne à ce sujet des conventions contraires.

Art. II. *Des réparations usufruitières.*

Dans un premier paragraphe, on dira ce qu'on entend par
l'usufruit; dans un second, en quoi consistent les réparations
à la charge de l'usufruit; et dans un troisième, on examinera
à quelles sortes de réparations le bail à vie, le bail à rente et
le bail emphytéotique obligent le preneur.

§ 1er. *En quoi consiste l'usufruit.*

Suivant le Code civil, *article 578*, l'usufruit est le droit
de jouir pour un temps d'un objet mobilier ou immobilier,
comme un vrai propriétaire, à la charge de le conserver au
profit d'une autre personne qui en a la propriété.

L'usufruit est établi ou par la loi ou par la volonté de
l'homme, *ibid.*, *art.* 579. Il y a des cas où l'usufruit de cer-
taines choses est attribué de plein droit sans qu'il soit besoin
d'aucun consentement; par exemple, le père et la mère ont
la jouissance usufruitière des biens de leurs enfans, jusqu'à
ce que ceux-ci aient atteint l'âge de dix-huit ans, ou jusqu'à
leur émancipation, s'ils l'obtiennent avant cet âge. *Ibidem*,
art. 384 *et* 385, § 1.

Pareillement l'usufruit peut être acquis par vente, par
échange, par donation entre-vifs ou testamentaire, et géné-
ralement par tous les actes au moyen desquels on peut dis-
poser de son bien. C'est ainsi que celui qui a la pleine pro-
priété d'une chose peut en vendre l'usufruit; ou bien il peut
en vendre la nue propriété, et s'en réserver l'usufruit. De
même l'usufruit d'un objet quelconque peut être la matière

d'un échange, lorsqu'on le donne pour l'usufruit ou la propriété d'une autre chose. Par donation entre-vifs, on peut gratifier quelqu'un d'un usufruit; ou bien on peut donner nue propriété et se réserver l'usufruit. Souvent un testateur lègue l'usufruit de son bien ou d'une partie de son bien à une personne, laissant la nue propriété à ses héritiers ou la léguant à une autre personne. On voit quelquefois dans les contrats de mariage des usufruits établis par donation entre-vifs; assez souvent dans ces actes les époux se donnent l'usufruit de leurs biens pour que le survivant des deux en ait la jouissance.

Nous n'entreprendrons pas d'exposer les principes relatifs à l'usufruit, c'est une matière qui exige un traité particulier. Nous n'en parlerons ici qu'autant qu'il est nécessaire pour bien entendre en quoi consistent les réparations dont est chargé celui qui jouit d'un héritage comme usufruitier. Quel que soit le titre qui donne cette qualité, elle oblige aux mêmes charges; dans tous les cas, l'usufruitier ne peut entrer en jouissance qu'après un inventaire des meubles, et un état des immeubles sujets à l'usufruit. *Code civil, article* 600. Il doit aussi fournir caution de jouir en bon père de famille, si le titre qui établit l'usufruit ne l'en dispense pas. La loi n'exige pas de caution des pères et mères qui jouissent des biens de leurs enfans mineurs. *Ibid., art.* 601. L'usufruitier est tenu de toutes les réparations d'entretien; les grosses réparations restent seules à la charge du propriétaire. *Ibid., art.* 605. On expliquera dans la suite ce qu'on entend par ces diverses sortes de réparations. Les charges annuelles, telles que les impositions, les redevances foncières, sont supportées par l'usufruitier. (48)

De quelque manière qu'ait été établi l'usufruit, il s'éteint dans tous les cas par les mêmes causes; elles sont indiquées au Code, *art.* 617. La première, est la mort naturelle ou civile de l'usufruitier; la seconde, est l'expiration du temps pour lequel a été accordé l'usufruit; car il peut être établi pour la vie entière de celui qui en jouit, ou pour un certain nombre d'années seulement. En troisième lieu, l'usufruit s'éteint lorsque les deux qualités d'usufruitier et de propriétaire se

trouvent réunies dans la même personne: ce qui arrive lors-
que, par acquisition, échange, transaction, donation ou tes-
tament, l'usufruitier acquiert la propriété; ou bien récipro-
quement, lorsque, par un moyen quelconque, le propriétaire
acquiert l'usufruit. Si la personne qui a un droit d'usufruit
reste trente ans sans le réclamer ou sans en faire usage, l'u-
sufruit est prescrit; c'est un quatrième moyen de l'éteindre.
En cinquième lieu, l'usufruit cesse par la perte totale de la
chose sur laquelle il est établi. Si donc l'usufruit porte uni-
quement sur un bâtiment qui s'est écroulé par un tremble-
ment de terre ou par vétusté, le propriétaire rentre dans la
jouissance du sol et des matériaux. Mais s'il s'agit de l'usu-
fruit d'un domaine sur lequel se trouve le bâtiment écroulé
par vétusté ou par cas fortuit, l'usufruitier continue l'exer-
cice de son droit sur les matériaux et sur le sol comme sur le
reste du domaine. *Ibid., art.* 617 et 624. (49)

Ce qu'on vient de dire fait assez connaître la différence
qu'il y a entre posséder un immeuble à titre de bail ou à titre
d'usufruit. Le contrat de louage n'existe que par l'effet d'une
convention, et pour un prix convenu, tandis que l'usufruit
est établi par la loi, ou par convention, ou à titre gratuit.
Un bail ne produit qu'une obligation personnelle d'exécuter
le contrat, tandis que l'usufruit est un droit réel sur la chose
qui y est assujettie; en sorte qu'on peut le revendiquer sur
des tiers détenteurs. La jouissance du fermier n'a d'autre
étendue que celle qui a été convenue entre les parties, tandis
que l'usufruitier jouit essentiellement de toutes les espèces
de produits, comme le propriétaire lui-même. Les fruits
prêts à être récoltés peuvent être réservés par le propriétaire
et n'être pas compris dans le bail, tandis que s'il y a des fruits
pendans par les racines au moment où le droit de l'usufrui-
tier s'ouvre, ils lui appartiennent. Quand un bail expire
avant la fin de la récolte, on laisse au fermier la facilité de
l'achever, et même de consommer les fourrages; il n'en est
pas de même à l'égard de l'usufruit; dès qu'il est éteint, le
propriétaire devient maître de toutes les récoltes, même de
celles qui sont mûres et qui ne sont pas encore séparées de
la terre. On voit que les droits de l'usufruitier sont bien plus

étendus que ceux du locataire ou fermier; par conséquent, les obligations du premier sont bien plus considérables que celles du second. Il n'entre pas dans le plan de cet ouvrage de donner le détail des droits et des obligations de l'usufruitier, pas plus que nous n'avons parlé des devoirs et des obligations qui résultent du contrat de louage. Mais il était nécessaire de faire sentir pourquoi celui qui possède à titre d'usufruit est chargé de toutes les réparations d'entretien, tandis qu'il ne devrait que des menues réparations s'il jouissait en vertu d'un simple bail; on en voit le motif dans les droits de l'usufruitier, qui sont bien plus étendus que ceux du locataire ou fermier. Celui-ci jouit de la chose d'autrui avec toutes les réserves qu'exprime le bail, ou qui y sont suppléées de droit; au contraire, la jouissance de l'usufruit est la même que celle du propriétaire. Il lui est seulement défendu de détruire, et même il est tenu de conserver l'objet dont la jouissance lui appartient. En effet, si le propriétaire ne peut rien faire qui puisse gêner ni changer en rien la possession de l'usufruitier, il est du devoir de ce dernier d'exercer ses droits de manière à ne porter aucun préjudice à ceux du propriétaire. *Ibid.*, *art.* 590 et 601. Voilà pourquoi aussi toute usurpation commise sur le fonds, ou toute autre manière de porter atteinte aux droits du propriétaire, doit lui être dénoncée par l'usufruitier; si ce dernier met de la négligence à remplir cette obligation, il est responsable de tout le dommage qui peut en résulter, comme si c'était lui-même qui eût commis l'usurpation ou les dégradations. *Ibidem*, *art.* 614. (50)

§ II. *De quelles réparations sont tenus respectivement le propriétaire et l'usufruitier.*

Quand un immeuble est possédé par un usufruitier, celui-ci est chargé de toutes les réparations d'entretien, qui sont en conséquence nommées *réparations usufruitières*. La loi n'oblige le propriétaire qu'aux grosses **réparations**, à moins qu'elles n'aient été occasionnées par la faute de l'usufruitier, qui alors est tenu de les payer. Un des cas où on le regarde comme étant la cause des grosses réparations, est celui où elles arrivent faute par lui d'avoir fait les réparations d'entretien. Par exemple, le rétablissement de la couverture entière est une grosse réparation ; mais si elle est devenue nécessaire bien plus tôt qu'on ne devait s'y attendre, parce que l'entretien de cette couverture a été négligé par l'usufruitier, tout le travail est à la charge de ce dernier. *Cod. civil, art.* 605.

En conséquence, avant d'entrer en jouissance, il est de l'intérêt du propriétaire et de l'usufruitier de faire constater l'état dans lequel se trouve l'héritage : afin donc d'éviter toutes les contestations qui ne manqueraient pas de naître sans cette précaution, il est défendu à l'usufruitier d'entrer en jouissance, s'il n'a un état des lieux. *Ibid, art.* 600.

Lorsqu'on procède à cet état, s'il se trouve de grosses réparations à faire, le propriétaire est obligé d'y pourvoir ; mais par qui doivent être supportées les réparations d'entretien qui ont besoin d'être faites à la même époque ? L'usufruitier s'en défend, en disant qu'il doit seulement l'entretien occasionné depuis sa jouissance. De son côté, le propriétaire dit que l'usufruit étant ouvert, il n'est tenu que des grosses réparations. Suivant le témoignage de Desgodets et de Goupy, l'usufruitier pouvait exiger, avant son entrée en jouissance, que l'immeuble fût mis en bon état, et qu'ainsi les réparations de toute espèce fussent faites : la raison qu'ils en donnent, est que l'usufruitier était tenu de rendre l'objet en bon état. Mais notre Code, *ibid.* ayant décidé que l'usufruitier prend les choses dans l'état où elles sont, il ne peut exiger du propriétaire, en entrant en jouissance, que les grosses réparations qui sont à faire, parce qu'en quelque temps que ce soit, le Code les met à la charge de ce dernier.

Il suit de là, que l'usufruitier n'est pas tenu de rendre l'héritage complètement réparé, mais seulement dans un état semblable à celui où il l'a reçu. Qu'arriverait-il, s'il avait omis de faire constater l'état de l'immeuble avant d'en prendre possession ? La présomption serait qu'il n'y a trouvé aucune réparation à faire ; et par conséquent il serait tenu de le rendre exempt de toutes les réparations d'entretien : il ne serait pas même recevable à soutenir que l'héritage n'etait pas en bon état; parce qu'étant contrevenu à la loi qui lui défendait d'entrer en jouissance sans avoir fait constater l'état de l'héritage, il ne lui reste aucun moyen de faire la preuve qui lui serait nécessaire. (51)

Si l'usufruitier avait fait des améliorations sur l'immeuble, pourrait-il en répéter l'indemnité? Non : l'usufruit commence dans l'état où est le bien, sauf les grosses réparations; il continue et finit de même. L'héritage, tel qu'il se trouve à la fin de l'usufruit, entre dans la possession du propriétaire. Cependant, l'usufruitier n'ayant pas pu détériorer, on peut exiger de lui ou de ses héritiers que l'héritage soit rétabli dans le même état où il était, quand la jouissance usufruitière a commencé. A l'égard des améliorations, elles ont été faites pour la satisfaction de l'usufruitier; la jouissance qu'il en eut est le seul prix qu'il en attendait : le propriétaire ne lui doit donc aucune indemnité.

L'usufruitier ou ses héritiers peuvent-ils, du moins, emporter les objets d'amélioration? Cette question a été décidée à l'égard du locataire, lorsqu'il a fait des embellissemens dans la maison qui lui a été louée. A l'exemple de l'usufruitier, il n'est tenu à rendre l'héritage que dans l'état où il l'a reçu : l'un et l'autre peuvent donc enlever ce qui n'a pas été placé à perpétuelle demeure, et généralement ce qui ne fait pas partie essentielle de l'immeuble, ce qui peut en être séparé sans le détériorer, et ce qui peut être détaché sans être détruit. **Voyez** l'article précédent, § VII. (52)

Une maison possédée en usufruit vient à s'écrouler par l'effet d'un tremblement de terre; est-ce le propriétaire, est-ce l'usufruitier qui doit la reconstruire? Comme les cas fortuits ne sont imputables ni à l'un ni à l'autre, le Code, *art.* 607, décide qu'aucun des deux n'est tenu de rétablir l'édifice. La même décision a lieu lorsque l'accident est arrivé par vétusté Le bâtiment a duré d'autant plus long-temps, qu'il a été réparé et entretenu avec plus de soin; mais malgré toutes les précautions du propriétaire et de l'usufruitier, il arrive un temps où l'édifice ne peut résister à la vétusté, dont les effets ne doivent être reprochés ni à l'un ni à l'autre. Cependant, si le propriétaire voulait relever cette maison l'usufruitier ne pourrait pas s'y opposer : s'il alléguait que le terrain nu lui est plus utile qu'une maison, ce prétendu avantage serait balancé avec l'intérêt du propriétaire, qui, pour bâtir, ne voudrait pas attendre l'extinction de l'usufruit; et la contestation serait jugée selon les circonstances. (53)

Si le propriétaire refusait de relever la maison, l'usufruitier serait-il autorisé à la rebâtir ? Desgodets pense pour l'affirmative, et ajoute qu'après l'usufruit, le propriétaire serait redevable du prix de la maison. Nous croyons bien que l'usufruitier peut bâtir, mais il ne pourra pas répéter le prix de la construction. C'est une amélioration qu'il fait sur l'objet dont il a la jouissance : or le Code, *art.* 599, dit qu'à la cessation du droit de l'usufruitier, celui-ci ne peut réclamer aucune indemnité pour les améliorations qu'il a pu faire, quoiqu'elles aient augmenté la valeur de l'immeuble qui était soumis à l'usufruit. (54)

A l'égard du temps où les réparations usufruitières sont exigibles, il faut voir ce qui a été dit dans l'article précédent, § VII, sur le temps d'exiger les réparations locatives : on distingue celles qui sont nécessaires à la conservation de l'édifice, et celles qui peuvent être différées jusqu'à l'expiration de l'usufruit, sans aucun danger pour les droits du propriétaire. Les premières sont exigibles à mesure qu'elles se présentent. Un arrêt du 15 janvier 1583 l'a ainsi jugé : il prononce aussi que l'usufruitier est tenu des dommages causés à l'héritage par son fermier, sauf son recours contre ce dernier.

Si l'usufruitier refusait de faire les réparations, soutenant qu'elles ne sont pas à sa charge, des experts seraient nommés; et si leur rapport était favorable au demandeur, celui-ci, après un délai fixé, serait autorisé à faire faire les réparations aux frais du défendeur : le tribunal ordonnerait en conséquence qu'un exécutoire serait délivré sur le vu des quittances d'ouvriers. Une usufruitière n'ayant pas le moyen de réparer l'immeuble dont elle jouissait, et qu'elle avait laissé dépérir, fut condamnée, par arrêt du 9 janvier 1554, à abandonner son usufruit pendant le temps nécessaire, **pour**

que les revenus pussent suffire à payer les dommages qu'elle
avait causés.

De son côté, l'usufruitier peut exiger les grosses répara-
tions, quand elles sont nécessaires, et que leur retard lui fe-
rait éprouver de la perte; ou quand elles donnent une juste
crainte du dépérissement de l'immeuble, avant la fin de l'u-
sufruit. Par exemple, des murs sont tellement déversés, que
personne ne veut louer la maison sujette à l'usufruit; il de-
vient donc nécessaire de redresser ces mêmes murs. En vain
le propriétaire alléguerait qu'ils peuvent encore durer long-
temps dans l'état où ils sont; le motif déterminant, est que
cet état empêche réellement l'usufruitier de louer la maison :
si ce point de fait est constant, c'en est assez pour que l'usu-
fruitier ait droit de demander la réparation.

Si le propriétaire refuse de faire les réparations réclamées,
un jugement rendu, sur rapport d'experts, autorise l'usu-
fruitier à les faire aux frais du propriétaire, après l'expira-
tion d'un délai accordé à ce dernier. En conséquence, exé-
cutoire est délivré au greffe, sur la représentation des quit-
tances des ouvriers et fournisseurs.

Au reste, l'usufruitier est tenu de souffrir les grosses ré-
parations, quand elles sont nécessaires; et s'il y a contesta-
tion pour savoir si elles sont indispensables, on fait visiter
les lieux par des experts.

Est-il dû indemnité à l'usufruitier, pour sa non-jouis-
sance, lorsque les grosses réparations durent plus de qua-
rante jours?

Les uns pensent pour l'affirmative, attendu que le terme
de quarante jours est fixé par la loi pour la souffrance que
doit le locataire au propriétaire qui fait de grosses répara-
tions. On trouve que celui-ci n'est pas fondé à troubler plus
long-temps la jouissance de l'usufruitier, que celle du loca-
taire; d'où on conclut que l'un et l'autre doivent être indem-
nisés en raison du temps que les réparations durent au-delà
de quarante jours.

D'autres disent que le locataire jouit à un titre qui ne
permet pas qu'on lui fasse perdre une portion trop considé-
rable de sa jouissance; tandis que l'usufruitier exerce des

droits bien plus étendus, qui lui donnent le moyen de souffrir plus long-temps l'embarras des réparations. Un propriétaire ne doit louer sa maison pour un certain nombre d'années qu'après l'avoir mise dans un tel état, qu'elle n'ait pas besoin de grosses réparations. Si donc on lui accorde la faculté d'en faire pendant quarante jours, c'est par une sorte d'indulgence, et pour les cas imprévus. Il n'en est pas de même d'un héritage dont l'usufruit appartient à une autre personne que le propriétaire; c'est souvent sans le consentement de ce dernier, et très-souvent pour un temps indéterminé. Le propriétaire n'est donc pas responsable de ce que, pendant la durée de l'usufruit, il survient de grosses réparations qui durent plus de quarante jours. Néanmoins ceux qui soutiennent cette dernière opinion disent que, si le propriétaire ne mettait pas dans le travail des grosses réparations une activité suffisante, l'usufruitier pourrait faire fixer, par la justice un terme après lequel il lui serait dû des indemnités par le propriétaire négligent.

§ III. *Enumération des grosses réparations, et de celles d'entretien ou usufruitières.*

Il ne suffit pas d'avoir dit par qui sont supportées les grosses réparations et celles d'entretien; il faut maintenant faire connaître en quoi consistent les unes et les autres. Le Code civil, *article 606*, indique comme grosses réparations celles des gros murs et des voûtes, le rétablissement des poutres, celui des couvertures entières, celui des digues et des murs, soit de soutenement soit de clôture, quand ces objets sont à refaire en entier. Toutes les autres réparations, ajoute la loi, sont d'entretien; ainsi, il y a deux sortes de réparations, les grosses et celles d'entretien; ces dernières se subdivisent en menues et grandes. Les réparations de menu entretien sont toutes celles que les locataires doivent à ceux dont ils tiennent leur jouissance. Ces derniers sont obligés réciproquement vis-à-vis de leurs locataires à toutes les autres réparations; c'est-à-dire aux grosses, et à celles de grand entretien : c'est ce qu'on a vu dans l'article précédent.

Quand un immeuble est possédé en usufruit, le propriétaire ne doit que les grosses réparations à l'usufruitier; et celui-ci doit au propriétaire toutes les réparations d'entretien, les grandes et les menues; voilà pourquoi dans la pratique on les nomme réparations usufruitières.

Néanmoins, lorsque l'usufruitier donne à bail l'immeuble sujet à l'usufruit, il a droit d'exiger que son locataire fasse les menues réparations; et celui-ci peut forcer l'usufruitier à faire les autres réparations, tant les grosses que celles de grand entretien; sauf le recours de l'usufruitier pour obtenir que le propriétaire fasse les grosses réparations.

En indiquant ce qu'elle entend par grosses réparations, la loi dit assez en quoi consistent toutes celles d'entretien, et qui sont par conséquent à la charge de l'usufruitier. Cependant il est nécessaire d'entrer ici dans quelques détails, pour faire connaître plus particulièrement dans quelle classe doit être rangée chaque sorte de réparation qu'exigent les immeubles.

Nous ne pouvons rien suivre de mieux sur cette matière que ce que disent Desgodets et son annotateur, sur chaque partie d'un héritage.

1° Par les gros murs, on entend les murs de face, ceux de refend, les pignons, qu'ils soient mitoyens ou non, qu'ils soient en élévation ou en fondation. Sont compris aussi au nombre des gros murs, les jambes de pierre de taille, les pans de bois, les cloisons en charpente et maçonnerie, quand elles règnent de fond en comble. Il en est de même de celles qui séparent les appartemens, lorsqu'elles portent des planchers, et qu'en même temps elles sont formées de poteaux assemblés à tenons et à mortaises par le haut et par le bas, dans des sablières stables et destinées à maintenir l'édifice.

2° La reconstruction entière des murs de clôture ou de soutenement est une grosse réparation; par conséquent, s'il n'y a qu'une brèche à boucher, ou l'enduit à refaire, ou le chaperon à rétablir, c'est à la charge de l'usufruitier; il n'y a là rien d'entier à réparer.

Un mur de clôture a cinquante toises de long; il s'en trouve quelques toises qui ont besoin d'être reconstruites : sera-ce une grosse réparation? La raison de douter, est qu'il ne s'agit pas du mur entier. Mais ce qui décide, c'est que la partie défectueuse est à rétablir toute entière. Tel est le vrai sens de la loi; il faut l'entendre comme s'il était dit que toute partie de mur de clôture ou de soutenement qu'il faut reconstruire entièrement est à la charge du propriétaire.

3° Avec les poutres on comprend les poutrelles, les sablières ou lambourdes posées à côté des poutres, quand elles servent à les rendre plus fortes, et les sablières placées le long des murs pour soutenir les planchers : non-seulement les propriétaires sont tenus de les réparer, mais encore les ouvrages accessoires pour y parvenir sont aussi à leur charge, tels que tous les étayemens, les raccordemens. Observez pourtant que, si les poutres, poutrelles, lambourdes et sablières avaient péri par l'effet d'une surcharge posée sur les planchers, l'imprudence de l'usufruitier ou de ses gens aurait été la cause de l'accident; il serait donc tenu de le réparer.

Le Code ne mettant parmi les grosses réparations que les poutres, et conséquemment les poutrelles, lambourdes et sablières, il en résulte que les planchers portés sur ces objets sont à la charge de l'usufruitier. Ainsi il remplace les solives qui ne peuvent plus servir; l'aire des planchers, le carreau ou le parquet, et le plafond sont rétablis en entier par lui. Cependant, si les dégâts arrivés au plancher venaient de ce que les poutres ou les murs qui les soutenaient ont manqué, le propriétaire se trouverait l'auteur du tort que souffre l'usufruitier, et serait obligé de refaire le plancher.

4° L'entretien des couvertures étant une réparation usufruitière, sauf lorsqu'il s'agit d'une reconstruction entière; ce qu'on appelle les recherches, le rétablissement des plâtres, les changemens de gouttières, le changement des plombs, comme faîtes, noues, arétiers, sont faits aux dépens de l'usufruitier.

Mais lorsque la couverture est à refaire entièrement, c'est une charge du propriétaire, qui alors doit rétablir les gouttières et les plombs, parce qu'ils font partie de la couverture. Le cas où la couverture est à refaire par le propriétaire arrive quand la totalité ou la plus grande partie, soit de l'ardoise, soit de la tuile, est hors d'état de servir par vétusté, ou mauvaise qualité, ou cas fortuit.

Que faut-il décider lorsque la couverture n'a besoin que d'un remanié à bout. Remanier à bout les tuiles d'une couverture, c'est déposer la tuile et la latte d'un comble, refaire un lattis neuf, et reposer les vieilles tuiles.

Desgodets pense que cette opération est usufruitière, parce que ce n'est pas là refaire la couverture entière : suivant cet architecte, le propriétaire n'est tenu de la couverture que quand la totalité de l'ardoise ou de la tuile est mauvaise.

Goupy nous paraît plus raisonnable : il dit que, si le remanié à bout ne s'étend qu'à une partie de la couverture, il est à la charge de l'usufruitier; mais que, s'il faut remanier à bout la totalité ou la plus grande partie de la couverture, c'est au propriétaire à en faire la dépense. S'il en était autrement, il n'arriverait presque jamais que les propriétaires eussent à rétablir les couvertures, parce qu'il n'arrive presque jamais qu'on ne puisse pas faire servir une portion des ardoises ou des tuiles, quelque totale que soit la réparation d'un comble.

5° Tous les plombs d'un édifice, les faîtages, les noues, les gouttières, les chéneaux, les godets, les tuyaux de descente, les cuvettes de plomb ou de toute autre matière, les paratonnerres, sont entretenus par l'usufruitier. Goupy observe que les plombs qui couvrent une terrasse servent de couverture : en conséquence il distingue le cas où il n'y a que des portions à réparer, et il les met à la charge de l'usufruitier. Mais, s'il s'agissait de renouveler la totalité du plomb de la terrasse, le propriétaire en ferait la dépense, comme étant chargé du rétablissement des couvertures, quand il se fait pour la totalité. Au reste, il est bon de remarquer que, si un domaine contient plusieurs corps de combles, il suffit qu'un de ces corps ait besoin d'être réparé en entier pour qu'il soit à la charge du propriétaire.

6° On demande par qui la charpente des combles doit être entretenue. Elle soutient la couverture; mais elle n'en fait pas partie; on ne peut donc pas lui appliquer le même principe, et dire que, si cette charpente est à refaire entièrement, c'est au propriétaire à s'en charger, tandis que les réparations particlles sont payées par l'usufruitier.

Il paraît que Desgodets et Goupy ont compris la charpente des combles parmi les poutres, c'est-à-dire, parmi les bois qui constituent l'édifice et servent à soutenir les objets entretenus par l'usufruitier. De là il faut conclure que toute cette charpente est à la charge du propriétaire. Il est vrai que Desgodets excepte la charpente des chevrons et des lucarnes, qu'il fait réparer par l'usufruitier ; mais Goupy n'est point de cet avis : il ne voit pas pourquoi cette distinction. Selon lui, toute la charpente du comble, y compris celle des chevrons et des lucarnes, est nécessaire pour soutenir la couverture, comme les lambourdes qu'on joint à une poutre pour la rendre plus forte sont nécessaires pour soutenir les planchers. En suivant cette analogie, qui a d'abord été saisie par Desgodets, son annotateur en conclut qu'il faut mettre la totalité de la charpente des combles parmi les objets sujets à grosses réparations. Au reste, il convient de dire que, si ces bois venaient à périr par le défaut des réparations d'entretien, l'usufruitier en serait responsable.

Pareillement si la charpente des combles était vicieuse au point d'occasionner de trop fréquentes réparations à la couverture, le propriétaire serait tenu d'y remédier. Par exemple, si les chevrons étaient trop éloignés les uns des autres, ce qui causerait un continuel affaissement de la couverture, on forcerait le propriétaire à espacer les chevrons de manière qu'il y en eût quatre sur la longueur d'une latte, et à rétablir le dommage causé à la couverture. Pour s'épargner une opération de ce genre, le propriétaire pourrait offrir de se charger de l'entretien de la couverture.

7° Les voûtes sont un objet de grosses réparations, quelque petite que soit la partie qu'il faut rétablir, à moins que le dommage n'ait été occasionné par l'usufruitier. C'est ce qui arrive lorsque les voûtes sont surchargées, ou lorsqu'elles éprouvent des efforts trop violens, tel que celui du travail des maréchaux qui frappent à grands coups sur leur enclume. De même, quand les pavés et les aires ne sont pas entretenus sur les voûtes, les eaux y pénètrent et en causent la ruine. Dans ces différens cas, c'est l'usufruitier qui est responsable des réparations.

8° En général, toutes les fois que le propriétaire fait des ouvrages qui sont à sa charge, il est tenu de tous leurs accessoires, qui seraient supportés par l'usufruitier, s'il s'agissait d'un simple entretien. Ainsi, quand un propriétaire reconstruit un gros mur, il doit refaire à ses frais également les manteaux, les tuyaux et les souches des cheminées qui s'y trouvent adossées; il paye le rétablissement des planchers et de la couverture qu'il a fallu défaire pour la reconstruction de ce mur. Néanmoins, lorsque les objets qui tiennent aux gros ouvrages faits par le propriétaire sont eux-mêmes en mauvais état, celui-ci n'est pas tenu d'en payer le rétablissement. Si donc en remplaçant une poutre, les solives qui y étaient appuyées se trouvaient pourries, le rétablissement du plancher ne serait pas à la charge du propriétaire; car il est évident que l'usufruitier allait être dans la nécessité de refaire ce même plancher.

9° Il est d'usage de mettre l'entretien des puits et des fosses d'aisance à la charge du propriétaire; car ces sortes de constructions sont de véritables gros murs : or nous avons dit que, de quelque nature qu'ils fussent, en élévation ou enfoncés dans la terre, ils étoient des objets de grosses réparations. A l'égard du curage des puits et de la vidange des fosses, on les comprend dans l'entretien de l'usufruit. Si un puits a besoin d'être nettoyé, s'il faut vider une fosse lorsque l'usufruitier entre en jouissance, il doit s'en charger; il ne peut pas exiger que ces opérations soient faites par le propriétaire, parce qu'on prend l'usufruit dans l'état où se trouve l'immeuble. Il est vrai qu'on peut le rendre dans le même état : c'est pourquoi le propriétaire, à la fin de l'usufruit, ne pourra demander ni qu'on lui fasse curer son puits, ni qu'on lui fasse vider sa fosse.

10° Dans une terre où il y a, soit des étangs, soit des eaux coulantes, on doit laisser à la charge du propriétaire les chaussées, les digues, les canaux, les bassins, les réservoirs, les bondes de décharge, les grillages qui retiennent le poisson, lorsqu'il s'agit de leur réfection entière, et qu'elle n'a point été causée par la faute de l'usufruitier. De là il suit que, s'il n'y a que des brèches à boucher et autres réparations de pur entretien à faire, comme des chaussées ou des digues à recharger, des enduits à rétablir, des canaux, des fossés et rigoles à nettoyer, l'usufruitier doit supporter la dépense. Goupy ne pense pas ainsi; il dit que les réparations, même partielles de ces digues et chaussées, sont à la charge du propriétaire, comme le sont les réparations partielles des gros murs, voûtes et poutres. Mais le Code, dans son *art.* 606, a consacré l'opinion de Desgodets : il ne considère les digues et les murs de soutenement comme sujets à grosses réparations que quand ils sont à refaire en entier.

11° Un moulin à eau construit sur masse, c'est-à-dire sur terre ou sur pilotis, offre ces derniers objets de grosses réparations concernant ses eaux. A l'égard de ses bâtimens, on suit également ce qui a été expliqué plus haut pour la distinction des grosses réparations et de celles d'entretien. Du reste, l'usufruitier doit entretenir tout ce qui est particulier à un moulin : il fait le curage des canaux, ruisseaux et rivières qui y conduisent l'eau; il répare l'arbre, les aubes, les caisses et les sabots, les rouets, les roues et lanternes, les pivots, les meules, la cerce, la trémie, la huche, et généralement les tournans, travaillans et ustensiles. Une grande partie de ces objets a été mise au nombre de ceux qui ne sont sujets qu'à réparations locatives : par conséquent, l'usufruitier qui donne à bail le moulin dont il jouit, a le droit d'exiger de son locataire ou fermier l'entretien de ces différentes parties; mais il en est lui-même responsable vis-à-vis du propriétaire.

12° Aux moulins à eau construits sur bateaux le propriétaire ne doit faire que les grosses réparations du bateau et de l'édifice de charpente qui supporte et renferme le moulin. Pour y reconnaître les objets de grosses réparations, on distingue ce qui dans une pareille construction représente les gros murs et les poutres. Ainsi les planches du pourtour du moulin avec les pièces de bois sur lesquelles elles sont attachées, sont les véritables gros murs : c'est donc au propriétaire à les réparer quand elles manquent par vétusté. Mais si

le dommage venait par la faute de l'usufruitier ou de son fer-
mier; par exemple, si des planches étaient cassées ou fendues
par les crocs des mariniers, par l'effort des cordages qu'on y
attache, ou par le choc des bateaux qui passent, ou par d'au-
tres accidens, l'usufruitier supporterait la réparation. Il est
tenu, comme d'un simple entretien, de faire calfater, gou-
dronner et sparmer le bateau : on appelle *sparmer* mettre du
suif par-dessus le goudron. Il doit aussi entretenir la cou-
verture, si ce n'est quand elle a besoin d'être refaite entière-
ment; car dans ce cas on suit ce qui a été dit pour la couver-
ture des bâtimens, laquelle est à la charge du propriétaire,
s'il s'agit d'une réparation totale. Quant au surplus, tels que
les tournans, travaillans et ustensiles, l'usufruitier en est res-
ponsable, comme on l'a dit plus haut pour les moulins bâtis
sur masse.

13° Il en est de même des moulins à vent, dont le corps
seul du moulin est à la charge du propriétaire, c'est-à-dire,
qu'on regarde comme grosses réparations celles des pans de
bois des quatre faces avec leurs planches à couteaux du
pourtour, la charpente du comble, le gros pivot ou attache,
avec ses sommiers et contre-fiches, les couillards, la cloison
et les supports, enfin la flèche et la queue servant à tourner
le moulin du côté du vent. Ces divers objets représentent les
gros murs, les poutres, poutrelles, lambourdes et sablières.
On raisonne pour la couverture d'un moulin à vent comme de
celle de tout autre bâtiment : elle est entretenue par l'usu-
fruitier, sauf les cas où il faut la refaire en entier; car alors
c'est le propriétaire qui en supporte la dépense. Le surplus,
comme les limons et les marches de l'échelle, les volans, ca-
bestans et autres tournans, travaillans et ustensiles, sont des
objets d'entretien que doit payer l'usufruitier.

14° Pour les pressoirs à vin, à cidre, l'usufruitier est
chargé d'entretenir et de faire à neuf, s'il est nécessaire,
toute la charpente du sommier, les chevalets, jumelles, ar-
bres, presses, vis, treuillées, couchis, auges, moulinets, et
généralement les mouvans, travaillans et ustensiles. Quant
aux bâtimens qui renferment les pressoirs, on distingue,
comme on l'a fait plus haut, les grosses réparations et celles

d'entretien, et ces dernières sont les seules supportées par l'usufruitier.

15° C'est aussi par l'usufruitier que sont entretenus de toute espèce de réparations les haies et fossés servant de clôture aux terres, aux vignes, aux bois et aux autres héritages sujets à l'usufruit.

Art. III. *Des réparations en cas de bail à vie, ou à rente, ou emphytéotique.*

Ce que nous avons à dire de ces trois sortes de baux formera la matière de trois paragraphes : on s'y bornera à quelques réflexions sur la nature de chacun de ces baux, afin de faire reconnaître les réparations qu'ils mettent, soit à la charge du preneur, soit à la charge du bailleur.

§ Ier. *Du bail à vie.*

Le bail à vie est un acte par lequel un propriétaire cède la jouissance de son héritage, pendant toute la vie du preneur, et moyennant un prix convenu pour chaque année. Cette sorte de bail ne diffère de la vente à vie, c'est-à-dire de la vente de la jouissance d'un immeuble pendant la vie de l'acquéreur, que par le prix : dans le bail, il est une redevance annuelle, et dans la vente, il est une somme déterminée, payable comptant, ou à des termes plus ou moins multipliés. Le preneur du bail à vie ne sait pas pendant combien de temps il paiera la redevance : à l'égard de l'acquéreur à vie, il doit la totalité du prix convenu, quelque courte que soit sa jouissance ; comme aussi, quelque prolongée qu'elle soit, il ne doit rien plus que le prix fixé.

Il est aisé de sentir que celui qui possède en vertu d'un bail à vie, ou d'une vente à vie, n'est qu'un usufruitier : il jouit de l'héritage d'une autre personne, comme s'il en était le propriétaire, à la charge d'en user en bon père de famille, et de veiller à la conservation de cette chose.

L'incertitude de la durée d'un bail, ou d'une vente à vie, et la certitude que le propriétaire, ou ses successeurs rentreront dans la jouissance aliénée, ne permettent pas de regarder ces deux sortes de contrats, ni comme un simple louage, ni comme une simple vente : l'un est un bail de l'usufruit, et l'autre une vente de l'usufruit. C'est pourquoi, dans l'un ou l'autre cas, celui qui jouit à la charge de conserver, est tenu de toutes les obligations de l'usufruitier, et par conséquent de toutes les réparations d'entretien ; c'est-à-dire de celles appelées usufruitières, et qui, s'il s'agit d'un bail ou d'une vente à vie, se nomment quelquefois réparations viagères. Par la même raison, celui à qui est restée la nue propriété est tenu de toutes les obligations d'un propriétaire envers l'usufruitier, et par conséquent de faire les grosses réparations.

Ce que nous venons de dire du bail à vie et de la vente à vie, qui peuvent aussi être appelés bail ou vente d'usufruit, convient à ces sortes de contrats, lorsque les parties n'y ont rien stipulé de contraire. En effet, ce sont des conventions du droit des gens, qui par conséquent sont susceptibles de recevoir toutes les conditions qu'il plaît aux parties d'y insérer, pourvu que ce ne soit rien de contraire ni aux lois ni aux bonnes mœurs.

Ainsi, il pourrait être convenu que le preneur ou l'acquéreur de l'usufruit ne serait tenu que d'un menu entretien, ou bien que toutes les sortes de réparations, même les grosses, seraient à sa charge. En général, c'est aux clauses de ces sortes d'actes qu'il faut s'arrêter : on n'invoque les règles générales que sur les points qui n'ont pas été prévus par les parties. Il nous suffit donc de dire ici, qu'à moins de conventions contraires, celui qui prend un bail à vie ou qui achète la jouissance d'un bien pour sa vie, est considéré comme un usufruitier.

Nous voyons, dans un ouvrage moderne, que celui qui achète à vie devient propriétaire, et n'est pas, comme le preneur d'un bail à vie, tenu seulement des réparations usufruitières : il doit, dit-on, toutes les espèces de réparations, même les grosses.

Nous ne pouvons pas adopter cette opinion, parce que celui qui pour une jouissance à vie paye un prix déterminé, est obligé, comme celui qui paye le même objet par une redevance annuelle, de veiller à la conservation de l'héritage, afin de le laisser, lors de son décès, dans le même état qu'il l'a reçu. Il ne peut ni détruire, ni changer, ni vendre à perpétuité la chose dont il jouit : il n'a donc pas l'entière propriété. De là il résulte qu'il ne doit pas être tenu des grosses réparations; elles sont essentiellement à la charge de celui pour qui l'héritage doit être conservé, à moins que le contraire n'ait été convenu dans l'acte d'acquisition de l'usufruit. (55)

§ II. *Du bail à rente.*

Un bail à rente est un contrat par lequel un héritage est cédé à perpétuité, sous la réserve, que le propriétaire fait à son profit, d'une redevance annuelle dont il charge ce fonds; cette circonstance fait donner à la redevance dont il s'agit, le nom de *rente foncière.*

De cette définition il résulte évidemment que la pleine et entière propriété passe au preneur d'un bail à rente. Sa jouissance n'a point de terme, et celui qui la lui a cédée ne conserve aucun espoir d'y rentrer. Il n'y a donc point de différence entre le bail à rente et le contrat de vente, quant aux droits qui sont attribués par l'une ou l'autre aliénation, à celui qui entre en possession de l'héritage. Lui-même peut le vendre à perpétuité, pourvu que la rente annuelle soit réservée au profit du bailleur à rente.

Il est vrai que celui qui doit une rente pour prix de l'immeuble qu'il a acquis est tenu de maintenir ce bien dans un assez bon état pour être un gage suffisant du paiement de la rente; mais c'est une obligation qui ne détruit point le droit de propriété incommutable : elle n'est qu'une assurance pour le paiement de la rente qui représente le prix convenu : cette obligation est de même nature que celle où on est de ne pas détériorer l'objet d'une acquisition tant que le prix n'en a pas été soldé. Aussi y a-t-il bien de la différence entre cette obligation et celle de l'usufruitier, qui ne peut ni détruire, ni même changer la forme de l'héritage, attendu qu'il doit le conserver, pour le rendre dans l'état où il l'a reçu. Il n'y a rien à dire à l'acquéreur par bail à rente tant qu'il tient l'héritage en état de répondre du paiement de la rede-

vance annuelle : il peut donc changer la forme de son bien comme il lui plaît, pourvu qu'il lui conserve une valeur suffisante.

Ces considérations font assez voir que le preneur d'un bail à rente n'est pas un simple usufruitier : il réunit dans sa main la pleine propriété de l'objet affecté à la rente foncière; et par conséquent il est tenu de toutes les espèces de réparations, même des grosses.

Si donc un gros mur, une poutre, venaient à tomber, le bailleur à rente, qui est un véritable vendeur, pourrait forcer le preneur à rétablir ces objets; mais c'est seulement pour que le bien puisse répondre du paiement de la redevance. Elle doit être considérée comme les intérêts du prix d'une vente; en sorte, que si le capital de la rente foncière venait à être remboursé, celui qui la devrait se trouverait entièrement libre de disposer à sa volonté de l'immeuble, et même de le détruire, le vendeur n'y ayant plus aucun droit.

Ce qui prouve encore que la redevance établie par un bail à rente n'est regardée que comme l'intérêt du prix d'une vente, c'est que cette redevance est rachetable. Jusqu'au commencement du quinzième siècle, ces sortes de rentes n'étaient pas rachetables ; elles étaient regardées comme une portion de la propriété que le vendeur s'était réservée, et à laquelle il ne pouvait pas être forcé de renoncer, suivant la maxime, *nemo rem suam vendere cogitur.* Mais, par différentes considérations, le rachat des rentes foncières a été permis quand elles étaient établies sur les maisons des villes ou des faubourgs, pourvu qu'elles ne fussent pas le premier cens, **ou** la première redevance exigible sur l'immeuble. Cette réserve était dans l'intérêt de la féodalité : en sorte qu'aujourd'hui, l'ancien système féodal étant détruit, il n'y a plus de motifs pour une pareille restriction. On a même pensé que ce qui était décidé pour le rachat des rentes établies sur les maisons des villes et des faubourgs devait s'étendre à toutes sortes d'immeubles, quel que fût le lieu de sa situation. On ne regarde donc plus la rente foncière comme une sorte particulière de bien qui ne peut pas changer de nature sans la volonté du propriétaire : elle est considérée comme l'intérêt du prix auquel l'immeuble a été vendu. C'est dans ce sens qu'a été rédigé *l'article* 530 du Code civil : il décide que toute rente établie à perpétuité pour le prix de la vente d'un immeuble, ou comme condition de la cession qui en est faite à titre onéreux ou gratuit quelconque, est essentiellement rachetable.

Il est néanmoins permis au créancier de régler les clauses et conditions du rachat : par exemple, on peut convenir que ce rachat ne pourra avoir lieu qu'après l'accomplissement d'une condition imposée à celui qui entre en possession de l'héritage. On peut aussi stipuler que le rachat ne pourra être fait qu'en payant à la fois tout le capital de la rente : ou bien que, si le remboursement se fait par portions, chaque paiement ne pourra être ni au-dessus ni au-dessous d'une certaine somme convenue ; comme aussi on peut régler qu'il sera mis entre chaque paiement partiel un intervalle déterminé. *Ibid.*

Il est aussi permis de stipuler que la redevance annuelle ne pourra pas être rachetée pendant un certain délai, qui ne peut jamais excéder le terme de trente ans. *Ibid.*

Quand aucune condition n'a été convenue pour le temps du rachat, il peut s'effectuer à la volonté du débiteur de la rente foncière, qui alors ne peut jamais être contraint à se libérer.

On en a dit assez sur le bail à rente pour faire sentir que c'est une véritable vente quant à la transmission de propriété, et qu'ainsi le débiteur de la rente foncière jouit pleinement de l'immeuble. Il doit donc en faire toutes les réparations, même les grosses.

III. *Du bail emphytéotique.*

Par bail emphytéotique, ou par emphytéose, on entendait un contrat par lequel le propriétaire d'un héritage en cédait, ou à perpétuité ou à longues années, la propriété utile, à la charge, par le preneur appelé *emphytéote*, d'y faire des améliorations et d'en payer une redevance annuelle en reconnaissance de la seigneurie directe que se réservait le bailleur.

On conçoit que, depuis l'ancien système féodal, il ne peut plus y avoir de beaux emphytéotiques. Ces sortes de contrats étaient même assez rares en France : on donnait du bien à rente foncière, avec réserve de cens, pour représenter la seigneurie; mais ces actes n'étaient pas de véritables baux emphytéotiques.

Au reste, cette dénomination s'est conservée dans la pratique pour indiquer des baux à longues années, faits avec la condition d'améliorer imposée au preneur; car le mot *emphytéose,* qui vient du grec ἐμφύτευσις, signifie améliorations. Les principes qui concernent les emphytéoses sont empruntés du droit romain : le Code de Justinien leur a consacré un titre intitulé *de jure emphyteotico.*

Ces sortes de contrats, étant du droit des gens, sont valables parmi nous, et sont susceptibles de toutes les conditions qu'il plaît aux parties d'y apposer, pourvu qu'elles n'y stipulent rien de contraire ni aux lois ni aux bonnes mœurs.

Ils diffèrent des baux à loyers ou à ferme, en ce qu'ils sont faits pour longues années, et avec la charge d'améliorer, tandis que le simple locataire n'est tenu que des menues réparations.

Ils diffèrent aussi des baux et des ventes à vie, parce que l'effet de ces contrats doit durer indéfiniment jusqu'au décès du preneur, tandis que l'emphytéose est limitée à un temps dont la durée est connue. De plus, par le bail ou la vente à vie, on n'est pas tenu de conserver l'immeuble autrement que dans l'état où on l'a reçu, tandis que l'emphytéote est obligé de l'améliorer.

Enfin ils diffèrent des baux à rente, parce que ceux-ci transfèrent la propriété pour toujours, tandis que l'emphytéose n'existe que pour un temps. Le preneur par bail à rente peut racheter la redevance qu'il doit, tandis que le preneur par bail emphytéotique n'a pas la faculté de se libérer, attendu que sa jouissance n'est pas perpétuelle.

D'abord on doit consulter les clauses du bail emphytéotique, et s'y conformer, puisqu'elles peuvent être telles que les parties en sont convenues. Mais, quand il n'y a pas de stipulation contraire, on regarde l'emphytéote comme tenu de la redevance annuelle, même quand, par un événement imprévu, tous les fruits seraient absorbés. Il est dans ce cas comme le preneur d'un bail à vie ou d'un bail à rente, et n'est pas traité en pareille occasion comme un simple fermier, à cause de la longue durée de la jouissance; car le nombre des mauvaises années doit être compensé par le nombre des années productives.

L'emphytéote est obligé de faire toutes les améliorations qu'il a promises, et doit tenir en bon état les objets par lui établis, comme ceux qui lui ont été livrés. Bien plus, s'il a fait des constructions plus considérables que celles dont il s'est engagé d'enrichir l'héritage, il doit les laisser en bon état et ne peut jamais en réclamer le prix. La raison qu'on en donne, est qu'en améliorant il a rempli une des conditions essentielles du bail, et qu'en faisant plus qu'il n'était obligé, il savait qu'il bâtissait sur le terrain d'autrui.

On voit que l'emphytéote serait un véritable usufruitier pour temps déterminé, s'il n'était pas obligé à des améliorations; en conséquence, non-seulement il prend l'immeuble dans l'état où il le trouve, mais encore il est tenu de mettre les terres en culture, et de rétablir les bâtimens dans un bon état : cette obligation comprend celle de faire toutes les espèces de réparations, tant les grosses que celles d'entretien.

Au reste, sur ce point il y a peu de contestation, parce que dans les baux faits à longues années, l'intention qui a déterminé à en prolonger la durée est toujours exprimée, ainsi que les charges du preneur. C'est donc là ce qui indique les réparations qui doivent être supportées par chacune des parties. Si un bail à longues années ne contenait rien qui expliquât en quoi consistent les réparations à la charge du preneur, on examinerait si celui-ci s'est obligé à faire des améliorations. Dans ce cas, il est évident qu'il y a emphytéose, et que, pour prix de sa jouissance, le preneur s'est chargé de toutes les réparations en général, même des grosses. En conséquence, le preneur n'en pourrait réclamer aucune du bailleur, qui au contraire aurait droit de les exiger toutes de celui qui jouit de l'immeuble.

Suppose-t-on que le bail à longues années ne charge le preneur d'aucune amélioration, et que nulle autre clause ne s'explique sur les réparations qui seront à sa charge? On en conclura que c'est un bail d'usufruit; puisque, suivant le Code civil, *article 580*, l'usufruit peut être établi ou purement, c'est-à-dire pour la vie du preneur; ou à certain jour, c'est-à-dire pour un temps déterminé. Dans ce cas, le preneur est tenu de toutes les obligations de l'usufruitier, et doit toutes les réparations d'entretien; à l'égard du bailleur, il ne peut être forcé à faire que les grosses réparations.

TROISIÈME PARTIE.

DES PROCÉDURES POUR LA VISITE DES LIEUX.

Dans les contestations relatives aux diverses matières qui traitent les deux premières parties, dont l'une a pour objet les servitudes, et l'autre les réparations, il est presque toujours indispensable que les lieux litigieux soient visités ou par le juge ou par des experts. Il devient donc nécessaire, pour compléter ce qui concerne les lois des bâtimens, d'indiquer les formes à suivre pour les différentes sortes de visites des lieux. C'est ce qu'on se propose de faire dans cette dernière partie. On y expliquera ce que le Code de procédure civile prescrit à cet égard ; et pour faciliter davantage l'intelligence des dispositions de cette loi, on donnera le modèle de tous les actes qu'elle exige, afin de procéder avec régularité à ces sortes d'opérations.

Cette partie se divise en trois chapitres :

Le premier traitera des visites et appréciations par les juges de paix ;

Le second s'occupera de la descente sur les lieux par le juge que commet un tribunal ;

Le troisième sera consacré aux rapports d'experts.

CHAPITRE PREMIER.

DES VISITES ET APPRÉCIATIONS PAR LES JUGES DE PAIX.

Il entre dans les attributions des juges de paix de connaître des actions pour dommages causés aux champs, aux fruits et récoltes, pour déplacement de bornes, pour usurpations de terres, d'arbres, de haies, de fossés et de toutes sortes de clôtures, quand l'usurpation a été commise depuis moins d'un an, pour entreprises sur les cours d'eau commises pareillement depuis moins d'un an; en un mot, la **compétence des juges de paix** s'étend à toutes les actions possessoires. *Code de procéd., art.* 3.

Devant la même autorité judiciaire sont **portées les contestations** concernant les réparations locatives; les indemnités prétendues par le fermier ou locataire pour non-jouissance, lorsque le droit n'est pas contesté; enfin les dégradations alléguées par le propriétaire. *Ibid.* (56)

Ainsi très-fréquemment il est besoin que les lieux soient visités et les objets d'indemnités évalués avant que les juges de paix puissent prononcer sur la plupart des causes qui leur sont soumises dans les matières dont on vient de faire l'énumération. Dans un premier article, on verra comment la visite des lieux et les appréciations sont ordonnées. Dans un second, on dira comment le juge de paix procède à ces opérations.

Art. Ier. *Quand et comment la visite et l'appréciation sont ordonnées.*

Toutes les fois que le juge de paix croit nécessaire de voir les objets litigieux pour en constater l'état ou pour évaluer les indemnités demandées, le Code de procédure, *art.* 41, l'autorise à ordonner que les lieux seront par lui visités en présence des parties.

Souvent l'objet de la visite ou de l'appréciation exige des connaissances qui sont étrangères au juge de paix. Il ordonne alors que des gens de l'art, qu'il nomme d'office par le même jugement, l'assisteront dans cette visite pour lui donner leur avis. *Ibid. art.* 42.

Il est nommé un ou trois experts, selon l'importance de la contestation; mais il n'est pas dans l'esprit de la loi de les nommer en nombre pair. On voit que la nomination des experts n'est jamais faite par les parties dans les justices de paix; le juge doit les indiquer de lui-même quand il en a besoin. Jamais en effet des experts ne sont directement chargés de la visite ordonnée en justice de paix; il est indispensable qu'elle soit faite par le juge accompagné de son greffier : s'il

Tome II.   15

se fait assister de gens de l'art, c'est pour les consulter lui-même et faire l'usage convenable de leur avis.

Il n'est point parlé dans le Code de procédure de la récusation des experts dans les justices de paix; mais comme ils sont toujours nommés d'office, ils sont toujours récusables avant la prestation de leur serment. On verra au chapitre suivant les causes de récusation admises dans les tribunaux; elles le sont aussi en justice de paix. (57)

Suivant l'*art.* 28, *ibid,* tout jugement qui n'est pas définitif, et qui est rendu en présence des parties par le juge de paix, ne peut pas être expédié. Le jugement qui ordonne une visite des lieux, ou une appréciation étant évidemment un interlocutoire, il faut distinguer s'il est rendu contradictoirement ou par défaut. Dans le premier cas, on ne pourra pas en avoir une expédition ; mais le juge de paix devra y indiquer le lieu, le jour et l'heure où il fera l'opération, et la prononciation du jugement sera une citation suffisante pour les parties qui sont présentes.

Comment donc, si on ne peut pas lever et signifier le jugement, les experts seront-ils avertis, quand le juge de paix en a nommé d'office pour l'assister? Il délivre une cédule de citation pour les appeler; il y mentionne le fait, les motifs et la disposition du jugement en ce qui concerne l'opération ordonnée; en même temps il y indique le lieu, le jour et l'heure fixés pour y procéder. *Ibid. art.* 29.

On demande encore comment on peut dans l'opération se conformer au jugement, s'il n'est pas expédié. La réponse est dans l'*art.* 40 : il veut que le juge de paix qui se transporte sur les lieux dont il fait la visite soit accompagné de son greffier, et que celui-ci apporte avec lui la minute du jugement.

Si pourtant l'une des parties présentes veut interjeter appel du jugement interlocutoire, comment y parviendra-t-elle si ce jugement n'est pas expédié? Dans ce cas, l'*art.* 31 décide qu'une expédition du jugement sera délivrée.

Quand la visite ou l'appréciation a été ordonnée par défaut, il est indispensable de lever le jugement pour le faire signifier à la partie adverse; on en use de même à l'égard des experts, s'il y en a de nommés pour assister le juge de paix. La signification faite à la partie et aux experts porte en même temps citation pour qu'ils aient à se trouver sur les lieux au jour et à l'heure indiqués dans le jugement par défaut. (58)

Jugement contradictoire qui ordonne visite et appréciation.

Considérant que, pour prononcer sur le déplacement des bornes dont il s'agit, il est nécessaire de voir les lieux, et d'apprécier le dommage s'il y a lieu ;

Nous, juge de paix, avant de faire droit, ordonnons que le vingt de ce mois, à midi, nous nous transporterons avec notre greffier sur le pré du demandeur, lequel pre est situé dans la commune de..... dépendant de notre canton, et où les parties sont sommées de se trouver. Nous nommons en même temps, pour nous donner leur avis sur l'appréciation du dommage, s'il y en a, les sieurs P.... et O..... fermiers, demeurant dans cette commune, et le sieur D..... aubergiste à....., lesquels, par une cédule que nous délivrerons à la partie la plus diligente, seront cités pour se trouver à la visite.

Jugé à...

On ne donnera communément les modèles que des motifs et du dispositif des jugemens, attendu que les qualités qui doivent les précéder sont toujours dans la même forme. On place d'abord les noms, professions et demeures des parties, ensuite l'énoncé de la demande et celui de la défense qui y est opposée ; après quoi viennent l'exposé du point de fait, celui du point de droit, les motifs qui déterminent le juge, et enfin ce qu'il prononce.

Cédule de citation signifiée aux experts, en vertu du précédent jugement.

Nous......, juge de paix du canton de....., arrondissement de..... département de..... citons les sieurs P.... et O..... fermiers, demeurant dans cette commune, et le sieur D..... aubergiste à..... tous trois experts nommés par notre jugement rendu le..... entre le sieur A..... demandeur, et le sieur B..... défendeur, à l'effet, par lesdits experts, de se trouver le vingt de ce mois, à midi, sur le pré du demandeur, lequel pré est situé en cette commune, afin d'y prêter serment, et de nous assister dans la visite que nous devons faire pour reconnaître les circonstances du déplacement des bornes dudit pré, et afin de nous y donner leur avis sur l'appréciation du dommage, s'il y en a, leur déclarant que leurs vacations leur seront payées suivant la taxe.

La présente cédule sera notifiée dans le délai de deux jours aux trois experts ci-dessus nommés, par notre huissier ordinaire.

Délivré à....

Signé N.... *juge de paix.*

La cédule ci-dessus copiée a été notifiée, et copie en a été laissée par moi C..... huissier de la justice de paix du canton de.... . y demeurant, dans la commune de...... le.....; savoir, au sieur P..... en son domicile, en parlant à son fils; au sieur D..... en son domicile, en parlant à son épouse; et au sieur O..... en son domicile, en parlant à une fille qui m'a dit se nommer R..... et être sa domestique.

Le coût de la présente notification est de.... francs.

Signé C..... *huissier.*

Jugement par défaut, qui ordonne visite et appréciation.

Considérant, etc. (*comme dans le modèle précédent.*)

Nous, juge de paix, donnons défaut contre le sieur B..... défendeur; et néanmoins, avant de faire droit, ordonnons que le vingt de ce mois, à midi, nous nous transporterons, avec notre greffier, sur le pré du sieur A..... demandeur, lequel pré est situé dans cette commune, afin d'en faire la visite en présence des parties, ou elles dûment appelées. Nous nommons pour nous assister dans ladite visite, et pour nous donner leur avis sur l'appréciation du dommage, s'il y en a, les sieurs P.... et O.... fermiers, demeurant en cette commune, et le sieur D.... aubergiste, demeurant a.... lesquels, à la diligence de l'une des parties, seront cités pour se trouver à la visite.

Jugé à....

La signification de ce jugement, dont on lève une expédition, parce qu'il est par défaut, est faite à la partie défaillante avec assignation pour se trouver à la visite. Pareille assignation est donnée aux experts en vertu du même jugement, dont l'extrait, en ce qui les concerne, est copié en tête de l'exploit. (59)

Art. II. *Comment on fait la visite et l'appréciation.*

Au jour et à l'heure indiqués, le juge de paix et son greffier, porteur de la minute du jugement, se rendent sur le lieu qu'il s'agit de visiter.

Les experts, avertis comme on l'a expliqué dans l'article précédent, s'y trouvent; à l'égard des parties dûment appelées, comme on l'a dit plus haut, elles y sont présentes, si bon leur semble ; mais si l'une ou l'autre, ou même si toutes faisaient défaut, le juge n'en procéderait pas moins à l'opération.

A cet effet il examine les lieux, vérifie les titres qui lui sont présentés, et reçoit les observations des parties présentes. S'il est assisté d'experts, il prend leur serment et écoute leur avis. Quand tout a été vu et discuté suffisamment, il rend sur-le-champ le jugement définitif, s'il trouve la cause assez éclaircie pour recevoir une décision ; autrement il indique le jour où il la prononcera à son audience. *Code de procéd., art.* 42.

Doit-il être dressé procès-verbal de la visite du juge, assisté ou non d'experts?

On distingue si la cause doit être jugée en dernier ressort; car alors il n'est point rédigé de procès-verbal. Il suffit que le jugement fasse mention de la visite que le juge a faite; et s'il a été assisté par des experts, il énonce en outre leurs noms, la prestation de leur serment, et le résultat de leur avis : par conséquent les experts n'ont aucune signature à donner en pareil cas. *Ibid., art.* 43.

Quand la contestation est sujette à l'appel, le greffier dresse un procès-verbal de la visite, et y constate le serment prêté par les experts. Ce procès-verbal est signé par le juge, par le greffier et par les experts; et si ces derniers ne savent ou ne peuvent signer, il en est fait mention. *Ibid, art.* 42.

Jugement en dernier ressort rendu sur les lieux visités.

Entre F..... marchand mercier, demeurant à....., demandeur comparant, d'une part ;

Et M.... cordonnier, demeurant aussi à.... défendeur, comparant, d'autre part;

A été rendu le.... notre jugement contradictoire, en vertu duquel nous nous sommes transportés, avec notre greffier, aujourd'hui à onze heures du matin, dans une boutique située en cette commune, rue.... laquelle boutique le demandeur avait louée au défendeur, par un bail qui vient d'expirer. Nous avons trouvé sur les lieux, outre les deux parties ci-dessus nommées, le sieur C..... maçon, demeurant dans cette commune, et que nous avons nommé par notre dit jugement pour nous assister dans la présente visite. Après avoir prêté serment de donner son avis selon sa conscience, et avoir visité l'objet de la contestation, il a dit que les réparations qui doivent être à la charge du locataire consistent dans quatre planches de la fermeture, six carreaux de terre et une serrure, à remettre en remplacement de pareils objets qui paraissent cassés par violence. La valeur de ces réparations, suivant le même expert, se monte à la somme de trente-neuf francs; en conséquence, nous avons procédé au jugement de la cause sans désemparer des lieux par nous visités.

Parties ouïes, chacune ayant persisté dans ses conclusions, le point de fait est qu'il existe des dégradations dont l'indemnité est réclamée; et le point de droit est de savoir si le défendeur doit payer cette indemnité.

Considérant que rien ne peut exempter le défendeur de réparer les dégradations qui se trouvent faites dans les lieux par lui occupés, et que ces dégradations sont évaluées à la somme de trente-neuf francs;

Nous, juge de paix, prononçant en dernier ressort, condamnons le défendeur à faire faire dans le délai de trois jours, à la boutique qu'il tenait à bail du demandeur, les réparations locatives ci-dessus mentionnées; sinon, et ledit temps passé, le condamnons à payer au demandeur la somme de trente-neuf francs, à quoi faire il sera contraint, en vertu du présent jugement, par toutes voies de droit, et le condamnons aux dépens liquidés à....

Jugé à....

Procès-verbal de visite dans une contestation sujette à l'appel.

Aujourd'hui.... onze heures du matin, nous, juge de paix du canton de.... nous nous sommes transportés, avec notre greffier, sur une pièce de terre située dans cette commune, et appartenant au sieur L..... chirurgien, demeurant dans ladite commune; en vertu de notre jugement rendu contradictoirement, le.... entre ledit

sieur L.... demandeur en indemnité d'usurpation, et le sieur G....
cultivateur, demeurant au même lieu : nous y avons trouvé ledit
sieur L.... chirurgien. Se sont également trouvés sur les lieux le
sieur H.... arpenteur, demeurant à.... dépendant de ce canton,
et les sieurs J.... et K.... fermiers, demeurant au même lieu,
tous trois experts nommés par notre dit jugement, pour nous donner
leur avis, sur l'usurpation dont il s'agit, et apprécier le dommage,
s'il y en a.

Après avoir attendu jusqu'à plus de midi sans que le sieur G....
ait comparu, ni personne pour lui, nous avons donné défaut contre
lui. Nous avons reçu ensuite le serment que les trois experts ci-dessus
nommés ont prêté en nos mains, de bien et fidèlement remplir leurs
fonctions. Après quoi, aidé desdits experts, nous avons reconnu
les bornes du terrain du demandeur, et les avons confrontées avec
celles énoncées par les titres de sa propriété.

Il nous a paru, ainsi qu'aux trois experts, que l'usurpation faite
sur le terrain du demandeur est de deux hectares ; et comme cette
usurpation paraît dater de huit mois, il en résulte que le demandeur
a été privé de la récolte faite cette année sur ces deux hectares. Au
dire des experts, cette récolte aurait pu produire douze quintaux de
blé froment à douze francs le quintal ; ce qui fait monter l'indemnité
à un total de cent quarante-quatre francs.

En foi de quoi nous avons dressé le présent procès-verbal, auquel
nous avons vaqué jusqu'à quatre heures du soir, et qui a été clos par
notre signature et celle de notre greffier, après y avoir fait apposer
celle des sieurs H.... et K.... tous deux experts ; à l'égard du sieur
J.... autre expert, il a déclaré ne pouvoir signer à cause d'une
blessure qu'il a reçue à la main droite.

Signé, etc.

Le jugement définitif est ensuite rendu, soit sans désem-
parer, soit postérieurement à l'audience, et il est motivé sur
le procès-verbal qui y est mentionné. (60)

CHAPITRE II.

DES DESCENTES SUR LES LIEUX.

Quand le juge de paix a besoin de voir les lieux conten-
tieux, il ordonne une visite ou appréciation. Si c'est un tri-
bunal de première instance ou autre, qui commet un de ses
membres pour visiter les lieux contentieux avec ou sans as-

sistance d'experts, on nomme l'opération *descente sur les lieux.* Ces deux manières d'arriver au même but ont dû être distinguées, parce qu'on n'y suit pas les mêmes formes : elles sont différentes, à cause de la différence des autorités judiciaires qui les ordonnent.

Dans un premier article, on verra quand et comment s'ordonne une descente sur les lieux : et dans un second, on dira comment s'effectue cette opération.

ART. 1ᵉʳ. *Quand et comment s'ordonne une descente sur les lieux.*

La procédure pour les descentes sur les lieux se pratique seulement dans les tribunaux supérieurs aux justices de paix. La loi prévoit le cas où la décision d'une contestation soumise à l'un de ces tribunaux dépend de l'inspection des lieux, et pour laquelle un simple rapport d'experts ne suffit pas. C'est ce qui arrive assez souvent dans les matières de servitude : lorsqu'il est besoin de discuter les titres sur les lieux mêmes, le tribunal commet un de ses membres pour s'y transporter accompagné d'un greffier, et y entendre les dires respectifs des parties.

Quelquefois le tribunal ordonne la descente d'un de ses membres sur les lieux, quoiqu'il ait en même temps nommé des experts ; plusieurs raisons peuvent l'y déterminer. La première se rencontre lorsque l'avis des experts, étant nécessaire pour certains objets, ne suffit pas sous d'autres rapports. Un autre cas où un juge est chargé de visiter les lieux contentieux, quoiqu'il soit nommé des experts, arrive lorsque l'une des parties le requiert ; ce qu'elle fait quand elle craint des obstacles dont le juge-commissaire peut seul triompher en vertu des pouvoirs que lui donne le tribunal. Par exemple, si elle prévoit qu'il faudra faire des ouvertures de portes par autorité, pour procéder à la visite ; si elle appréhende des voies de fait contre elle-même, ou contre les experts, c'est alors qu'elle a raison de requérir que ces derniers fassent leur opération en la présence d'un juge.

Ces décisions sont écrites dans l'*art.* 295 du Code de procédure : il autorise le tribunal, dans les cas où il le croit nécessaire, à ordonner le transport de l'un de ses membres sur les lieux ; ce qu'il peut faire, soit d'office, soit sur la demande des parties. Mais dans les matières ou il suffit d'un simple rapport d'experts, le même article défend d'ordonner une descente sur les lieux, à moins qu'elle ne soit requise formellement par l'une des parties. Ainsi, lorsqu'une visite d'experts est demandée par une partie, et ordonnée par le tribunal, la même partie, ou bien la partie adverse, peut requérir que cette visite se fasse en présence d'un juge-commissaire. Si les motifs allégués pour obtenir ce surcroît de précaution paraissent suffisans, le tribunal ordonne la descente sur les lieux, et nomme par le même jugement celui de ses membres qui fera cette opération.

Observez que, quand une descente sur les lieux est ordonnée avec ou sans visite d'experts, il faut nommer, pour la faire, un des juges qui sont présens à l'audience, afin qu'il connaisse bien l'objet de la contestation. *Ibid. art.* 296.

Le même Code, *art.* 1035, dit que toutes les fois qu'il s'agit de procéder à une opération, par un juge-commissaire en vertu d'un jugement, et que les parties ou les lieux contentieux sont trop éloignés, ce jugement pourra commettre un tribunal voisin du lieu où doit se faire l'opération, ou un des juges de ce tribunal, ou même un juge de paix, suivant l'exigeance des cas. Le jugement peut aussi autoriser le tribunal voisin des lieux à nommer, soit des experts, soit l'un de ses membres, soit un juge de paix pour procéder à l'opération. On demande si cette disposition est applicable à la descente sur les lieux.

Il est certain que l'*art.* 296 ne permet de commettre pour cette opération qu'un des juges qui sont présens au jugement qui l'ordonne. Or la disposition de l'*art.* 1035 étant générale, ne peut pas s'étendre aux cas pour lesquels il a été réglé particulièrement quelque chose de contraire. Qu'on réfléchisse au motif qui détermine à faire une descente sur les lieux, et à nommer nécessairement l'un des juges qui a opiné lors du jugement par lequel cette opération a été ordonnée, on sentira qu'il est fondé sur ce que le tribunal a besoin d'être éclairé par l'un de ses membres délibérant dans la contestation. S'il lui suffisait d'avoir un rapport, il nommerait seulement des experts : or l'*art.* 295 ne permet pas de suppléer à un rapport d'experts, par une descente sur les lieux, à moins que la présence d'un juge-commissaire ne fût expressément requise par l'une des parties.

Ainsi il faut distinguer si la descente sur les lieux est ordonnée pour mettre l'un des membres du tribunal en état de donner des lumières, lors des délibérations sur le fond de la contestation; dans ce cas, nous pensons que le tribunal n'arriverait pas à son but, en commettant un juge qui ne pourrait qu'envoyer un rapport. Il faudra donc qu'en exécution de l'*art.* 296, la descente sur les lieux, quelque éloignés qu'ils soient, se fasse par un des juges qui aura opiné lors du jugement par lequel l'opération aura été ordonnée, et qui pourra assister aux audiences où la même cause sera discutée.

Mais la descente des lieux n'est-elle ordonnée que sur la réquisition d'une des parties, par la nécessité qu'il y a d'user d'autorité pendant la visite des lieux : par exemple, pour prévenir des voies de fait qui seraient à craindre, ou pour faire des ouvertures de portes par force; un juge étranger au tribunal qui ordonne l'opération peut être commis pour y procéder, suivant la faculté accordée par l'*art.* 1035, puisqu'il n'est besoin alors que d'un rapport pour éclairer la décision de la cause.

Prenons pour exemple une contestation où il s'agisse de servitude; car cette matière fournit assez ordinairement des occasions de descendre sur les lieux. Supposons d'abord que les parties soient d'accord sur les faits, et qu'elles ne contestent que sur l'interprétation du titre qui a établi la servitude. D'un côté, on veut l'étendre, et de l'autre, on veut la restreindre; et comme, dans le doute, c'est toujours en faveur de l'héritage servant qu'on se décide, il est nécessaire d'entendre la discussion des titres sur les lieux mêmes. Il n'est besoin alors d'aucun homme d'art; mais il est indispensable que l'un des membres du tribunal prenne par lui-même connaissance des lieux, afin d'en rendre compte pour éclairer la délibération des juges, lorsqu'il s'agira de porter un jugement définitif. Quoique les lieux soient éloignés, il n'en est pas moins nécessaire que la descente se fasse par un des juges qui ont assisté à l'audience où l'opération a été ordonnée ; puisque sans cela le tribunal ne recevrait pas, lors de sa délibération sur le fond de la cause, les lumières qu'il a voulu se procurer.

Outre le besoin de discuter les titres sur les lieux, y a-t-il à reconnaître des faits qui ne sont familiers qu'aux gens de l'art ; le juge-commissaire est assisté d'experts, et l'opération n'est encore confiée qu'à un des membres du tribunal qui l'a ordonnée : car, dans cette seconde hypothèse, la vérification des faits n'est pas le seul objet de la contestation ; il est de plus nécessaire que l'un des juges qui assistera au jugement de la cause, fasse l'examen des titres sur les lieux contentieux.

Mais, si les parties n'étaient divisées que sur des points de fait faciles à vérifier par des gens de l'art, il faudrait se contenter d'un rapport d'experts. Cependant, s'il s'agit de pénétrer dans la maison d'une personne absente, ou dont l'intention connue est de résister à toute opération par toutes sortes de moyens, même par violence ; ou s'il est à craindre que l'une des parties ne se porte soit à des injures, soit à des voies de fait contre les experts, le tribunal, par prudence, et sur la réquisition de l'une des parties, pourra ordonner la présence d'un juge. Dans ce cas, comme il est évident qu'un simple procès-verbal de l'opération suffira, un juge étranger au tribunal, et pris dans le voisinage des lieux, pourra être commis dans la forme que prescrit la disposition générale de l'*art.* 1035.

Le juge-commissaire, membre ou non du tribunal qui a ordonné l'opération peut être récusé : ce qui se pratique pour les causes et dans les formes prescrites par le Code de procédure. Ce n'est pas ici le lieu d'expliquer cette matière : nous dirons seulement que la récusation, pour être écoutée, doit être proposée, si le jugement est contradictoire, dans les trois jours qui suivent celui où il a été prononcé ; s'il est par défaut, dans les trois jours qui suivent la huitaine accordée pour y former opposition ; enfin, si l'opposition a eu lieu, dans les trois jours qui suivent le jugement qui déboute de cette opposition.

Lorsque des experts sont nommés pour assister le juge-commissaire dans sa visite, ils peuvent aussi être récusés de la même manière que s'ils étaient seuls chargés du rapport. La récusation des experts sera expliquée dans le chapitre suivant, uniquement consacré à ce qui concerne les opérations d'experts.

Ordinairement une descente sur les lieux n'est pas ordonnée par défaut, parce qu'elle n'est presque jamais utile, que quand il s'agit de discuter sur les lieux mêmes, les titres dont le sens est contesté : or cela n'arrive guère que quand les parties sont présentes. Mais il peut se trouver que plusieurs défendeurs aient été assignés, et que l'un d'eux fasse défaut; alors la contestation s'instruit contradictoirement avec ceux qui se présentent, et par défaut avec les non comparans. A cet effet, on doit suivre la marche que le Code de procédure prescrit par son *art.* 153, où il prévoit le cas dans lequel, de deux ou plusieurs parties assignées, l'une comparaît et l'autre ne se présente pas.

Un premier jugement donne défaut contre cette partie non comparante, joint le profit du défaut au fond de la contestation, et remet à prononcer dans un délai proportionné à l'éloignement de la partie défaillante, attendu qu'il faut la réassigner. En effet, ce premier jugement lui est signifié avec nouvelle assignation pour le jour auquel la cause doit être appelée. Si le défaillant comparaît sur cette signification, le jugement qui ordonnera la descente se trouvera contradictoire; mais si le défaillant persiste à ne pas comparaître, le jugement qui sera rendu sur la seconde assignation sera, à l'egard de cette partie, un second défaut qui a la même force qu'un jugement contradictoire : il ne sera donc pas susceptible d'opposition, ainsi que le décide l'article cité. En vertu de ce jugement, on procédera à l'opération, comme si la partie défaillante avait été jugée contradictoirement.

Elle peut se présenter pendant l'opération; il en est fait mention au procès-verbal. Après l'opération, elle peut encore se présenter dans la cause; mais elle n'y prend part que dans l'état où se trouve la procédure : elle n'est donc pas reçue à revenir contre ce qui a été ordonné et exécuté sans elle. Il lui reste la faculté de proposer tous les moyens qui peuvent résulter en sa faveur, comme si elle avait assisté à l'opération; elle est libre même de la critiquer, si elle y trouve des nullités ou des erreurs.

Quoique rarement une descente sur les lieux puisse être ordonnée par défaut, quand il n'y a qu'un seul défendeur, néanmoins il n'est pas impossible que le cas arrive. Alors il faut remarquer que, suivant l'*art.* 155 du Code de procédure, aucun jugement par défaut ne peut être exécuté avant l'échéance de la huitaine, à compter du jour de la signification faite, soit à avoué, si le défaut est pris contre avoué, soit à personne ou domicile, si le défaillant n'a pas constitué d'avoué. C'est donc en lui rapportant l'original de la signification du jugement par défaut que le juge-commissaire calcule la huitaine qui doit s'écouler, avec augmentation d'un jour par trois myriamètres, à raison de la distance du domicile du défaillant : et ce n'est que quand le délai légal est expiré qu'il procède à l'opération dans la forme dont parlera l'article suivant.

Quoique le Code de procédure civile ne permette pas en général d'exécuter un jugement par défaut avant la huitaine qui suit la signification, afin de laisser le temps d'y former opposition, s'il y a lieu, néanmoins, suivant le même texte, il faut excepter le cas où il y a urgence, et où le jugement ordonne qu'il sera exécuté sans attendre le délai accordé pour l'opposition. Alors il suffit d'avoir fait signifier le jugement; on peut procéder de suite à l'opération, sans qu'il soit besoin d'attendre que le délai accordé pour l'opposition soit expiré. (61)

Jugement qui ordonne simplement une descente sur les lieux.

Entre le sieur P.... demandeur....

Et le sieur E.... défendeur...

Par son exploit d'ajournement, du.... le sieur P.... conclut à ce qu'il soit fait défense au sieur E.... de faire aucune élévation sur le mur qui sépare leurs propriétés limitrophes; attendu que ce mur n'est pas mitoyen, et que même il ne peut pas le devenir, puisqu'entre ce mur et la propriété voisine il existe un espace appelé tour d'échelle, il demande en outre que ledit sieur E.... soit condamné aux dépens.

Dans les écritures signifiées le.... il a été répondu pour le sieur E.... que le mur dont il s'agit est mitoyen, et que le prétendu tour d'échelle n'existe point; que ces faits sont faciles à reconnaître par les signes extérieurs, et par l'énoncé des titres : en conséquence, il conclut à ce qu'il plaise au tribunal, avant de faire droit, ordonner le transport d'un de ses membres pour visiter le mur dont il s'agit, en présence des parties, ou elles dûment appelées, se réservant tous ses droits et actions et de prendre après l'opération telles autres conclusions qu'il conviendra, et même d'acquérir la mitoyenneté dudit mur, si, contre toute évidence, cette mitoyenneté n'était pas déclarée existante.

En point de fait, le mur dont est question est-il mitoyen, et, s'il ne l'est pas, la mitoyenneté peut-elle être acquise?

En point de droit, doit-on ordonner préalablement une descente sur les lieux.

Considérant que l'inspection du mur dont il s'agit, avec les titres à la main, est le seul moyen de reconnaître si le mur est mitoyen, ou si, ne l'étant pas, le défendeur est en droit d'en acquérir la mitoyenneté;

Le tribunal ordonne que, sans préjudicier aux droits des parties sur le fond de la contestation, le mur qui sépare les maisons des deux parties, et qui sont situées dans cette ville, sera visité par M. J.... l'un des juges présens à cette audience, à l'effet d'examiner si des signes légaux, ou convenus par les titres, annoncent la mitoyenneté du mur; et si, la mitoyenneté n'étant pas reconnue, il existe au-delà de ce mur un tour d'échelle appartenant au sieur P.... et qui empêcherait le sieur E.... d'acquérir la mitoyenneté dudit mur. De cette visite il sera dressé un procès-verbal, lors duquel les parties, ou leurs avoués, pourront faire tels dires, et réquisitions que bon leur semblera; pour, sur le vu dudit procès-verbal, et sur le rapport qui en sera fait par le juge commis, être par le tribunal ordonné ce qu'il appartiendra : dépens réservés.

Jugé à.... ce....

Si la descente du juge est accompagnée d'une visite d'experts, attendu que le point de droit a besoin d'être discuté sur les lieux, tandis que le point de fait ne peut être vérifié

que par des gens de l'art; le jugement sera motivé comme il
suit :

Considérant que l'inspection des lieux par gens à ce connaisseurs,
et la discussion des titres devant un juge sur les lieux mêmes, sont
les seuls moyens de reconnaître si le mur dont il s'agit est mitoyen,
et si, ne l'étant pas, la mitoyenneté peut en être acquise;
Le tribunal ordonne, etc.

Dans le cas où la présence du juge-commissaire n'est ordonnée que parce qu'elle est expressément requise par l'une
des parties, les motifs du jugement sont ainsi conçus :

Considérant qu'il est nécessaire que des gens de l'art examinent
le mur avant qu'on puisse décider s'il est mitoyen, ou peut le devenir; que le sieur E.... a conclu à ce que cette visite fût faite en
présence d'un juge, et que l'*art.* 295 du Code de procédure permet
d'obtempérer à cette demande;
Le tribunal ordonne, etc.

Quel que soit le motif qui détermine le tribunal à ordonner que la visite par experts se fera en présence d'un juge, le
dispositif du jugement sera prononcé en ces termes :

Le tribunal ordonne que, sans préjudicier aux droits des parties
sur le fond de la contestation, le mur qui sépare les maisons dont il
s'agit, et qui sont situées en cette ville, sera visité par M. J.... l'un
des juges présens à cette audience, lequel sera assisté d'un ou de
trois experts, dont les parties seront tenues de convenir dans les trois
jours de la signification du présent jugement; sinon, il sera assisté
par les sieurs B.... C.... et D.... tous trois architectes qui sont
nommés d'office.
Les experts qui seront convenus, sinon ceux nommés d'office,
après serment préalablement prêté entre les mains du juge-commissaire, l'aideront à l'effet d'examiner, etc....

Le surplus comme dans le dispositif du modèle précédent.

Art. II. *Forme de procéder à la descente sur les lieux.*

Quand le jugement qui ordonne une descente sur les
lieux a été rendu, la partie la plus diligente s'en fait délivrer
une expédition, qu'elle signifie par acte d'avoué, s'il est contradictoire, ou s'il est par défaut pris contre avoué; mais la

signification est faite à la personne ou au domicile de la par
tie qui n'a pas constitué avoué. Huit jours après la significa-
tion du défaut, si elle est faite à avoué, la descente peut
être poursuivie. Quand la signification a été faite à personne
ou domicile, on ajoute au délai de huitaine un jour par
trois myriamètres, pour raison de la distance qu'il y a de la
demeure du défaillant au lieu où siége le tribunal; et après
la huitaine ainsi augmentée, on peut procéder à la descente.
Il n'est besoin d'aucun délai après la signification à avoué,
quand le jugement est contradictoire.

Comme une descente sur les lieux entraîne des frais de
transport, que le juge-commissaire ne doit pas les avancer,
ni le greffier, l'*art.* 301 du Code de procédure ordonne que
la partie qui poursuit la descente sera tenue de déposer au
greffe les frais de transport avant que l'opération se fasse.
En conséquence, après s'être fait délivrer une expédition
du jugement, la partie la plus diligente doit ensuite faire au
greffe le dépôt d'une somme suffisante pour subvenir aux
frais de transport. Si pour la fixation de cette somme il y
avait difficulté entre la partie et le greffier, il en serait référé
au juge-commissaire, qui déterminerait le montant présumé
des frais de transport. Cette fixation qui se fait par ap-
proximation, n'est pas définitive; en sorte que, si la dépense
du voyage avait été plus considérable qu'on ne l'avait prévu,
la partie serait obligée de payer le surplus. Pareillement, si
elle avait consigné une somme plus considérable que celle
qui était nécessaire, il lui serait tenu compte de l'excédant.
Le calcul juste des frais de transport s'établit lors de la liqui-
dation des dépens; car définitivement c'est par la partie qui
succombe que sont supportés les frais de transport du juge
et du greffier, aussi-bien que le surplus des frais de la visite
et autres procédures.

Celui donc qui poursuit la descente sur les lieux se munit
d'un certificat, par lequel le greffier atteste avoir en dépôt
les frais de transport; la même partie joint à ce certificat
l'expédition du jugement; elle y ajoute l'original de la signi-
fication qui a dû en être faite convenablement. Avec ces
pièces on présente au juge-commissaire une requête, au bas

de laquelle il appose son ordonnance portant fixation du lieu, du jour et de l'heure où il procédera à la descente. *Code de procéd., art.* 397.

Cette ordonnance est signifiée d'avoué à avoué. *Ibid.* La loi ne parlant pas du cas où l'une des parties n'a pas d'avoué en cause, on en conclut qu'alors il n'y a pas de signification à lui faire de l'ordonnance du juge-commissaire. En effet, le jugement qui ordonne la visite, ayant été rendu par défaut pris contre partie, a été signifié à la personne ou au domicile du défaillant. S'il a laissé écouler le temps accordé pour former opposition sans se pourvoir, et par conséquent sans constituer avoué, c'est de sa part consentir à ce que l'on procède sans elle. Voilà pourquoi la loi, en disant que l'ordonnance du juge-commissaire sera signifiée d'avoué à avoué, n'ajoute pas qu'elle le sera à domicile, quand l'une des parties n'a pas constitué avoué.

Cependant quelques jurisconsultes pensent que, dans le cas dont il s'agit, on doit suppléer au silence de la loi et faire signifier l'ordonnance du juge-commissaire à la personne ou au domicile du défaillant qui n'a pas d'avoué en cause. Ils se fondent sur *l'art.* 261 du même Code, qui, en matière d'enquête, veut qu'en vertu de l'ordonnance du commissaire, la partie qui n'a pas d'avoué soit assignée à personne ou domicile, pour être présente à l'audition des témoins. Or, ajoute-t-on, il y a même raison de décider à l'égard d'une descente ordonnée contre une partie qui ne s'est pas présentée par le ministère d'un avoué.

On répondra qu'il y a une grande différence entre une enquête et une visite des lieux par un juge; que ce qui a été ordonné pour l'enquête l'aurait été infailliblement pour la descente de juge, si l'intention des législateurs eût été d'assimiler les deux procédures; que précisément, parce que la formalité dont il s'agit a été prescrite pour l'enquête, et ne l'a pas été pour la descente, il en faut conclure qu'elle doit avoir lieu dans un cas, et non pas dans l'autre. Il est dit par *l'art.* 1034 que, si l'opération d'un expert exige plusieurs vacations, il suffit que le jour et l'heure de chaque vacation soient indiqués par le procès-verbal de la vacation précédente. On ne

signifie point ces indications, pas même aux parties défaillan-
tes. L'intention générale de la loi est donc de ne plus s'occu-
per des parties, qui ont été mises suffisamment en demeure de
se présenter aux opérations préparatoires. Il faut donc re-
garder la disposition de l'*art.* 261 pour les enquêtes comme
une exception, et ne pas l'étendre au-delà du cas prévu.

Enfin, dit-on pour cette dernière opinion, le Tarif ne
passe pas en taxe la notification de l'ordonnance du juge-
commissaire à la partie qui n'a pas constitué avoué dans le
cas dont il s'agit : d'où on conclut que cette signification ne
doit pas avoir lieu.

Lorsque dans la cause où une descente du juge est ordon-
née, le ministère public a été entendu, doit-on l'appeler à
l'opération? Le Code de procédure décide, *art.* 300, que la
présence du ministère public n'est nécessaire à la descente
sur les lieux que quand il est lui-même partie dans la contes-
tation. Ainsi la cause n'est-elle simplement que sujette à
communication, comme lorsqu'il s'agit de l'intérêt d'une
commune ou d'un mineur, de la dot d'une femme, d'une ré-
cusation, d'une question d'État; il suffit que les jugemens
rendus à l'audience soient précédés des conclusions du pro-
cureur impérial; il ne doit pas être présent à la descente sur
les lieux. Mais s'il était partie au procès; par exemple, s'il a
provoqué lui-même l'interdiction d'un furieux qui n'a point
de parens, ou dont les parens ne se présentent pas, la des-
cente de juge qui serait ordonnée ne pourrait avoir lieu
qu'en présence du procureur impérial, puisque c'est ce ma-
gistrat qui serait en pareil cas la seule partie requérante.

Au jour et à l'heure indiqués, le juge-commissaire se
transporte sur les lieux avec un greffier, et dresse son pro-
cès-verbal. D'abord il y mentionne le jugement qui ordonne
la descente, puis l'ordonnance qu'il a rendue en exécution
de ce jugement, pour fixer le jour et l'heure de l'opération :
il constate ensuite la comparution des parties qui se présen-
tent, et donne défaut contre celles qui ne comparaissent pas,
après avoir vérifié que son ordonnance leur a été légalement
signifiée. Si l'original signifié ne lui était pas représenté,
ou si par cet original il s'apercevait que la signification est

nulle, il déclarerait que l'opération ne peut être faite pour les motifs qu'il indiquerait dans son procès-verbal, dont il ferait la clôture par sa signature et celle du greffier.

Dans une pareille circonstance, la partie requérante n'aurait rien de mieux à faire que de recommencer à consigner les frais d'un nouveau transport, à présenter requête pour obtenir une nouvelle ordonnance, portant fixation nouvelle du jour et de l'heure pour l'opération, et à faire plus régulièrement la signification de cette ordonnance, en sorte que, quand le juge se sera rendu une seconde fois sur les lieux, il trouve les formalités remplies sans nullités.

Quand le juge, après les préliminaires de son procès-verbal, n'est arrêté par aucun vice de forme, il procède à la visite des lieux tant en l'absence qu'en présence des parties, dûment appelées. Il décrit dans son procès-verbal ce qu'il est chargé d'observer et ce qu'il croit capable de déterminer le tribunal : il y reçoit toutes les observations des parties comparantes, qui signent chaque dire dont elles requièrent la mention. Si une partie ne pouvait pas signer, le juge-commissaire le constaterait. Les parties peuvent être assistées ou représentées par leurs avoués; car le Tarif des frais, *art.* 9°, accorde aux avoués qui assistent aux descentes de juge des droits de vacations qui entrent en taxe. Le même article cependant ne permet aux avoués d'assister aux visites d'experts que quand ils en sont expressément requis par leurs parties. Cette différence vient de ce que le juge sur les lieux peut rendre des ordonnances, ce qui n'a lieu que sur réquisition d'avoués.

Si l'objet de la visite exige plusieurs vacations, le juge-commissaire, avant de clore une vacation, indique le jour et l'heure de la suivante : ce qui suffit pour intimer les parties, même celles qui n'ont pas comparu. Ainsi la vacation postérieure a lieu sans qu'on ait fait sommation aux défaillans de s'y présenter : telle est la disposition générale de l'*art.* 1034 du Code de procédure pour ce qui concerne les diverses vacations des visites d'experts; on doit en faire l'application aux descentes de juge, puisqu'il y a même raison de décider. Enfin le procès-verbal est signé par le juge et le greffier : il en est de même de chaque vacation ; car on peut dire qu'elles sont constatées par autant de procès-verbaux particuliers.

Lorsque dans le cours de son opération le juge-commissaire rencontre des obstacles, il use de l'autorité qu'il a reçue pour en triompher. Si, par exemple, il s'agit de faire des ouvertures de portes, il rend les ordonnances nécessaires et les consigne sur son procès-verbal. Si pourtant les difficultés qui se présentent sont de nature à ne pouvoir être surmontées sans y avoir été autorisé par un jugement, le juge-commissaire ordonne qu'il en sera par lui référé au tribunal à l'audience qu'il indique : ce qui sert de sommation aux parties pour s'y trouver, si bon leur semble, même à celles qui ne sont pas présentes. Au jour indiqué, le juge-commissaire fait son rapport, et on procède selon qu'il est ordonné par le jugement qui intervient. S'il est besoin de continuer les vacations de la visite des lieux, le jugement peut indiquer le lieu, le jour et l'heure ; sinon le poursuivant obtient du commissaire une ordonnance par laquelle ce juge fixe les lieu, jour et heure où il reprendra la suite de ses opérations, en exécution des pouvoirs nouveaux qu'il a reçus : cette ordonnance est signifiée à avoué.

Par exemple, si, après un premier aperçu, il paraît par l'étendue et la complication des objets à examiner qu'on ne peut, sans trop de difficultés, prendre une juste idée des lieux à moins d'en avoir la figure, le commissaire ne peut pas se permettre d'ordonner que le plan sera dressé, si le jugement ne l'y autorise pas expressément. C'est un des cas où il fait son rapport au tribunal, qui ordonne ce qu'il croit convenable. S'il adopte la proposition de faire lever le plan des lieux contentieux, il nomme d'office la personne par qui ce travail sera exécuté ; sinon il charge le juge-commissaire de choisir qui bon lui semblera ; ce qu'il fait par une ordonnance consignée au procès-verbal.

Au reste, l'expert nommé d'office, soit par le tribunal, soit par le juge-commissaire, est assigné en vertu d'une ordonnance de ce magistrat à venir prêter serment aux lieu, jour et heure indiqués ; après quoi il exécute son travail qu' r.

met au juge-commissaire. C'est alors que ce magistrat, sur la
requête de la partie la plus diligente, rend une nouvelle or-
donnance indicative du lieu, du jour et de l'heure où il con-
tinuera sa visite.

Cette ordonnance est signifiée par acte d'avoué; et s'il y
a partie qui n'ait pas d'avoué, on ne lui en fera pas la signi-
fication.

En effet, il en est de ces ordonnances que rend le juge-
commissaire pendant le cours de son opération comme de
la première qu'il délivre pour la commencer : or on vient
de prouver, d'après la loi et le Tarif, que cette première or-
donnance ne doit pas être signifiée aux parties qui n'ont pas
d'avoués.

Au jour et à l'heure indiqués la visite est continuée, tant
en l'absence qu'en la présence des parties; et si le plan, après
la critique des parties présentes, est trouvé conforme à l'état
des lieux, le juge-commissaire l'approuve par sa signature et
celle du greffier : il en fait en outre mention en son procès-
verbal. Si ce plan était inexact, les corrections seraient or-
données et effectuées sous l'autorisation du juge-commis-
saire, et d'après les observations des parties.

On a supposé, dans tout ce qu'on vient de dire, que pour
la descente sur les lieux le commissaire n'était point assisté
d'experts. Cependant, comme on l'a dit dans l'article précé-
dent, il peut arriver que des experts aient été nommés, et
qu'en même temps un juge-commissaire ait été chargé de
faire la visite avec eux, soit pour éclaircir un point de droit
qui n'est pas dans leur attribution, soit pour protéger leur
travail. Dans ce cas, le juge-commissaire, de son côté, dresse
un procès-verbal, tandis que les experts, sous son autorisa-
tion, font leur rapport. En conséquence, il ne se fait aucune
confusion entre les deux opérations : l'une, qui est celle du
commissaire, s'exécute comme on vient de le dire; à l'égard
de celle des experts, on suivra ce qui sera expliqué dans le
chapitre suivant.

On observe seulement ici que, si les experts rencontrent
des obstacles, ils en réfèrent au juge-commissaire qui se
trouve sur les lieux avec eux, et qui rend les ordonnances

qui sont nécessaires, ou en fait son rapport au tribunal, s'il y a lieu.

Remarquez encore que la présence du juge-commissaire n'est utile pour protéger le travail des experts que pendant le temps qu'ils emploient à visiter les lieux, et à recevoir les observations des parties : il est évident que, quand ils se sont retirés pour délibérer leur avis, et le rédiger hors de la présence des parties, ils n'ont plus besoin du secours de l'autorité. Ainsi le procès-verbal du juge-commissaire peut être clos à l'époque où les experts déclarent qu'ils se retirent pour former leur avis.

Requête au juge commis pour la descente.

A M. F.... juge du tribunal de première instance, de l'arrondissement de.... département de.....

Le sieur D..... vous expose que, par jugement rendu par le tribunal, le.... entre lui et le sieur H.... et dont expédition est ci-jointe, vous avez été commis pour visiter le mur qui sépare la maison de l'exposant, et celle dudit sieur H.... l'une et l'autre situées dans la commune de.... En conséquence, le sieur D.... a consigné au greffe les frais de transport, suivant qu'il est attesté par le certificat également ci-joint.

C'est pourquoi il vous prie d'indiquer le jour et l'heure où vous procéderez à la descente sur les lieux contentieux.

A.... ce....

Signé B.... *avoué.*

Au bas de cette requête, qui est mise sous les yeux du juge-commissaire, ainsi que les deux pièces qui y sont énoncées, ce magistrat appose son ordonnance en ces termes :

Ordonnons que par nous il sera procédé à la descente ordonnée par le jugement ci-dessus relaté, le.... à dix heures du matin.

Fait à.... au Palais de justice, le....

Signé F..... *juge-commissaire.*

Cette requête, à laquelle est ainsi ajoutée l'ordonnance du juge, ne demeure pas entre les mains du greffier, parce qu'elle n'est pas destinée à rester dans ses minutes. Elle est donc rendue, ainsi que les pièces qui y sont jointes, à l'avoué qui poursuit la descente. Celui-ci fait faire deux copies, tant de la requête que de l'ordonnance, et au bas de chacune de ses copies, il dresse sa sommation en ces termes:

A la requête de M⁰ B.... avoué du sieur D.... soit signifié à M⁰ J.... avoué du sieur H.... la requête et l'ordonnance, dont copie est ci-dessus, avec sommation de se trouver, ainsi que sa partie, aux lieu, jour et heure indiqués par ladite ordonnance, à l'effet d'être présens à la descente qui sera faite sur les lieux contentieux.

A.... ce....

Signé B.... avoué.

Les deux copies de cette sommation sont remises aux huissiers audienciers du tribunal, et l'un d'eux se charge de les signifier à l'avoué auquel elles s'adressent. Il met, en conséquence, au bas des deux copies, son acte de signification, porte l'une des deux copies chez l'avoué à qui il faut en donner connaissance, et rend l'autre copie à l'avoué requérant : elle est, pour ce dernier, l'original de la sommation.

Si le défendeur n'a pas constitué avoué, aucun avertissement ne doit lui être donné du jour et de l'heure fixés par le juge-commissaire, ainsi qu'on l'a prouvé plus haut. Une sommation faite à celui qui s'obstine à ne pas constituer avoué serait contraire, et à l'*art.* 297 du Code de procédure, et au Tarif des frais et dépens.

Quand la descente doit se faire en présence d'experts, assignation leur est donnée aussi en vertu de l'ordonnance du juge-commissaire, pour qu'ils aient à se trouver sur les lieux, au jour et à l'heure indiqués, tant pour prêter serment que pour donner leur avis.

Procès-verbal de descente sur les lieux.

Aujourd'hui, le.... du mois de.... l'an.... à dix heures du matin, nous F.... juge, commis par jugement rendu au tribunal de.... le.... et en vertu de notre ordonnance apposée le.... au bas de la requête qui nous a été présentée ledit jour, étant assisté de M⁰ L.... greffier près ledit tribunal, sommes partis de notre demeure, sise à.... pour nous rendre dans la ville de.... qui en est distante de deux myriamètres, et y procéder à la visite du mur mitoyen qui sépare deux maisons sises en ladite ville, rue des Amandiers, numéros 16 et 17. Etant arrivés sur les lieux contentieux, à dix heures du matin, laquelle avoit été indiquée par notredite ordonnance,

A comparu devant nous le sieur D.... assisté de M⁄ B.... son avoué : il nous a représenté l'expédition du jugement qui ordonne la descente. Il nous a remis aussi sa requête, au bas de laquelle est notre ordonnance qui fixe le jour et l'heure de l'opération, ainsi que l'original de la sommation faite en vertu de ladite ordonnance, lesquelles requête, ordonnance et sommation demeureront annexées à la minute du présent procès-verbal : en conséquence, ledit sieur D.... nous a requis de procéder à la descente, et a signé avec ledit M⁄ B....

Signé D.... *partie.* B.... *avoué.*

A aussi comparu le sieur H.... assisté de M⁄ J.... son avoué, lequel a dit qu'il ne s'oppose point à l'opération de la descente, et a déclaré ne savoir signer : c'est pourquoi la présente déclaration n'est signée que de son avoué.

Signé J.... *avoué.*

Desquels comparutions, dires et réquisitions, avons donné acte auxdites parties. Après quoi nous avons procédé en leur présence, à la visite du mur qui sépare leurs maisons, ce qui a été constaté comme il suit.

Nous avons remarqué que le mur dont il s'agit est élevé de... et qu'il s'étend sur une longueur de.... depuis.... etc.

Ici se place la description des lieux contentieux, les observations respectives des parties, et les ordonnances que peut rendre le juge-commissaire pour l'exécution de sa mission ; telle que serait celle par laquelle il ordonnerait une fouille, une ouverture de porte, ou autre fait nécessaire à l'examen dont il s'occupe. Il constate ensuite la manière dont ces ordonnances sont exécutées, le résultat auquel cette exécution l'a conduit ; en un mot, toutes les circonstances quelconques qui se rencontrent pendant le cours de son opération. Lorsqu'elle est finie, et que tout ce qui la concerne est écrit au procès-verbal par le greffier, il termine en ces termes :

Après avoir achevé notre opération, à laquelle nous avons vaqué, depuis dix heures du matin jusqu'à trois heures du soir, l'expédition du jugement ci-dessus relaté a été par nous remise à M⁄ B.... avoué du sieur D.... et nous avons clos le présent procès-verbal, signé par ledit sieur D... par son avoué, par l'avoué du sieur

H.... ainsi que par nous et notre greffier; à l'égard du sieur H....
il a déclaré ne savoir écrire.

*Signé D.... partie. B.... avoué. J.... avoué. F. juge commis-
saire. L.... greffier.*

Si l'une des parties ne se présentait pas à l'opération, le
procès-verbal en ferait mention. Après avoir annoncé la
comparution de celle qu'il trouve sur les lieux, le juge-com-
missaire continuerait ainsi :

Ledit comparant nous a requis de procéder à l'examen des lieux
contentieux, tant en présence qu'en l'absence de la partie adverse,
et il a signé avec son avoué.

Signé D.... partie. B.... avoué.

Après avoir entendu jusqu'à plus d'onze heures, sans que le
sieur H.... ni personne pour lui ait comparu, nous avons donné
au sieur D.... acte de sa comparution et de sa réquisition, ainsi
que défaut contre ledit sieur H.... et avons ordonné que, nonobs-
tant l'absence de ce dernier, il serait par nous procédé à la visite du
mur dont il s'agit : ce qui a été fait ainsi qu'il suit.

Nous avons remarqué que le mur, etc....

Il peut arriver qu'une partie ne soit pas assistée de son
avoué, ou qu'elle ne soit pas présente, et que son avoué ou
un fondé de pouvoir spécial comparaisse pour elle; dans ces
différens cas, le procès-verbal fait mention de la manière
dont chaque partie assiste à l'opération, soit par elle-même,
seule ou accompagnée de son avoué, soit par un représen-
tant qui est ou son avoué, ou toute autre personne. Quand
ce n'est pas l'avoué, il faut que celui qui comparaît pour
une partie en ait un pouvoir spécial, qui reste annexé à la
minute du procès-verbal où il en est fait mention.

Quand l'opération ne peut pas se terminer en une vaca-
tion, le lieu, le jour et l'heure où se fera la vacation sui-
vante sont indiqués par la clôture de la première, en ces
termes :

Après avoir vaqué à ce qui est ci-dessus mentionné, depuis dix
heures du matin, jusqu'à quatre heures du soir, par double vaca-
tion, nous avons remis la continuation de la visite à demain, som-
mant les parties de se trouver au même lieu, à neuf heures du
matin, et le sieur D..... a signé avec son avoué. A l'égard du sieur

H. . . . ayant déclaré ne savoir signer, la présente vacation a été signée de son avoué, ainsi que de nous et de notre greffier.

Signé D. . . . partie. B. . . . avoué. J. . . . avoué. F. . . . juge-commissaire. L. . . . greffier.

Le lendemain, la seconde vacation est ouverte de la même manière que la première, en constatant la comparution des parties comme il suit.

Et aujourd'hui. . . . le. . . . du mois de. . . . l'an. . . . à neuf heures du matin, en exécution de l'intimation par nous donnée, par la clôture de notre procès-verbal d'hier, ci-dessus transcrit, nous nous sommes transportés avec Me L. . . . greffier, dans la maison du sieur D. . . . sise en cette ville de. . . . rue des Amandiers, n° 16.

Les mêmes parties, qualifiées au procès-verbal d'hier, assistées également de leurs avoués, ont comparu devant nous, ont requis la continuation de la visite des lieux, et ont signé, à l'exception du sieur H. . . . qui a déclaré ne savoir écrire.

Signé D. . . . partie. B. . . . avoué. J. . . . avoué.

Desquelles comparution et réquisition nous avons donné acte aux parties. En conséquence, nous avons continué l'opération ainsi qu'il suit.

Ayant considéré l'excavation que nous avons ordonné de faire, pour reconnaître la profondeur des fondations du mur, etc.

Si cette seconde vacation n'est pas la dernière, on la termine par l'indication du lieu, du jour et de l'heure où se fera la troisième, comme on vient de le voir, pour indiquer la seconde. Enfin la dernière vacation est close, en annonçant que l'opération est terminée, et en constatant que les pièces communiquées par les parties leur ont été rendues, ainsi qu'on l'a vu dans l'exemple précédent.

Quand des experts ont été nommés en même temps que la descente a été ordonnée, le juge-commissaire, après avoir constaté la comparution des parties, et donné défaut contre celles qui n'ont point comparu, énonce la présence des experts et la remise qu'ils lui font des copies de l'assignation qu'ils ont reçues, en vertu de son ordonnance, pour se trouver sur les lieux contentieux; il ordonne que ces copies d'exploit resteront annexées à la minute de son procès-verbal; il fait ensuite prêter serment aux mêmes experts, et le mentionne au procès-verbal. C'est après ces préliminaires que le juge-commissaire procède à l'examen des lieux, assisté des experts; reçoit les dires, réquisitions et observations des parties; constate les interpellations que leur adressent les experts, et les réponses qui y sont faites; rend les ordonnances qui peuvent être nécessaires pour faciliter la visite des experts; en un mot, énonce dans son procès-verbal tout ce qu'il fait, soit pour éclaircir les points de droit sur lesquels le tribunal l'a chargé de prendre des lumières, soit pour protéger les experts dans la visite des lieux. Pendant l'opération du juge-commissaire, les experts prennent des notes pour la rédaction de leur avis.

En terminant le procès-verbal de la descente, lequel est signé à la clôture de chaque vacation, par les parties présentes, les experts, le juge et le greffier, il est dit que les experts se sont retirés dans tel endroit, ou qu'ils sont restés seuls sur les lieux, pour la rédaction de l'avis qu'ils doivent délibérer entre eux seulement. Ils rédigent en effet cet avis dans la forme dont on parlera au chapitre suivant, et le déposent, soit entre les mains du juge-commissaire, s'il est encore sur les lieux, soit au greffe du tribunal, si le travail des experts n'est pas prêt avant que le juge-commissaire ait terminé sa mission.

En parlant des experts, dans le chapitre suivant, on verra qu'avant de donner leur avis, ils commencent leur rapport par constater la présence des parties ou leur défaut de comparution, ainsi que les dires et observations qu'elles leur adressent; et c'est seulement après ce préparatoire nécessaire qu'ils restent seuls pour rédiger leur avis. Mais quand des experts assistent à une descente, les opérations qui précèdent leur avis étant faites en présence du juge-commissaire, c'est sur le procès-verbal de ce magistrat qu'elles se trouvent constatées. Alors, au lieu de contenir deux parties, l'une qui décrit les opérations préparatoires, et l'autre qui contient leur avis, le rapport des experts se borne à cette dernière partie. Du reste, ce qui concerne les experts se règle comme s'il n'y avait pas eu de descente de juge, et suivant ce qui est dit au chapitre suivant.

A son retour, le juge-commissaire fait au bas de la minute de son procès-verbal, la mention du nombre de jours qui ont été employés pour le transport, du nombre de jours employés pour l'opération, et du nombre de jours employés pour revenir : telle est la disposition précise de l'*art.* 298 du Code de procédure.

L'avoué de la partie la plus diligente lève ensuite une expédition du procès-verbal, et la fait signifier aux avoués des autres parties; par conséquent, si l'une des parties n'a pas d'avoué en cause, il ne lui est fait aucune signification. *Ibid. art.* 299.

Ceux qui veulent que l'ordonnance du juge-commissaire, portant fixation du jour et de l'heure de l'opération, soit signifiée à la personne ou au domicile de la partie qui n'a pas d'avoué, conviennent que le procès-verbal ne doit pas lui être signifié, si elle est encore sans avoué; cependant il y a autant de raison pour faire connaître au défaillant le résultat de l'opération que pour lui indiquer le jour et l'heure où elle doit se faire. Si, par son obstination à ne pas se présen-ter à la justice, il ne mérite pas qu'on lui donne communication du procès-verbal, la même obstination existant déjà lorsqu'est rendue l'ordonnance qui fixe le jour et l'heure de l'opération, il ne mérite pas davantage qu'on la lui adresse.

Quoi qu'il en soit, le procès-verbal de descente n'est signifié que par acte d'avoué, et par conséquent on n'en fait aucune part à la partie qui n'a pas constitué avoué. Enfin, trois jours après la signification de ce procès-verbal, on peut poursuivre l'audience sur un simple acte; ce qui veut dire qu'il n'est permis de signifier aucune écriture sous prétexte de tirer des conséquences de l'opération : les parties seront suffisamment entendues à l'audience dans leurs plaidoiries.

CHAPITRE III.

DES RAPPORTS D'EXPERTS.

Du latin *experiens*, qui signifie instruit par l'expérience, ou a fait le mot *expert*, qui, suivant le même sens, indique une personne que l'on charge de donner son avis sur un point contesté et qui concerne l'art qu'elle connaît.

Il arrive très-souvent que, pour éclaircir des faits ou pour évaluer des objets, les juges ont besoin de l'avis de gens connaisseurs : ils ordonnent alors un rapport d'experts; et dans la pratique, l'ensemble de l'opération se nomme *expertise*.

Par exemple, le pignon d'une maison bâtie depuis moins de dix ans s'est écroulé : le propriétaire de cette maison veut exercer sa garantie contre l'entrepreneur à qui il en avait confié les travaux. La question qui s'élève alors est de savoir si l'accident vient d'un vice de construction ou d'une cause étrangère à l'entrepreneur. Une autre fois le propriétaire d'un héritage réclame des indemnités pour les dégâts que lui ont causés des voisins par mauvaise intention ou par imprudence : il s'agit de constater en quoi consiste le dommage et d'en faire l'estimation.

Dans ces deux cas et dans une infinité d'autres, il est nécessaire que les juges soient éclairés sur des points qui ne leur sont pas familiers : or on ne peut s'en rapporter à cet égard qu'à des gens connaisseurs dans l'art auquel se rapporte la contestation.

L'importante matière des rapports d'experts est d'un usage si fréquent, et s'applique à tant d'objets, qu'elle devrait être connue de toutes les classes de la société : il n'y a personne qui n'ait besoin de recourir à des experts, ou qui ne puisse être nommé pour en remplir les fonctions.

Afin de mettre de l'ordre dans les explications que nous allons donner sur les formes à suivre lorsqu'il s'agit d'un rapport d'experts, ce chapitre sera divisé en cinq articles qui traiteront successivement, 1° de la nomination des experts;

2° de leur récusation; 3° de leur serment; 4° de leur opéra-tion; 5° du jugement qui en est la suite.

ART. Ier. *De la nomination des experts.*

Il n'y a pas de règles particulières pour décider dans quels cas il faut nommer des experts; c'est par l'état de la question présentée au tribunal qu'on reconnaît s'il est nécessaire de re-courir aux lumières des gens connaisseurs. Quelquefois l'une des parties demande des experts, tandis que l'autre s'y refuse; assez souvent les deux parties consentent à ce qu'il soit fait un rapport d'experts : enfin il arrive que, sans être requis par aucune des parties, le tribunal croit nécessaire d'avoir l'avis de gens connaisseurs. Dans ces différens cas, l'opéra-tion des experts ne peut avoir lieu, si elle n'est ordonnée par un jugement. *Code de procéd., art.* 302.

Il ne suffirait pas de prononcer d'une manière générale que des experts donneront leur avis sur les faits à éclaircir; il est indispensable que le même jugement énonce clairement l'objet de l'expertise : c'est de ce jugement que les experts re-çoivent leur pouvoir. Ils doivent satisfaire à tout ce qu'il exige d'eux, et il ne leur est pas permis de faire plus qu'il ne leur est demandé : or, pour que les experts ne restent pas en-deçà ou ne se portent pas au-delà du but, il n'est qu'un moyen; c'est de leur indiquer clairement l'objet de leur mis-sion. *Ibid.*

Autrefois chacune des parties nommait un expert, et les deux personnes choisies opéraient ensemble. Si elles ne tom-baient pas d'accord, on avait recours à un tiers pour les dé-partager.

Le Code de procédure a voulu remédier à divers inconvé-niens qui résultaient de cette méthode, et dont le moindre était d'occasionner deux nominations d'experts et deux opé-rations; d'abord la nomination et le rapport des premiers experts; en second lieu, la nomination et le rapport du tiers expert.

Suivant l'*art.* 303, nulle expertise ne peut être faite que par trois experts, à moins que les parties ne consentent qu'il y soit procédé par un seul. Ainsi jamais les experts ne sont nommés en nombre pair, et par conséquent il n'y a jamais partage. On appelle partage d'opinions ce qui arrive lorsque deux avis sont proposés, et qu'il y a autant de voix pour l'un que pour l'autre.

Il est vrai que trois experts peuvent avoir chacun un avis différent, ce qui serait une sorte de partage; mais on verra par la suite que, conformément à l'*art*. 318, les experts sont tenus de consigner dans leur rapport les motifs des différens avis. C'est une manière expéditive de faire connaître aux juges ce qu'ils n'apprenaient autrefois que par une double opération. Aujourd'hui, comme alors, ils peuvent choisir celle des trois opinions qui leur convient le mieux.

Au moment où le tribunal croit devoir ordonner un rapport de gens de l'art, s'il paraît que les parties sont d'accord sur le choix des trois experts, le jugement leur donne acte de la nomination des trois personnes. Cet accord se prouve par les actes de la procédure, lorsque la partie qui demande une visite des lieux indique en même temps trois experts, et que l'autre partie, par sa réponse, adhère au choix proposé. La manière la plus ordinaire de faire connaître que l'on est d'accord sur le choix des experts, est de le déclarer à l'audience. Dans l'un et l'autre cas, le tribunal est tenu de nommer les trois experts que les parties lui indiquent d'un commun accord. *Ibid. art.* 304.

Si l'une proposait par ses actes de procédure ou verbalement à l'audience de confier l'opération à une seule personne désignée, et que l'autre partie y consentît, soit par écrit, soit verbalement, la personne choisie serait nécessairement nommée par le tribunal pour faire seule l'expertise.

Au moment où est ordonnée la visite, si les parties ne se sont pas encore accordées sur le choix des experts, le jugement décide qu'ils seront convenus dans les trois jours, à compter de sa signification, sinon que les trois personnes qu'il nomme d'office sur-le-champ resteront définitivement chargées de l'expertise. *Ibid. art.* 305.

Ainsi tout jugement qui ordonne une pareille opération contient nécessairement la nomination de trois experts; ils sont ou convenus entre les parties, ou nommés d'office Dans ce dernier cas, leur nomination est conditionnelle; elle devient définitive si, dans les trois jours de la signification du jugement, les parties ne sont pas tombées d'accord pour en nommer ou trois autres, ou un seul.

Si les parties avaient déclaré qu'elles consentaient à laisser faire la visite par un seul expert, sans pourtant s'accorder sur le choix, le tribunal, au lieu de trois experts, n'en nommerait d'office qu'un seul. Cette nomination serait également conditionnelle, et pour le cas où les parties n'auraient pas fait leur choix dans les trois jours, à compter de la signification du jugement. (62)

La partie la plus diligente lève le jugement que nous supposons contradictoire, et le fait signifier par acte d'avoué : si les experts qui y sont nommés ont été choisis d'un commun accord, elle obtient sans aucun délai l'ordonnance qui fixe le jour de la prestation de serment dont on parlera dans l'article suivant. Mais si les experts ont été nommés d'office, la partie la plus diligente fait également signifier le jugement par acte d'avoué; et, dans les trois jours de cette signification, l faut que les parties puissent s'accorder sur le choix de leurs experts; sinon ceux qui ont été nommés d'office restent définitivement chargés de l'opération.

Quand les parties, dans le délai fixé, conviennent à l'amiable de leurs experts, elles font connaître leur choix par une déclaration qu'elles en passent au greffe : les personnes ainsi désignées ont seules pouvoir de procéder à l'expertise, à l'exclusion de celles qui avaient été nommées d'office conditionnellement. *Ibid. art.* 306.

Jugement qui ordonne un rapport d'experts.

Après les qualités, l'exposé des points de fait et de droit, et les motifs qui déterminent les juges, le dispositif est prononcé en ces termes :

Le tribunal, avant de faire droit, ordonne que, par le sieur A.... architecte, le sieur B.... ingénieur hydraulicien, et le sieur C.... cultivateur, demeurant tous trois à.... et tous trois experts convenus entre les parties, la maison de campagne dont il s'agit sera visitée, à l'effet de constater et estimer les ouvrages faits par le défendeur au premier étage de cette maison, aux plantations du parc, et aux conduits des eaux ; lesdits experts prêteront préalablement serment devant M. D.... l'un des juges commis à cet effet ; de leur opération, les experts dresseront un rapport, lors duquel les parties pourront, par elles ou par leurs avoués, faire tels dires et réquisitions qu'elles jugeront convenables : pour, sur ledit rapport, être requis par les parties, et ordonné par le tribunal ce qu'il appartiendra ; dépens réservés.

Si les parties avaient consenti à ce que l'opération fût faite par un seul expert ; le jugement l'énoncerait de cette manière :

Le tribunal, avant de faire droit, ordonne que, par le sieur A.... architecte, demeurant à.... seul expert nommé du consentement et par le choix des parties, la maison de campagne dont il s'agit, sera visitée, à l'effet, etc.

Lors du jugement, les parties ne se sont-elles pas encore accordées sur le choix des experts ; on prononce comme il suit :

Le tribunal, avant de faire droit, ordonne que, par experts qui seront convenus entre les parties, dans les trois jours qui suivront la signification du présent jugement, sinon, pas le sieur A.... architecte, le sieur B.... ingénieur, et le sieur C.... cultivateur demeurant tous trois à.... et qui sont tous trois nommés d'office la maison de campagne, etc.

Dans les trois jours qui suivent la signification de ce jugement, les parties peuvent s'accorder sur le choix des experts : elles peuvent même s'accorder sur cette nomination sans attendre la signification du jugement : enfin il est encore temps qu'elles conviennent des experts, même après l'expiration des trois jours qui suivent la signification du jugement, tant que le juge commis pour recevoir le serment n'a pas rendu son ordonnance à l'effet d'assigner les experts nommés d'office. Dans ces différens cas, les parties étant d'accord se réunissent ensemble pour y passer leur déclaration, comme u modèle suivant.

Déclaration au greffe pour convenir d'experts.

Aujourd'hui..... du mois de.... an.... ont comparu au greffe du tribunal de....

Tome II.

Le sieur E.... demeurant à.... assisté de Me F.... son avoué, et le sieur G.... demeurant à.... assisté de Me H.... son avoué, lesquels ont déclaré qu'en exécution du jugement rendu entre eux, le.... et pour procéder à la visite et estimation ordonnées par ledit jugement, ils conviennent de nommer pour experts le sieur Z.... ingénieur, demeurant à.... le sieur K.... entrepreneur de bâti-mens, demeurant aussi à.... et le sieur L.... jardinier pépinié-riste, demeurant à....

De laquelle déclaration a été dressé le présent acte, qui a été signé par les parties, leurs avoués et moi greffier.

Signé E.... *partie.* G.... *partie.* F.... *avoué.* H.... *avoué.* M.... *greffier.*

Les parties peuvent être représentées par leurs avoués pour faire cette déclaration; mais les avoués doivent alors être munis des pouvoirs de leurs parties, s'ils ne veulent pas s'exposer au désaveu. Le choix des experts n'est point un acte nécessaire de la procédure; ainsi, par sa constitution, l'avoué n'est pas suffisamment autorisé à s'accorder sur leur nomination, mais sa partie seule peut le dédire.

Une partie peut-elle faire sa déclaration au greffe sans l'assistance de son avoué? Sans doute qu'une pareille décla-ration est valable; mais, si le greffier ne connaît pas la per-sonne qui se présente, il fera prudemment de ne l'écouter que quand elle sera assistée d'un avoué près du tribunal. Par cette précaution, le greffier est à l'abri de toute surprise; c'est l'avoué qui répond alors que la déclaration est réelle-ment signée par sa partie.

Art. II. *De la récusation des experts.*

Récuser un expert, c'est déclarer qu'on s'oppose à sa no-mination : *recusare* est un mot latin qui signifie *refuser.*

Cet article se divise en trois paragraphes, où on expli-quera successivement, 1° pour quelles causes on peut récu-ser un expert; 2° quand et comment se propose la récusa-tion; 3° la manière dont on procède au jugement de la récu-sation.

§ Ier. *Des causes de récusation.*

Suivant l'*art.* 310 du Code de procédure, les experts peuvent être récusés par les motifs pour lesquels les témoins peuvent être reprochés. En effet, un expert qui donne son avis sur un objet que la justice le charge d'examiner est avec les parties dans la même relation que le témoin interpellé par la justice de dire ce qu'il sait sur des faits dont il a connaissance. Appliquons donc à l'expert, les motifs pour lesquels il est permis de reprocher un témoin; ils sont indiqués par le même Code, *art.* 283.

1° La parenté ou l'alliance d'un expert avec l'une des parties jusqu'au degré de cousin issu de germain inclusivement est une cause de récusation.

Tout le monde entend ce que c'est que la parenté; à l'égard de l'alliance, elle consiste dans le rapport qu'il y a entre une personne mariée et les parens de son conjoint. Le frère de ma femme est mon frère par alliance, ou, autrement dit, mon beau-frère. Mon oncle est par alliance l'oncle de ma femme, ou son bel-oncle. Le cousin de l'un des époux est par alliance le cousin de l'autre, ou son beau-cousin. Remarquez que l'alliance ne s'étend pas au-delà de la personne du conjoint; ainsi le père de ma femme est mon père par alliance, ou mon beau-père; mais il n'est allié sous aucun rapport à mes frères.

Ainsi un expert nommé d'office est-il parent de son chef, ou allié du chef de sa femme avec l'une des parties; il peut être récusé.

2° Il en est de même si l'expert est parent de son chef, ou bien si, du chef de sa femme, il est allié du conjoint d'une des parties. En conséquence, l'expert sera récusable s'il est parent de l'épouse d'un des plaideurs, ou bien si la femme de l'expert est parente avec la femme d'un des plaideurs.

Quand la parenté ou l'alliance de l'expert avec le conjoint d'une des parties existe en ligne directe indéfiniment, ou en collatérale au degré de frère et sœur, de beau-frère et belle-sœur, la récusation est toujours proposable. Elle l'est également quand cette parenté ou cette alliance n'excède pas, eu collatérale, le degré de cousin issu de germain; mais au-delà du degré de frère et sœur, de beau-frère et belle-sœur, il faut que le conjoint, soit de l'expert, soit de la partie d'où procède le lien du sang, ne soit pas décédé; ou, s'il est décédé, il faut qu'il ait laissé des enfans ou petits-enfans actuellement vivans.

Par exemple, l'épouse de l'expert est cousine germaine de l'épouse d'un des plaideurs; la récusation peut donc être proposée. Elle ne pourra plus l'être si l'épouse du plaideur est décédée, à moins qu'il n'existe des enfans ou petits-enfans provenant de son mariage avec ce même plaideur. De même, si c'était la femme de l'expert qui fût morte, la récusation ne serait admise que dans le cas où cette femme aurait laissé des enfans ou petits-enfans de son mariage avec cet expert.

Peu importe que le conjoint d'où procède la parenté ou l'alliance soit séparé de bien ou même de corps; il n'y a pas moins alors cause de récusation, puisque le mariage subsiste.

3º Celui qui est héritier présomptif ou donataire d'une personne, ne peut pas être expert dans une affaire où cette personne est partie intéressée.

Si c'était la partie qui fût présomptive héritière ou donataire de l'expert, la récusation ne semble pas avoir lieu, puisque la loi ne parle que du cas contraire. Néanmoins, comme la récusation est fondée sur la partialité qu'on peut craindre de la part de l'expert, et qu'on est présumé avoir une affection particulière pour son héritier présomptif, quelque éloigné que soit son degré de parenté, et pour celui envers qui on a été libéral, nous croyons que le motif de récusation dont il s'agit peut être admis, sauf aux juges à discerner certains cas où il serait convenable de le rejeter.

4º Un expert qui aurait bu ou mangé aux frais de l'une des parties et avec elle, depuis la prononciation du jugement qui le nomme, est récusable. S'il avait mangé avec une des parties, à une table où chacun paye sa dépense, il n'y a plus lieu à la récusation; parce que, suivant la loi, un expert qui boit ou mange avec une des parties n'est soupçonné de partialité que quand la dépense a été faite aux frais de cette même partie.

Si on avait nommé pour expert une personne qui se trouve en pension chez l'une des parties, ou réciproquement, si c'était la partie qui fût pensionnaire chez l'expert, la récusation, en raisonnant rigoureusement, ne serait pas admissible; car, dans aucun de ces deux cas, l'expert ne mange aux frais de la partie. Cependant les juges prendraient les circonstances en considération, et verraient s'il ne serait pas convenable d'écarter un expert qui se trouverait avoir des rapprochemens trop fréquens, et même trop intéressés avec l'une des parties.

5° Il est évident que celui qui a donné des certificats sur des faits relatifs au procès, ayant fait connaître son opinion, serait récusé valablement, s'il était nommé expert.

6° On ne peut pas non plus avoir confiance en un expert qui serait en état d'accusation, ou qui aurait été condamné à une peine, soit afflictive, soit infamante, soit simplement correctionnelle, si cette dernière peine avait été prononcée pour cause de vol.

7° Il est impossible de ne pas écouter la récusation proposée contre un expert, qui se trouverait le serviteur ou le domestique d'une des parties, la crainte de la partialité est suffisamment fondée. On appelle serviteur, celui qui est aux gages de quelqu'un près de qui il remplit des fonctions serviles, tels qu'un cuisinier, un laquais, une femme de chambre, un cocher. Sous la dénomination de domestiques, on entend tous ceux qui sont aux appointemens de quelqu'un, pour toute espèce de fonction qui n'est pas servile, tels que son secrétaire, son intendant, et tout autre commensal, c'est-à-dire toute personne qui est nourrie à la table ou aux frais du maître de la maison.

Ces différentes causes de récusations que l'on peut proposer contre les experts sont moins nombreuses que celles qu'il est permis d'opposer aux juges; on demande si les autres circonstances qui autorisent à récuser un juge peuvent être également invoquées contre un expert.

Pour la négative, on dit que la récusation est une voie rigoureuse qui doit être restreinte aux seuls cas qui ont été prévus par la loi: que la dignité des juges exigeait qu'on multipliât les causes de leur récusation plus que les causes capables de faire écarter des témoins ou des experts.

On soutient l'affirmative, en disant que, pour donner un avis qui est presque toujours la règle des décisions de la justice, un expert doit avoir une impartialité aussi grande que celle des juges eux-mêmes. Il n'est pas vrai que la récusation soit une voie rigoureuse; elle est établie par l'équité naturelle, qui ne permet pas de s'en rapporter, sur une contestation, au sentiment d'une personne prévenue de partialité. Ainsi le détail des circonstances dans lesquelles on est raisonnablement soupçonné de partialité n'a rien de rigoureux. L'intention de la loi est que nul ne puisse rester expert, si on lui oppose une des causes de récusation qu'elle désigne; mais elle ne défend pas de récuser un expert qui, par d'autres circonstances que celles prévues, donnerait de justes craintes de partialité. Nous croyons donc, avec de bons jurisconsultes, qu'il est laissé à la prudence des juges, de décider si telle cause de récusation qui n'est pas écrite dans la loi est admissible. Par conséquent, les causes de récusation qu'il est permis de proposer contre les juges, nous paraissent applicables aux experts. On en trouve l'énumération dans l'*art.* 378 du Code de procédure. Parmi celles qu'on y trouve, voici celles qui ne sont pas comprises dans les *art.* 283 et 310, concernant seulement les témoins et les experts : il suffira de les indiquer pour sentir qu'on ne peut pas raisonnablement laisser la fonction d'expert à celui qu'une de ces causes peut concerner; c'est pourquoi nous n'hésitons pas à les considérer, comme faisant suite aux précédentes causes de récusation dont on vient de parler.

8° Il n'est pas possible que la justice puisse s'en rapporter au sentiment d'un expert qui serait en procès sur une pareille question que celle dont il s'agit, et pour l'éclaircissement de laquelle il a été nommé. La même présomption de partialité existerait, quoique ce procès semblable intéressât seulement, soit l'expert, soit la femme de l'expert, soit un de leurs parens ou alliés en ligne directe.

9° Si l'une des parties était juge d'un tribunal, dans lequel, soit l'expert, soit son épouse, soit un de leurs parens ou alliés en ligne directe soutient un procès, la partialité serait encore trop à craindre.

10° On dirait la même chose, si l'expert ou sa femme, ou si un de leurs parens ou alliés en ligne directe était créancier ou débiteur d'une des parties.

11° Il y aurait soupçon suffisant de partialité, si l'expert ou sa femme, ou si un de leurs parens ou alliés avait eu contre l'une des parties un procès criminel depuis moins de cinq ans.

12° Un procès civil existant entre l'expert ou sa femme, ou entre un de leurs parens ou alliés en ligne directe, fait aussi suspecter la partialité de l'expert ; mais il faut que ce procès ait été intenté avant la nomination de l'expert, ou qu'il n'ait pas été jugé depuis plus de six mois avant cette nomination. Remarquez qu'un procès n'est pas censé jugé, quand il est pendant sur l'appel.

13° Un expert qui, dans une cause purement mobilière, serait le curateur, ou qui, dans des causes immobilières, serait le subrogé tuteur d'une des parties, pourrait être récusé.

14° Dans une affaire qui intéresse un établissement, une société, une direction, on ne s'avisera pas de nommer pour expert un administrateur de l'un de ces objets, ni même personne qui y soit attaché ; le soupçon de partialité serait trop bien motivé.

15° Si l'expert nommé était parent ou allié à un degré prohibé, soit du tuteur, ou subrogé tuteur, ou curateur d'une partie, soit d'un administrateur de l'établissement, ou société, ou direction ayant intérêt dans la cause, il n'y aurait pas lieu à craindre la partialité, à moins que le parent ou allié de l'expert ne fût intéressé personnellement dans la contestation.

16° Il est de toute évidence que celui qui a sollicité ou recommandé l'une des parties pour un procès, et celui qui a fourni à cette partie de quoi subvenir aux dépenses de ce procès, ne peuvent pas y être nommés experts.

17° Il y a aussi juste sujet de récuser l'expert qui aurait été entendu comme témoin dans la même affaire.

18° L'inimitié capitale entre l'expert et l'une des parties est encore une cause valable de récusation. La loi ne dit point à quel caractère on doit reconnaître l'inimitié capitale; c'est donc aux juges à se décider selon les circonstances, quand ce motif de récuser un expert leur est présenté.

19° Enfin, si postérieurement à sa nomination, ou même si peu de temps auparavant, pourvu que ce ne soit pas depuis plus de six mois, il y a eu de la part de l'expert, envers l'une des parties, agression, ou injures, ou menaces, soit par écrit, soit verbalement, la récusation est admise. Remarquez qu'il n'est pas permis à une partie d'injurier un expert d'une manière quelconque, pour se faire un motif de récusation : elle ne serait pas écoutée, tant que l'agression ne viendrait que de son côté.

§ II. *Quand et comment se propose la récusation.*

Dans le temps où chaque partie nommait son expert, il pouvait arriver que l'une eût des motifs de récusation contre celui de la partie adverse; mais on sent qu'elle n'était pas tentée de récuser celui qu'elle proposait, et elle n'aurait pas été écoutée. Aujourd'hui, quand les experts sont du choix des parties, elles ont consenti également à la nomination de tous. En conséquence, il est juste, comme le décide l'art. 308 du Code de procédure, que la récusation ne soit permise contre aucun des experts convenus volontairement par les parties : elles ont reconnu leur impartialité, malgré les motifs qu'elles auraient pu avoir de ne pas s'y fier; ainsi, elles ne sont plus recevables à revenir sur le choix qu'elles ont fait librement.

Cependant, si une cause de récusation survenait contre un expert depuis sa nomination, on ne pourrait plus opposer aux parties le choix libre qu'elles ont fait; elles ne pouvaient pas connaître alors le motif qui porte à le récuser, et qui n'est fondé que sur un fait postérieur à sa nomination. Le même article, en permettant dans ce cas la récusation, veut pourtant qu'elle soit proposée avant la prestation de serment; car, en laissant remplir cette formalité par un expert, sans lui opposer le soupçon auquel il a donné lieu depuis sa nomination, on est censé renoncer au droit de le récuser, et croire que la confiance qu'il mérite l'emporte sur la crainte qu'on a de sa partialité.

A l'égard des experts qui sont nommés d'office, les parties peuvent les récuser, puisqu'elles n'ont point eu part à leur choix; mais il faut que ce soit avant la prestation de serment. On ne veut pas que la récusation serve de prétexte aux parties qui voudraient ralentir le cours de la procédure; or, depuis la nomination des experts jusqu'au jour où ils prêtent serment, elles ont le temps de s'informer s'ils sont récusables. *Ibid.* (66)

La loi n'ayant pas parlé du cas où des causes de récusation surviendraient contre les experts, depuis leur prestation de serment, on demande s'ils peuvent alors être récusés, soit qu'ils aient été convenus librement entre les parties, soit qu'ils aient été nommés d'office.

Pour la négative, on dit que l'*art.* 308 a décidé que la récusation pour cause survenue après la nomination des experts devra être proposée avant le serment; il en résulte qu'après cette formalité nulle récusation ne doit avoir lieu, et que l'expert est investi d'un pouvoir qui ne peut plus lui être enlevé.

On répond pour l'affirmative que la disposition dont il s'agit paraît avoir prévu seulement le cas où la cause de récusation survient depuis la nomination jusqu'au serment; mais qu'elle n'a parlé ni directement ni indirectement des causes de récusation qui surviennent depuis la prestation de serment. De là on conclut que ce cas est laissé à la prudence des juges : ils peuvent donc admettre une récusation fondée sur de justes soupçons de partialité, lorsque l'expert les a fait naître depuis la prestation de son serment, et avant de procéder à l'opération qui lui est confiée. Le serment prêté ne peut pas être une fin de non-recevoir contre les parties; elles n'ont pas été dans le cas de s'opposer à cette formalité, puisque l'expert n'avait encore rien fait qui pût le rendre suspect.

Le délai dans lequel on doit récuser les experts pour des causes antérieures à leur nomination est de trois jours, à compter de celui de cette nomination. *Ibid. art.* 3o9.

Ainsi, lorsque des experts sont nommés d'office et définitivement par le tribunal, ce qui arrive dans plusieurs circonstances, le délai pour récuser est de trois jours, à compter de celui où le jugement a été prononcé.

Dans les cas où le jugement nomme des experts d'office, en laissant aux parties la faculté d'en choisir d'autres pendant les trois jours qui suivent la signification de ce jugement, on conçoit que le délai pour récuser ne peut courir que du jour où les experts indiqués par le tribunal se trouvent définitivement chargés de l'opération, faute par les parties d'avoir pu s'accorder sur un autre choix.

Il est évident que ce délai n'est fixé que pour les récusations dont les causes sont anterieures à la nomination des experts ; car, si un expert devient récusable plus de trois jours après sa nomination, rien n'empêche qu'on ne puisse le faire remplacer. Le délai pour en former la demande court jusqu'au serment : si on le lui laissait prêter, on serait censé avoir renoncé à la faculté de le récuser.

Mais si la cause de récusation survient depuis la prestation de serment, on pourra la proposer jusqu'au premier acte qui se fera dans la procédure. Cet acte est ordinairement l'opération elle-même ; en la laissant commencer, ou en faisant un acte de procédure quelconque, on devient non recevable à faire usage de la récusation.

Lorsque la cause de récusation d'un expert n'est connue qu'au moment où se fait l'opération, elle est proposée par le procès-verbal même des experts, qui, s'ils reconnaissent la vérité du fait sur lequel est fondée la récusation, s'abstiennent d'opérer jusqu'à ce qu'un autre expert ait été nommé. Si la cause de récusation n'est pas avouée, les experts peuvent ou surseoir jusqu'à ce que le tribunal ait prononcé, ou continuer leur opération selon la nature des circonstances ; sauf aux parties à contester sur la récusation lorsque le rapport des experts sera présenté à l'homologation, et sauf aux juges à avoir tel égard que de raison aux motifs de récusation survenus trop tard pour avoir pu être proposés avant le travail des experts. (64)

La récusation se propose par un simple acte d'avoué; mais il faut nécessairement qu'il soit signé par la partie elle-même ou par son mandataire spécial, qui peut être l'avoué ou toute autre personne. Dans le cas où l'acte de récusation est signé par un mandataire, la mention du pouvoir doit être faite dans l'acte de récusation; il arrive même souvent que ce pouvoir est copié en tête de l'acte. Au reste, l'avoué doit toujours être en état d'en donner communication, si elle lui est demandée. *Ibid.*

Par l'acte de récusation, non-seulement les motifs sur lesquels on se fonde sont exprimés, mais encore on doit en produire les preuves ou offrir de vérifier par témoins les faits allégués contre l'expert. *Ibid.* La preuve testimoniale est donc admise en matière de récusation; ce qui est conforme à l'*art.* 1348 du Code civil : il permet la voie de l'enquête toutes les fois que la partie qui la demande n'a pas été libre de se procurer la preuve littérale des faits dont elle a intérêt de démontrer l'existence. (65)

Acte de récusation.

A la requête du sieur A....

Soit signifié à Me B.... avoué du sieur C....

Que ledit sieur A.... récuse le sieur D.... l'un des experts nommés d'office par le jugement rendu le.... entre les parties. Le motif de cette récusation est que ledit expert s'est permis d'aller manger, postérieurement à sa nomination, chez la partie adverse; ce que le requérant offre de prouver par témoins.

En conséquence, ledit sieur A.... déclare qu'il se pourvoira pour faire statuer sur la présente récusation, et faire nommer d'office un autre expert.

Fait à.... ce....

Signé A.... *partie.* E.... *avoué.*

La signature de l'avoué sert à garantir que celui qui a **signé** la récusation est réellement la partie.

Quelquefois la partie commence par déclarer qu'elle récuse, et au bas de sa déclaration l'avoué fait son acte de signification comme dans l'exemple suivant.

Je soussigné déclare que je récuse le sieur D.... l'un des experts nommés d'office par le jugement rendu entre le sieur C.... et moi, le.... Les motifs de cette récusation sont, que ledit sieur L,... est cousin issu de germain de l'épouse de ma partie adverse; ce que j'offre de prouver par titre, en cas de dénégation.

Fait à.... ce....

Signé A.... partie.

A la requête du sieur A....

Soit signifié à Me B.... avoué du sieur C.... l'acte de récusation ci-dessus écrit; et qu'en conséquence, ledit sieur A.... se pourvoira pour faire statuer sur ladite récusation, et faire nommer d'office un autre expert.

Dont acte.... ce....

Signé E.... avoué.

Cette forme est la plus commode, surtout lorsque la récusation est faite par un mandataire, et quand la cause de récusation a besoin d'être énoncée avec un peu d'étendue.

De quelque manière que soit rédigé l'acte de récusation, il doit en être fait deux copies qui sont également signées de la partie ou de son mandataire. et qui sont remises aux huissiers audienciers du tribunal. L'un d'eux se charge de signifier cet acte à l'avoué de la partie adverse; en conséquence, sur l'une et l'autre copie il constate la signification, laisse l'une des deux copies à cet avoué, et rend l'autre à l'avoué du récusant.

On voit, par l'*art.* 71 du Tarif des frais de procédure, que l'avoué à qui est signifié un acte de récusation peut y répondre. Il n'est pas besoin que la réponse soit signée de la partie au nom de laquelle elle est faite; il suffit à l'avoué de prendre vis-à-vis de sa partie les précautions convenables pour qu'elle ne puisse pas désavouer la dénégation qu'il se charge de faire en son nom.

Réponse à un acte de récusation.

A la requête du sieur C....

Soit signifié à Me E.... avoué du sieur A....

Que ledit sieur C.... proteste de nullité de l'acte du.... signifié à la requête du sieur A.... et contenant récusation du sieur D... expert nommé d'office par jugement du.... déclarant que le motif allégué est sans fondement.

En effet, le sieur D. . . . n'est point parent de l'épouse du sieur
A. . . . Il est vrai qu'il y avoit de la parenté entre ledit expert et la
première femme dudit sieur A. . . . ; mais comme elle est décédée
sans laisser de postérité, l'alliance n'existe plus, d'après les termes
mêmes de l'*art.* 283 du Code de procédure. Déclare en conséquence
ledit sieur C. . . . qu'il doit être passé outre à l'expertise, nonobs-
tant ladite récusation qui sera regardée comme non avenue.

Dont acte. . . . ce. . . .

Signé B. . . . *avoué.*

Cette réponse est signifiée à l'avoué du récusant dans la
même forme que l'acte de récusation.

Un rapport d'experts peut être ordonné par défaut contre
une partie qui n'a pas constitué avoué ; le jugement est alors
signifié à personne ou domicile. Après le délai de huitaine
accordé pour l'opposition, le défaillant ne s'étant pas pré-
senté, les parties n'ont pas pu convenir d'experts ; par con-
séquent ceux qui ont été nommés d'office se trouvent défi-
nitivement chargés de l'opération. Quelques jours après
survient une cause de récusation contre l'un des experts : on
demande comment le demandeur se pourvoira pour en faire
nommer un autre.

Ceux qui ne veulent pas en général qu'on s'occupe da-
vantage de la partie qui ne se présente pas sur la signification
du jugement par défaut faite à personne ou à domicile,
prescrivent ensuite la marche du demandeur : muni de l'o-
riginal de la signification du jugement par défaut, il présente
ses moyens de récusation par une requête, au bas de laquelle
le président ordonne qu'elle soit communiquée au procureur
impérial, attendu qu'il s'agit de récusation ; la même ordon-
nance fixe le jour où il sera statué sur la requête. Au jour
indiqué, sur le rapport fait au tribunal, et après avoir en-
tendu les conclusions du ministère public, la récusation est
rejetée ou admise ; dans ce dernier cas, le même jugement
nomme d'office un autre expert.

Dans le système contraire, quoique le jugement ait été
signifié à la personne ou au domicile du défaillant, et que
celui-ci ait laissé passer le délai de l'opposition sans se pré-
senter, il faudrait lui faire signifier encore à personne ou

à domicile l'acte de récusation par le ministère d'un huissier. Le même acte contiendrait sommation de se trouver à l'audience dans un délai convenable et proportionné à la distance, pour voir prononcer sur la récusation et voir nommer un autre expert. Cette dernière opinion ne nous paraît pas la plus raisonnable.

§ III. *Du jugement de la récusation.*

Quand la récusation et la réponse ont été réciproquement signifiées, la partie la plus diligente provoque l'audience par un simple acte sans autres écritures, parce que cet incident doit être jugé sommairement. *Code de procéd., art. 311.*

Il n'est point fixé de délai pour répondre : si donc la partie à qui la récusation a été signifiée ne répond pas dès le lendemain, rien n'empêche que le récusant ne provoque l'audience par un avenir, sans attendre plus long-temps.

Suivant l'*art.* 83, § 4 du même Code, toutes les contestations qui ont une récusation pour objet, doivent être communiquées au ministère public : ainsi aucun jugement, soit préparatoire, soit interlocutoire, soit définitif, ne peut statuer sur la récusation proposée contre un expert sans que le procureur impérial n'ait été entendu.

Si le motif de récusation n'est pas justifié, les juges peuvent en ordonner la preuve par témoins : on y procède comme en matière sommaire, *ibid.* En conséquence, le même jugement qui ordonne l'enquête énonce les faits qu'il s'agit de vérifier, et fixe les jour et heure où les témoins seront entendus à l'audience. *Ibid. art.* 407.

Quand la récusation est en état de recevoir une décision définitive, il arrive qu'elle est admise ou rejetée. Si elle est admise, le même jugement nomme d'office un nouvel expert sans laisser aux parties la faculté de le choisir d'un commun accord. *Ibid. art.* 313.

La récusation est-elle rejetée; la partie qui l'a proposée peut être condamnée envers l'autre partie à des dommages et intérêts, selon les circonstances. L'expert que les faits de récusation auraient pu offenser peut aussi requérir des dommages et intérêts; mais alors il ne peut plus rester chargé de l'opération. *Ibid. art.* 314.

Dans le cas où l'expert demande réparation d'une injure faite par une récusation mal fondée, le même jugement qui rejette la récusation nomme d'office un nouvel expert en remplacement de celui qui s'est ainsi rendu partie dans l'incident.

Souvent les faits allégués sont de nature à ne point blesser la réputation de l'expert; il ne réclame point alors contre la récusation; en sorte que, si elle est rejetée, il demeure chargé de l'opération avec les autres experts non récusés.

Quel que soit le jugement qui prononce sur une récusation d'experts, il est exécutoire, nonobstant l'appel qui pourrait en être interjeté. En conséquence, s'il admet la récusation, l'expertise s'effectue provisoirement avec le nouvel expert nommé d'office; tandis que, si le jugement rejette la récusation, la visite des lieux se fait par provision avec l'expert récusé. *Ibid. art.* 372.

Néanmoins l'usage qui sera fait de l'opération à laquelle il aura été procédé provisoirement dépendra de l'arrêt qui sera rendu sur l'appel, et qui confirmera ou infirmera le jugement de première instance. S'il y a confirmation du jugement, l'opération se trouve définitivement approuvée; si l'arrêt infirme le jugement, l'opération qui en a été la suite se trouve nécessairement annulée.

Jugement qui rejette la récusation.

Considérant que les motifs de récusation ne sont pas prouvés, et que ladite récusation, en retardant le jugement de la contestation, a porté préjudice au demandeur;

Le tribunal rejette l'acte de récusation signifié le. . . . à la requête de la partie de E. . . . contre le sieur D. . . . l'un des experts nommés d'office, par le jugement du. . . .; ordonne que ledit sieur D. . . procédera, conjointement avec les deux autres experts, aux opérations prescrites par ledit jugement; condamne ladite partie de E. . . . envers la partie de B. . . . en . . . . . fr. de dommages et intérêts, et aux dépens de l'incident.

Jugement qui rejette la récusation, et accorde des dommages-intéréts à l'expert.

Considérant que les motifs de la récusation ne sont pas justifiés, et qu'ils sont injurieux pour le sieur D. . . . expert récusé,

Le tribunal rejette l'acte de récusation signifié le. . . . à la requête de la partie de E. . . . contre le sieur D. . . . l'un des experts nommés d'office par jugement du. . . . faisant droit sur la demande dudit sieur D. . . . en réparation de l'injure à lui faite par ledit acte de récusation, condamne ladite partie de E. . . . envers ledit sieur D. . . . en. . . . fr. de dommages et intérêts, applicables, du consentement dudit sieur D. . . . aux pauvres de cette commune; nomme d'office, pour remplacer ledit sieur D. . . . dans ses fonctions d'expert, le sieur F. . . . . lequel, après serment préalablement prêté devant M. A. . . . juge, commis à cet effet, procédera aux opérations prescrites par le jugement du. . . . conjointement avec les deux autres experts qui y sont nommés; condamne la partie de E. . . . aux dépens de l'incident. (63)

Jugement qui admet la récusation.

Considérant que des actes produits au soutien de la récusation dont il s'agit il résulte que le sieur D. . . . est cousin issu de germain de la partie de B. . . . ;

Le tribunal ayant égard à l'acte signifié le. . . . à la requête de la partie de E. . . . pour récuser le sieur D. . . . l'un des experts nommés d'office, par jugement du. . . . nomme pour le remplacer le sieur T. . . . entrepreneur de bâtimens, demeurant à. . . . lequel procédera aux opérations prescrites par ledit jugement, conjointement avec les sieurs G. . . . et H. . . . autres experts qui s'y trouvent nommés; dépens réservés.

Les jugemens qui prononcent sur la récusation d'experts sont-ils, sans exception, sujets à l'appel? Ne faut-il pas distinguer si l'expertise a été ordonnée dans une contestation sujette à l'appel, ou bien dans une contestation qui doit être jugée en dernier ressort? Il n'y a point à faire de distinction : quelque modique que soit l'objet de la cause principale pour l'instruction de laquelle un rapport d'experts a été ordonné, l'incident de récusation qui s'élève ne peut jamais être jugé qu'à la charge de l'appel. La raison de cette décision est que la récusation touche souvent l'honneur de l'expert contre qui elle est dirigée, même quand les faits allégués n'ont rien de déshonorant. Par exemple, on récuse un expert parce qu'il est parent d'une des parties; ce fait ne paraît pas par lui-même affecter l'honneur. Cependant l'expert doit être jaloux qu'on ne le croie pas capable d'accepter sa nomination, lorsqu'il connaît en lui une cause de récusation. Combien plus est-il intéressé à voir repousser une récusation, lorsqu'elle porte sur des faits d'un autre genre, tel que celui d'avoir mangé depuis sa nomination chez l'une des parties! Puisque la récusation touche toujours en quelque chose à l'honneur de l'expert, elle ne peut jamais être jugée en dernier ressort dans le premier degré de juridiction, même quand l'incident de récusation s'élève sur une contestation non susceptible d'appel. En effet, l'honneur est essentiellement inappréciable, par conséquent il ne peut pas être réduit à une valeur telle, qu'elle puisse être jugée en dernier ressort dans le premier degré de juridiction. Le Code de procédure, *art.* 391, le décide formellement pour la récusation des juges; il y a même raison pour celle des experts.

Comment doit-on procéder sur l'appel d'un jugement qui admet ou rejette la récusation d'un expert?

Un auteur accrédité pense qu'il faut appliquer à l'appel d'un pareil jugement ce qui est prescrit pour l'appel du jugement rendu sur la récusation d'un juge : en conséquence, il veut que l'on suive, pour la récusation d'expert, la procédure d'appel, qui est prescrite par le Code de procédure, *art.* 392 et suiv., pour la récusation des juges.

Nous ne partageons pas cette opinion, et nous soutenons que l'appel du jugement rendu sur la récusation d'un expert doit être instruit comme l'appel dans toutes les matières ordinaires. Ce qui est réglé d'une manière générale sur l'appel par le Code de procédure est essentiellement obligatoire pour tous les jugemens sujets à subir un second degré de juridiction, sans distinction des matières : s'il y a lieu à suivre une marche particulière, ce ne peut être que pour les cas qui sont formellement exceptés par la loi; de ce nombre est celui de la récusation proposée contre les juges, celui des nullités de procédure dans la saisie immobilière, et

quelques autres. Jamais il n'est permis, sous prétexte d'ana-
logie, d'abandonner les formes généralement prescrites dans
les contestations, pour suivre celles qui sont particulières à
certaines matières désignées expressément. Les exceptions
doivent se restreindre aux seuls cas prévus; et la règle qui
permet d'appliquer une décision à tous les cas semblables,
n'a lieu que quand il s'agit de principes généraux, ou d'ob-
jets sur lesquels il n'y a pas de législation. Ici la forme de
l'appel et de l'instruction en matière ordinaire, est formelle-
ment établie par le Code de procédure; on ne peut donc pas
s'en écarter, si ce n'est dans les matières exceptées nommé-
ment par la loi. La récusation des juges est l'objet d'une ex-
ception de cette nature, tandis que la récusation des experts
n'est point soustraite à la règle générale; ce serait donc une
infraction manifeste à la loi, que de créer pour ce dernier
objet une exception qu'elle n'a pas prononcée.

Au reste, c'est par de bonnes raisons que l'appel relatif à
la récusation des experts n'est pas assimilé à l'appel concer-
nant la récusation des juges. En effet, en première instance,
la procédure pour récuser un expert se dirige entre les parties
de la cause, comme tous les incidens ordinaires, ainsi qu'on
vient de l'expliquer. Pourquoi donc, après avoir suivi dans
le premier degré de juridiction les formes usitées, serait-on
obligé de les abandonner dans le second degré, où la cause
est la même? Aussi la loi ne l'a-t-elle pas dit, parce que c'eût
été de sa part une bizarrerie sans motif et sans utilité. Il est
donc nécessaire de suivre pour l'appel d'une récusation d'ex-
perts les règles générales de la procédure, comme on est
tenu de les observer en première instance.

Il n'en est pas de même à l'égard de la récusation des ju-
ges; elle s'instruit d'une manière toute particulière, en vertu
d'une exception établie spécialement pour ces sortes de cau-
ses. La récusation de l'expert est proposée par un simple acte
signifié; tandis que la récusation d'un juge est proposée par
un acte passé au greffe. La partie qui a reçu la signification,
quand il s'agit d'un expert, peut y répondre par un autre
acte signifié, tandis que c'est au juge récusé, et non à la
partie, que l'acte de récusation est communiqué; encore

faut-il que le tribunal ait préalablement pris connaissance des moyens de récusation pour les rejeter sur-le-champ, ou en ordonner la communication au juge qu'ils attaquent. En un mot, la récusation de l'expert s'instruit, comme tout incident, entre les parties de la cause; alors nulle raison de quitter la voie ordinaire de la procédure. Au contraire, la récusation du juge s'instruit entre lui et le récusant, et toute procédure entre les parties est suspendue : voilà donc un incident qui n'est point ordinaire, et pour lequel il faut des formes propres à conduire au but que la loi s'est proposé.

Ainsi la forme de procéder à la récusation des juges n'a aucune similitude avec l'instruction sur la récusation des experts. On ne peut donc pas appliquer à cette dernière matière ce qui est réglé par exception spéciale pour la première. Celle-ci est assujettie à une marche extraordinaire pour le premier degré de juridiction; il est donc nécessaire que l'appel soit réglé d'une manière analogue. Le jugement sur la récusation d'un juge ne s'exécute jamais par provision; il est donc urgent d'établir des formes expéditives pour l'appel. La récusation des experts, au contraire, suit en première instance les formes communes à toutes les affaires; il ne serait donc pas convenable qu'en cas d'appel on se détournât de la même route, lorsque nul texte de loi ne le prescrit. D'ailleurs tout jugement rendu sur récusation d'experts, est de plein droit exécutoire par provision; il n'est donc pas besoin de prendre des précautions extraordinaires pour accélérer la décision de l'appel.

Art. III. *Du serment des experts.*

Par le jugement qui ordonne l'expertise, l'un des juges est commis pour recevoir le serment des experts. En le prescrivant ainsi, le Code de procédure, *art.* 305, autorise néanmoins le tribunal à permettre que les experts prêtent leur serment devant le juge de paix du canton où ils feront l'opération. Cette facilité est accordée lorsque les experts demeurent plus près du lieu à visiter que du tribunal; telle est l'intention de la loi, d'après l'*art.* 1035, qui reçoit ici son application, et qui donne même une plus grande latitude. **On** y lit que, quand il s'agit d'une opération quelconque, ordonnée par jugement, notamment d'un serment à recevoir, et que les lieux contentieux sont trop éloignés, les juges peuvent commettre, dans le voisinage de ces mêmes lieux, ou un juge, ou même un juge de paix, suivant l'exigence des cas; ils peuvent même autoriser un tribunal à nommer, soit un de ses membres, soit un juge de paix, pour procéder à l'opération ordonnée.

Après le délai de trois jours depuis la signification du jugement, quand il est contradictoire, ou après l'expiration du temps accordé pour y former opposition, lorsqu'il est par défaut, la partie la plus diligente, voyant qu'elle n'a pu s'accorder pour la nomination des experts, présente requête au juge commis par le jugement. Elle en obtient une ordonnance fixant le jour et l'heure où sera reçu par lui le serment des experts nommés d'office, et qui se trouvent, par l'expiration des délais dont on vient de parler, définitivement chargés de l'opération.

Dans les différens cas où les experts sont nommés définitivement par le jugement qui ordonne la visite, par exemple, lorsqu'à l'audience les parties ont déclaré leur choix, fait d'un commun accord, il n'est pas besoin de délai pour obtenir l'ordonnance du juge-commissaire. Dès que le jugement est signifié par acte d'avoué, puisqu'il s'agit, dans l'hypothèse, d'un jugement contradictoire, la requête peut être présentée au commissaire chargé de recevoir le serment des experts. Pareillement, lorsque, postérieurement au jugement, les parties ont nommé leurs experts par acte au greffe, la requête tendant à faire fixer le jour et l'heure du serment peut être présentée aussitôt après, sans aucun délai; il suffit que le jugement, qui dans ce cas est nécessairement contradictoire, ait été signifié d'avoué à avoué. (67)

Si le jugement qui ordonne la visite est par défaut, ce n'est évidemment qu'après le délai de l'opposition que peut être présentée la requête pour parvenir au serment des experts. Pendant qu'il en est encore temps, si le défaillant forme son opposition, il n'y a plus lieu à exécuter le jugement par défaut; la cause se porte de nouveau à l'audience, et le jugement qui intervient ainsi en second lieu est le seul qui règle les droits des parties, et d'après lequel il faille opérer, s'il ordonne un rapport d'experts.

Il peut arriver que plusieurs défendeurs aient été assignés, et que l'un seulement fasse défaut; le jugement sera-t-il contradictoire avec les comparans, et par défaut contre celui qui ne s'est pas présenté? Un jugement peut-il avoir ce double caractère? Comment les dispositions qui règlent une marche prompte, quand l'expertise a été ordonnée contradictoirement, peuvent-elles s'accorder avec les dispositions qui ralentissent la procédure, quand l'opération a été ordonnée par défaut?

Le cas où de plusieurs défenseurs il y en a qui se présentent, tandis que d'autres ne comparaissent pas, a été prévu d'une manière générale par *l'art.* 155 du Code de procédure. Le premier jugement donne défaut contre la partie qui ne se montre pas; et au lieu d'adjuger aussitôt le profit du défaut, il est joint au fond, et la cause est remise à une époque assez éloignée pour qu'on ait le temps d'assigner de nouveau le défaillant. Ce jugement de jonction, qui est purement préparatoire, est signifié au défaillant, avec nouvelle assignation au domicile de l'avoué, si le défaut a été pris contre avoué; la signification avec assignation est faite à la personne ou au domicile du défaillant, s'il n'a point constitué avoué.

Sur cette seconde assignation le défaillant comparaît-il? la cause qui avait été remise est jugée contradictoirement avec toutes les parties. Mais si le défaillant persiste à ne pas se présenter, le jugement qui intervient adjuge le profit du défaut, dont la décision avait été remise. Ce second jugement a la même force que s'il était contradictoire; car le défaillant ne peut pas y former d'opposition. Si donc un rapport d'expert a été ordonné avant de faire droit, ce jugement est signifié à l'avoué de la partie qui a comparu, et au domicile de celle qui a fait défaut. Après le délai de trois jours, augmenté d'un jour par chaque fois trois myriamètres de l'éloignement du défaillant, les parties n'étant pas tombées d'accord sur le choix des experts, ceux nommés d'office restent définitivement chargés de l'opération; et on peut procéder à leur prestation de serment. (68)

Ainsi, soit que tous les défendeurs aient comparu, soit qu'un d'entre eux ait fait défaut, dès que la procédure est amenée à l'époque où il est possible de prendre l'ordonnance du juge-commissaire, la partie la plus diligente lui présente une requête, accompagnée de l'expédition du jugement qui ordonne l'expertise, et de l'original de la signification qui en a été faite. Ce magistrat met au bas son ordonnance, portant permission d'assigner devant lui les experts, à l'effet de prêter serment au jour et à l'heure qu'il fixe.

S'il a été commis un juge d'un autre tribunal, la requête doit être présentée par un avoué près du tribunal dont est membre le juge commis. Si le tribunal voisin des lieux contentieux avait été autorisé à commettre un de ses membres pour recevoir le serment des experts, la requête, signée d'un avoué de ce tribunal, serait remise au président avec le jugement; et sur son rapport interviendrait une décision, qu'on peut appeler une ordonnance : elle est en effet écrite au bas de la requête, qui est rendue en cet état à la partie poursuivante. En conséquence de cette ordonnance du tribunal, portant simplement nomination d'un commissaire, on présente une autre requête à ce dernier; on y joint, outre les précédentes pièces, la requête présentée au tribunal, et au bas de laquelle est l'ordonnance qui nomme le commissaire. Ce magistrat appose à son tour, au bas de la requête qui lui est présentée, son ordonnance où il indique le jour et l'heure de la prestation de serment.

Quand un juge de paix a été commis, soit directement par le jugement qui ordonne l'expertise, soit par le tribunal que ce jugement autorise à nommer un commissaire, on ne lui présente pas de requête; car près des justices de paix il n'y a point d'avoué, ni même aucun autre officier chargé de la rédaction des actes de procédure. Toutes les réquisitions, de quelque nature qu'elles soient, se font verbalement au juge de paix; on lui présente les pièces qui appuient la réquisition, et il dresse acte de sa décision. Si, comme dans l'espèce dont il s'agit, l'objet de la réquisition est une autorisation d'assigner, et une fixation de jour et d'heure, le juge de paix, sur la représentation du jugement qui le commet, délivre une cédule, portant citation aux experts de se présenter au jour et à l'heure qu'il indique, pour prêter leur serment devant lui : cette cédule est signifiée dans la forme ordinaire des citations données pour comparaître en justice de paix.

L'ordonnance ou la cedule en vertu de laquelle les experts sont sommés de venir prêter serment, n'est signifiée à aucune partie; c'est ce que dit textuellement l'*art.* 307 du Code de procédure : ainsi il n'est pas nécessaire que la prestation de serment se fasse en présence des parties.

Quelques praticiens, néanmoins, croient utile de sommer la partie adverse de se trouver à la prestation de serment, si bon lui semble. Ils disent que, sans cette précaution, elle ne peut pas connaître le jour et l'heure où se fera l'opération, et qui doivent être indiqués par le procès-verbal de prestation de serment. En second lieu, ajoute-t-on, si les parties, sur cet avertissement, se présentent à la prestation de serment, on épargne la sommation qu'il faudrait leur faire de se présenter à l'expertise.

Nous ne pensons pas de même, et nous soutenons qu'il ne faut pas faire de sommation aux parties pour assister au serment, et qu'un pareil acte serait à la charge personnelle de l'avoué, parce que cette sommation n'est point autorisée par le Tarif des frais. A l'égard de la manière dont les parties peuvent être averties du jour où le serment sera prêté, elle n'a point été régularisée, parce qu'elle a été jugée inutile : si donc on veut faire cet avertissement, ce doit être à l'amiable et sans frais.

L'économie d'une sommation n'est pas réelle; car, dans tous les cas, il faut une sommation, soit celle d'assister au serment, soit celle de se trouver à l'expertise; en faisant la première, il est incertain que la seconde ne sera pas nécessaire, puisqu'on ignore si la partie se présentera; au contraire, en ne s'occupant que de la seconde, on est assuré qu'elle suffira; c'est donc ce dernier parti qui est économique et légal.

Si, à la sommation de comparaître devant le juge-commissaire, un expert répond qu'il n'accepte pas sa nomination, l'huissier auquel il fait cette déclaration doit la consigner dans son exploit : de cette manière, la partie poursuivante est instruite du refus, par l'original de la sommation. D'autres fois, n'étant pas chez lui lorsque l'huissier s'y présente, l'expert se contente d'annoncer son refus à la partie de qui il reçoit l'assignation, ou à l'avoué qui occupe pour elle. Au reste, dès qu'une partie apprend qu'un des experts n'accepte pas, elle peut aller trouver son adversaire, et sur-le-champ convenir d'un autre expert ; sinon c'est au tribunal à le nommer d'office. Aucun délai n'est fixé pour faire le remplacement : en conséquence, aussitôt qu'il plaît à l'une des parties, elle provoque l'audience sur un simple avenir, et obtient un jugement qui nomme d'office un autre expert à la place de celui qui a refusé. *Ibid. art.* 316.

Il arrive aussi qu'un expert ne prend pas la précaution de prévenir qu'il n'accepte pas, et croit suffisant de ne pas se présenter sur la sommation. Les parties en sont instruites, quand elles assistent à la prestation de serment; sinon elles peuvent s'en informer, en consultant le procès-verbal qui reste au greffe. Dès que l'une des parties sait qu'un des experts n'a point comparu devant le juge-commissaire, elle peut essayer de s'accorder avec son adversaire pour le choix d'un remplaçant; si l'accord a lieu, la déclaration en est faite au greffe, et, aussitôt que l'expédition en est délivrée, on prend l'ordonnance du juge commis, pour faire prêter le serment du nouvel expert. Quand les parties ne s'accordent pas pour remplacer l'expert absent, l'une des parties, sans être tenue d'observer aucun délai, peut provoquer l'audience, et faire nommer d'office un expert. *Ibid.*

Les experts qui se présentent prêtent serment devant le juge-commissaire : cette formalité est constatée par un procès-verbal; on y fait aussi mention des parties qui comparaissent, et de celles qui ne se sont pas présentées. Après avoir prêté leur serment, les experts, en présence du juge commissaire, conviennent entre eux du lieu, du jour et de l'heure où ils procéderont à l'opération : cette indication est consignée au procès-verbal de la prestation de serment ; et les parties présentes, étant par-là suffisamment averties, n'ont pas besoin de sommation pour se trouver à l'expertise. *Ibid. art.* 314.

Requête au juge-commissaire.

A M. A. . . . juge au tribunal de. . . .

Expose le sieur B. . . . que, par jugement du. . . . dont expédition est ci-jointe, vous avez été commis pour recevoir le serment des sieurs C. . . D. . . . et É. . . . experts nommés d'office, lesquels sont définitivement chargés de l'opération, les parties n'ayant pas fait leur choix en temps utile, ainsi qu'il paraît par l'original ci-joint de la signification dudit jugement.

Requiert en conséquence ledit sieur B. . . . qu'il vous plaise, Monsieur, lui permettre de faire assigner lesdits experts, à comparaître devant vous, aux jour et heure qu'il vous plaira fixer, pour prêter serment de bien et fidèlement procéder à leur rapport.

A. . . . ce. . . .

Signé F. . . . avoué.

Au bas de cette requête le juge-commissaire appose son ordonnance comme dans l'exemple suivant :

Ordonnance.

Permis d'assigner les trois experts à comparaître devant nous, en la chambre du conseil du tribunal, le. . . . à. . . . heure du matin, aux fins de la requête.

Fait à la chambre du conseil, le. . . .

Signé A. . . . juge.

Avant le Tarif, on pouvait être incertain si le juge devait dresser procès-verbal de la délivrance de son ordonnance. Ceux qui pensaient pour l'affirmative tiraient argument de ce que la loi exige cette formalité, lorsque le juge commis à une enquête délivre son ordonnance pour l'audition des témoins. Les autres disaient que, quand il s'agit d'une formalité, ce qui est prescrit pour un cas ne doit pas être étendu à un autre, surtout quand l'utilité de cette même formalité ne paraît pas plus évidente qu'elle ne l'est en cette occasion.

Cette question a été décidée par le décret portant Tarif des frais et dépens. On y voit bien une vacation pour l'avoué qui signe le procès-verbal d'ouverture d'enquête afin de constater la délivrance de l'ordonnance portant permission d'assigner les témoins; mais il n'est point parlé d'une pareille vacation pour constater la délivrance de l'ordonnance portant permission d'assigner les experts : de là on conclut qu'il ne doit pas y avoir de procès-verbal lors de cette ordonnance. En effet, si on réfléchit que, pour faire courir le délai de l'enquête, il est nécessaire que l'ouverture en soit constatée, on sentira qu'on ne peut pas se dispenser du procès-verbal d'ouverture qui mentionne la délivrance de l'ordonnance fixant le jour et l'heure de l'audition des témoins. Au contraire, on voit que rien ne nécessite cette formalité, quand il s'agit de déterminer l'époque de la prestation du serment des experts, puisqu'il est même inutile que les parties y assistent. Nous croyons donc qu'en dressant un procès-verbal pour délivrer l'ordonnance portant fixation du jour et de l'heure de la prestation de serment, on fait une procédure irrégulière dont il serait impossible aux avoués et aux greffiers de se faire payer, puisque le Tarif ne passe rien en taxe pour un pareil acte.

Assignation aux experts.

Après avoir copié la requête présentée au juge-commissaire, et son ordonnance apposée au bas, l'huissier dresse son exploit en ces termes :

L'an. . . . en vertu de l'ordonnance que M. A. . . . juge-commissaire, a délivrée le. . . . au bas d'une requête, le tout transcrit ci-dessus, et à la réquisition du sieur B. . . . moi, K. . . . huissier, reçu. . . . j'ai donné assignation,

Au sieur C. . . . à son domicile, sis en cette commune, rue. . . . en parlant à son épouse;

Au sieur D. . . . à son domicile, sis en cette commune, rue. . . ; en parlant à son fils;

Et au sieur E . . . à son domicile, sis en cette commune, rue. . . . en parlant à lui-même,

A comparaître le. . . . du présent mois, à. . . . heure du matin, à la chambre du conseil du tribunal civil de. . . . par-devant M. A. . . .

juge-commissaire, à l'effet de prêter serment de bien et fidèlement procéder au rapport dont ils sont chargés, par jugement du. . . .

Copie du présent exploit, ainsi que de la requête et de l'ordonnance ci-dessus relatée, a été laissée par moi à chacun desdits trois experts, en parlant comme dessus ; je leur ai déclaré que Mᵉ F. . . . continuera d'occuper pour ledit sieur B. . . .

Le coût du présent exploit est de. . . .

Signé K. . . . huissier.

Lorsque, pour recevoir le serment des experts, un juge de paix est commis, on le requiert verbalement de fixer le jour et l'heure, et on lui montre les pièces qui y autorisent : alors il délivre une cédule comme il suit :

Cédule de juge de paix.

Nous, G. . . . juge de paix du canton de. . . . sur la réquisition du sieur B. . . . qui nous a représenté l'expédition d'un jugement rendu le. . . . au tribunal de. . . . par lequel nous sommes commis pour recevoir le serment des experts qui y sont nommés, et l'original de la signification dudit jugement, citons les sieurs C. . . . D. . . . et E. . . . à comparaître devant nous, le. . . . à. . . . heure du matin, en notre demeure, sise à. . . . pour y prêter serment de bien et fidèlement procéder au rapport dont ils sont chargés par ledit jugement.

La présente cédule, délivrée à. . . . le. . . . de l'an. . . . sera notifiée dans le jour par notre huissier ordinaire.

Signé G. . . . juge de paix.

Cette cédule, qui est remise à la partie requérante, est par elle portée à l'huissier de la justice de paix ; celui-ci dresse au bas de la cédule l'original de notification en ces termes :

L'an. . . . le. . . . du mois de. . . . la cédule ci-dessus a été notifiée par moi, I. . . . huissier ordinaire de la justice de paix de. . . . demeurant en ladite commune, rue. . . . patenté. . . . ; et les copies er ont été laissées, savoir, une au domicile du sieur C. . . . sis en cette commune, rue. . . . en parlant à la dame son épouse ; l'autre au domicile du sieur D. . . sis également en cette commune, rue. . . . en parlant à une fille qui m'a dit être sa domestique, et se nommer Henriette ; et une troisième copie à la personne même du sieur E. . . . trouvé au marché de cette commune.

Signé I. . . . huissier.

Trois copies sont faites par l'huissier, et chacune contient la cédule ainsi que l'acte de notification; elles sont remises aux personnes déclarées dans l'original.

Procès-verbal de prestation de serment.

Aujourd'hui, le. ... à. ... heure, en la chambre du conseil du tribunal de. ... par-devant nous A. ... juge commis par jugement rendu le. .. à l'effet de recevoir le serment des experts nommés par ledit jugement, et assisté de M⁰ L. ... greffier,

A comparu M⁰ F. ... avoué du sieur B. ... lequel a dit, qu'en vertu de notre ordonnance du. ... apposée au bas de la requête par lui présentée, et qui sera annexée à ce procès-verbal, ledit sieur B. ... par exploit de K. ..., huissier, en date du. .. et dont il nous a représenté l'original, a fait assigner les trois experts nommés dans lesdites requêtes et ordonnances, à comparaître aujourd'hui à. ... heure du matin, pour prêter serment. En conséquence, il nous a requis de recevoir le serment de ceux qui se présenteront, se réservant de se pourvoir à l'effet de faire remplacer celui ou ceux qui ne comparaîtraient pas; et ledit requérant a signé.

Signé F. .... avoué.

Et à l'instant ont aussi comparu les sieurs C ... D. ... et E. ..., qui nous ont dit se présenter pour satisfaire à notre dite ordonnance, et à ladite assignation.

Desdites comparutions et réquisitions nous avons donné acte. En conséquence nous avons reçu de chacun desdits sieurs C. ... D. ... et E. ... le serment qu'ils ont prêté, de bien et fidèlement procéder aux opérations ordonnées par ledit jugement, dont lecture leur a été faite. Il nous ont en même temps déclaré qu'ils se transporteront sur les lieux, pour commencer leur opération, le. ... à. ... heure du matin.

De tout ce que dessus nous avons dressé le présent procès-verbal, et ledit M⁰ F. ... ainsi que lesdits sieurs C. ... D. ... et E. ... ont signé avec nous et notre greffier.

Signé F. ... avoué. C. ... D. ... et E. ... experts, A. ... juge-commissaire, L. ... greffier.

Si la partie adverse de celui qui poursuit l'expertise comparaît, on le déclare en ces termes avant de parler des experts.

A aussi comparu M⁰ N. ... avoué du sieur P. ... lequel a déclaré se présenter pour assister à la prestation de serment desdits experts, et a signé.

Signé N. ... avoué.

En conséquence, le même avoué signe comme l'autre à la fin du procès-verbal. Remarquez pourtant que cette formalité n'est pas absolument nécessaire; il suffit que chacun signe sa comparution. Néanmoins on ne peut que louer l'usage de faire signer la clôture du procès-verbal par les parties et leurs avoués.

Dans le cas où l'un des experts ne peut pas signer, il en est fait mention au procès-verbal.

Art. IV. *De l'opération des experts.*

Cet article est divisé en cinq paragraphes, où on parle successivement, 1° de la sommation aux parties pour assister à l'expertise; 2° de la rédaction du rapport; 3° d'un modèle de rapport; 4° du dépôt du rapport; 5° de la taxe des experts, soit dans les tribunaux, soit dans les justices de paix.

§ Ier. *De la sommation aux parties pour assister à l'expertise.*

Par le procès-verbal de prestation de serment, les experts indiquent le lieu, le jour et l'heure où ils procéderont à leur visite. Suivant l'*art.* 315 du Code de procédure, les parties qui sont présentes au serment sont, par cette indication, suffisamment averties de se trouver à l'opération. A l'égard des parties qui n'ont pas entendu prêter le serment, le même article dit qu'il leur sera fait une sommation par acte d'avoué, avec indication du lieu, du jour et de l'heure.

Si, par une cause quelconque, la visite des experts ne peut pas avoir lieu le jour indiqué, le poursuivant prend à l'amiable l'indication nouvelle du lieu, du jour et de l'heure dont conviennent les experts entre eux, et il en donne avis par acte d'avoué aux autres parties, et même à celles qui se sont trouvées à la prestation de serment : car dans ce cas il est évident que la sommation leur est absolument nécessaire.

Quand le jugement qui a ordonné l'expertise a été rendu par défaut contre une partie non pourvue d'avoué, faut-il lui faire, à personne ou à domicile, une sommation de se trouver à l'opération des experts?

Plusieurs praticiens disent que cette sommation est indispensable, parce qu'il s'agit d'exécuter un jugement. Ils appuient ce sentiment sur ce qui se pratique en matière d'enquête : si elle a été ordonnée contre une partie qui n'a pas constitué avoué, *l'art.* 261 du Code de procédure dit que, dans ce cas, la partie sera assignée à personne ou à domicile pour assister à l'audition des témoins le jour que le juge-commissaire aura indiqué.

Dans l'opinion contraire, on soutient qu'une formalité prescrite seulement pour une sorte de procédure, ne doit pas s'étendre à une procédure d'une autre espèce, quand il n'y a pas nécessité. Il faut donc restreindre la disposition de *l'art.* 261 au seul cas de l'enquête, et s'attacher à la lettre de *l'art.* 315 pour ce qui concerne les expertises : il ne permet d'avertir les parties de se trouver à la visite que quand elles ont constitué avoués et qu'elles n'ont pas assisté au serment. Si les législateurs eussent voulu qu'il en fût usé comme en matière d'enquête, et que les parties qui n'ont pas d'avoués fussent assignées à leur domicile, ils s'en seraient expliqués dans *l'art.* 315, comme ils l'ont fait dans *l'art.* 261 : ils n'ont donc pas voulu établir de parité entre les deux cas. Bien loin qu'il y ait nécessité de suppléer ici au silence de la loi, on voit qu'elle a marqué entre l'enquête et l'expertise une différence qui est très-facile à sentir. En effet, la présence de la partie contre qui l'enquête est ordonnée doit imposer aux témoins, et retenir dans les bornes de la vérité ceux qui seraient tentés de s'en écarter. D'ailleurs les interpellations que les parties requièrent le juge de faire aux témoins ne contribuent pas peu à la connaissance de la vérité : or c'est ce qui importe à la justice essentiellement. Ainsi, puisqu'un des moyens de se procurer la vérité est d'entendre les dépositions en présence des parties, il est indispensable d'y appeler même les défaillans, quoiqu'on ne le fît pas, s'il s'agissait de toute autre espèce d'interlocutoire.

Pour la visite d'experts, la présence des défaillans n'est pas nécessaire : on s'y propose principalement d'examiner des objets qui existent indépendamment de toute explication. La loi permet bien aux parties de se trouver sur les lieux avec les experts, mais elle n'attend pas nécessairement la vérité de cette présence. Voilà pourquoi il n'est point dit que la partie non pourvue d'avoué sera avertie du jour et de l'heure indiqués par les experts : son obstination à ne pas se présenter ne mérite aucune indulgence, puisque, malgré son absence, la vérité n'en parviendra pas moins à la justice.

Ce qui achève de convaincre que l'intention de la loi n'est pas d'assimiler la procédure de l'enquête avec celle des rapports d'experts, quant au point que nous examinons, c'est que le Tarif a passé en taxe un exploit pour assigner à personne ou à domicile la partie qui n'a pas d'avoué, et à laquelle on veut faire savoir le jour et l'heure de l'audition des témoins; mais on n'y trouve aucun acte pour assigner pareillement à personne ou à domicile la partie qui n'a point d'avoué, si on veut la prévenir du jour et de l'heure de la visite d'experts. D'où on conclut que, quand la procédure est arrivée jusqu'au moment où les experts sont prêts à opérer, sans que le défaillant ait constitué avoué, le Tarif, d'accord avec la loi, ne permet pas de donner d'avertissement à ce défaillant obstiné.

D'ailleurs n'a-t-il pas été suffisamment prévenu? Le jugement par défaut qui ordonne l'expertise lui a été signifié à personne ou à domicile par un **huissier commis : on** a laissé écouler des délais accordés pour former opposition : on n'a appelé les experts au serment que quand, par son silence prolongé, la partie défaillante a adhéré au jugement. On s'est donc suffisamment conformé au principe qui ne permet pas de procéder à l'exécution d'un jugement avant qu'il ait été signifié, et s'il est par défaut, avant l'expiration du délai accordé pour y former opposition : c'est après avoir suivi le Code de procédure sur ce point qu'on s'est occupé d'exécuter le jugement sans nouvel avertissement, parce que la loi et le Tarif n'en autorisent pas un second.

Sommation d'être présent à l'opération des experts.

A la requête du sieur E. . . .

Soit déclaré à Me B. . . . avoué du sieur C. . . que, par le procès-verbal de leur prestation de serment, en date d'hier, les experts sont convenus de se transporter le. . . . de ce mois, à. . . . heures du matin, en la maison dudit sieur E. . . . sise en cette commune, rue. . . .

En conséquence, soit sommé ledit Me B. . . . de faire trouver à l'opération le sieur C.... si bon semble à ce dernier; lui déclarant qu'il y sera procédé, tant en absence que présence.

A.... ce....

Signé **D**.... *avoué.*

Cette sommation n'est donnée qu'à la partie qui, ayant constitué avoué, ne s'est pas trouvée présente par elle-même ou par son avoué lors de la prestation du serment des experts

§ II. *De la rédaction du rapport.*

Après leur prestation de serment, les experts se rendent sur les lieux litigieux, aux jour et heure indiqués, et les parties qui désirent s'y trouver y arrivent de leur côté. Celles qui veulent s'y faire représenter, ou s'y faire assister par leurs avoués, en ont la faculté, mais c'est à leurs frais; car l'art. 92 du Tarif n'accorde des vacations à l'avoué qui assiste à la visite des experts, que quand il en a été expressément requis par sa partie, et à condition qu'il ne répétera ces mêmes vacations que contre cette même partie.

Si un des experts qui ont prêté serment ne venait pas remplir sa mission, l'opération n'aurait pas lieu ce jour-là. Quel que soit le motif de l'absence de l'expert, les parties peuvent s'accorder pour choisir un autre expert; elles en font de suite leur déclaration au greffe, et font confirmer leur choix par le tribunal, sinon la partie la plus diligente, sans être astreinte à aucun délai, peut provoquer l'audience pour faire nommer d'office un expert. Aussitôt après la nomination, la partie la plus diligente se munit de l'expédition de l'acte passé au greffe et du jugement, ou du jugement seulement, si le tribunal a nommé d'office; elle prend l'ordonnance du juge-commissaire pour la prestation de serment du nouvel expert, lequel, après s'être entendu avec les deux autres, déclare au procès-verbal le jour et l'heure où s'opérera la visite des lieux contentieux. On fait ensuite sommation aux parties qui ont avoué, et qui n'ont pas assisté au serment; enfin on se rend sur les lieux aux jour et heure indiqués. (69)

Ce que nous venons de dire du cas où un expert qui a prêté serment ne se présente pas pour l'opération aurait lieu si deux experts, ou même si les trois ensemble refusaient de remplir leur mission.

Lorsque la cause qui a empêché un expert de venir le jour indiqué ne peut lui être imputée, les parties sont libres de convenir que l'opération sera remise à un jour qu'elles fixent, et où l'expert absent ne sera pas empêché. Il y a plus : le tribunal à qui on demanderait la nomination d'un autre expert pourrait la refuser, si la cause qui a retenu l'expert absent était valable, et si elle devait cesser promptement. Le jugement qui interviendrait pour débouter de la demande en nomination d'un nouvel expert, ayant été motivé sur la connaissance acquise par les juges, de la possibilité où sont les trois experts de procéder sans retard, indiquerait le jour et l'heure de l'opération. Les parties présentes à ce jugement se trouveraient suffisamment averties ; celles qui n'y auraient pas assisté, et qui auraient avoué en cause, seraient sommées par acte d'avoué de se trouver à l'opération.

A l'égard de l'expert qui, après avoir prêté serment, n'a pas de raison valable pour manquer de se trouver à l'opération, il est condamné aux frais frustratoires qu'il occasionne, c'est-à-dire à ceux qui résultent de la remise de l'opération à un autre jour, et de la nomination d'un nouvel expert. On peut même requérir contre lui des dommages et intérêts, si le retard dont il est cause porte quelque préjudice à quelqu'un. *Code de procéd., art.* 316, § 2.

Observez que l'action qu'on a droit de diriger contre un expert qui, après avoir prêté serment, ne remplit pas sa mission, doit être portée, non pas devant le tribunal de son domicile, suivant le principe général en matière personnelle, mais, en vertu d'une exception particulière, devant le tribunal par qui cet expert a été nommé. *Ibid.*

Dès que les experts sont réunis dans le lieu contentieux aux jour et heure indiqués, le jugement qui a ordonné l'opération leur est remis, ainsi que les pièces qui peuvent leur être nécessaires. Quelquefois cette remise de papiers s'est effectuée précédemment, en sorte que les experts s'en trouvent munis quand ils arrivent. Ce cas a lieu, par exemple, lorsque l'une des parties ne peut pas assister à l'opération; elle confie d'avance aux experts les papiers qu'elle croit utiles à leur instruction.

Quoi qu'il en soit, les experts ouvrent leur procès-verbal: ils constatent d'abord la comparution des parties, et font mention de celles qui ne se présentent pas; en second lieu, ils déclarent les pièces qui leur ont été remises, soit à l'instant, soit antérieurement, ensuite ils reçoivent les dires et observations des parties présentes, après quoi ils déclarent dans quel état ils ont trouvé les objets contentieux, indiquent les différentes opérations auxquelles ils se sont livrés pour parvenir au but indiqué par le jugement qui ordonne l'expertise.

Il arrive souvent que les experts sont autorisés à recevoir les déclarations des personnes étrangères, par exemple, celles des voisins, pour savoir ce qu'étaient les lieux avant l'événement qui a occasionné l'expertise. Ces déclarations doivent être consignées sur le procès-verbal; et si les parties reprochent les personnes de qui les experts prennent des renseignemens, les motifs de reproche doivent être écrits au procès-verbal. L'intention n'est pas de donner nécessairement force de preuve à ces déclarations, mais d'en tirer des lumières pour les juges, qui y auront tel égard qu'il conviendra.

Quelquefois, pendant le cours d'une pareille opération, il s'élève des difficultés que les experts n'ont pas l'autorité de vaincre; alors ils renvoient les parties à se pourvoir, et continuent leur examen, si le point de difficulté n'est pas de nature à les arrêter, sinon ils interrompent leur travail par la clôture de la vacation, déclarant qu'ils continueront quand il aura été statué. Dans ce cas, la partie la plus diligente provoque un référé ou l'audience, selon l'objet à régler; et quand une décision est intervenue, cette partie en remet une expédition aux experts, qui lui donnent acte de cette remise sur leur procès-verbal; ils y indiquent en même temps, le jour et l'heure où ils reprendront la suite de leur opération.

En vertu de cette indication, la même partie fait signifier par acte d'avoué la décision intervenue, avec sommation aux parties de se trouver sur les lieux au jour et à l'heure indiqués par les experts pour continuer leur visite.

Si l'opération ne peut pas se terminer en une séance, les experts, en faisant la clôture de la première, indiquent le jour et l'heure de la seconde; si la seconde séance ne suffit pas, ils indiquent en la finissant le jour et l'heure où se fera la troisième, et ainsi de suite jusqu'à ce que l'examen de l'objet contentieux soit achevé. L'indication faite ainsi par les experts, en terminant le procès-verbal de chaque vacation, est un avertissement suffisant pour les parties; il n'en doit pas être donné d'autres, même à celles qui n'ont pas assisté à la vacation où a été faite l'indication d'une vacation suivante; c'est ce que le Code de procédure décide par une de ses dispositions générales, *art.* 1034.

A la fin du procès-verbal des experts, ils déclarent qu'ils n'ont plus qu'à donner leur avis, et s'ils peuvent le rédiger dans la même vacation, ils se placent dans un lieu où ils peuvent être seuls, ou bien ils invitent les parties à se retirer. S'ils n'ont pas le temps de rédiger leur avis sans désemparer, ils indiquent le lieu, le jour et l'heure où ils se réuniront seuls pour faire cette seconde partie de leur travail.

On voit qu'un rapport d'experts est formé de deux portions; l'une, qui est le procès-verbal, se fait, comme on vient de l'expliquer, en présence des parties qui veulent y assister; l'autre, qui est l'avis des experts, se discute entre eux hors de la présence des parties. Ils les appellent néanmoins quand il est besoin de quelque explication; mais elles se retirent aussitôt qu'elles l'ont donnée, afin de laisser aux experts toute liberté de délibérer.

Quand ils sont tous trois de la même opinion, la rédaction de l'avis qu'il doivent présenter ne souffre aucune difficulté; mais s'ils ne pensent pas de même sur le point qu'ils sont chargés d'éclaircir, deux choses sont à remarquer; la première est qu'ils doivent autant qu'il est possible se réduire à deux opinions seulement; car alors, étant trois à délibérer, l'une des deux opinions réunira nécessairement la majorité des voix. *Code de procéd.*, *art.* 318, § 1.

La seconde chose à remarquer, quand les experts ne sont pas tous trois de la même opinion, c'est qu'ils doivent indiquer les motifs des divers avis, sans faire connaître quelle est l'opinion personnelle de chacun d'eux. *Ibid.*, § 2.

Cette disposition est fondée sur ce que les juges ne sont pas astreints à suivre l'avis des experts ; en les consultant, le tribunal n'entend recevoir que des lumières, sauf à en faire tel usage qu'il conviendra. Il est donc bien utile pour éclairer les juges, qu'ils connaissent les motifs des diverses opinions qui ont divisé les experts ; et pour éloigner toute prévention qui résulterait quelquefois du nom d'un expert il ne faut pas qu'ils sachent par qui chaque opinion a été émise.

Lorsqu'il ne s'établit entre les experts que deux opinions, dont l'une par conséquent obtient nécessairement la majorité des voix, doivent-ils donner les motifs de chacune des deux opinions ; ou bien, suffit-il qu'ils déduisent les motifs de celle qui a obtenu la majorité des voix ?

Quelques praticiens disent que, quand il s'est formé une opinion à la majorité des voix, les experts doivent se contenter de la motiver. Voilà, suivant eux, ce qu'entend la loi lorsqu'elle dit que les experts ne formeront qu'un seul avis à la pluralité des voix : elle prévoit ensuite le cas où chacun des trois experts tient à un avis particulier ; alors, n'y ayant pas possibilité de former une opinion à la majorité des voix, on exige l'énoncé des motifs de chacun des avis différens.

Suivant d'autres, il suffit que les experts ne se trouvent pas d'un avis unanime pour qu'ils soient tenus de donner les motifs de chacune des opinions qui les divisent, soit qu'il y ait majorité pour l'une d'elles, soit que chacun des experts ait la sienne. Dans l'un et l'autre cas ils sont d'avis différens ; la loi qui a demandé les motifs des divers avis, n'a pas spécifié que ce serait seulement lorsqu'il existerait trois opinions. Les experts doivent donc expliquer chaque opinion émise, soit que l'une ait la majorité, soit que chaque expert ait la sienne ; en un mot, toutes les fois que les experts

sont d'avis différens; c'est-à-dire, toutes les fois qu'ils ne sont **pas** tous du même sentiment.

Cette décision est fondée sur ce que les juges ne sont pas liés par le rapport des experts; ils ont droit, ou de prendre l'avis de la minorité, ou de l'un des trois experts, ou même de ne suivre aucune des opinions. Pour être raisonnablement dispensé de motiver l'avis de la minorité, il faudrait que les juges fussent tenus d'adopter celui de la majorité; car alors il n'aurait pas besoin de savoir ce qui a déterminé l'expert resté seul dans son opinion; or, comme le tribunal n'est jamais lié par un rapport d'experts, fut-il fait à l'unanimité, il en résulte qu'il doit nécessairement connaître les motifs des opinions diverses des experts, toutes les fois qu'ils ne partagent pas la même.

Autrefois les experts étaient au nombre de deux : s'ils ne tombaient d'accord, chacun dressait son avis séparément, quoique la partie du rapport que nous appelons procès-verbal eût été faite en commun. Aujourd'hui le même article 318 ne permet qu'un seul rapport, et par conséquent un seul procès-verbal, à la suite duquel est l'avis des experts; sauf, dans cette seconde partie du rapport, à motiver les différentes opinions émises, si les trois experts ne sont pas d'un avis unanime.

Le rapport est rédigé sur le lieu même qui est l'objet de la visite. Cependant il est souvent fort difficile d'y faire un pareil travail : alors les experts se contentent de prendre des notes, et ils indiquent un lieu plus commode, ainsi que le jour et l'heure où ils feront leur rédaction; ce qui est mentionné en leur rapport. *Ibid. art.* 317. (70)

C'est par l'un des experts que doit être écrit le rapport qu'ils signent tous les trois : mais s'ils ne savent pas tous écrire, c'est-à-dire si un seul des trois experts ne sait pas écrire, le rapport est rédigé et écrit par le greffier de la justice de paix dans l'étendue de laquelle se fait l'expertise.

§ III. *Modèle d'un rapport d'experts.*

D'abord nous allons donner en entier le modèle d'un rapport : ensuite nous ferons voir les modifications qu'il peut subir selon les différentes circonstances.

Rapport d'experts.

A MM. les président et juges du tribunal de....

Aujourd'hui le.... du mois de.... de l'an.... à.... heure du matin, nous E.... architecte, demeurant à.... F.... ingénieur, demeurant à.... et G.... entrepreneur de bâtimens, demeurant à....; tous trois experts nommés par votre jugement du.... entre le sieur A.... propriétaire, demeurant à.... et le sieur C.... entrepreneur de bâtimens, demeurant à.... à l'effet de faire un rapport sur les objets y énoncés; après avoir prêté serment, suivant le procès-verbal du.... devant M. H.... juge commis par ledit jugement, nous nous sommes transportés dans une maison appartenant au sieur A.... sise à.... rue.... et marquée du n°....; étant arrivés à ladite maison à.... heures et demie du matin,

S'est présenté le sieur A.... assisté de Me D.... son avoué, lequel nous a remis la grosse du jugement qu'il s'agit d'exécuter, et qui a été dûment enregistré et signifié, ainsi que l'original de la sommation faite par acte d'avoué au sieur C.... le.... de se trouver aujourd'hui à notre opération. En conséquence, ils nous ont requis d'y procéder, et ils ont signé.

Signé A.... *partie.* B.... *avoué.*

A aussi comparu le sieur C.... qui nous a dit se présenter au désir dudit jugement et de ladite sommation à lui faite; déclarant ne point empêcher qu'il soit par nous procédé à la visite ordonnée, pour laquelle il nous a remis le marché fait entre lui et ledit sieur A.... pour la construction de la maison dont il s'agit, par acte sous seing-privé, en date du.... et dûment enregistré; et il a signé.

Signé C.... *partie.*

Desquelles comparution, remise de pièces, et réquisitions nous avons donné acte aux parties, en présence desquelles nous avons procédé à la visite de ladite maison, ainsi qu'il suit

La maison dont il s'agit paraît bâtie nouvellement, et les parties s'accordent à dire qu'elle n'est achevée que depuis six mois. Elle a vingt mètres de face, sur huit mètres de profondeur, et l'élévation de ses murs de face sont de douze mètres. Le pignon qui regarde l'orient s'est trouvé détruit, depuis le faîte jusqu'à peu près la moitié de sa hauteur. Il paraît que la chute de ce pignon a entraîné environ un tiers de la charpente du comble, et de la couverture qui

est en tuile. Les parties conviennent que la destruction du pignon s'est faite subitement; mais l'une prétend que la cause est un vice de construction, tandis que l'autre attribue cet accident à des terres amoncelées, et appuyées en trop grande quantité contre le pignon.

A ce sujet, le sieur C.... nous a fait observer que les terres rapportées, et qui avaient fait violence contre le pignon, s'élevaient à la hauteur de trois mètres : il nous a requis d'en faire mention en notre rapport, ce que nous lui avons octroyé, après avoir reconnu la vérité du fait observé.

De son côté, le sieur A ... nous a requis de constater, que les matériaux de la partie écroulée étaient tombés extérieurement d'où il conclut que les terres appuyées sur la face extérieure du pignon, n'ont pas pu occasionner la chute de ce mur, puisque, s'il eût cédé aux efforts des terres rapportées, il serait tombé du côté opposé.

Après avoir bien examiné toutes les circonstances qui concernent l'état actuel de la maison, avoir pris tous les documens et les notes nécessaires pour nous diriger dans notre avis, nous nous sommes ajournés au.... de ce mois, en la demeure ci-dessus mentionnée du sieur F.... l'un de nous, où nous nous réunirons à.... heure de l'après-midi, pour délibérer notre avis, et le rédiger en l'absence des parties, n'ayant plus besoin de renseignemens, et ayant écouté toutes les observations qu'elles ont voulu nous faire. En conséquence, après avoir vaqué jusqu'à....., heures du soir, nous avons clos le présent procès-verbal, qui a été écrit par ledit sieur F.... l'un de nous, lequel en est resté dépositaire. Les parties comparantes, comme il est dit ci-dessus, ont signé avec nous.

Signé A.... partie. B.... avoué. C.... partie. E.... expert. F... expert. G.... expert.

Et le.... du mois de.... de l'an.... nous, experts ci-dessus nommés, nous sommes réunis à.... heure du soir, en la demeure ci-dessus indiquée, du sieur F.... l'un de nous, où, en l'absence tant des parties que de leurs avoués, nous avons conféré sur la cause de la chute du pignon par nous visité, comme il est dit ci-dessus, et sur la valeur des travaux à faire pour reconstruire, soit ce même pignon, soit les autres parties de la maison que cette chute a détruites. Etant tous trois d'un avis unanime, nous l'avons motivé comme il suit:

1° Il n'est pas douteux que le pignon dont il s'agit ne se soit écroulé par vice de construction. D'abord, ce mur, qui, suivant les règles de l'art, devait avoir cinquante centimètres d'épaisseur au moins, ne se trouve avoir que quarante-deux centimètres d'épaisseur, dans sa partie la plus forte. De plus, ce pignon n'étant appuyé sur aucun bâtiment, du côté de sa face extérieure, sa maçonnerie devait être soutenue par deux chênes de gros moellons formant par paings; or il n'y en a pas une seule. Enfin les plâtres d'un pareil pignon devaient être employés avec abondance, et dans leur plus grande vivacité; tandis qu'il paraît avoir été construit avec plâtre et terre mêlés ensemble.

A l'égard des terres appuyées contre ce même pignon, elles ne s'élèvent pas assez haut pour lui avoir causé aucun ébranlement, surtout quand on considère que c'est la partie supérieure qui est tombée. Il paraît donc que cet accident ne vient que de l'insuffisance de la force donnée au pignon pour supporter sa propre élévation, une charpente et une couverture.

2° Passant ensuite à l'estimation de la reconstruction du pignon, et du comble qu'il a entraîné dans sa chute, nous avons été unanimement d'avis que, pour donner à ce pignon l'épaisseur nécessaire, avec deux chaînes de parpaings, et l'emploi de plâtre pur en quantité convenable, il pourra être dépensé une somme de.... Le rétablissement de la charpente du comble, et de la couverture en tuile, peut être évalué à la somme de....; ce qui fait au total celle de.... en observant néanmoins de se servir des matériaux qui ont déjà été employés, et qui se trouveront encore bons.

3° En ce qui concerne les indemnités pour la non-jouissance du sieur A.... elle a pour objet trois mois qui se sont écoulés depuis la chute du pignon, et trois autres mois pour faire le rétablissement des objets détruits. Or nous pensons unanimement que le loyer de la maison dont il s'agit, eu égard à la situation, peut être évalué par an à la somme de.... en sorte que l'indemnité de six mois formerait la somme de....

Ayant vaqué à ce qui est dit ci-dessus, jusqu'à.... heures du soir, notre rapport, qui a été écrit par le sieur F.... l'un de nous, lequel s'est chargé d'en faire le dépôt au greffe, a été clos par nos trois signatures.

Signé E.... *expert.* F.... *expert.* G... *expert.*

Ce modèle suffit pour faire sentir comment s'expliquent les experts; comment ils consignent dans leur rapport la comparution des parties, les réquisitions et observations qu'ils en reçoivent; toutes les circonstances qui concernent l'objet de la visite, et qui varient selon les diverses affaires.

On a supposé ici que l'une des parties était assistée de son avoué; on aurait constaté de même la présence du second avoué. Cependant nous remarquerons que la présence des avoués aux opérations d'experts n'entre point en taxe. Ils peuvent néanmoins y assister; mais seulement quand ils en sont requis : alors ils ne peuvent réclamer leurs vacations que contre leurs parties. Telle est une des dispositions de l'*art.* 92 du Tarif des frais et dépens.

Dans l'exemple qu'on vient de donner on a supposé encore que les deux parties comparaissent devant les experts; mais si l'une ne se présentait pas, l'autre requerrait que l'opération fût faite tant en présence qu'absence; ensuite les experts, en donnant acte de la comparution et des réquisitions de la partie présente, diraient :

Après avoir attendu jusqu'à heure. . . . le sieur C. . . . qui n'a point comparu, ni personne pour lui, nous avons contre lui donné défaut, et avons procédé, en présence du sieur A. . . . assisté de son avoué, à la visite de ladite maison, ainsi qu'il suit.

Lorsque les experts sont autorisés à entendre des personnes étrangères à la contestation, les déclarations qu'elles font sont constatées à peu près de cette manière :

Le sieur A. . . . dit que les terres accumulées contre le pignon n'y avaient été apportées que depuis la chute de ce mur; et sur ce fait il nous a requis d'entendre les voisins. En conséquence, ayant fait inviter le sieur H. . . . demeurant dans la maison sise à côté de celle du sieur A. . . . de venir sur le lieu où nous étions, il s'est présenté, et nous a déclaré qu'il n'avait point vu de terre près du pignon avant la chute de ce mur, et ledit sieur H. . . . a signé sa déclaration.

Signé H. . . .

Un autre voisin, le sieur I. . . . étant arrivé pour rendre visite au sieur A. . . . nous l'avons prié de nous dire s'il avait connaissance de l'époque à laquelle la terre que nous lui avons montrée avait été apportée à la place où elle se trouve : il nous a déclaré ne pas se rappeler depuis quand il a été apporté des terres près du pignon; mais que certainement la plus grande partie de cette terre n'a été apportée que depuis la chute dudit pignon; et ledit sieur I. . . . a signé sa déclaration.

Signé I. . . .

A quoi le sieur C. . . . nous a répondu que le témoignage des deux déclarans ne pouvait être d'aucune considération, parce que le premier est parent du sieur A. . . . et que le second est d'une intimité si grande avec ledit sieur A. . . . que plusieurs fois la semaine ils mangent ensemble l'un chez l'autre; et ledit sieur C. . . . a signé.

Signé C. . . .

Remarquez que les experts ne doivent point recevoir d'autres déclarations que celles des parties sans y avoir été expressément autorisés par jugement. Au reste, quelque autorisation qu'aient les experts pour entendre des étrangers à la contestation, les déclarations qu'ils reçoivent n'ont pas la même authenticité que les témoignages reçus dans une enquête. Il ne faut donc en faire usage qu'avec beaucoup de prudence; et les juges n'y doivent voir que des renseignemens qui peuvent être utiles selon les circonstances, et non pas se croire forcés de les regarder comme des preuves.

Enfin on a supposé dans l'exemple donné que les experts étaient d'avis unanime; mais il peut arriver qu'il y ait deux avis, et même que chacun des trois experts ait son avis particulier. Si leur délibération s'établit entre deux opinions seulement, ils indiqueront celle qui réunit la majorité des voix, et donneront néanmoins les motifs sur lesquels chaque opinion est fondée, sans indiquer par qui elle a été émise. Alors, au lieu d'annoncer qu'ils sont d'un sentiment unanime, ils s'expliquent de cette manière :

Deux opinions se sont manifestées parmi nous; l'une, qui a réuni la majorité des voix, tend à déclarer que le pignon est tombé par vice de construction, et non par l'effort des terres apportées au pied de ce pignon. Ce qui détermine deux d'entre nous à penser ainsi, c'est que, etc. . . .

A l'égard de l'autre opinion embrassée par l'un de nous, elle consiste à attribuer une partie de l'accident aux terres que le propriétaire a fait placer contre le pignon. Les raisons qui sont données pour cet avis sont que, etc. . . .

De là il résulterait que le sieur C. . . . serait tenu seulement d'une somme de. . . . c'est-à-dire de la moitié de l'indemnité dont le chargent deux d'entre nous, opinion qui réunit la pluralité des voix.

Ayant vaqué à ce qui est dit ci-dessus jusqu'à. . . . heures du soir, etc.

Les trois experts ont-ils émis trois avis différens; ils essaient de se réduire à deux avis; et s'ils peuvent y parvenir, ils s'énoncent comme on vient de le dire. Si chacun des experts tient à son opinion, et ne veut embrasser aucune des deux autres, il y a impossibilité de former un avis qui réunisse la majorité des voix. On prend le parti d'énoncer le

le sentiment de chacun, avec les motifs sur lesquels il est appuyé, sans faire connaître celui des experts auquel il appartient. **Le rapport alors s'exprime ainsi** :

Nous avons été de trois avis différens : l'un a soutenu que le pignon est tombé par vice de construction, et s'est déterminé par trois raisons ; la première, etc.

Un second a pensé au contraire que les terres placées par le propriétaire étaient la seule cause de l'accident : ses motifs sont que, etc.

Enfin le troisième d'entre nous croit que la simple inspection des lieux ne peut conduire à la connaissance de la vérité ; que le vice de construction n'est pas assez considérable pour lui attribuer exclusivement la chute du pignon ; que l'époque où les terres ont été apportées au bas de ce mur, leur quantité, et la manière dont elles ont été déchargées dans cette place, donneraient des lumières qui manquent pour déterminer la cause de l'accident. Celui de nous qui a émis cette opinion invite le tribunal, avant de prononcer, à ordonner une enquête pour connaître les diverses circonstances qui ont accompagné le déchargement des terres le long du pignon.

Ayant vaqué à ce qui est dit ci-dessus, jusqu'à. . . . heures du soir, etc.

§ IV. *Où et comment le rapport est déposé.*

Suivant l'*art.* 319 du Code de procédure civile, la minute du rapport des experts doit être déposée au greffe du tribunal qui a ordonné la visite. Il est évident que ce dépôt doit être effectué par ceux dont le rapport est l'ouvrage. Mais on demande si les experts doivent tous trois ensemble porter au greffe la minute de leur rapport.

Autrefois la comparution des experts pour le dépôt de leur travail au greffe était nécessaire, parce qu'en même temps ils devaient y affirmer que leur rapport était sincère et véritable. Aujourd'hui cette formalité, que l'usage seul avait introduite, n'existe plus ; les experts ne sont assujettis qu'au seul serment qu'ils prêtent avant l'opération. Quand leur travail est terminé, ils ne sont tenus qu'à le déposer sans qu'il soit besoin de l'affirmer. *Ibid. art.* 319.

De là il suit que la comparution des trois experts au greffe n'est pas utile, puisqu'un seul peut effectuer le dépôt du rapport. Alors il est bon qu'en terminant leur travail les experts indiquent celui d'entre eux qui se charge de le déposer, et en fassent mention dans leur rapport ; l'expert désigné répond alors vis-à-vis des deux autres de la minute qui lui est confiée, jusqu'à ce qu'il l'ait remise au greffe.

Quand le rapport a été écrit par le greffier de la justice de paix du lieu où l'opération s'est faite, il est naturellement chargé d'effectuer le dépôt au greffe du tribunal qui a ordonné l'expertise ; il y porte lui-même sa minute, ou bien, s'il est trop éloigné du lieu où siége le tribunal, il envoie cette minute par la poste ou par les messageries, dans les formes qui peuvent opérer sa décharge. Celui des experts qui a été indiqué pour déposer le rapport peut prendre le même moyen de le faire parvenir au greffier du tribunal, lorsque l'éloignement ne permet pas d'entreprendre le voyage sans un trop grand dérangement pour l'expert, ou une trop grande dépense pour les parties.

Quelques personnes disent que, quand l'opération s'est faite loin du tribunal qui l'a ordonnée, un tribunal voisin des lieux contentieux a été autorisé, soit à nommer les experts, soit à commettre un juge pour recevoir leur serment ; qu'alors les experts remettent la minute de leur rapport au greffier qui a assisté le juge-commissaire, et le chargent de faire l'envoi de cette minute avec celle du procès-verbal de leur prestation de serment.

On leur répond que la minute de ce procès-verbal reste entre les mains du greffier qui l'a rédigé, et qu'il en délivre une expédition à la partie qui poursuit l'expertise ; qu'ainsi le greffier dont on parle n'a rien à envoyer au tribunal qui a ordonné l'opération. Néanmoins les experts étant embarrassés sur les moyens à prendre pour que la minute de leur rapport parvienne au greffe où elle doit rester en dépôt, le greffier qui a rédigé le procès-verbal de leur prestation de serment pourrait se charger de faire l'envoi, mais il n'y est point obligé.

Ordinairement la partie qui poursuit l'expertise avance le montant des vacations dues aux experts, et les frais qu'exige l'envoi de la minute au greffe, si l'éloignement ne permet pas aux experts de la porter eux-mêmes. Cependant, si après l'opération aucune partie ne s'occupe de payer les experts, ils ne sont pas tenus de garder pendant un temps indéfini la minute de leur rapport. C'est pourquoi, sans attendre, ils peuvent déposer cette minute et faire taxer au bas par le président ce qui leur est dû. Chacun ensuite obtient un exécutoire pour se faire payer par la partie qui a requis l'expertise, ou par celle qui a poursuivi l'opération, si on l'a ordonnée d'office. *Ibid., art.* 319.

Lorsque le greffier de la justice de paix a prêté son ministère aux experts, ses vacations sont également taxées au bas de la minute, et on lui délivre l'exécutoire de ce qui lui revient.

S'il arrivait qu'une partie eût payé ou consigné le montant des vacations des experts, et que ceux-ci fissent refus ou retardassent de déposer la minute de leur rapport, ils pourraient être assignés à trois jours devant le tribunal qui a ordonné l'opération. Pour ne leur accorder que ce court délai, il n'est pas besoin d'en obtenir l'autorisation du président, comme cela est nécessaire quand il y a urgence. Dans ce dernier cas, la partie ne doit pas décider si le cas où elle se trouve est urgent; il est donc besoin qu'elle le soumette préliminairement au juge, qui accorde ou refuse la permission d'assigner à court délai. Mais, quand il s'agit de forcer des experts à déposer leur rapport, le Code de procédure, *art.* 3o2, déclare qu'il y a urgence, et que l'assignation peut être donnée à trois jours. Ainsi la permission du juge est inutile; c'est la loi elle-même qui autorise à fixer un court délai dans l'assignation donnée aux experts en pareille circonstance.

Ce délai de trois jours est augmenté d'un jour, à raison de trois myriamètres de la distance qui sépare le domicile des experts et le lieu où siège le tribunal devant lequel ils sont assignés; comme aussi le jour de la signification, et celui de l'échéance de l'assignation ne sont pas compris dans le délai. Ces deux décisions sont générales pour toutes les sortes de délais concernant les sommations faites à personne ou à domicile. *Ibid., art.* 1o33.

Par l'assignation donnée aux experts, on conclut à ce

qu'ils soient condamnés, même par corps, à faire le dépôt de leur minute, et aux dépens de la contestation que leur refus ou leur retard occasionne. Le tribunal statue sommairement sur cette demande, et sans aucune instruction. *Ibid.*, *art.* 320.

Si, par le rapport, l'un des trois experts a été chargé de faire le dépôt, et qu'il soit seul coupable du retard, la contrainte par corps sera prononcée uniquement contre lui. Pareillement, si le greffier de la justice de paix avait rédigé le rapport, il serait chargé d'en faire le dépôt : il pourrait donc être mis en cause par les experts, et même être attaqué directement. Il serait condamné par corps à effectuer le dépôt de la minute, à moins qu'il ne l'eût remise à un des experts, qui par le rapport aurait été charge de la déposer.

On voit combien il est utile d'exprimer dans le rapport, à qui la minute en a été confiée, avec charge de la remettre au greffe. (71)

Le dépôt du rapport est constaté par un acte qui en est dressé au greffe. L'expédition de cet acte fait la décharge des experts, et en particulier de celui à qui la minute avait été confiée.

Peut-on forcer des experts à déposer la minute de leur rapport tant qu'on n'a pas payé, ou au moins consigné le montant de leurs vacations?

Ceux qui pensent pour l'affirmative disent que la taxe des vacations dues aux experts ne peut se faire qu'au bas de la minute, après qu'elle a été déposée; que l'exécutoire qui leur est délivré pour le montant de la taxe est un titre suffisant en vertu duquel ils peuvent employer les voies de droit pour se faire payer.

Dans l'opinion contraire, on soutient que les experts ne sont pas obligés de s'exposer à exercer des poursuites contre les parties; que leur travail est le gage naturel de leur paiement, et qu'ainsi ils ne sont pas en retard de déposer leur rapport tant qu'ils n'ont pas la certitude de recevoir le prix de leurs vacations. Ne veut-on pas qu'ils touchent leur paiement avant qu'il ait été taxé par le président; on peut au moins, pour leur sûreté, déposer la somme qu'ils déclarent leur être due; sauf à ne leur délivrer que celle qui aura été taxée sur la minute du rapport, après qu'il aura été déposé.

Acte de dépôt du rapport des experts.

Aujourd'hui. . . . a comparu au greffe du tribunal de. . . . . le sieur F . . . qui m'a remis un cahier, contenant sur dix-sept roles de papier timbré, la minute du rapport fait le. . . . et jours suivans, tant par lui, que par le sieur E. . . . et le sieur D. . . . tous trois experts nommés par jugement rendu le. . . . entre les sieurs A. . . . et C. . . . Ledit sieur F. . . . déclare que, par la clôture dudit rapport, écrit en entier de sa main, et signé par les trois experts, avec paraphe au bas de chaque page et de chaque renvoi, il a été chargé d'en faire le présent dépôt.

En conséquence, la minute dudit rapport dûment enregistrée, ayant été à l'instant certifiée véritable, et signé par ledit sieur F. . . . a été annexée à la minute dudit jugement, pour en être délivré expédition à qui il appartiendra.

En foi de quoi le présent acte de dépôt a été dressé, et signé par ledit sieur F. . . . et par moi greffier.

Signé F. . . expert. L. . . . greffier.

Si les experts n'ont pas été payés de leurs vacations et frais de voyage, la réquisition qu'ils font de ce qui leur est dû est énoncée dans l'acte de depôt : après y avoir annoncé que le rapport demeure annexé au jugement, le greffier continue en ces termes :

Requiert ledit sieur F. . . . tant en son nom qu'en celui des deux autres experts, qui l'en ont expressément chargé par la clôture dudit rapport, que la taxe de ce qui leur est dû soit faite par M. le président, et qu'exécutoire du montant de cette taxe leur soit délivré contre le sieur A. . . . qui a requis l'expertise.

En foi de quoi le présent acte, etc.

Lorsque, dans le cas dont on vient de parler, l'opération a été ordonnée d'office, il est dit dans l'acte de dépôt que l'exécutoire sera délivré *contre le sieur A. . . . ., qui a poursuivi l'expertise.*

On peut délivrer un seul exécutoire pour les trois experts, y compris même ce qui est dû au greffier de la justice de paix, quand on a eu recours à son ministère; cependant, chacun de ceux qui ont intérêt à ce paiement peut demander séparément un exécutoire pour le montant de ce qui n'est dû qu'à lui seul.

Si le greffier de la justice de paix du lieu où l'opération s'est faite a été appelé pour rédiger et écrire le rapport, et que, par la clôture de cet acte, un des experts n'ait pas été chargé de le déposer, c'est ce greffier qui en effectue le dépôt dans la forme dont on vient de parler.

Lorsque l'éloignement ne permet pas, soit à l'un des experts, soit au greffier de paix de déposer lui-même le rapport, il en fait l'envoi par les moyens usités.

Par exemple, le tribunal de Paris voulant ordonner qu'une maison sise à Bordeaux sera visitée, le jugement autorise le tribunal de cette ville, soit à nommer des experts, s'ils n'ont pas été convenus par les parties, soit à commettre un de ses membres pour recevoir le serment des experts. Quand l'opération est terminée, on sent qu'il serait peu raisonnable d'exiger que l'un des experts fît un aussi long voyage pour déposer son rapport au greffe de Paris. Il peut donc l'envoyer par la poste ou les messageries ; les registres de ces établissemens font la décharge des experts, et le greffier à qui la pièce parvient en est responsable. Aussitôt que celui-ci a reçu la minute du rapport, son devoir est de l'annexer au jugement ; la partie poursuivante veille à l'exécution de cette formalité

Quant à la délivrance d'un exécutoire, elle ne peut avoir lieu que sur une réquisition légale. Si donc les experts ne viennent pas eux-mêmes, et s'ils ne sont pas payés, ils doivent envoyer des pouvoirs en vertu desquels leur mandataire demandera la taxe au bas de la minute et la délivrance de l'exécutoire.

§ V. *De la taxe des experts.*

Les experts sont payés, tantôt à raison du nombre des vacations qu'ils emploient ; c'est lorsqu'ils opèrent dans le lieu de leur domicile, ou à une distance qui n'excède pas deux myriamètres, ce qui fait environ quatre lieues. D'autres fois, c'est-à-dire quand les experts se transportent au-delà de deux myriamètres, on ne les paye plus par vacation ;

on leur donne d'abord une somme fixe par chaque myria-
mètre qu'ils sont obligés de faire, tant pour aller que pour
revenir; ensuite on leur accorde une somme fixe pour cha-
que journée qu'ils passent dans le lieu où se fait l'opération.
On ne compte la journée comme entière que quand ils ont
employé quatre vacations; et il est décidé que chaque vaca-
tion est de trois heures.

A ces observations ajoutez que les experts artisans ou
laboureurs ne sont pas payés aussi chèrement que les ex-
perts d'une profession plus distinguée, tels que les architec-
tes et autres artistes.

Enfin on remarquera que les experts qui sont de Paris
obtiennent un paiement plus fort que ceux qui sont des dé-
partemens.

D'après ces premières notions, il est facile d'entendre
les dispositions du Tarif en ce qui concerne la taxe des
experts.

En premier lieu, l'*art.* 159 de ce réglement accorde aux
experts qui procèdent dans le lieu de leur domicile, ou dans
une distance de deux myriamètres, une somme fixe par cha-
que vacation de trois heures; cette somme, dans le départe-
ment de la Seine, est de 4 francs pour les artisans et labou-
reurs, et de 8 francs pour les architectes et autres artistes.

Dans les autres départemens, chaque vacation d'expert
qui opère dans le lieu de son domicile, ou à la distance de
deux myriamètres, est payée 3 francs, s'il est artisan ou
laboureur; et 6 francs, s'il est architecte ou artiste d'un autre
genre.

Tant que les experts ne vont pas opérer au-delà de deux
myriamètres, il ne leur est donc alloué que des vacations
telles qu'on vient de les expliquer, et ils ne peuvent récla-
mer ni des frais de transport ni des frais de nourriture.

Si l'opération appelle un expert hors du lieu de son domicile,
à une distance qui excède deux myriamètres, ou environ qua-
tre lieues, on ne le paye plus à raison de chaque vacation.
Suivant l'*art.* 160 du Tarif, on lui doit des frais de voyage, qui
comprennent ceux de transport et de nourriture, tant pour
aller que pour revenir. Si l'expert est de Paris, il lui est al-

loué 6 francs pour chaque myriamètre, et il n'a que 4 francs
5o centimes pour chaque myriamètre, s'il n'est pas de Paris.

Après le voyage pour aller et pour revenir, le Tarif ac-
corde pour chaque jour que dure l'opération, un traitement
qui, pour chaque expert de Paris, est de 3a francs; pour
chaque expert des autres départemens il est de a4 francs. Ce
traitement est ainsi fixé, pourvu que les experts emploient
quatre vacations par jour; car le paiement de chacun des
jours où il n'aurait pas été employé quatre vacations serait
réduit proportionnellement; en sorte que la journée pen-
dant laquelle on aurait employé seulement une vacation, ou
deux, ou trois, ne serait payée que le quart, ou la moitié,
ou les trois quarts de la taxe.

Une disposition particulière aux laboureurs se trouve
dans le même article. Ils ne peuvent pas réclamer de taxe
pour les voyages qui seraient au-delà de cinq myriamètres :
on n'a pas voulu que les hommes de cette profession pussent
être conduits trop loin de leur domicile. Au surplus, lors-
qu'ils remplissent les fonctions d'experts dans le lieu de leur
domicile, ou à une distance qui n'excède pas deux myria-
mètres, ils sont payés par vacation, comme on l'a dit plus
haut. Si l'expertise se fait au-delà de cette distance, sans ex-
céder néanmoins celle de cinq myriamètres, il leur est
alloué, pour frais de voyage, 3 francs seulement par chaque
myriamètre, et autant pour le retour. L'exception portée
dans cet article pour les frais de voyage des laboureurs ne
s'étend pas au traitement pour le séjour; d'où l'on conclut
qu'il est pour les laboureurs comme pour les experts qui ne
sont pas de Paris; c'est-à-dire que, pendant la durée de l'o-
pération, il est dû à l'expert laboureur a4 francs par chaque
jour composé de quatre vacations.

Outre le paiement des experts, tel qu'on vient de l'expli-
quer pour les différens cas, il leur est accordé, par l'*art.* 162
du Tarif, une vacation pour leur prestation de serment, et
une vacation pour déposer au greffe la minute de leur rap-
port. Le même article prévoit le cas où les experts sont éloi-
gnés du tribunal de plus de deux myriamètres; alors, il est
alloué à chaque expert, pour son transport afin de prêter

serment, le cinquième de ce qui lui revient pour une journée de campagne. Celui des experts qui est chargé de faire le dépôt de la minute au greffe est payé de même pour son transport.

Ainsi, pour aller prêter serment devant un juge qui est à une distance de leur domicile moindre que deux myriamètres, les experts n'ont qu'une vacation ; il en est de même de l'expert chargé par les deux autres de déposer la minute du rapport. Mais si, pour remplir l'une ou l'autre formalité, les experts ont à franchir une distance plus grande que deux myriamètres, il leur est accordé d'abord une vacation, et ensuite le cinquième de ce qui leur reviendrait pour une journée de campagne, d'après la taxe ci-dessus expliquée.

Au moyen de cette taxe les experts ne peuvent rien réclamer ni pour frais de voyage et de nourriture, ni pour s'être fait aider par des écrivains ou par des toiseurs et portechaînes, ni sous quelque autre prétexte que ce soit ; ces frais, s'ils ont lieu, restent à la charge des experts. *Ibid.*

Au reste, si le président, en procédant à la taxe des vacations, en trouve le nombre excessif, eu égard au travail fait, il est autorisé à prononcer telle réduction qui lui paraît convenable. *Ibid.*

On demande si le papier timbré sur lequel est écrit le rapport est aux frais des experts. Les uns disent que cette dépense est comprise dans la taxe, et ils en donnent pour raison le Tarif, qui veut de la manière la plus générale que les experts ne réclament aucune dépense, sous quelque prétexte que ce soit.

D'autres croient que le timbre étant un impôt qui peut varier, n'a pas dû être compris dans une disposition invariable. D'ailleurs l'intention du Tarif est évidemment d'empêcher que les experts ne puissent à volonté augmenter leurs mémoires de frais : or le papier timbré est d'un prix tellement connu, qu'on ne peut pas tromper sur cet article de dépense.

Dans les justices de paix, un expert est payé, non par vacation, mais par journée. Il lui est alloué, selon les *art.* 24 et 25 du Tarif, à raison d'une journée de travail de sa profession; et s'il a été obligé de se faire remplacer dans son travail pour vaquer à l'expertise, il lui est dû le double d'une journée.

Il n'est accordé aucuns frais de voyage à l'expert qui est domicilié dans le canton du juge de paix avec lequel il opère; mais si l'expert s'est transporté hors de son domicile à une distance qui excède deux myriamètres et demi, ce qui fait environ cinq lieues, il lui est alloué pour frais de voyage la valeur d'une double journée du travail de sa profession, à raison d'un chemin de cinq myriamètres, ce qui fait environ dix lieues. Le Tarif ne dit pas qu'il y aura pareille somme pour revenir; d'où il suit que le prix de la double journée, pour une distance de cinq myriamètres, doit servir pour aller et pour revenir.

Indépendamment des frais de voyage, il doit être accordé à l'expert le prix de chaque journée qu'il passe sur les lieux contentieux avec le juge de paix. Cette décision résulte de ce que le prix de la double journée par cinq myriamètres n'est destinée qu'aux frais de voyage.

C'est le juge de paix qui taxe le paiement dû aux experts qu'il a nommés; cette taxe se fait ou par le procès-verbal de sa visite, quand la contestation est sujette à l'appel, ou par son jugement, quand il prononce en dernier ressort, parce qu'alors il n'est point dressé de procès-verbal pour constater l'opération.

Pour toute descente de juge, la partie requérante est tenue de déposer les frais de transport selon qu'il est prescrit par l'*art.* 3o1 du Code de procédure. Cette disposition s'applique évidemment aux visites et appréciations faites par les juges de paix, puisqu'il y a même raison de le décider. Par ce moyen, les experts, en justice de paix, ne sont point embarrassés pour réclamer ce qui leur est dû.

Au reste, si on avait opéré sans exiger le dépôt du prix du transport, le juge de paix délivrerait un exécutoire aux experts contre la partie requérante.

Art. V. *Du jugement rendu sur rapport d'experts.*

Après que le rapport des experts a été déposé au greffe du tribunal qui les a nommés, une expédition en est levée par la partie la plus diligente; elle en fait signifier la copie par acte d'avoué. Si l'autre partie, par un motif quelconque, voulait aussi avoir une expédition du rapport, le greffier ne pourrait pas la lui refuser sous prétexte qu'une première expédition a été levée par la partie adverse; ce rapport appartient également à tous ceux qui ont intérêt dans la contestation.

Quoi qu'il en soit, celle des parties qui se trouve munie d'une expédition du rapport, et qui veut en poursuivre ou l'entérinement ou la nullité, le fait signifier à l'autre par acte d'avoué : cette forme est formellement prescrite par l'*art.* 32 1 du Code de procédure civile.

Il suit de là que, si l'opération s'est faite par défaut contre une partie qui n'a pas d'avoué, on ne l'appelle pas plus pour voir entériner le rapport qu'on ne l'a appelée pour assister à la visite. Le jugement par défaut qui a ordonné l'expertise a été signifié à la personne ou au domicile de cette partie par un huissier commis; et le temps accordé pour former opposition s'est écoulé sans qu'elle ait obéi à justice. Dès-lors son obstination à rester défaillante est punie par un silence complet gardé envers elle sur ce qui est fait en vertu de ce jugement par défaut. Voilà pourquoi on ne lui donne pas connaissance du jour et de l'heure indiqués pour la visite par le procès-verbal de prestation de serment; par la même raison, quand cette opération est terminée, on ne doit pas appeler ce défaillant obstiné à l'entérinement du rapport.

Remarquez que, s'il constitue avoué avant qu'il ait été prononcé sur le travail des experts, on devra lui faire signifier une copie du rapport par acte d'avoué; alors cette partie cessant de faire défaut, pourra critiquer l'opération, s'il y a lieu.

La plus diligente des parties, après la signification du rapport par acte d'avoué, provoque l'audience par un à venir : il n'est pas permis, à cette époque, de faire signifier des écritures, pas même de simples conclusions; c'est lors de la plaidoirie seulement que l'on peut discuter le mérite ou les vices du rapport des experts. *Ibid.*

Si les faits qu'il s'agissait d'éclaircir se trouvent suffisamment expliqués par la lecture du rapport, et par les plaidoiries respectives, les juges prononcent définitivement sur le fond de la contestation.

Au contraire, quand le travail des experts ne paraît pas avoir atteint le but qu'on s'était proposé, le tribunal peut, sans en être requis, ordonner une nouvelle expertise par un ou trois experts, qui doivent alors nécessairement être nommés d'office. *Ibid.* (72)

Un auteur accrédité, en commentant cette disposition, dit que les parties ne peuvent pas requérir un nouveau rapport; que la demande en serait frustratoire, et occasionnerait des frais sans utilité.

Nous voyons bien dans la loi une autorisation aux juges d'ordonner un nouveau rapport, s'ils le croient nécessaire; mais nous n'y trouvons pas de prohibition aux parties de demander elles-mêmes que l'opération soit recommencée. Ce qui est bien vrai, c'est que, pour raisonner d'une manière quelconque sur le rapport déposé, il n'est pas permis de faire signifier la moindre écriture. Ainsi la demande par écrit d'une nouvelle expertise ne peut pas avoir lieu; mais à l'audience, et sur le barreau, rien n'empêche une des parties de requérir une nouvelle opération; il n'en peut résulter aucuns frais. Est-ce que la partie qui a requis une visite n'en demande pas essentiellement une autre, lorsqu'elle soutient qu'il y a nullité dans le rapport dont le résultat est présenté à l'approbation de la justice?

Concluons donc que, si le tribunal est autorisé à ordonner une nouvelle expertise, quoique les parties ne l'aient pas requise, ces mêmes parties ont bien aussi le droit de représenter aux juges qu'il est nécessaire de recourir à de nouveaux experts. L'obligation qui leur est imposée par l'*art.* 321 du Code de procédure, est de n'user de ce droit qu'à l'audience, et nullement par écrit.

Lorsqu'une nouvelle expertise est ordonnée, les gens de

l'art par qui elle doit être faite sont toujours nommés d'office par le même jugement, sans qu'il soit laissé aux parties la faculté de convenir d'un choix entre elles. Pareillement, le tribunal est libre de nommer un seul ou trois experts, selon le degré de lumières et de confiance qu'a fourni le premier rapport, et la nature des nouveaux renseignemens qui sont désirés.

Au reste, celui ou ceux qui sont chargés de la nouvelle opération peuvent demander aux précédens experts tous les renseignemens qui seront nécessaires. *Ibid.* Cette disposition est purement facultative : elle sert à éloigner toute accusation de connivence entre les anciens et les nouveaux experts, lorsqu'ils jugent à propos d'avoir ensemble différentes explications. Au surplus, les nouveaux experts ne sont pas obligés de consulter les anciens; ils peuvent n'y avoir aucun recours, ou ne conférer qu'avec l'un d'eux. On dit la même chose de ceux-ci; ils ne sont pas obligés d'accéder aux invitations que leur font les nouveaux experts pour obtenir des renseignemens. Néanmoins, si les anciens experts se déplacent, s'ils passent du temps pour instruire les nouveaux, le procès-verbal en fera mention, et leurs vacations seront payées selon la taxe. Cette décision est une conséquence de la disposition légale dont il s'agit : elle autorise les nouveaux experts à prendre tous les renseignemens qu'ils jugeront pouvoir tirer des anciens; il est donc essentiellement dans l'esprit de la loi que ceux-ci soient indemnisés des peines et des soins que leur causeraient les renseignemens qui leur seraient demandés.

Il est de principe qu'un rapport d'experts n'est qu'une lumière requise par le tribunal, et non pas une règle à laquelle les juges soient obligés de conformer leur décision. Voilà pourquoi la loi oblige les experts, quand ils ne sont pas d'avis unanime, à énoncer les motifs de chacune des différentes opinions. C'est encore sur ce principe qu'est fondé l'*art.* 323 du Code de procédure : il dit que les juges ne sont pas astreints à suivre l'avis des **experts**, si leur conviction s'y oppose. (73)

Jugement qui entérine le rapport, et condamne le défendeur.

Considérant qu'il résulte du rapport des experts que le pignon n'est tombé que par le vice de sa construction ;

Le tribunal, faisant droit sur la demande de la partie de D. . . . en entérinement du rapport dont il s'agit, entérine ledit rapport ;

En conséquence, condamne la partie de B. . . . à payer à celle de D. . . . une somme de. . . . à laquelle se monte, au dire des experts, la dépense de reconstruction du pignon tombé, ainsi que de la charpente et de la couverture entraînées par la chute dudit pignon ;

Condamne en outre ladite partie de B. . . . à payer à celle de D. . . . une somme de. . . . à quoi a été évaluée par les experts l'indemnité résultant de la non-jouissance de la maison depuis l'époque où le pignon s'est écroulé ;

Condamne enfin la même partie de B. . . . aux dépens.

Jugé à. . . . ce. . . .

Jugement qui entérine le rapport, et déboute le demandeur.

Considérant qu'il résulte du rapport dont il s'agit que le pignon dont la chute fait l'objet de la contestation s'est écroulé par une cause qui n'est point imputable à la partie de B. . . .

La tribunal, faisant droit à la demande en entérinement dudit rapport, formée par la partie de B. . . . entérine ledit rapport ; en conséquence, déboute la partie de D. . . . de sa demande à fin de dommages-intérêts, tant pour le rétablissement des objets détruits que pour la jouissance dont cet accident l'a privé ; et condamne ladite partie de D. . . . aux dépens.

Jugé à. . . .

Jugement qui rejette le rapport, et condamne le demandeur.

Considérant que le rapport ne présente aucun fait capable de prouver que la chute du pignon vient d'un vice de construction ; que ce même rapport ne parle pas de l'effet des terres qui ont été déposées contre ledit pignon, quoique les parties conviennent que cet amas de terre existe, et quoique la partie de B. . . . ait soutenu, dans un dire consigné au rapport que ces mêmes terres sont la seule cause de la chute du pignon ;

Le tribunal, sans s'arrêter à la demande de la partie de D. . . . en entérinement dudit rapport, la déboute, tant de cette demande que de celle principale, tendant à des indemnités, d'abord pour la chute, soit du pignon de sa maison, soit de la charpente et de la

souverture que cette chute a entraînées, et ensuite pour la non-
jouissance de cette maison, depuis l'accident dont est question;

Condamne ladite partie de D. . . . aux dépens.

Jugé à. . . .

Jugement qui rejette le rapport, et en ordonne un nouveau.

Considérant que le rapport dont il s'agit est insuffisant, en ce
qu'il ne dit pas si le pignon écroulé avait les fondations et une
épaisseur suffisante; si les matériaux en étaient de bonne qualité; si
les terres placées le long de ce mur ont pu faire un effort capable
d'en occasionner l'écroulement.

Le tribunal, sans s'arrêter à la demande formée par la partie de
D. . . . en entérinement dudit rapport, et avant de faire droit, or-
donne que, par le sieur R. . . . expert nommé d'office, le pignon
dont il s'agit sera vu et visité, à l'effet de constater les dimensions
de ce mur, celle de ses fondations, et la qualité des matériaux dont
l a été construit; de calculer les efforts que les terres placées le long
de ce pignon ont pu faire contre sa solidité. Ledit expert, après
avoir préalablement prêté serment devant M. V. . . . l'un des juges,
et que le tribunal commet à cet effet, dressera du tout son rapport,
lors duquel les parties pourront faire tels dires et réquisitions qu'il
leur conviendra; comme aussi pourra ledit sieur R. . . . prendre des
experts nommés par le jugement du. . . . tels renseignemens dont il
aura besoin; pour, sur son rapport, être requis par les parties et
ordonné par le tribunal ce qu'il appartiendra : dépens réservés.

Jugé à . . . .

ADDITIONS

AU TOME SECOND.

Garantie de la solidité des ouvrages.

(1) *Page* 10. — On sent de quelle importance il est pour un entrepreneur que le jour de la réception des ouvrages qu'il a construits soit constaté, puisque c'est de ce même jour que commence à courir le laps des dix ans pendant lesquels il est garant de la solidité des constructions. Il n'y a pas de difficulté quand un procès-verbal de réception a été dressé contradictoirement avec lui, soit à l'amiable, soit en vertu de jugement. L'embarras serait dans le cas où il aurait mis le propriétaire en possession des ouvrages, sans constater ce fait par écrit; car la preuve testimoniale ne serait d'aucun secours, à moins que l'objet garanti ne fût pas d'une valeur au-dessus de 150 fr. (Code civil, art. 1341); ou au moins si cette valeur excédait 160 fr., qu'il n'y eût commencement de preuve par écrit (*Idem*, art. 1347).

Si le marché portait que le premier paiement ne serait fait à l'entrepreneur, qu'après la mise en possession du propriétaire, la quittance de ce paiement serait une preuve que les ouvrages ont été reçus, au moins à dater du jour de cette quittance; mais si elle est sous seing-privé, elle est entre les mains du propriétaire, qui pourrait ne pas la montrer, ce qui causerait de l'embarras.

Disons donc que, pour le plus sûr, dans l'intérêt des deux parties, la réception des ouvrages doit être constatée par écrit, afin que l'on puisse bien fixer le jour où commencent les dix années de garantie.

(2) *Page* 14. — Il y aurait beaucoup d'inconvéniens à retarder trop long-temps la visite des constructions qui montrent des défauts de solidité, pendant les dix ans de garantie. Il pourrait arriver que les vices manifestés fussent de nature à être aggravés par le temps du retard; alors, contestations pour savoir à qui ce retard doit être imputé, et même pour décider si effectivement le retard a augmenté le dommage; la question se complique si l'entrepreneur n'est pas sur les lieux.

Celle des parties qui la première s'aperçoit d'un manque de solidité, doit se presser, pour son propre intérêt, de provoquer une visite d'experts, afin de constater le dommage, d'en fixer la valeur, et d'y remédier le plus tôt possible.

Après la visite d'experts, le propriétaire est-il tenu de former sa demande contre l'entrepreneur, dans un délai déterminé? En règle générale, son action, qui s'est ouverte du moment où les experts ont décidé qu'il y a défaut de solidité, ne peut s'éteindre que par le laps de trente ans (Code civil, art. 2262). Mais on conçoit que plus le propriétaire retarde à diriger la demande contre l'entrepreneur, plus il s'expose à voir augmenter le dommage, ce qui occasionnerait des débats plus compliqués.

Pour faire procéder à la visite, la partie la plus diligente doit-elle appeler nécessairement l'autre? Il n'y a pas de doute si toutes deux sont sur les lieux ; mais si l'une est éloignée, et s'il y a péril à attendre les délais prescrits pour que la partie absente puisse comparaître, le juge de référé peut ordonner que, par experts nommés d'office, la visite soit faite sans retard, sauf à l'autre partie à attaquer le rapport des experts, s'il y a lieu.

(3) *Page* 15.—La rigueur des principes autorise sans doute le propriétaire qui exerce sa garantie contre l'entrepreneur, à ne pas se servir de lui pour réparer les vices de construction qui ont été reconnus. Cependant, si le jugement, sur les conclusions du propriétaire, avait condamné l'entrepreneur à réparer les vices de constructions, sinon à payer pour la valeur du travail la somme indiquée par les experts, ou telle autre que les juges auraient arbitrée, d'après le procès-verbal de visite, le propriétaire n'aurait plus la liberté de faire exécuter les réparations par un autre entrepreneur.

Si ce dernier, d'après un pareil jugement, refusait de s'occuper des réparations, la ressource du propriétaire serait de contraindre l'entrepreneur à payer la somme fixée par le tribunal; alors il emploierait cet argent comme il l'entendrait, soit à réparer sa construction par le secours d'un autre entrepreneur, soit à tout autre objet, s'il ne jugeait pas à propos de remédier au dommage constaté.

Ainsi, pour que le propriétaire pût être autorisé à ne pas onfier au même entrepreneur le rétablissement de la construction mauvaise, il faudrait qu'il y eût conclu devant le tribunal; mais pour que cette partie de sa demande fût accueillie, il faudrait que des circonstances assez graves pussent déterminer les juges à priver l'entrepreneur de la faculté de réparer lui-même ses fautes; ce qui, presque toujours, lui est moins onéreux que de payer la somme déterminée pour la valeur du travail.

Garantie de l'exécution des lois du voisinage et des réglemens de police.

(4) *Page* 17. — La rédaction de l'art. 662 du Code civil ne s'adresse qu'aux propriétaires d'un mur mitoyen ; c'est à eux qu'il défend d'y faire des enfoncemens sans le consentement de tous ceux qui ont droit à ce mur; il ne conserne pas les dispositions des coutumes qui imposaient aux entrepreneurs l'obligation

de faire une sommation aux voisins, avant de travailler à un mur
de séparation.

Il suit de là que, nonobstant l'opinion que nous avons émise
dans notre premier texte, la garantie des entrepreneurs, concernant l'exécution des lois du voisinage, ne doit s'étendre qu'à
celles qui ont directement rapport à la manière de construire,
et nullement à ce qui ne touche que les droits respectifs des
voisins.

Exemples : Un entrepreneur qui place dans un mur une croisée donnant une vue oblique sur l'héritage voisin, doit savoir
qu'elle ne peut pas être ouverte à une distance moindre que
six décimètres ou deux pieds. S'il manque à cette règle, il est
responsable, et doit rétablir la fenêtre convenablement à ses
dépens.

Pareillement, il ne doit pas se dispenser de faire un contremur dans les cas où la loi l'exige, quand même le propriétaire
lui aurait donné un ordre contraire ; car, alors, il serait au
moins complice de la contravention. C'est aussi sous sa responsabilité qu'est l'épaisseur du contre-mur, qu'il doit construire
avec les dimensions prescrites par la loi et par les règles de
l'art.

S'agit-il d'ouvrir un jour légal dans un mur de séparation, ou
qui n'est pas à distance suffisante de l'héritage voisin ? L'entrepreneur est tenu de la tenir à la hauteur prescrite, à partir
du plancher sur lequel marche le propriétaire pour lequel il
travaille.

Mais l'ordre est donné de faire un enfoncement dans un mur
qui sépare deux héritages contigus ; l'entrepreneur présume que
ce mur n'est pas mitoyen, ou que, s'il y a mitoyenneté, le propriétaire a obtenu le consentement du voisin ; dans le cas où ce
consentement n'aurait pas été demandé, le voisin ne pourrait
s'en prendre qu'au propriétaire qui fait faire le travail ; l'art. 662
du Code ne rend responsable de cette infraction, que le propriétaire de qui l'ordre est émané. D'ailleurs, elle n'a pas de
rapport avec les règles de construction.

Un mur est élevé et obstacle la vue dont jouissait le voisin ;
l'entrepreneur n'est pas responsable, si cette construction est
une atteinte au droit de ce voisin ; il n'est pas dans l'obligation
de son état de savoir si l'héritage sur lequel il travaille est grevé
d'une servitude au profit d'une autre propriété. L'élévation du
mur sera un objet de discussion entre les deux voisins seulement.

(5) *Page* 19. — Des réglemens de police qui déterminent certaines précautions à prendre pour la sûreté ou la salubrité, dans
les constructions, entrent dans les connaissances que doit avoir
un entrepreneur, et c'est à lui à les indiquer au propriétaire,
bien moins à portée d'en être instruit. Il est donc juste que le

premier réponde des infractions qu'il commettrait. En vain dirait-il que, malgré ses observations, le propriétaire a exigé qu'il ne se conformât pas à ces mêmes réglemens : son devoir était de ne pas se charger de l'ouvrage, plutôt que de manquer à ce qu'ils prescrivent. En exhibant de l'ordre donné par le propriétaire, loin d'y voir une excuse valable, les juges n'y trouveraient qu'un complice de ce dernier, et tous deux seraient responsables solidairement envers le ministère public.

Si donc un entrepreneur avait placé les âtres de cheminées sur des bois de charpente, s'il avait construit un mur de face en pan de bois, s'il avait omis de faire une fosse d'aisance dans une maison d'habitation située dans une ville, assurément il serait tenu de réparer ces fautes à ses dépens, si le propriétaire n'avait pas exigé ces infractions aux réglemens de police. Dans tous les cas, il serait punissable pour avoir obéi à des ordres qu'il ne devait pas suivre.

On demande si l'entrepreneur est responsable d'une construction faite sur le bord de la voie publique, sans s'être fait donner l'alignement par l'autorité locale. Il semble que la ligne à observer ne tient pas à l'art de la construction, et que l'indication de l'alignement est l'affaire personnelle du propriétaire.

Nous pensons qu'en effet il n'est pas dans les attributions de l'entrepreneur de se faire donner l'alignement, mais nous croyons qu'il est de son devoir de ne suivre la ligne indiquée par le propriétaire, qu'après s'être assuré qu'elle a été réglée par l'autorité; quoique l'entrepreneur ne soit pas tenu de connaître les alignemens, du moins il est de son état de savoir que toute construction sur la voie publique a besoin d'être soumise à l'administration, afin d'en recevoir l'alignement; c'en est assez pour qu'il ne lui soit pas permis de commencer la construction sur le bord du chemin ou de la rue, sans s'être assuré que la ligne tracée a été autorisée.

(6) *Page* 21. — L'action à laquelle donne ouverture au profit des voisins, la violation des lois du voisinage, ne s'éteint que par le laps de trente ans, d'après la règle générale écrite dans l'article 2262 du Code civil, attendu qu'il n'a été fait d'exception par aucune loi, pour ces sortes de quasi-délits.

Observez que quand il s'agit d'infraction aux réglemens de police, une autre action est exercée par le ministère public pour faire punir les délinquans; cette action se prescrit par un laps de temps assez court que fixe le Code d'instruction criminelle. L'action publique ne doit donc pas être confondue avec l'action civile, qui tend à faire condamner l'auteur de la contravention à des dommages et intérêts.

(7) *Page* 35. — A la démonstration tirée du texte même des articles cités du Code civil, on peut ajouter l'autorité judiciaire, qui entend ces mêmes articles dans le sens que nous expliquons,

et qui rend responsable de la solidité des constructions, pendant dix ans, l'architecte qui a dressé les plans, lorsque l'entrepreneur les a suivis exactement, et que l'événement de destruction pendant la durée de la garantie provient du vice des plans.

M. Ulriot de Montfeu, ingénieur en chef du département de la Côte-d'Or, avait dressé les plans d'un édifice pour la ville de Dijon. Les travaux avaient été exécutés par un entrepreneur que l'ingénieur en chef avait été chargé de surveiller. Les dix années de garantie n'étaient pas expirées, lorsque l'édifice s'est écroulé, au moins en grande partie. La ville de Dijon a dirigé une demande en dommages et intérêts contre l'entrepreneur. Celui-ci a mis en cause M. Ulriot, dont il disait avoir suivi les plans avec d'autant plus d'exactitude, que cet ingénieur surveillait tous les jours les travaux d'exécution.

Il s'agissait donc d'abord de vérifier la cause de l'accident, et de savoir s'il était arrivé par le vice des plans, ou par une mauvaise méthode de construire employée par l'entrepreneur ; il a été reconnu que ce dernier s'était ponctuellement conformé aux plans signés par M. Ulriot, et de plus qu'il avait procédé avec des matériaux approuvés constamment par cet ingénieur en chef, qui faisait en cette occasion l'office d'architecte.

En vain disait-on pour celui-ci qu'il n'était pas, à proprement parler, architecte de profession ; qu'au surplus, le Code civil ne rendait responsables de la solidité des constructions, que les seuls entrepreneurs par qui elles sont exécutées, parce que du bon emploi des matériaux de telles ou telles qualités dépendent uniquement la solidité des édifices, quels que soient les plans d'après lesquels ils sont construits. En effet, ajoutait-on, si les plans présentent des vices qui ne permettent pas d'espérer de la solidité, l'entrepreneur ne doit pas s'en charger ; et du moment qu'il consent à exécuter les dessins qui lui sont remis, il prend sur lui toute la responsabilité relative à la solidité.

Au contraire, en faveur de l'entrepreneur, on soutenait que quand on le soumet à suivre de point en point les plans qui sont dressés par un architecte, et de plus, comme dans l'espèce, d'exécuter ces mêmes plans sous la surveillance de cet homme de l'art, son obligation se borne à remplir les conditions de son marché ; en sorte que, s'il y est fidèle, il est à l'abri de toute responsabilité de solidité, pourvu qu'il ait fait un bon emploi des matériaux, ayant les qualités indiquées par les plans et devis.

Le tribunal de première instance de Dijon mit l'entrepreneur hors de cause, fit peser toute la responsabilité sur l'ingénieur qui avait fait les plans et surveiller leur exécution ; attendu que l'édifice dont il s'agissait n'avait péri que par le vice des plans, et nullement par mauvais emploi de matériaux.

Sur l'appel interjeté par Mme de Montfeu, héritière de l'in-

génieur en chef, qui était décédé, la cour royale de Dijon, par
arrêt du 10 janvier 1816, adoptant les motifs des premiers juges,
a confirmé leur décision.

L'héritière, condamnée aux dommages et intérêts envers la
ville de Dijon, s'est pourvue en cassation de l'arrêt de la cour
royale. Elle prétendait qu'il avait fait une fausse application de
l'article 1792 du Code civil, qui ne rend les architectes respon-
sables de la solidité de leurs constructions que quand ils en sont
en même temps les entrepreneurs. C'est dans ce sens, disait-elle,
qu'il faut entendre l'expression d'architectes-entrepreneurs dont
se sert ce même article : la qualité d'entrepreneur doit être
jointe à celle d'architecte, pour que celui qui dirige une cons-
truction soit responsable de la solidité.

Ce système vraiment erroné, d'après ce que nous avons dit
dans notre premier texte, a été proscrit par la cour de cassation,
et le pourvoi a été rejeté. L'arrêt, en date du 20 novembre 1817,
est motivé sur ce que M. Ulriot de Montfeu avait agi en qualité
d'architecte, et qu'ainsi les dispositions du contrat de louage
d'ouvrage lui sont applicables ; qu'en conséquence le résultat
des faits étant que les ouvrages dont est question ont péri par
vice des plans, M. de Montfeu, et après lui son héritière, doit
rester responsable des dommages causés par l'événement.

On trouve ces deux arrêts dans le Journal du palais ; celui de
la cour de Dijon, au premier volume de 1816, page 469, et
celui de la cour de cassation, au premier volume de 1819, page
359.

(8) *Page* 36.—Pour des constructions d'une certaine impor-
tance, il est assez ordinairement convenu que des paiemens
partiels seront faits à l'entrepreneur pendant le cours des tra-
vaux, et proportionnément à leur avancement. Ces sortes de
conditions ne nuisent pas aux droits de l'architecte dirigeant et
par conséquent responsable. Il fait alors la vérification des por-
tions d'ouvrage pour lesquels des à-comptes doivent être payés ;
c'est ainsi avec son approbation, que s'effectue chaque paiement
partiel. Si donc il trouvait que la portion d'ouvrage qui donne
lieu à délivrer de l'argent à l'entrepreneur n'est pas recevable,
il forcerait celui-ci à refaire plus convenablement ce qui est dé-
fectueux, avant d'autoriser le paiement partiel.

L'architecte ne doit pas différer trop long-temps de vérifier
les mémoires de l'entrepreneur ; autrement celui-ci pourrait
faire ordonner que, dans un délai fixé, il sera procédé à la
vérification par l'architecte, sinon par telle autre personne de
l'art. On suppose pourtant que les motifs du retard apporté
par l'architecte ne sont pas fondés. Par exemple, s'il se refusait
à régler les mémoires, parce que des parties de l'ouvrage sont
vicieuses, et qu'il faut préalablement les réparer aux frais de
l'entrepreneur, la contestation changerait d'objet : il faudrait

décider avant tout si l'entrepreneur est tenu de rétablir ce qui est regardé comme vice de construction.

On demande si l'entrepreneur est obligé de s'en tenir au réglement de ses mémoires par l'architecte sous les ordres duquel il a travaillé. Oui, certainement, si, par le marché, l'entrepreneur s'est soumis à être réglé par cet architecte. Mais si aucune convention n'est intervenue à ce sujet, l'entrepreneur peut demander que ses mémoires soient vérifiés et réglés par experts.

Si cette demande est formée avant que l'architecte ait réglé les mémoires, les frais de l'expertise pourront être supportés en commun par le propriétaire et l'entrepreneur. Mais si ce dernier ne demande des experts que parce qu'il est mécontent du réglement de l'architecte, la contestation a pour objet de savoir si les griefs de l'entrepreneur sont fondés. Donc, si les experts trouvent que le réglement est juste, l'entrepreneur payera seul tous les frais, même ceux de l'expertise; et si, au contraire, le réglement de l'architecte est réprouvé, tous les frais seront à la charge du propriétaire, sauf son recours contre son mandataire l'architecte, dans le cas où celui-ci aurait montré de la mauvaise foi dans son réglement.

Quoique l'entrepreneur ait reçu le payement de ses travaux, avec l'approbation de l'architecte, il n'est pas pour cela libéré de la garantie à laquelle il est soumis. Par conséquent, l'architecte dirigeant, qui est responsable envers le propriétaire, ne perd pas son recours contre l'entrepreneur. Il résulte seulement qu'il est moins assuré d'exercer ce recours efficacement, s'il y avait lieu par la suite à responsabilité.

(9) *Page* 42.—Ce qu'on dit ici d'un ordre donné par l'architecte à l'entrepreneur, n'a rien de contraire à ce qu'on trouve dans la note (4); il n'y est parlé que du cas où il n'y a pas d'architecte dirigeant, et où par conséquent l'entrepreneur est directement responsable envers le propriétaire.

Remarquez que l'ordre donné par l'architecte doit être un écrit qui reste entre les mains de l'entrepreneur pour, en cas de besoin, qu'il puisse justifier de la confiance qu'il a eue dans le directeur des travaux.

(10) *Page* 48.—Si l'architecte est responsable de son peu de surveillance, l'entrepreneur, de son côté, ne peut pas s'autoriser de la négligence que l'architecte met à inspecter les travaux; il n'est pas moins coupable si, profitant de la confiance qui semble lui être accordée par son surveillant, il emploie de mauvais matériaux. Il ne devrait pas même s'en servir d'après l'ordre que l'architecte lui en aurait donné; car on n'est jamais tenu d'obéir à un supérieur qui commande ce que les lois défendent, et par conséquent, ce qui est contraire aux règles de l'art de la construction.

(11) *Page* 51.—**Les** rapports des ouvriers avec l'entrepreneur ne sont pas les mêmes que ceux qui existent entre l'entrepreneur et l'architecte. Celui-ci n'est que le surveillant de l'entrepreneur, qui doit suivre les règles de l'art dans ses ouvrages ; il n'en est pas de même des ouvriers, qui sont véritablement les commis, les mandataires de l'entrepreneur ; celui-ci seul est le maître de leurs bras, qu'ils lui prêtent, et c'est de lui qu'ils doivent recevoir les matériaux et la manière dont il veut qu'on les emploie ; c'est pour ce louage de leurs bras qu'il paie. L'entrepreneur n'est pas payé par l'architecte, ce n'est pas avec celui-ci que le louage d'ouvrage est fait ; ce contrat n'a lieu qu'entre le propriétaire et l'entrepreneur qui seul est chargé du bon emploi des matériaux. L'architecte représente le propriétaire pour la surveillance de l'entrepreneur, tandis que ce dernier est représenté par ses ouvriers.

Voilà pourquoi l'article 1797 du Code civil, qui règle les rapports de l'entrepreneur avec ses ouvriers, n'est pas applicable aux rapports qui existent entre l'architecte et l'entrepreneur.

DEVIS ET MARCHÉS.

Nature de ce contrat.

(12) *Page* 63.—**Quand** le prix convenu pour un ouvrage est très-considérablement au-dessus de la valeur réelle du travail, la personne qui l'a commandé veut évidemment gratifier celle qui promet de l'exécuter. Au contraire, cette dernière avantage la personne pour qui est l'ouvrage, si le prix convenu est excessivement au-dessous de sa véritable valeur.

Cette remarque est utile, parce qu'on ne juge pas de la nature d'un contrat par le nom qu'il plaît aux parties de lui donner, mais par les clauses qui le caractérisent. Une convention sous le nom de marché, s'il était évident que c'est un acte de bienfaisance, pourrait bien être annulé faute d'avoir suivi les formes prescrites pour les contrats de l'espèce dont on lui reconnaîtrait les qualités, ou par le défaut de capacité des personnes qui y auraient figuré.

Obligations du propriétaire.

(13) *Page* 71.—**Dans** le cas d'un marché à forfait, les changemens que fait l'entrepreneur au plan arrêté ne lui attribuent pas une augmentation du prix convenu, quoiqu'ils aient été autorisés par le propriétaire ; à moins pourtant que, pour ces mêmes changemens, il ait été stipulé un prix particulier : telle est la disposition de l'art. 1793 du Code civil. On en sent le motif : il est présumé que les changemens ont paru aux parties ne devoir pas occasionner une augmentation de dépense, puisqu'elles se sont bornées à convenir des changemens du plan, sans parler de changement dans le prix.

Ne concluons pas de là que, s'il n'y a pas marché à forfait,
mais seulement des plans arrêtés, l'entrepreneur puisse impunément se permettre d'y faire des changemens, ni à plus forte
raison des augmentations. La condition de suivre exactement
les plans arrêtés par la signature des parties, est imposée rigoureusement à l'entrepreneur, qui n'aurait pas droit de se faire
payer les changemens en augmentation non approuvés par le
propriétaire. Bien plus, il serait tenu de rétablir la construction,
à ses frais, dans l'état indiqué par les plans.

Ouvrages détruits pendant leur construction.

(14) *Page* 77.—Reste à examiner le cas où c'est un tiers qui
cause du dommage au bâtiment pendant la construction : Par
exemple, le voisin fouille son terrain trop près de l'édifice et fait
écrouler la portion déjà élevée ; c'est ce voisin, sans aucun doute,
qui est responsable des suites de son imprudence, et s'il est insolvable, l'accident sera considéré comme arrivé par force majeure. Mais si ce voisin n'avait que la faculté de payer une
portion du dommage, le propriétaire et l'entrepreneur se distribueraient la somme obtenue ; chacun en prendrait une part
proportionnée à la perte qu'il aurait faite.

Ainsi, en supposant celle du propriétaire être de 10,000 fr.,
et que celle de l'entrepreneur fût de 20,000 francs, il en résulterait une perte totale de 30,000 francs. La somme obtenue
n'étant, par hypothèse, que de 15,000 francs, l'entrepreneur
en prendra les deux tiers, et l'autre tiers sera pour le propriétaire.

Résiliation du marché.

(15) *Page* 80.—En cas de résiliation d'un marché à forfait par
la volonté du propriétaire, la loi ne comprend dans l'indemnité
de l'entrepreneur que le gain qui a pu être prévu par le propriétaire en signant la convention. C'est en calculant sur ce qui
était à sa connaissance à cette époque, qu'il s'est déterminé à
rompre le marché. On ne pourrait donc pas faire entrer dans
l'indemnité le gain que devaient procurer à l'entrepreneur, des
circonstances particulières connues de lui seulement. Il ne s'agit
que du gain qui résulte ordinairement de la sorte de construction dont on était convenu.

(16) *Page* 81.—Les marchés à forfait sont moins ordinaires
que ceux dans lesquels on se contente de fixer le prix à raison
de chaque mètre cube ou superficiel, ou de chaque autre sorte
de mesure, sans spécifier la quantité. Ainsi, la clôture d'un parc
est l'objet d'un pareil marché, quand on convient qu'il sera fait,
par exemple, en moellons, avec chaux et sable, sur telle épaisseur et telle hauteur, moyennant tant par mètre superficiel, en
sorte que la quantité de mètres n'est pas déterminée ; elle sera
connue par le toisé qui aura lieu après la confection de l'ouvra-

ge. Par conséquent, le total du prix de l'entreprise ne sera fixé pareillement que par le même toisé.

Ce n'est pas là un forfait, où rien ne doit rester indéterminé, ni quant aux quantités totales, ni quant au prix total. On demande si ce marché pourra être résilié à la volonté du propriétaire, et si, en cas de résiliation volontaire, l'entrepreneur doit être indemnisé, même du gain qu'il aurait fait sur la portion d'ouvrage qu'on ne lui laisse pas faire.

On répond que le marché peut être rompu à volonté; ce n'est pas en vertu de la disposition légale qui permet de rompre un marché à forfait, puisqu'il ne s'agit pas d'un forfait. Le marché proposé pour exemple ne lie pas les parties pour la totalité de l'ouvrage, puisque cette totalité n'est pas connue, et qu'on suppose qu'aucun engagement n'a été pris pour faire l'ouvrage entier. La seule chose convenue est de payer à raison de tel prix chaque mètre de mur qui aura été construit.

Il suit de là que non-seulement le propriétaire peut faire cesser sa construction quand il lui plaît; mais encore que l'entrepreneur a également la faculté de quitter l'entreprise à sa volonté; car ni l'un ni l'autre, dans l'hypothèse ne se sont engagés pour le total de l'ouvrage.

Par une conséquence nécessaire, en cas de rupture du marché, la quantité de mètres construits doit être payée à raison du prix convenu, sans aucune indemnité pour l'entrepreneur, encore bien que le marché ait cessé par la volonté du propriétaire. Cependant il faut que la cessation du marché ne soit pas proposée par l'une des parties, dans des circonstances préjudiciables à l'autre partie; car, alors, il pourrait se faire que la partie lésée eût droit à une indemnité, pour raison du tort qu'elle éprouverait par une rupture intempestive. Mais si c'était à l'entrepreneur qu'il fût dû un dédommagement, jamais on ne pourrait y comprendre le gain qu'il aurait pu faire, en achevant l'entreprise.

(17) *Page 83.*—Dans l'instance introduite par l'entrepreneur, il n'a pas à demander la continuation des travaux, mais seulement que la volonté des héritiers soit uniforme, afin qu'il sache si son marché sera ou non résilié. Il peut pourtant prendre des conclusions pour le cas où le tribunal résilierait le marché.

Il y a des personnes qui pensent que, sans s'immiscer dans aucune procédure, l'entrepreneur peut continuer la construction, jusqu'à ce que les héritiers se soient mis d'accord, et sans s'inquiéter des défenses que quelques-uns d'entre eux lui auraient faites de donner suite aux travaux. En effet, le marché n'étant pas résilié par la mort du propriétaire, ne peut être rompu que par la volonté des héritiers; or cette volonté n'existe pas, tant que tous les héritiers ne la manifestent pas, car c'est leur réunion qui seule représente le défunt. On ne peut pas dire que le marché sera rompu pour les portions auxquelles ont droit dans la succession, ceux des héritiers qui renoncent au marché ; car l'obligation résultant d'un marché de cette nature est indivisible.

Cette opinion est fondée sur les vrais principes du droit ; ainsi la voie judiciaire, pour forcer les héritiers à s'accorder, peut n'être prise par l'entrepreneur que quand il a intérêt, avant de continuer ses fournitures et sa main-d'œuvre, de s'assurer si son marché sera tenu ou rompu par la volonté unanime des héritiers, dont un ou plusieurs ont déjà fait notifier leur intention de résilier le marché.

Privilége sur les constructions.

(18) *Page* 90. — C'est par les articles 2103 et 2110 du Code civil, qu'est prescrit ce que nous disons sur la nécessité d'un premier procès-verbal constatant l'état des lieux avant de commencer les constructions qu'on veut affecter d'un privilége au profit des architectes, entrepreneurs et ouvriers; sur la nécessité d'un second procès-verbal de réception des ouvrages qui seront affectés par privilége ; sur la nécessité de faire inscrire au bureau des hypothèques ce second procès-verbal ; sur ce que le montant du privilége ne peut excéder la somme à laquelle les constructions ont été évaluées par le second procès-verbal ; sur ce que, de plus, le privilége se réduit à la plus-value que les ouvrages ont procurée à l'immeuble, à l'époque où il est aliéné ; enfin sur ce que le privilége prend date du jour où le premier procès-verbal a été inscrit au bureau des hypothèques.

A l'égard de la marche à suivre pour la nomination de l'expert chargé de dresser le premier procès-verbal, et pour la nomination de l'expert qui doit dresser le second procès-verbal, ainsi que pour procéder aux deux opérations, nous avons suivi ce que le Code de procédure civile ordonne en général pour les expertises.

On doit sentir combien il est important pour ceux qui doivent avoir part au privilége établi sur des constructions, de se présenter au second procès-verbal, pour y faire constater leurs créances ; car il n'y a privilége que pour ceux qui se trouvent indiqués par ce second procès-verbal, pour avoir tel ou tel droit affecté sur la construction. Comme l'inscription des deux procès-verbaux au bureau des hypothèques est la formalité essentielle qui conserve le privilége, d'après l'article 2110 du Code civil, cette conservation ne peut évidemment avoir d'effet que pour les créanciers qui sont désignés comme ayant droit au privilége ; or c'est le second procès-verbal qui seul est destiné à constater leurs titres.

(19) *Page* 95.—Quand la créance privilégiée de l'entrepreneur se trouve réduite à la plus-value que l'immeuble a obte-

nue par la construction, est-il bien vrai que la portion de créance mise hors du privilége reste du moins hypothéquée? et si l'hypothèque existe, prend-elle son rang à la date de l'inscription du premier ou du second procès-verbal?

Il est évident, d'abord, que l'entrepreneur ne cesse pas d'avoir droit d'être payé de la portion dont sa créance est privée de privilége, comme excédant la plus-value de l'immeuble. Le Code, art. 2103, a bien décidé que l'excédant de la plus-value ne participerait pas au privilége; mais il n'a pas eu l'injustice de déclarer l'entrepreneur déchu du droit de se faire payer de cette portion de sa créance. Il est donc à examiner si cette portion non privilégiée est du moins hypothéquée.

Que faut-il pour conférer le caractère d'hypothèque à une créance? L'inscription du titre s'il est authentique. Quel titre l'est davantage que celui qui émane d'un premier jugement par lequel un expert est nommé pour constater l'état des lieux; d'un second jugement qui nomme encore un expert pour recevoir les constructions exécutées, et en fixer la valeur; des deux procès-verbaux dressés en vertu de ces deux jugemens; procès-verbaux déposés au greffe du tribunal, et dont expédition est délivrée? Ces deux actes sont donc authentiques; et en les fesant inscrire au bureau des hypothèques, ils sont capables de donner hypothèque à la créance dont ils sont le titre. Ils ont même, d'après la loi, l'avantage de rendre privilégiée cette même hypothèque jusqu'à concurrence de la plus-value.

Il est vrai que suivant l'événement, le privilége pourra se restreindre à une hypothèque pour ne frapper que sur une portion de la créance, mais l'autre portion, privée seulement de la qualité de privilégiée, n'en reste pas moins inscrite en vertu d'un titre authentique; elle doit donc conserver du moins son caractère de créance hypothéquée.

Maintenant quelle date aura cette hypothèque? N'est-il pas naturel de ne lui donner que la date de l'inscription du second procès-verbal; car c'est le seul qui énonce le montant de la créance? Nous ne dissimulerons pas que les avis sont partagés sur cette question, et que ceux qui donnent à l'hypothèque la date de l'inscription du second procès-verbal, ont un motif assez spécieux, puisque c'est en effet cette dernière inscription qui indique le montant de la créance.

Ceux qui font remonter l'hypothèque à la date de l'inscription du premier procès-verbal, disent que cette hypothèque résulte nécessairement des formalités prescrites pour l'établissement du privilége, car la créance est d'abord privilégiée pour la totalité, sauf l'événement qui pourra réduire le privilége; jusque-là, c'est la date de la première inscription qui fixe le rang de la créance; et lorsque l'événement de la plus-value vient réduire le privilége, il laisse subsister l'hypothèque telle qu'elle a été prise conformément à la loi, et d'après les formalités prescrites, c'est-à-dire à la date de l'inscription du premier procès-verbal.

Il n'y a pas à craindre que les créanciers qui viennent prendre hypothèque dans l'intervalle qui sépare l'inscription du premier procès-verbal, et celle du second, soient trompés ; ils voient par le premier procès-verbal inscrit l'importance plus ou moins grande des constructions projetées ; ils sont avertis qu'un privilége doit les primer, ou en tout cas une hypothèque, si le privilége venait à être réduit. Ils peuvent apprécier suffisamment la valeur de cette hypothèque, pour se déterminer à prêter ou à refuser de prêter sur l'immeuble ; et si le prêt est effectué, il sont en état de connaître s'il y a suffisance dans le gage qu'on leur donne.

(20) *Page* 99 —En disant que le privilége sur une construction peut être établi aussi en faveur des ouvriers, on entend ceux qui ont travaillé directement par les ordres du propriétaire, et non pas ceux qu'un entrepreneur a employés. Lui seul a traité avec le propriétaire, qui ne connaît pas les ouvriers de l'entrepreneur, lesquels aussi n'ont eu aucune convention avec le propriétaire. Les ouvriers que l'entrepreneur met en œuvre n'ont que celui-ci pour débiteur de leur salaire ; ils peuvent faire sur lui des oppositions, ou exercer ses droits, selon les circonstances ; mais ils n'ont aucune qualité pour participer en leurs noms au privilége établi au profit de cet entrepreneur.

Les simples ouvriers n'ont donc droit au privilége dont la construction est grevée, que quand ils ont travaillé sous les ordres immédiats du propriétaire, sans l'entremise d'un entrepreneur.

Pourquoi la loi admet-elle aussi l'architecte à profiter du privilége de la construction ; il ne fait aucune fourniture ? La construction se compose de louage d'industrie et de vente des matériaux. C'est à l'emploi de l'un et de l'autre que le privilége est accordé. Or, l'architecte, en donnant son talent, ne fournit pas la partie la moins intéressante de l'industrie qui doit créer une bonne et belle construction. Il est donc juste qu'il participe au privilége, à raison des plans qu'il a composés, des devis qu'il a dressés, de la surveillance qu'il a exercée, de la vérification qu'il a faite des ouvrages, et du réglement des mémoires qui lui ont été soumis. Ainsi il peut se présenter au second procès-verbal d'expert, pour faire constater et évaluer sa créance, afin d'obtenir son paiement par privilége.

RÉPARATIONS OCCASIONNÉES PAR ACCIDENS.

Cas fortuit, force majeure.

(21) *Page* 103.—La définition que nous avons donnée du cas fortuit et de la force majeure n'est pas exacte.

Par cas fortuit on entend en général tout événement imprévu, et qui est pour les personnes qui en ressentent les effets, comme produit par le hasard.

La force majeure est le résultat d'un événement pareillement imprévu, mais que l'on n'aurait pas pu empêcher, même quand on aurait pas pu le prévoir.

Sans doute, comme nous l'avons dit, l'ordre émané de l'autorité est un cas fortuit qu'on n'a pas pu prévoir ; mais c'est en outre un événement de force majeure, qu'il n'eût pas été possible d'éviter, lors même qu'on l'eût prévu. Une attaque de voleurs est un cas fortuit si elle a été imprévue ; elle n'est force majeure qu'improprement et relativement ; car si on l'eût prévue il eût été possible de l'éviter ou d'y résister. Le débordement d'un fleuve est un cas fortuit qui devient force majeure, car il n'y aurait pas eu moyen de l'empêcher si on l'eût prévu. Trouver un trésor, perdre un objet précieux, sont simplement des cas fortuits qui ne sont pas accompagnés de force majeure.

Ainsi, l'expression de cas fortuit comprend tout événement imprévu, qu'il produise ou non force majeure.

(22) *Page* 104.—Il est bien vrai que, suivant l'article 1773 du Code civil, d'accord avec la loi romaine, la clause par laquelle on se charge des cas fortuits, ne comprend que les accidens auxquels on peut s'attendre ordinairement, comme la grêle, la gelée, le feu du ciel, la coulure ; c'est ce que le Code nomme les cas fortuits ordinaires. Ce sont en effet les seuls que les parties sont censées avoir eu à la pensée quand elles ont contracté.

Il faut ajouter que, par une autre disposition du même article cité, les cas fortuits qu'il appelle extraordinaires, tels que les ravages de la guerre, une inondation dans les pays qui n'y sont pas ordinairement sujets, sont pourtant aussi à la charge de la partie qui a promis de les supporter, quand la clause exprime les cas fortuits prévus et imprévus. Ce serait la même chose si la clause indiquait les cas fortuits ordinaires et extraordinaires.

On voit que, dans les pays où l'inondation arrive communément, cet accident est compris parmi les cas fortuits ordinaires ; qu'ainsi, en se chargeant simplement des cas fortuits, on doit entendre, dans ces pays, le cas d'inondation assez ordinaire dans le pays.

Réparations occasionnées par le voisinage.

(23) *Page* 115.—Souvent il est très-important d'ordonner provisoirement la suspension des travaux dénoncés comme nuisibles au voisinage. En voici un exemple, dans une espèce où nous avons été consulté.

Une maison sise dans un faubourg de Paris, au fond d'une

longue cour, avait été donnée à bail pour neuf ans et pour une raffinerie de sucre. Il restait encore trois ans à courir pour terminer le bail, lorsque le propriétaire a projeté de construire deux maisons, l'une sur la rue, l'autre au milieu de la cour. Dès que les ouvriers ont paru, le locataire s'est pourvu en référé pour obtenir provisoirement la suspension des travaux, en attendant qu'il eût été statué définitivement à l'audience, sur son droit de jouir des lieux dans l'état où il les avait pris à bail.

Avant de prononcer, le juge du référé a ordonné une visite des lieux par un expert nommé d'office : la mesure était sage ; mais l'ordonnance devait fixer un court délai pour l'expertise, et condamner le propriétaire à suspendre provisoirement ses travaux, si, dans le délai déterminé, il ne rapportait pas le procès-verbal de l'expert. Cette précaution ayant échappé à la sagacité du magistrat, l'opération d'expertise a duré plusieurs mois, pendant lesquels les travaux de nouvelle construction ont été poussés avec une telle activité, que la cour a été entièrement bouleversée par les fouilles des fondations, et obstruée tant par les matériaux approchés que par les ouvriers.

Le rapport de l'expert, produit tardivement, est devenu inutile pour le provisoire, et le locataire a souffert tous les inconvéniens qu'il avait voulu prévenir. Le procès n'a plus eu d'autre objet que des dommages et intérêts, presque toujours insuffisans, à cause de l'habitude où on est en France de les modérer considérablement.

(24) *Page* 117. — On sait que le châtelet était la juridiction royale, qui répondait à ce que nous appelons aujourd'hui le tribunal de première instance.

Le bureau des finances était une autre juridiction royale exercée par des magistrats appelés *trésoriers de France.* Il y avait un bureau des finances dans chaque généralité, c'est-à-dire dans chaque division administrative du royaume, qui maintenant est divisé, sous les mêmes rapports, en départemens.

Dans les attributions des trésoriers de France entrait la grande voirie, qui consiste à veiller à la conservation des chemins publics dans les campagnes, et des rues dans les villes. Les alignemens pour les constructions étaient donc donnés par les bureaux des finances. En même temps ils connaissaient en premier ressort de toutes les contestations relatives à ces objets.

Maintenant la grande voirie est sous l'autorité administrative, et les contestations relatives à cette matière sont portées devant les tribunaux.

(25) *Page* 118. — Nous sommes tombés dans l'erreur en disant qu'il faut se conformer aux coutumes qui, comme celle de Berry, autorisent un copropriétaire à s'emparer des fruits de l'immeuble indivis, pour s'indemniser des réparations urgentes

qu'il y a faites. Les coutumes ont été remplacées par le Code
civil; on ne doit donc recourir aux coutumes que dans les cas
où notre Code le décide expressément. Il ne dit rien spéciale-
ment sur le recours que peut avoir contre ses copropriétaires
celui qui répare l'immeuble indivis. Cette action est donc aban-
donnée par la loi nouvelle aux règles générales qu'elle prescrit
pour se faire payer d'une créance.

(26) *Page* 118.—Dans le cas où les différens étages d'une
maison appartiennent à différens propriétaires qui ne possèdent
pas indivisément, parce que le partage en a été fait, il faut se
rappeler ce qu'on a dit à ce sujet au tome Ier, p. 107. Les gros
murs et le toit sont à la charge commune de ces différens pro-
priétaires, qui, pour ces deux parties de la maison, sont restés
dans l'indivision. Par conséquent, si l'accident dont on est me-
nacé vient d'un gros mur ou du toit, on peut s'adresser à l'un
des possesseurs de la maison, pour le forcer à prévenir l'acci-
dent, sauf son recours contre ses copossesseurs. Il est mieux
pourtant de les assigner tous; et on ne doit en attaquer un seul
que quand il y a nécessité, comme urgence ou ignorance soit
du nom, soit de la demeure des autres.

(27) *Page* 124.—La loi romaine, que nous citons, n'oblige
pas solidairement les copropriétaires d'une maison possédée indi-
visément, à payer l'indemnité qui résulte d'un accident occa-
sionné par la chute de cette maison. Quelques jurisconsultes
qui savent que le droit romain n'a pour nous d'autre autorité
que celle d'auteurs célèbres, prétendent que, dans notre légis-
lation, il doit y avoir solidarité entre les copropriétaires, pour
le paiement de l'indemnité dont il s'agit.

Toutes les fois, disent-ils, que l'engagement est solidaire, le
paiement doit l'être pareillement. Or, chacun des copropriétaires
est également obligé de veiller à ce que la maison indivise, dans
toutes ses parties, sans exception, ne cause de dommage à
autrui. Ce genre d'obligation est évidemment solidaire, puis-
qu'elle affecte chacun des copropriétaires séparément pour
toutes les parties de la maison. Donc, s'il résulte de cette obliga-
tion une condamnation en dédommagement, elle doit frapper
solidairement sur chacun des copropriétaires.

Pour démontrer l'erreur de cette opinion, il suffit de savoir
qu'il n'y a pas de solidarité entre des débiteurs, si elle n'a pas
été expressément convenue, car elle ne se présume pas. (Code
civil, art. 1202.) Une pareille convention consiste dans la pro-
messe que fait chaque débiteur au créancier, de lui payer seul
la totalité de ce qui lui est dû, à condition que le paiement effec-
tué par un seul libérera tous les autres (Code civil, art. 1200):
voilà pourquoi il est de principe qu'il ne peut y avoir de solida-
rité sans obligation personnelle contractée formellement, sauf
les cas où la loi a établi une solidarité de plein droit.

Or, l'indivision est un fait, un état de possession auquel la loi
n'a pas attaché de solidarité. D'un autre côté on suppose que
chacun des copropriétaires de la maison indivise n'a fait aucune
promesse personnellement à qui que ce soit, de payer lui seul
pour tous la totalité du dommage que la chute de cette maison
pourrait causer : il n'y a donc pas de leur part d'obligation per-
sonnelle, ni par conséquent de solidarité.

Accidens arrivés par incendie.

(28) *Page* 129.—Plusieurs fois nous avons été consulté sur la
question de savoir si les réglemens de police généraux ou parti-
culiers, concernant les précautions à prendre contre l'incendie
quand on fait des constructions, pouvaient être invoqués dans
certaines communes où, depuis un temps immémorial, on ne
les observait pas. Le principe qui décide est que jamais les lois
établies pour la sûreté des citoyens et des propriétés, ne peu-
vent être abolies par le non usage, quelque long-temps qu'il ait
duré.

Si l'abrogation d'une loi résulte dans certains cas de la longue
habitude de ne pas s'y conformer, c'est que l'assentiment gé-
néral a prouvé qu'elle était devenue inutile, ou qu'elle avait
cessé d'être en harmonie avec nos mœurs. Un pareil assenti-
ment universel ne peut pas se supposer en matière de précau-
tions aussi nécessaires que le sont celles qui tendent à prévenir
le trop funeste fléau de l'incendie. L'usage dans lequel on est
dans quelques contrées de s'en dispenser, ne peut être attribué
qu'à la négligence des fonctionnaires publics; ce qui ne peut
jamais porter atteinte à l'autorité des lois et réglemens relatifs
à la sûreté générale.

(29) *Page* 130. —Sans doute que si la restitution d'un dépôt
volontaire est poursuivie par la voie civile, il n'y a pas lieu à la
contrainte par corps; mais s'il y a abus de confiance tel qu'il est
caractérisé par l'article 408 du Code pénal, on peut attaquer
celui qui s'est chargé d'un dépôt volontaire, par voie de police
correctionnelle : non seulement le dépositaire infidèle sera con-
traint par corps à restituer le dépôt ou la valeur; mais encore
il sera passible d'une peine pour la vindicte publique. Cette
peine est l'emprisonnement de deux mois à deux ans, et d'une
amende qui ne peut excéder le quart de la valeur de la restitu-
tion ordonnée et des dommages-intérêts, sans pourtant pouvoir
être au-dessous de 25 francs.

(30) *Page* 131.—Nous trouvons très-juste l'opinion de Domat,
qui regarde comme coupable d'un délit celui qui viole un dépôt
forcé; aussi nous ne doutons pas que l'article 408 du Code
pénal, cité dans la note précédente, ne soit applicable au dépôt
nécessaire : cet article ne fait aucune distinction ; il punit éga-
lement tout dépositaire qui commet un abus de confiance,

parce que son obligation est la même, qu'il ait été choisi volon-
tairement, ou par la nécessité à cause d'un accident tel que
l'incendie.

(31) *Page* 134.—Il n'est presque jamais possible de recourir
au juge, pour obtenir l'autorisation de démolir des bâtimens
pour prévenir l'extension de l'incendie ; aussi ne regarde-t-on
les recours contre l'incendie que comme du ressort de la police ;
en sorte que les magistrats de l'autorité administrative ont prin-
cipalement pour devoir de se présenter sur les lieux où le feu
a pris. La nécessité d'opérer les démolitions sans le moindre
retard, les force presque toujours à donner leurs ordres verbale-
ment.

Néanmoins, après l'événement, ils doivent dresser un procès-
verbal de ce qui s'est passé, ainsi que des mesures nécessaires
qu'ils ont autorisées. Les circonstances que cet acte constate
peuvent servir beaucoup, dans le cas où des contestations
sont élevées par des personnes auxquelles l'incendie a porté
préjudice.

(32) *Page* 137. — Si les propriétaires des deux maisons abat-
tues ne contribuaient pas à l'indemnité, ils recevraient la valeur
totale de leurs maisons, quoiqu'elles fussent dans un danger
bien plus grand que celles préservées. Serait-il juste que les
propriétaires de ces dernières payassent la totalité du dédom-
magement, puisque ceux qui recevraient cette totalité auraient
couru un danger plus imminent ? Il est donc raisonnable que
ceux-ci participent à la perte en proportion de la valeur de leurs
maisons.

(33) *Page* 138. — Nous disons que l'incendie occasionné par
l'artillerie ennemie, ou par des pièces d'artifice tirées dans une
fête publique, ne donne lieu à aucune action en dommages et
intérêts ; cela veut dire qu'aucun particulier n'est responsable
d'un pareil événement. Mais il est dû des indemnités par le
gouvernement aux citoyens qui ont souffert de la guerre, parce
qu'elle est le fait du gouvernement. Toute propriété particulière
sacrifiée à l'utilité publique doit être payée à celui à qui elle
appartient. (Code civil, art. 545.)

Par la même raison, si une pièce d'artifice tirée pour réjouis-
sance publique endommage des bâtimens, l'administration qui
fait la dépense de la fête est tenue de réparer le dommage.

(34) *Page* 140. — La doctrine de Pothier a été adoptée par
le Code civil ; on y voit, article 1213, que la dette n'est solidaire
qu'en faveur du créancier, et que chacun, envers ses codébi-
teurs n'est tenu que de sa portion. En conséquence, suivant l'ar-
ticle 1214, si l'un des débiteurs solidaires a été forcé de payer
la totalité de la dette, il n'a de recours contre ses codébiteurs,
que pour chacun leur part ; et dans le cas où l'un d'eux est

insolvable, tous les autres doivent supporter leur part de cette perte.

(35) *Page* 143. — Une question bien importante est celle de savoir si les dommages causés à une maison par les flammes d'une maison où le feu a pris, sont dus par le propriétaire de cette dernière ; quoiqu'il ne soit pas prouvé que lui ou ceux dont il répond aient été cause de l'incendie par négligence ou imprudence.

Les avis sont partagés : les uns disent que la présomption légale fondée sur l'habitation dans la maison incendiée, peut être opposée au propriétaire, et qu'ainsi c'est à lui à prouver qu'il n'y a pas eu de sa faute si l'accident est arrivé. D'autres soutiennent que la présomption légale n'existe, suivant l'art. 1350 du Code civil, que dans les cas prévus expressément par la loi. Or, on ne trouve cette présomption, en cas d'incendie, que dans l'art. 1773 du Code civil, qui ne concerne que les locataires ; eux seuls sont présumés avoir causé l'accident du feu, tant qu'ils ne prouvent pas qu'ils n'en sont pas les auteurs. On ne doit pas étendre une pareille disposition au-delà du cas prévus.

De là on conclut qu'on ne peut attaquer en dommages et intérêts le propriétaire de la maison incendiée, à moins de prouver que l'accident est arrivé par sa faute. La présomption établie contre les locataires, ne doit pas lui être appliquée. On trouve que le contrat de louage est un lien particulier qui oblige le locataire envers le propriétaire à une surveillance plus rigoureuse pour la conservation de l'objet confié au preneur ; en sorte qu'il n'est pas étonnant qu'on ait soumis ce dernier à une présomption de faute, en cas d'incendie.

A l'appui de cette opinion, sont cités plusieurs arrêts qui ont repoussé toute demande en indemnité contre le propriétaire d'une maison incendiée parce qu'on ne rapportait pas la preuve que lui ou ceux dont il était responsable, avaient causé l'accident. L'un de la cour royale de Caen, a été rendu le 27 août 1819, et deux autres, de la cour royale de Paris, sont en date tout deux du 27 janvier 1824. Ils sont rapportés au Journal du Palais, tome II de 1824, page 546. Un troisième arrêt de cette dernière cour, du 16 mai 1825, se trouve au même recueil, t. II de 1825. p. 337.

Dans l'espèce de ce dernier arrêt, la maison incendiée était assurée ; cette circonstance, qui semblait rendre moins favorable la position du propriétaire, n'a été d'aucune considération. Bien plus, dans un procès-verbal dressé par l'autorité, le propriétaire qui habitait la maison, avait déclaré que la cause de l'incendie paraissait probablement venir d'une mèche de lampe mal éteinte par ses ouvriers, en quittant leur atelier. Cet aveu volontaire, qui rejetait sur des personnes dont le propriétaire devait répondre, n'étant qu'une probabilité , n'a pas été admise comme preuve suffisante , ni même comme pouvant établir une présomption. Le tribunal de première instance de Paris avait pourtant condamné le propriétaire aux dommages et intérêts ; mais le jugement a été réformé sur l'appel.

Nous regrettons de ne pas avoir une décision de la cour de cassation sur cette grave question ; car, aux arrêts des cours de Caen et de Paris, on peut en opposer plusieurs émanés de différentes autres cours. Celle d'Amiens à la date du 24 messidor an XI, et celle de Lyon, 14 décembre 1811, ont jugé que le propriétaire de la maison incendiée est responsable des dommages causés aux voisins ; quand il ne prouve pas que lui ou ceux qui agissent pour lui, ne sont pas auteurs de l'accident. Ces deux arrêts sont au *Journal du Palais*, le premier dans le volume du second semestre de l'an XI, page 441, et l'autre dans le volume du second semestre de 1811, page 311.

Il faut en dire autant de l'autorité des auteurs : aux uns , **tels que MM. Merlin et Prudhon**, qui n'admettent pas de présomption contre le propriétaire de la maison incendiée, on peut opposer le non moins célèbre M. Toullier, qui est d'un avis contraire. La principale objection de l'autre opinion consiste dans la spécialité de l'art. 1753 du Code civil , qui n'établit de présomption de faute en cas d'incendie que contre les locataires ; et qui semble exclure les propriétaires de toute participation à cette présomption, suivant l'usage. *Qui dicit de uno, negat de altero.*

On répond que le Code n'a fait une disposition particulière concernant les locataires, que pour résoudre une question indécise jusqu'alors, celle de savoir si les locataires sont responsables de la faute légère ; en mettant contre eux la présomption, il est décidé qu'ils sont tenus de la moindre faute.

A l'égard du lien particulier formé par le contrat de louage , et qui impose spécialement au preneur l'obligation de tous les soins possibles pour la conservation de l'objet loué, il est évident que le voisinage est un quasi-contrat bien reconnu par la loi, et qui ne lie pas moins étroitement les propriétaires voisins les uns envers les autres.

Au reste, en accordant que dans le cas d'incendie , la présomption légale établie contre les locataires, ne doive pas s'étendre aux propriétaires, il faut du moins convenir que le Code a soumis ces derniers aux règles générales du droit. En principe , suivant l'article 1834, on est responsable du dommage causé par soi-même ou par les personnes dont on répond, ou même par les choses dont on répond, ou même par les choses qu'on a sous sa garde. Or les locataires jouissent au nom et pour le propriétaire. Ce dernier répond donc de ceux à qui il a confié sa maison, du moins envers les voisins, qui n'ont pas le droit de

s'immiscer dans les transactions que fait ce propriétaire pour
qu'on remplisse en son nom les devoirs du voisinage.

D'un autre côté, la personne qui a la garde d'une maison est
bien évidemment le propriétaire, du moins par rapport aux
voisins, qui ne peuvent et ne doivent connaître que lui. Il est
donc tenu envers eux, de veiller par lui-même, ou par ceux
qu'il juge à propos de choisir, à ce que cette maison n'occasionne
aucun préjudice à autrui.

Combien il serait injuste que le propriétaire pût s'emparer de
la présomption établie contre ses locataires, pour se faire in-
demniser des dégâts occasionnés à sa maison par le feu ; et que
les voisins, atteints des suites de cet accident, ne pussent avoir
aucune action contre ce même propriétaire, sans prouver préa-
lablement que l'incendie provient de sa faute ! Peut-on supposer
que le Code ait voulu assurer le dédommagement du proprié-
taire, et ne rien faire pour l'indemnité des voisins ?

Enfin l'importance de pourvoir par tous les moyens à la sé-
curité publique, est un motif bien puissant pour contraindre
les propriétaires de maisons à la plus grande surveillance, afin
de prévenir les accidens trop fréquens et pourtant si funestes de
l'incendie, il n'est pas de mesure plus efficace que de rendre les
propriétaires responsables envers leurs voisins, par suite de la
responsabilité du propriétaire d'un objet qui cause du tort à
autrui. De ce que le Code a résolu la question de responsabilité
des locataires envers le propriétaire, il ne suit pas que celui-ci
soit à l'abri de responsabilité envers ses voisins. Il semble au
contraire que la loi ne charge les locataires de responsabilité en-
vers le propriétaire, que pour procurer à celui-ci plus de facilité
pour indemniser à son tour les voisins.

Si absolument on ne veut pas admettre la présomption légale
contre les propriétaires, du moins sont-ils soumis à la présomp-
tion simple. L'article 1353 du Code civil en abandonne l'appli-
cation aux lumières et à la prudence des magistrats. Alors,
comme nous le disons dans notre premier texte, la décision en
pareil cas, dépend beaucoup des circonstonces ; par conséquent
on ne peut pas regarder comme principe évident que l'art. 1733,
qui ne concerne que les locataires, mette les propriétaires en-
tièrement à l'abri de toute présomption de faute.

DES RÉPARATIONS LOCATIVES.

Réparations des moulins.

(37) *Page* 161. — L'usage de faire estimer le mécanisme d'un
moulin en commençant le bail, et d'une seconde estimation à la
fin du bail, pour faire payer par l'une des parties à l'autre la
différence des deux estimations, est fondée sur les considéra-
tions qui sont dans l'intérêt du propriétaire et du fermier tou)

à la fois. Si ce dernier n'était pas assuré de ce qu'il dépensera au-delà de la valeur qu'avait le mécanisme, pour le maintenir dans l'état de bon service, il ne pourrait faire que de très-faibles réparations, surtout dans les dernières années de son bail ; il en résulterait pour lui une jouissance moins productive, et pour le propriétaire une diminution sensible dans la bonté ou la valeur du mécanisme.

Mais quelque juste que paraisse cet usage, il se présente une difficulté pour le cas où les matériaux propres au mécanisme d'un moulin, sont sensiblement augmentés ou baissés de prix pendant le courant du bail. L'estimation faite à la fin aura-t-elle pour base les prix de la première estimation, ou ceux de l'époque actuelle ? En suivant les anciens prix, ou ceux du moment, on risque de porter préjudice au propriétaire ou au fermier, selon qu'il y a augmentation ou baisse dans la valeur des matériaux.

Dans le contrat de louage, on ne considère pas la valeur intrinsèque des objets confiés au fermier ; mais l'état plus ou moins bon dans lequel ils se trouvent au commencement du bail. Le fermier n'est tenu en sortant, que de rendre ces mêmes objets dans l'état où il les a reçus. (Code civil, art. 1730.)

Ne serait-il donc pas plus juste et plus conforme à l'esprit de la loi, de ne pas évaluer le mécanisme, ni lors de l'entrée en jouissance du fermier, ni lors de sa sortie ? On devrait constater l'état de bonté dans lequel se trouve chaque pièce du mécanisme aux deux époques ; spécifier la nature de la matière dont elle est formée ; si c'est, par exemple, du bois de chêne ou d'une autre espèce, du fer ou du cuivre, quelle usure chaque pièce a subie, et autres circonstances capables de faire apprécier si l'état où est rendu le mécanisme est le même que celui où il était au commencement du bail.

Trouve-t-on que cette partie du moulin à la fin du bail, soit dans un état inférieur à celui où elle était au commencement de ce bail ? Le fermier payera au propriétaire une indemnité proportionnelle. Au contraire, est-ce le fermier qui rend un mécanisme plus neuf, meilleur que celui qu'il a reçu? C'est le propriétaire qui lui devra l'indemnité.

Alors, il ne s'agira que d'apprécier ce qu'il en coûterait pour rétablir le mécanisme dans son premier état, si le fermier le rendait moins bon, et on défalquerait de cette dépense à fafre la valeur actuelle des pièces à réformer ou de moins bonne qualité, lesquelles resteraient au propriétaire.

Dans le cas où le mecanisme se trouverait plus neuf ou meilleur, on apprécierait la plus value d'après les prix actuels, pour déterminer l'indemnité du fermier.

Par ce moyen, celui-ci ne serait jamais dans la crainte de mettre du sien, pour donner au moulin toute l'activité capable

de lui assurer un bon produit. D'un autre côté, on ne serait pas
dans le cas de préjudicier aux intérêts du propriétaire, ou du
fermier, en procédant par voie de deux estimations, si les prix
des matériaux, lors de la première, étaient trop différens de ceux
établis lors de la seconde. Enfin, on suivrait les dispositions de
l'art. 1730 du Code.

(38) *Page* 168. — Le calcul que nous faisons ici est pour le
cas où l'on procède à deux estimations du mécanisme d'un mou-
lin; mais il n'est plus applicable, si on adopte la méthode que
que nous indiquons dans la note précédente, méthode seule
conforme au Code civil.

N. B. Tout le reste de ce § IV ne concerne pas les moulins;
il a été mis en cet endroit par erreur; il forme la fin du § III,
qui parle des réparations locatives des maisons.

Réparations locatives des maisons et des fermes.

(39) *Page* 170. — On ne parle ici que de plusieurs locataires
qui occupent la même maison : il n'y a donc pas à leur appli-
quer ce qui a été dit, tome premier, page 107, du cas où les
divers étages d'une maison appartiennent à des propriétaires
différens. Ceux-ci doivent suivre ce que dit à leur sujet le Code
civil au titre des servitudes, art. 664 à l'égard des locataires
qui habitent la même maison, ils sont soumis aux principes éta-
blis par le même Code au titre du contrat de louage.

(40) *Page* 174. — Un fermier laisse usurper une pièce de terre
sur laquelle étaient de grands arbres; il n'avertit son proprié-
taire que l'année suivante, et lorsque l'usurpateur a déjà fait
abattre les arbres dont il a fait l'emploi. Le propriétaire obtient
sa rentrée dans la pièce de terre, mais ne peut pas se faire payer
le prix des arbres dont elle a été dépouillée. On demande s'il a
son recours contre le fermier qui est resté long-temps sans le
prévenir de l'usurpation. Ce fermier n'est-il assez puni de ne
pou voir pas demander d'indemnité pour la non-jouissance de
la pièce de terre pendant qu'a duré l'usurpation?

Puisque l'art. 1768 du Code civil rend ce fermier responsable
de tous dépens, dommages et intérêts, s'il néglige d'avertir le
propriétaire des usurpations commises, il n'est pas douteux que,
dans l'exemple proposé, ce fermier devra l'indemnité résultant
de l'enlèvement des arbres, sauf son recours contre l'usurpateur.

Pareillement, dès la seconde année de son bail de neuf ans,
le fermier laisse usurper une portion de terrain, et achève sa
jouissance sans avoir averti le propriétaire; c'est dans le courant
du bail suivant fait à un autre fermier que l'usurpation vient à
la connaissance du propriétaire. Mais son action en revendica-
tion n'a pas de succès, parce qu'on lui oppose la prescription
de dix ans, appuyée d'un titre avec bonne foi, suivant l'art. 2265
du Code civil.

Assurément, le fermier précédent, quoique son bail soit fini depuis plusieurs années, pourra être condamné à payer au propriétaire de la ferme la valeur du terrain qui en a été séparé ; c'est en effet la négligence du fermier qui a été cause que le temps de la prescription s'est accompli à l'insu du propriétaire, qui n'a pas été prévenu de l'usurpation.

(41) *Page* 174. — Les pailles de l'année sont celles de la récolte qui précède immédiatement l'époque où le bail finit ; qu'elles soient plus ou moins abondantes, peu importe, pourvu que la trop petite quantité qui aurait été récoltée ne provienne pas de la faute du fermier.

Quant aux engrais de l'année, ce sont les fumiers faits par les bestiaux de la ferme pendant la dernière année du bail. On ne s'attache pas à la quantité, pourvu que le fermier n'ait pas usé de mauvaise foi pour réduire à trop peu les engrais de sa dernière année.

Cette disposition de l'art. 1778 du Code civil est fondée sur ce que le fermier, en entrant en jouissance, a trouvé les pailles et engrais de l'année précédente, et qu'il doit rendre en sortant ce qu'il a reçu. Par conséquent, si en entrant dans la ferme, il n'existait pas de paille ou d'engrais, il faudrait que cette circonstance fut constatée avant de prendre possession de la ferme ; autrement la présomption serait que le pailles et engrais de l'année précédente ont été livrés au fermier lors de son entrée en jouissance.

Lors donc qu'il est constaté, soit par bail, soit par l'état des lieux, soit par tout autre écrit, que le fermier n'a pas trouvé en entrant les pailles ou les engrais de l'année précédente, il n'est pas tenu d'en laisser en sortant. Cependant, il ne peut pas enlever ceux de sa dernière année, si le propriétaire veut les lui acheter ; ce que décide le même article.

Par qui et quand sont dues les réparations locatives.

(42) *Page* 176. — Le propriétaire qui n'a pas privé son principal locataire de la faculté de sous-louer le tout ou partie de l'immeuble, peut-il forcer les sous-locataires à garnir suffisamment les lieux qu'il occupent, pour répondre de leurs loyers et des réparations ?

N'ayant aucune convention avec les sous-locataires, il ne peut pas les actionner en vertu du bail qu'il a consenti, mais bien, en exerçant les droits du principal locataire ; c'est en effet ce que décide le Code civil, art. 1166, qui permet au créancier d'exercer les droits de son débiteur. Cependant il faut supposer, dans le cas dont il s'agit, que le principal locataire n'a pas lui-même apporté dans la maison suffisante quantité de meubles pour servir de garantie au propriétaire ; car ce dernier ne peut pas en demander davantage ; il serait sans intérêt à attaquer le sous-locataire, avec qui il n'a personnellement aucune convention.

Les meubles d'un sous-locataire sont soumis au privilége du propriétaire, non seulement pour les loyers des lieux sous-loués, mais encore pour les réparations locatives de ces mêmes lieux. Ainsi, quoique les loyers de la sous-location aient été exactement payés sans fraude au principal locataire, et que par conséquent le propriétaire ne puisse plus les réclamer de celui qui les a acquittés, les meubles de ce sous-locataire sont encore le gage privilégié des réparations locatives dont il est chargé.

(43) *Page* 177. — Dans le cas où, en passant le bail, la maison ou la ferme a besoin de réparations, qui sont à la charge du propriétaire, il faut distinguer si elles sont nécessaires pour que la chose louée puisse servir à l'usage auquel elle est destinée, ou bien si elles ne sont pas indispensables. Au premier cas, les réparations sont exigibles par le locataire ou le fermier, quoique le bail soit signé sans qu'il y ait été parlé de ces même réparations. En effet, il est de l'essence du contrat de louage que le bailleur livre la chose en état de servir à l'usage convenu entre les parties. Donc en tout temps les réparations nécessaires pour cet usage peuvent être reclamées par le preneur.

Au cas contraire, c'est-à-dire quand les réparations ne sont pas indispensables pour l'usage de la chose louée, le preneur qui n'a pas stipulé qu'elles seraient faites par le propriétaire, est censé avoir consenti à se servir de l'objet loué dans l'état où il lui a été livré ; il ne peut donc pas exiger ces sortes de réparations après la signature du bail.

S'il survient des réparations à la charge du propriétaire pendant le cours du bail, même distinction est à faire ; il est tenu d'y pourvoir seulement lorsqu'elles sont nécessaires à l'usage de la chose louée. Observez que, dans une maison d'habitation, des dégradations qui la rendraient malpropre ou d'un aspect désagréable, seraient regardées comme nuisibles à l'usage convenu, et que le propriétaire serait forcé de les réparer sans retard, si elles étaient à sa charge.

(44) *Page* 179. — Dans une constestation qui a pour but de faire résilier le bail d'un principal locataire, est-il permis aux sous-locataires d'intervenir, pour s'opposer à la résiliation? Leur intérêt est d'empêcher la résiliation de leurs sous-baux, car elle serait une conséquence de celle du bail principal.

Distinguons : Si la demande est formée par le propriétaire, les sous-locataires ne pourraient pas lui opposer leurs sous-baux, auxquels il n'a point figuré. Aucun moyen personnel aux sous-locataires ne pourrait être employé, parce que l'intérêt de ces derniers est étranger au demandeur ne permettant pas de parler d'eux, avec qui ils n'ont aucun traité. Leur présence aux débats ne serait donc que pour répétition inutile qui servirait uniquement à compliquer la procédure et à en aggraver les frais. L'intervention ne serait donc pas recevable , sauf recours contre le principal locataire.

Cependant, s'il y avait à craindre que le principal locataire négligeât sa défense, par connivence avec le demandeur, ou par un intérêt particulier , nous pensons que les sous-locataires feraient bien d'intervenir pour proposer une défense sérieuse, comme auxiliaires du défendeur. Il est vrai qu'ils risqueraient de supporter les dépens de leur intervention , si elle n'était pas jugée admissible, parce que leur crainte ne se trouverait pas justifiée.

Est-ce au contraire le principal locataire qui demande la résiliation du bail? il n'est pas douteux que l'intervention des sous-locataires est recevable; il ont pour véritable adversaire celui de qui ils tiennent leurs sous-baux, et qui demande une résiliation à laquelle ils ont intérêt de s'opposer. Ils n'ont à craindre de supporter les dépens de leur intervention, que dans le cas où le principal locataire obtiendrait la résiliation du bail ; mais , du moins, ils auraient un recours contre lui pour raison de la résiliation de leurs sous-baux, qui en serait la suite nécessaire.

(45) *Page* 195. — Le locataire ou fermier est tenu de rendre les lieux tels que l'a constaté l'état qui en est dressé lors de son entrée en possession ; et s'il n'a pas été fait d'état des lieux, il doit en sortant faire toutes les réparations locatives. C'est pourquoi, avons-nous dit, si les lieux n'ont pas été décrits, il peut, avant d'entrer en jouissance, exiger que le propriétaire fasse toutes les réparations , même après la signature du bail. Cela s'entend seulement de toutes les réparations locatives; car, à l'égard de celles qui sont à la charge du propriétaire, celui-ci ne peut être tenu à les faire après la signature du bail, que suivant la distinction expliquée en la note (39), à laquelle nous renvoyons.

(46) *Page* 195. — La nécessité de faire un état des lieux est d'autant plus grande que la preuve par témoins, si la valeur excède 150 francs, n'est pas admise pour justifier que les réparations locatives exigées à la fin du bail étaient faites lors de l'entrée en jouissance , ou qu'elles n'étaient pas effectuées. (Code civil, art. 1341).

Voici un exemple du danger auquel s'expose un locataire qui néglige la précaution d'un état des lieux.

Un sénateur du temps de l'empire avait pris à bail pour neuf ans un hôtel situé à Paris, faubourg Saint-Germain , moyennant 3,000 fr. de loyer. Dès la première année le bail fut résilié à l'amiable, et avant l'entrée en jouissance du nouveau locataire, dont nous étions le conseil, un état des lieux fut exigé. Il fut constaté par les architectes respectifs des réparations locatives pour une valeur de 2,400 francs.

La dame veuve, qui était propriétaire de l'hôtel , s'était engagée à faire toutes les réparations; elle fut effrayée de la dépense, et soutint que c'était au locataire sortant à les faire, prétendant que l'hôtel était en bon état quand le sénateur en avait pris possession. En vain celui-ci allègue que le peu de temps qu'avait duré son occupation rendait invraisemblable une si grande quantité de dégradations à sa charge.

Il ne representait pas d'état des lieux, la preuve par témoins qu'il offrait ne fut pas acceptée, et il fut forcé de payer l'évaluation des réparations locatives constatées lors de sa sortie. C'était payer bien cher une jouissance dont le prix annuel n'était que de 3,000 francs, et qui n'avait pas duré une année entière.

En ne permettant pas la preuve par témoins, dans les contestations dont l'objet est d'une valeur de plus de 150 francs, le Code excepte les matières de commerce, pour lesquelles il laisse à ce sujet subsister les usages contraires qui y sont reçus. De là naît la question de savoir si, pour les réparations locatives d'un magasin loué séparément à un commerçant, la preuve testimoniale peut être invoquée.

Dans l'espèce où nous avons été consulté, c'était à un libraire que le magasin avait été loué; celui-ci l'avait sous-loué à un autre libraire qui, en le rendant à la fin du sous-bail, prétendait que les dégradations qu'on voulait lui faire réparer existaient lors de son entrée en jouissance. Faute d'état des lieux, il voulut obtenir la faculté de faire entendre des témoins. A cet effet, se trouvant cité devant le juge de paix, il demande le renvoi devant le tribunal de commerce, attendu que le magasin était un objet de commerce, et que les deux parties fesaient le négoce.

Le déclinatoire ne réussit pas, et le juge de paix retint la contestation, parce que la location des lieux où doit s'exercer un commerce n'est pas un fait de commerce, mais un moyen qui doit mettre à portée de faire le commerce. Les seules opérations du commerce d'un libraire sont de vendre des livres, qu'il a lui-même achetés ou confectionnés; de souscrire des obligations relatives à ces mêmes livres, et de négocier ou exiger le paiement des obligations qui lui ont été souscrites à raison de ces mêmes objets.

Cette décision, qui fut confirmée sur l'appel, est établie sur les vrais principes, qui n'attribuent aux tribunaux de commerce que les faits de pur négoce, et non pas ceux qui tendent seulement à préparer ou faciliter l'exercice d'une profession commerciale.

Un locataire fait des dispositions dans la maison qui lui est est louée, de manière que pour faire tenir certains objets, comme des cloisons, il emploie du fer, ou du plâtre, ou de la chaux, en sorte qu'on ne peut le déplacer sans fracturer ces objets, ou parties des matériaux qui les composent ou les attachent. On demande si ce locataire a la faculté, en sortant, d'enlever ces mêmes objets sans le consentement du propriétaire.

Pour la négative on invoque l'art. 525 du Code civil, où il est dit que les effets mobiliers sont sensés avoir été placés à perpétuelle demeure, et par conséquent faire partie de l'immeuble lorsqu'ils y sont scellés en plâtre, ou à chaux, ou à ciment, ou quand ils ne peuvent être détachés sans être fracturés et détériorés, ou sans fracturer ou détériorer la partie de l'immeuble à laquelle ils tiennent. Le locataire, dit-on, qui, par le moyen de pareils scellemens, incorpore des objets mobiliers à la maison qui tient à loyer, a eu nécessairement, d'après la loi, l'intention de les y attacher à perpétuelle demeure ; d'où il suit qu'il ne peut pas les enlever contre le gré du propriétaire.

La réponse est que l'intention de la perpétuelle demeure, pour rendre immobiliers des objets mobiliers par des scellemens en plâtre, chaux ou ciment, ne peut provenir que du propriétaire, ou, comme on le verra par la suite, de l'usufruitier, mais jamais de celui qui jouit à titre de bail écrit ou verbal. Aussi l'art. 525 ne parle-t-il que du propriétaire qui incorpore à sa maison des objets mobiliers par des scellemens en plâtre, en chaux ou en ciment. C'est le propriétaire seul qui peut avoir l'intention d'attacher à perpétuelle demeure des objets mobiliers à un immeuble, pour leur transmettre la qualité d'objets immobiliers. Il en est de l'effet de la perpétuelle demeure comme de la destination du père de famille ; cette destination ne peut produire servitude que quand la disposition qui asservit un héritage à l'utilité d'un autre héritage, a été prise par le propriétaire des deux immeubles, comme on l'a vu au tome I, p. 298.

Ainsi le locataire n'étant pas propriétaire de la maison qui lui est louée, ne peut jamais être supposé avoir eu l'intention de la perpétuelle demeure lorsqu'il a fait des scellemens en plâtre, chaux ou en ciment. Sa volonté, sans le concours de celle du propriétaire, n'a pas la capacité légale d'immobiliser des effets mobiliers en les attachant ainsi à une maison qui ne lui appartient pas. Le propriétaire a donc le droit de le forcer à les enlever et de rétablir les dégradations que leur déplacement peut occasionner. Par la même raison, le locataire a le droit de faire cet enlèvement sans que le propriétaire puisse s'y opposer ; car le contrat de louage est synallagmatique : s'il donne au bailleur le droit d'exiger que les lieux soient remis en l'état où ils étaient lors de l'entrée en jouissance du locataire, le même contrat donne à celui-ci la faculté de reprendre ce qu'il a placé dans l'immeuble, même au moyen de scellement, puisque son obligation se borne à remettre l'objet dans le même état qu'il l'a reçu.

Le locataire, il est vrai, n'est pas toujours dans la position d'exercer ce droit ; car s'il n'a pas été fait d'état des lieux, il est à craindre que le propriétaire, soit à défaut de mémoire, soit par mauvaise foi, soutienne que les choses placées avec scellement pendant la durée du bail, existaient antérieurement. Si l'objet est d'une valeur au-dessus de 150 fr., la preuve testimoniale sera refusée au locataire; il sera présumé avoir trouvé en place les effets mobiliers qui sont scellés, et il ne lui sera pas permis des les emporter.

Au contraire, s'il y a un état des lieux ou autre preuve écrite que ces mêmes objets ont été attachés à l'immeuble par le locataire, il en résultera qu'ils lui appartiennent, puisqu'il n'a pas pu avoir efficacement l'intention de les incorporer à perpétuelle demeure à l'immeuble. Il sera donc autorisé à les enlever, pourvu qu'il répare les dégradations que le déplacement causera, et qu'il rende l'immeuble tel qu'il est décrit dans l'état des lieux

(47) *Page* 198. — Nous disons que l'état des lieux ne doit omettre aucune des circonstances qui puisse faire connaître la valeur de chaque objet décrit. Il n'en faut pas conclure que l'évaluation en soit énoncée; car un état des lieux est simplement descriptif et nullement estimatif; aucun prix n'y doit figurer. Ce que nous entendons, c'est que la description soit tellement circonstanciée, que lors de la vérification des lieux, à la fin du bail, il soit possible d'avoir une idée juste de l'état où était chaque objet lors de l'entrée en jouissance, et d'apprécier facilement la valeur actuelle de ce que doit le locataire, si quelque chose manque ou est détérioré.

Réparations usufruitières.

(48) *Page* 201. — La propriété d'un objet, quand la jouissance en est séparée, se nomme *nue-propriété*, tandis que cette jouissance est appelée *usufruit*. Jamais l'usufruit n'est constitué pour toujours; il doit finir dans un temps déterminé, ou à une époque éventuelle, comme un décès. Le terme prévu étant arrivé, l'usufruit prend fin, la jouissance est réunie à la nue-propriété; alors celui au profit de qui cette réunion s'effectue est dit avoir la *pleine propriété* de l'objet dont il n'avait que la nue-propriété pendant la durée de l'usufruit.

Il a paru juste que les réparations de ce qui constitue le corps de l'héritage, et qui l'anéantirait si elles n'étaient pas faites, soient à la charge de celui à qui la nue-propriété appartient; il est le plus intéressé au maintien de ce qui donne l'existence à la chose. A l'égard des réparations qui n'ont d'autre but que d'entretenir l'héritage en bon état, elles sont supportées par l'usufruitier, parce qu'elles touchent de plus près la jouissance dont il est investi.

Ne devrait-on pas aussi faire supporter par la nue-propriété au moins une partie des redevances annuelles dont l'héritage est grevé? Cependant le Code charge l'usufruitier d'en acquitter la totalité. On a considéré que ce qui se paie annuellement, comme les impositions et les rentes foncières, sont en quelque sorte le prix de la jouissance, et doivent se prendre sur les fruits récoltés annuellement. Il parait trop dure d'assujétir chaque année la nue-propriété à une portion des redevances, lorsqu'elle ne procure aucune recette, et que déjà elle est chargée des réparations qui ont pour objet de conserver l'existence au corps de l'héritage.

(49) *Page* 202. — Une servitude est éteinte par la destruction de l'un des deux héritages qui en sont l'objet, parce qu'alors il n'est plus possible que le droit soit exercé. Mais la servitude renaît dès que les lieux ont été remis dans leur précédent état, à moins qu'il ne se soit écoulé trente ans depuis la destruction jusqu'au jour du rétablissement des lieux. Pourquoi n'en est-il pas de même pour l'usufruit ? La destruction ayant anéanti ce qui en est l'objet, l'usufruitier peut avoir intérêt à le rétablir à ses frais, pour continuer son usufruit, dont le temps n'est pas fini.

Le motif est que la loi spéciale des servitudes n'est pas applicable à l'usufruit, qui a pareillement sa législation particulière. Or, on y voit que la destruction de l'objet sur lequel est assis l'usufruit opère la cessation du droit de l'usufruitier. Il n'est pas ajouté, comme dans la disposition légale contenant les servitudes, que le rétablissement de l'objet possédé en usufruit fera renaître le droit d'en continuer la possession au même titre. Cette faculté est donc refusée à l'usufruitier.

Que doit-on décider si une maison, principal objet de l'usufruit, n'est détruite qu'en partie ; l'usufruitier pourra-t-il rétablir ce qui a été détruit, et continuer sa jouissance ? Nous croyons que, si l'usufruit est éteint par destruction, c'est qu'il y a alors impossibilité de faire servir l'objet à l'usage auquel il était destiné ; d'où il suit que, si la destruction n'est pas totale, et qu'après l'événement la maison est en état de servir encore, sans aucun rétablissement, à l'usage qui a été convenu, l'usufruit ne sera pas éteint. Par conséquent, celui qui en jouit pourra reconstruire à ses frais la partie détruite, pour jouir plus commodément de son droit.

(50) *Page* 203. — Les devoirs de l'usufruitier, en cas d'usurpation, étant les mêmes que ceux du fermier, *voyez* ce qui est dit au sujet de ce dernier, page 174, à la note (36).

Cependant, comme la jouissance de l'usufruitier est bien plus ample que celle du fermier, le premier ne peut-il pas, si bon lui semble, former la revendication en son nom contre l'usurpateur ?

On doit décider négativement, parce que l'usufruitier n'a toujours qu'une possession à titre précaire, et que, pour ce qui concerne un droit inhérent à la propriété, il n'a aucune qualité qui lui donne droit d'agir. Il peut seulement intervenir dans l'instance d'entre le propriétaire et l'usurpateur, pour veiller à ce que ces deux parties principales ne soient pas de connivence pour le priver d'une portion de sa jouissance, pour que le propriétaire, par négligence, inhabilité ou malveillance, ne laisse pas porter atteine à un droit dont la perte causerait préjudice à l'usufruit.

Cependant, si, après avoir été averti de l'usurpation en temps utile, un propriétaire mettait du retard à former sa demande, l'usufruitier qui l'aurait mis en demeure pourrait agir comme partie principale ; ce ne sera pas en son personnel, mais comme exerçant les droits du propriétaire, conformément à l'art. 1166 du Code civil.

(51) *Page 205.* — D'après le Code civil, art. 600, l'usufruitier doit prendre l'immeuble tel qu'il est. Par conséquent les réparations d'entretien qui se trouvent à faire pour les dégradations antérieures à son entrée en jouissance tombent à sa charge. Que doit-on décider des grosses réparations dont l'immeuble aura besoin à la même époque ? L'usufruitier ne doit-il pas en être chargé, puisqu'il est tenu de prendre les choses dans l'état où elles sont ?

La réponse est dans l'art. 605, qui oblige le propriétaire aux réparations de cette espèce. En effet, l'usufruitier entre en possession de l'immeuble tel qu'il le trouve, pour se conformer à l'art. 600 ; mais, aussitôt, voyant que de grosses réparations sont nécessaires, il invoque l'art. 605 et contraint le propriétaire de les faire.

Observons que le propriétaire peut refuser la mise en possession à l'usufruitier, tant que celui-ci n'a pas fait faire l'état des lieux et n'a pas donné caution, s'il n'en est pas dispensé par son titre ; car ce sont des conditions que le Code met à sa charge ; d'où il suit que seul il doit faire la dépense de ces mêmes formalités. Ce n'est pas que l'usufruitier perde les fruits de l'immeuble pour le temps qu'il tarde à se mettre en possession ; car la loi lui attribue tous les produits à compter du moment où son droit d'usufruit est ouvert ; il est seulement privé d'y toucher tant qu'il n'a pas satisfait aux conditions qui lui sont imposées pour prendre possession.

(52) *Page 205.* — C'est par erreur que nous avons assimilé l'usufruitier au fermier lorsque des constructions ont été par lui ajoutées à l'immeuble qu'il possède en usufruit. Nous avons embrassé l'opinion de ceux qui appliquent à l'usufruitier l'art. 555 du Code civil, où on trouve comme principe général que, si on construit sur le terrain d'autrui, on peut enlever les matériaux, à moins que le propriétaire du terrain ne veuille conserver la construction, et alors en payer ce qu'elle vaut à l'époque où il en offre le prix. Ce principe général règle les améliorations et

augmentations faites par le fermier, parce qu'aucune disposition légale n'en excepte la matière du contrat de louage.

Il n'en est pas ainsi de l'usufruit; l'article 599 du Code civil porte une exception formelle, puisqu'il défend expressément à l'usufruitier de réclamer à la fin de sa jouissance la moindre indemnité pour toute amélioration qu'il aurait faite, encore bien que l'immeuble en eût reçu une augmentation de valeur. On sait que toute disposition spéciale dans les cas indiqués par la loi, doit écarter l'application des principes généraux auxquels ils auraient été soumis sous la législation qui leur est particulière.

Ainsi, en rapprochant la rectification que la présente note fait à notre premier texte, de l'exemple cité dans la note (45), on voit que l'usufruitier qui a rétabli sur l'immeuble les portions détruites par cas fortuit, n'a aucun droit d'en réclamer la valeur, et qu'il ne lui est pas même permis d'enlever aucun des matériaux avec lesquels il a fait la construction.

La même décision aurait lieu si l'usufruitier avait amélioré ou augmenté l'immeuble, qu'aucune destruction n'aurait détérioré; les objets qu'il aurait incorporés à cet héritage appartiendraient de plein droit au propriétaire à la fin de la jouissance usufruitière, sans qu'il y eût lieu à aucune indemnité

(53) *Page* 206. — Est-il exact de dire en général que l'usufruitier ne peut pas s'opposer à ce que le propriétaire reconstruise les bâtimens détruits par cas fortuit? Il nous semble qu'il faut plutôt s'en tenir à notre dernière idée, qui est de consulter les circonstances pour forcer l'usufruitier à souffrir la reconstruction. Donnons un exemple.

Des bâtimens accessoires de l'immeuble, tels que des granges, des écuries, des remises, ont été détruits par accident. Ces objets, loin d'être utiles à l'usufruitier, n'étaient qu'une charge, à cause de l'entretien qu'ils lui occasionnaient. Au contraire, leur suppression lui procure une vue plus agréable, et l'emplacement qu'ils occupaient agrandit une cour qui était trop petite. Serait-il juste de forcer l'usufruitier à voir rétablir des constructions qui le gênaient, quand c'est un cas fortuit qui l'en a débarrassé? Le Code, art. 624 n'oblige ni le propriétaire, ni l'usufruitier à reconstruire les bâtimens détruits par accident; il déclare que l'usufruit cesse dans le cas où, par cette destruction, l'objet qui en est chargé est hors d'état de servir; et que, si la destruction n'est pas entière, l'usufruit se réduit aux constructions restées.

Il suit de là que le propriétaire ne trouve pas dans la loi le droit de reconstruire quand l'usufruitier s'y oppose; ce droit ne pourrait naître que d'un intérêt actuel. Si donc l'intérêt qui le déterminerait à rétablir les bâtimens ne devait avoir son effet qu'à la fin de l'usufruit, il devrait attendre cette époque pour accommoder son immeuble à sa convenance.

On ne voit un intérêt actuel pour lui de reconstruire les ob-

jets détruits que dans le cas où la solidité du reste de bâtimens
le nécessiterait. Alors des experts diraient s'il y a réellement
nécessité, et indiqueraient les reconstructions indispensables à
faire pour la conservation des bâtimens que l'accident avait
épargnés. Dès qu'en vertu de la loi l'usufruitier a acquis un mode
plus commode d'user de l'immeuble, et qu'elle l'a déchargé,
par suite de l'événement, de l'entretien d'objets qui lui sont
inutiles, on ne peut le priver de cet avantage, sans des motifs
d'intérêt bien réel de la part du propriétaire.

(54) *Page* 206. — Dans les notes (45) et (48), nous avons
parlé des cas où l'usufruitier fait des construction soit en rem-
placement de celles détruites par cas fortuits, soit en augmentation
de l'héritage. Ce que nous en avons dit doit servir à expliquer l'opi-
nion émise par Desgodets, et que nous adoptons, sauf les modifi-
cations qu'y apportent les notes citées, auxquelles nous renvoyons.

(55) *Page* 218. — Des auteurs disent qu'un bail qui excède
la durée de neuf ans, est de la classe de ceux qui mettent les
réparations usufruitières à la charge du preneur. D'autres vont
à l'extrémité contraire ; ils prétendent qu'un bail à vie ne diffère
pas d'un bail ordinaire de neuf ans ou d'une durée moindre,
et qu'ainsi le preneur à vie ne doit que les réparations locatives.

Ces deux opinions sont également erronées. Il est bien vrai que
dans notre législation, le pouvoir d'un tuteur et de tout autre
simple administrateur ne lui permet pas de consentir des baux
plus longs que neuf ans ; mais le propriétaire, qui est maître
de ses droits, peut faire des baux plus longs, sans pour cela
être censé avoir contracté aucune aliénation.

Aussi voit-on par les lois sur l'enregistrement que les baux
sont divisés en deux classes : la première comprenant ceux dont
la durée est limitée, quel que soit le nombre des années pour
lesquelles ils sont faits, le droit est calculé dans la même pro-
portion : dans la seconde classe sont les baux dont la durée est
illimitée, tels que ceux à vie ou à rente ; la perception est celle
établie pour toute aliénation, soit de la pleine propriété, soit
de l'usufruit seulement.

D'après cette distinction, n'est-il pas évident, comme le dit
Pothier, en son contrat de louage, n° 27, que le bail à vie
renferme une constitution d'usufruit. Par conséquent, le pre-
neur est tenu des réparations usufruitières, et ne laisse que les
grosses réparations à la charge du bailleur ; sauf les conventions
contraires qui seraient insérées dans le bail.

PROCÉDURE POUR VISITER LES LIEUX.

Visite par le juge de paix.

(56) *Page* 223. — On demande si les juges de paix doivent
connaître des contestations qui s'élèvent pour les réparations
d'un immeuble possédé par bail à vie. Pour décider, il faut sa-
voir si ce bail ne charge le preneur que des réparations locatives,

ce qui doit être exprimé formellement ; car, à défaut d'explica-
tion à ce sujet dans la convention, le preneur est chargé des ré-
parations usufruitières. *Voyez* la note (51),

Si le preneur n'est tenu qu'aux réparations locatives, elles
devront être constatées, en cas de contestation, par le juge de
paix, qui statuera sur les difficultés ; parce que l'art. 3 du Code
de procédure civile met dans les attributions de ce magistrat, la
matière des réparations locatives.

Il résulte de là que les réparations usufruitières ne sont pas
de la compétence de la justice de paix. Lors donc qu'un bail à
vie ne restreint pas expressément les obligations du preneur aux
simples réparations locatives, celui-ci ne peut ni traduire, ni
être traduit devant le juge de paix à raison des réparations, c'est
comme s'il était usufruitier, puisqu'il est chargé des réparations
usufruitières.

(57) *Page* 226. — Le jugement ordonne que la visite se fera
en présence des parties, ce qui n'empêche pas qu'elles puissent
s'y faire réprésenter par des fondés de pouvoir. Si l'une d'elles
ne comparait pas sur les lieux, la visite se fait en son absence.

Le juge de paix peut-il se dispenser de visiter les lieux con-
tentieux ? Oui, si les parties s'accordent sur la nature et la
valeur des réparations, et qu'il ne s'agisse que de savoir si le
locataire est tenu de les faire, attendu, par exemple, que les
dégradations sont le fait du propriétaire. Mais lorsque le point à
décider consiste à connaître quelles sont les réparations exigées
du locataire, ou quelle en est la valeur, l'article 41 du Code de
procédure veut impérieusement qu'une visite soit effectuée avec
ou sans experts, selon que le juge de paix se croit ou non en
état de faire la visite sans le secours de gens de l'art.

Pourquoi la loi ne parle-t-elle pas de la récusation des experts
nommés en justice de paix ? Faut-il en conclure, avec quelques
jurisconsultes, que leur récusation n'y est pas admise ?

D'abord on voit que les experts qui accompagnent un juge
de paix ne sont chargés d'aucune opération, mais seulement
d'aider le magistrat par leurs lumières. C'est par cette raison
qu'il les nomme lui-même, parce qu'il doit seul savoir de qui il
peut attendre les secours dont il a besoin.

En second lieu, la récusation ne peut être d'une grande im-
portance dans les contestations que le juge de paix décide sou-
verainement, et dont, par conséquent, l'objet est d'une valeur
qui n'excède pas 50 francs. Il ne fallait pas donner lieu à une
procédure dispendieuse pour un si modique intérêt, et dont
pourtant des parties obstinées auraient pu abuser. On a préféré
laisser à la prudence du juge de paix, de ne pas choisir pour
experts des personnes qui seraient trop suspectes de partialité.

A l'égard des contestations soumises à l'appel, c'est différent,
puisque leur objet peut s'élever à des sommes assez fortes,

comme dans l'espèce, qu'on voit en la note (42). Il est vrai que le juge de paix qui n'écoute pas la récusation qui lui est proposée, ne contrevient pas aux règles de la procédure, puisqu'elles ne lui prescrivent rien à ce sujet ; mais il commet une injustice, et, sous ce rapport, son refus d'obtempérer à des causes valables de récusation, peut être employé comme moyen d'appel pour attaquer son jugement. En effet, si le Code de procédure ne dit rien de la récusation des experts en justice de paix, il ne défend pas de faire droit à de justes représentations sur leur choix ; à plus forte raison ne commande-t-il pas de se servir d'experts trop fortement suspects aux parties. Une décision qui a pour base un avis d'experts aussi peu dignes de confiance, doit influer sur l'opinion du tribunal où l'appel est porté.

C'est seulement dans ce sens que nous disons, dans notre premier texte, qu'en justice de paix, les experts sont récusables avant le serment qu'ils doivent prêter, comme le veulent les art. 42 et 43 du Code de procédure. Ainsi le refus d'écouter la récusation n'est pas, en justice de paix, un vice de forme ; mais il peut être une faute contre l'équité et fournir un moyen d'appel.

(58) *Page* 227. — On demande si le juge de paix est tenu de constater par écrit les dires et réquisitions des parties présentes à la visite, ou de leurs fondés de pouvoir.

Il faut distinguer si la contestation, est ou non sujette à l'appel. Au premier cas, l'article 42 du Code de procédure, veut qu'il soit dressé procès-verbal de la visite. Les observations des parties doivent donc y être constatées ; autrement on n'aurait pas sur l'appel des documens exacts de ce qui s'est passé sur les lieux.

Au contraire, quand il n'y a pas lieu à l'appel, aucun procès-verbal ne doit être dressé (art. 43). Le juge de paix, qui peut même prononcer en dernier ressort sur-le-champs, n'a besoin que d'entendre les parties, sans consigner leurs dires par écrit. Ne croit-il pas devoir statuer sur les lieux ? il prend note des observations des parties, s'il craint que sa mémoire ne les lui conserve pas suffisamment. Il indique le jour où il prononcera à l'audience, où les parties se trouvent si bon leur semble, sans qu'il puisse leur être donné aucune citation.

Autre question. Il n'est pas douteux que, si le juge de paix ne reçoit pas des experts les lumières qu'il en espérait, il peut en nommer d'autres ; par conséquent, en appel, il pourrait arriver que les renseignemens fournis par les experts dans le procès-verbal de visite, ne parussent pas suffisans, et que le tribunal ordonnât que les lieux seraient de nouveau visités. On demande si cette seconde opération sera faite par le juge de paix qui se ferait accompagner d'experts nouveaux qu'il choisirait, conformément à l'article 41 ; ou bien si le tribunal nommerait des experts qui procéderaient comme il est prescrit pour les expertises qui ont lieu devant les tribunaux ordinaires.

M. Carré pense que la nouvelle visite est recommencée par le juge de paix qui choisit d'autres experts pour l'accompagner. Nous regrettons que ce savant auteur n'ait pas assez motivé son avis. On peut dire que la loi veut qu'en matière de réparations locatives, les lieux soient visités par le juge de paix lui-même ; que, si en appel on trouve qu'une seconde visite soit nécessaire, c'est le juge de paix qui doit y procéder, puisqu'il est exclusivement commis pour ces sortes d'opérations. Les mêmes raisons qui lui ont fait donner cette attribution pour une première visite, militent également pour qu'il soit chargé de visiter une seconde fois les lieux.

Ajoutons que la contestation sur l'appel n'est pas moins sommaire qu'elle ne l'était en justice de paix (Code de procédure, article 404). Il faut donc en second degré de juridiction, dans ces matières, éviter, comme en premier degré, tout ce qui peut compliquer la procédure, ou la rendre plus dispendieuse.

Quand les tribunaux ordonnent une seconde expertise, uniquement pour avoir de plus amples renseignemens, et non parce qu'on a à se plaindre des experts, les mêmes sont chargés de la seconde opération, comme supplément de leur travail. Lors donc qu'une première visite du juge de paix ne fournit pas assez d'éclaircissemens sur l'appel, on n'a point à se plaindre de ce magistrat, mais de ce que les lumières qu'il a reçues ne sont pas suffisantes. Il est donc naturel de le charger de la seconde visite ; il prendra des experts plus éclairés, ou il fera expliquer plus amplement ceux qui l'ont accompagné la première fois. L'opinion contraire est fondée sur ce que les causes d'appel doivent s'instruire conformément à la procédure établie par les tribunaux où elles sont portées. C'est une vérité si constante, qu'on ne pourrait pas faire juger l'appel d'une décisiou du juge de paix, sans le ministère des avoués, quoiqu'on ne doive pas se servir d'eux en justice de paix. On conclut de là que, si le tribunal ordonne que les lieux visités d'abord par le juge de paix acccompagné d'experts, soient visités de nouveau, ce doit être par des experts que nomme le jugement, et qui procéderont comme le prescrit le titre des expertises devant les tribunaux ordinaires.

Pour concilier ces deux opinions, nous pensons que la loi ne s'étant pas expliquée sur la question dont il s'agit, les juges d'appel ont la faculté d'ordonner que le juge de paix procédera à une seconde visite, soit avec les mêmes experts, qui s'expliqueront sur les points qu'il n'ont pas éclaircis, soit avec d'autres experts, si les premiers n'ont pas mérité la confiance des magistrats. Ceux-ci peuvent aussi ordonner que les lieux seront de nouveau visités par des experts qu'ils nomment, pour procéder comme en toute expertise ordinaire. Les circonstances déterminent le tribunal à prendre l'un ou l'autre parti.

En chargeant de la seconde visite le juge de paix, c'est une délégation qu'il reçoit du tribunal, comme le permet l'art. 1035 du Code de procédure, pour tous les cas où il en est besoin. Alors le juge de paix procède à l'opératiou selon les règles qui lui sont propres.

(59) *Page* 228. — Dans notre premier texte, nous avons omis de donner le modèle de la signification du jugement par défaut à la partie défaillante et aux experts : nous y suppléons ici.

Signification d'un jugement par défaut à la partie défaillante.

Après avoir copié le jugement par défaut, qui ordonne la visite des lieux, l'huissier dresse son exploit en ces termes.

L'an mil, etc., à la requête du sieur A. propriétaire, demeurant à   cantou de   arrondissement de   département de   moi, soussigné C. huissier de la justice de paix du canton de'   arrondissement de   département de   demeurant à   et patenté, etc.

J'ai notifié au sieur B. fermier du requérant et demeurant à   canton de   arrondissement de   département de   en parlant en son dit domicile à une femme qui m'a dit être son épouse, du jugement dont copie est ci-dessus, et rendu par défaut contre lui, au profit du requérant, par M. le juge de paix dudit cantou de   afin que ledit sieur B. n'en ignore.

En conséquence, à même requête, et en parlant comme il est ci-dessus, j'ai fait, par le présent exploit, sommation audit sieur B. de se trouver le vingt de ce mois, à midi, sur le pré appartenant au requérant, et situé dans la commune de   faisant partie dudit canton de   pour être présent à la visite des lieux par M. ledit juge de paix, qui sera accompagné des sieurs P. et O. fermiers, demeurant en ladite commune de   et du sieur D. aubergiste, demeurant à   tous trois experts nommés d'office par ledit jugement, et pour voir préalablement prêter serment par lesdits experts.

J'ai déclaré audit sieur B. qu'il serait procédé au serment et à la visite tant en sa présence qu'en son absence, et lui ai laissé copie dudit jugement et du présent acte, dont le coût est de   *Signé* C.

Citation aux experts en vertu d'un jugement par défaut

D'un jugement par défaut rendu en la justice de paix du canton de   le   du mois de   mil huit cent   entre le sieur A. propriétaire, demeurant à   canton de   arrondissement de   département de   et le sieur B. son fermier, demeurant

à   canton de   arrondissement de
département de   il appert que les sieurs P. et O. fermiers, et le sieur D. aubergiste, ont été nommés d'office experts pour assister M. le juge de paix dans la visite qu'il fera en vertu de sondit jugement, le vingt de ce mois, à midi, du pré appartenant audit sieur A. et situé en la commune de
dudit canton de

En conséquence, à la requête du sieur A. propriétaire, demeurant à   canton de   arrondissement
de   département de   moi, soussigné, C. huissier de la justice de paix du canton de   arrondissement de   département de   demeurant à   dudit canton, patenté, etc., et en vertu du jugement dont extrait est donné ci-dessus.

J'ai cité le sieur P. fermier, demeurant à   canton de   arrondissement de   département de en parlant à sondit domicile à un homme qui m'a dit être son garçon de charrue.

Ainsi que le sieur O. fermier, demeurant dans la même commune de   en parlant à sondit domicile à un homme qui m'a dit être son fils.

Et enfin le sieur D. aubergiste, demeurant au même lieu que les deux précédens cités, en parlant audit domicile à une fille qui m'a dit être sa domestique.

A l'effet, par lesdits trois experts, de se trouver le vingt du présent mois, à l'heure de midi, sur le pré susdit, appartenant audit sieur A. et situé en ladite commune de
pour préalablement prêter serment en leur dite qualité d'experts, et ensuite assister M. le juge de paix à la visite qu'il fera dudit pré.

Pour que lesdits trois experts n'en ignorent, je leur ai laissé à chacun, en parlant à leursdits domiciles respectifs, comme il est dit ci-dessus, copie tant dudit extrait dudit jugement, que du présent acte, dont le coût est de   *Signé* C.

(60) *Page* 231. — Lorsque le jugement qui suit la visite des lieux n'est pas rendu sans désemparer, le procès-verbal dressé, puisqu'il s'agit d'une contestation sujette à l'appel, doit indiquer le jour où le jugement sera prononcé à l'audience, afin que les parties s'y trouvent, si bon leur semble ; cette indication leur sert de citation, ne devant pas être donnée autrement. C'est d'après ce procès-verbal que sont pris les motifs du jugement.

Visite des lieux ordonnée par les tribunaux.

(61) *Page* 237.—Une question qu'il est bon de faire connaître s'est présentée dans une espèce assez singulière. Un juge de paix avait prononcé sur une action possessoire, en faveur du demandeur, à qui il a ordonné de rendre un terrain qui avait été

usurpé et détérioré par des fouilles, depuis moins d'une année.
Sur l'appel porté au tribunal de l'arrondissement de Lodève,
avant de faire droit, un premier jugement du 22 juillet 1817,
ordonna que le tribunal entier se transporterait le jour même,
à l'issue de l'audience, sur le terrain contentieux, à l'effet de le
voir, vérifier et constater les faits, en présence des parties in-
vitées à s'y trouver.

Ce jugement est exécuté en l'absence de l'intimé, qui avait
obtenu en justice de paix la rentrée en possession du terrain
réclamé.

Le 26 du même mois de juillet, un jugement définitif infirma
la décision du juge de paix, et maintint le prétendu usurpateur
en possession du terrain dont il s'agissait.

Il y eut pourvoi en cassation contre ces deux jugemens du tri-
bunal de Lodève, de la part de la partie qu'il avait condamnée.
Les moyens de cassation ne frappaient que sur le premier de ces
deux jugemens, dont la nullité devait entraîner celle du second.
On trouvait violation des articles 295, 296, 297 du Code de
procédure civile.

Par l'article 295, le tribunal, quand il le croit nécessaire, est
autorisé à ordonner que les lieux seront visités par l'un des juges,
et l'article 296 veut que le juge commis pour la descente sur les
lieux soit un de ceux qui auront concouru au jugement par le-
quel l'opération est ordonnée.

D'après l'art. 297, le juge commis à la descente doit rendre,
sur la requête de la partie la plus diligente, une ordonnance
qui fixe le jour et l'heure où il se rendra sur les lieux ; et la
signification de cette ordonnance est faite d'avoué à avoué, pour
servir de sommation aux parties à l'effet de se trouver sur les
lieux.

Ces diverses formalités n'avaient pas été observées dans l'es-
pèce ; d'abord, au lieu de commettre l'un des juges, c'est le
tribunal entier qui a voulu voir les lieux ; ce que la loi ne lui
permettait pas, puisqu'elle dit positivement qu'un des juges
seulement sera commis. De plus, aucune ordonnance n'a été
rendue, sur la requête de la partie la plus diligente, pour fixer
le jour et l'heure de la descente. Cette formalité a été rendue
illusoire par le jugement qui ordonnait que l'opération se ferait
le jour même, à l'issue de l'audience.

La question soumise à la cour de cassation, comme on voit,
était de savoir si les dispositions des trois articles cités, sont de
telle nature qu'on ne puisse pas s'en écarter sans commettre des
nullités dans la procédure. L'arrêt rendu le 9 février 1820, par
la section des requêtes, a rejeté le pourvoi, attendu que les
articles invoqués ne contiennent ni prohibition absolue, ni
peine de nullité, dans le cas où on ne s'y conforme pas.

Il est vrai qu'il y a des formalités qu'on ne peut omettre sans donner prise à cassation, quoique la peine de nullité ne soit pas formellement exprimée ; mais c'est lorsqu'elles sont tellement essentielles, qu'il résulterait de leur inobservation une injustice évidente. Par exemple, en prescrivant que la partie la plus diligente notifiera aux avoués des autres parties l'ordonnance qui fixe le lieu, le jour et l'heure où se fera la descente, la loi veut que toutes les parties puissent y assister pour y faire leurs observations ; ce qui est d'une justice nécessaire. Si donc l'opération s'effectuait sans que la partie qui poursuit ait aucunement averti les autres parties du jour et de l'heure indiqués par le juge-commissaire et qu'ainsi elles n'eussent pas pu y assister, nous ne doutons pas que ce vice de forme ne fît annuler la procédure, quoique la signification de l'ordonnance du juge-commissaire ne soit pas prescrite sous peine de nullité.

Observons pourtant que, si cette peine était exprimée dans la loi, la cour ne pourrait jamais se dispenser d'annuler la procédure ; tandis que, la peine de nullité n'étant pas exprimée, il est laissé à la sagesse de la cour de juger par les circonstances, si l'inobservation de la formalité a entraîné une injustice assez grande pour nécessiter de recommencer l'opération.

Dans l'espèce proposée, aucun tort n'a été fait aux parties ; il leur importait peu que la descente fût opérée par un seul ou par tous les juges ; au contraire, elles avaient la certitude que le tribunal en serait mieux éclairé. Quant aux frais de transport, ils ne peuvent pas être plus considérables pour un seul que pour tous les juges, car ils sont taxés d'après le tarif ; toutes les parties étaient à l'audience ; elles ont été suffisamment averties par la disposition du jugement qui les invitait à se trouver sur les lieux, ce jour même, à l'issue de l'audience. Le tribunal de Lodève, en suivant une pratique de l'ancienne jurisprudence, n'a donc pas commis, en n'observant pas exactement la nouvelle procédure, une violation qui caractérise une injustice ; et comme ce qu'il n'a pas fait n'est pas ordonné sous peine de nullité, la cour de cassation a dû rejeter le pourvoi.

(62) *Page* 256. —Si, au lieu de consentir à ce que l'opération se fasse par un expert, les parties, après le jugement qui nomme trois experts, convenaient de s'en rapporter à deux de ces mêmes experts, y aurait-il nullité ? Cette question s'est présentée dans l'espèce suivante, qu'on trouve détaillée au Journal du Palais, vol. I de 1826, page 381.

Sur une contestation élevée entre deux particuliers, le tribunal de Florac avait ordonné une visite des lieux par trois experts nommés d'office, le juge de paix du canton où ils devaient procéder fut commis par le jugement pour recevoir leur serment ; mais l'un des trois experts n'ayant pas comparu, les parties consentirent à laisser faire l'opération par les deux experts qui s'étaient présentés, et le juge de paix constata cette déclaration.

Après la clôture du rapport, l'une des parties en demanda l'homologation ; mais l'autre soutint que ce rapport était nul, comme étant l'ouvrage de deux experts. L'art. 303, disait-on, veut impérieusement la nomination de trois experts, à moins que les parties ne consentent qu'il soit procédé par un seul. Ainsi, jamais il ne peut y avoir d'expertise valable si elle n'est faite par trois experts ou par un seul dans le cas prévu ; encore faut-il, dans ce cas, que les parties y consentent devant le tribunal, afin que le jugement porte la nomination. C'est en effet le jugement qui donne le pouvoir nécessaire aux experts pour opérer. Dans l'espèce les parties ont dérogé au jugement devant le juge de paix, qui n'avait été commis que pour recevoir le serment des experts, et qui n'avait pas compétence pour leur donner des pouvoirs, encore moins pour détruire la disposition d'un jugement qui avait nommé trois experts. Le consentement des parties n'est pas davantage capable de réformer une pareille disposition.

Il y a donc, dans l'expertise, ajoutait-on, non-seulement contravention à l'art. 303 du Code de procédure ; mais encore elle se trouvait en opposition avec le jugement qui avait nommé d'office trois experts ; c'était, de la part du tribunal, déclarer qu'il ne se croirait suffisamment instruit que par un rapport fait par les trois experts qu'il avait choisis. Était-il au pouvoir des parties de restreindre le nombre à deux, et de détruire ainsi le mode que les magistrats avaient prescrits pour les éclairer ?

La loi répugne d'autant plus expressément à une visite des lieux par deux experts, que l'article 316 prévoit le cas où l'un des trois experts nommés n'accepte pas, ou ne se présente pas, soit pour prêter serment, soit pour opérer. Il ordonne alors que les parties s'entendront pour remplacer l'expert absent, sinon qu'il y sera pourvu d'office par le tribunal.

Voilà donc la seule marche que les parties avaient à suivre ; elle est expressément tracée par la la loi : il fallait donc ou s'accorder sur le choix d'un troisième expert, ou se pourvoir devant le tribunal, pour en faire nommer un d'office. Convenir devant le juge de paix de laisser opérer deux des experts, c'est doublement contrevenir à l'article cité, qui, d'une part, veut un remplaçant à l'expert qui est absent, et de l'autre veut que, si ce troisième n'est pas choisi par les parties, il soit nommé d'office par le tribunal, qui seul peut régler l'exécution de son jugement.

Vainement dirait-on que la procédure d'une expertise n'est pas d'ordre public, et qu'ainsi elle n'est introduite que dans l'intérêt des parties, qui, par conséquent, peuvent y déroger par une convention spéciale. On répond que le mode de procéder auquel la loi attache la vérification des faits contencieux , est nécessairement de droit public ; il n'appartient pas aux particuliers de convenir d'une autre manière d'éclairer un tribunal sur les difficultés qu'ils lui soumettent ; la lumière ne peut arriver régulièrement que par la voie que la loi lui a tracée.

Le tribunal de Florac a annulé le rapport des deux experts , comme étant en contravention aux art. 3o3 et 3i6 du Code de procédure , et en opposition au jugement.

Mais sur l'appel , par arrêt rendu le i5 juillet 1825 , la cour royale de Nîmes a infirmé la décision des premiers juges , et a maintenu le rapport des deux experts , pour être fait droit aux parties , lors du jugement définitif de leur constestation. Cette cour a pensé que les articles invoqués ne disposent que dans l'intérêt des particuliers , et non pour l'ordre public. D'où elle tire la conséquence que , dans l'espèce , les parties ont pu renoncer à la faculté qu'elles avaient de faire procéder par trois experts , nombre qui leur était accordé par le jugement.

Nous ne croyons pas que cet article suffise pour établir la jurisprudence sur le point et sur la question qu'il décide. Si les parties présentes à l'audience demandaient deux experts au lieu de trois, nous pensons que le tribunal ne pourrait pas se rendre à cette mesure , et qu'il ne laisserait que le choix entre la nomination de trois experts et celle d'un seul , parce que l'art. 3o3 est trop impératif : « L'expertise, y est-il dit, ne pourra se faire » que par trois experts, à moins que les parties ne consentent » qu'il soit procédé par un seul. » Elles n'ont donc pas la faculté de consentir à ce que l'opération se fasse par deux experts. Or, pourquoi ce qui doit leur être refusé par le tribunal , pourrait-elles se le permettre de leur propre autorité ?

Au surplus , sans examiner plus à fond s'il y aurait contravention à l'art. 3o3 , en cédant au désir des parties qui demanderaient deux experts, au lieu de trois ou un seul , il est du moins certain qu'en rejetant un rapport fait par deux experts quand il en aurait nommé trois, le jugement de Florac ne présentait aucun grief qui pût le faire infirmer sur l'appel.

Les juges sont seuls capables d'apprécier si, en nommant d'office trois experts , ils ont compté obtenir des éclaicissemens plus complets. Lorsqu'ensuite, dans le rapport, ils ne voient que l'avis de deux experts, au lieu de l'avis de trois, il leur est permis de n'y pas attacher le même degré de confiance, surtout n'ayant pas autorisé cette inobservation de leur jugement.

Dire qu'elle n'a lieu que du consentement des parties, ce n'est pas un motif suffisant pour assurer que la visite des lieux a été aussi parfaitement faite que les juges l'espéraient du concours des trois experts. Il n'appartient pas aux parties de pénétrer les intentions qui ont déterminé le choix des trois experts nommés d'office. Comment admettre que les parties peuvent , d'elles-mêmes , restreindre les moyens que le tribunal s'était préparés de se procurer les documens dont il pensait avoir besoin ? Si elles se croyaient fondées à faire diminuer le nombre des experts, elles devaient au moins s'adresser au tribunal , qui aurait pesé les motifs de ce changement et les aurait rejetés ou accueillis, s'il s'était senti autorisé à cette condescendance sans violer l'article 303.

Bien démontré qu'un tribunal est seul appréciateur de l'importance qu'il y a d'opérer une visite des lieux par les trois experts qu'il a nommés, nous ne voyons pas ce qu'il y a d'injuste dans le jugement par lequel il réprouve l'opération qui, contre la teneur de ce qu'il a ordonné , n'est l'ouvrage que de deux de ces mêmes experts. Comment une cour, sur l'appel, pourrait-elle décider qu'à tort le tribunal attachait plus de confiance à la réunion des trois experts qu'il a choisis, qu'à l'avis de deux seulement? L'autorité du second degré de jurisdiction ne va pas jusqu'à prescrire aux ·juges inférieurs la mesure de confiance qu'ils doivent accorder. Le pouvoir d'une cour d'appel, en pareil cas, serait tout au plus , en invoquant le principal , de prononcer de suite sur le fond de la contestation , si la matière y était préparée. Les magistrats supérieurs ont le droit en effet de juger le fond seul , s'ils sont assez éclairés par les documens qui paraissaient insuffisans aux premiers juges. (Code de procédure , art. 303.)

La question qu'on vient de traiter nous mène à une autre qui n'est pas moins digne d'attention. L'art. 303 du Code de procédure exige que toute expertise soit faite par trois experts, à moins que les parties ne consentent à laisser procéder par un seul. On demande si le tribunal, à qui les parties d'accord demandent un seul expert, peut s'y refuser , et ordonner d'office que la visite des lieux sera faite par trois experts.

On pressent, d'après ce que nous venons de dire sur la question précédente, que notre réponse sera pour l'affirmative. D'abord l'art. 303 n'est impératif que pour le nombre des trois experts; il n'autorise la nomination d'un seul que du consentement des parties. Cette manière de s'exprimer nous semble signifier qu'il n'est pas permis à un tribunal de nommer d'office un seul expert, si toutes les parties n'y consentent pas; mais il ne s'ensuit pas que la loi défende de nommer trois experts lorsque les parties n'en demandent qu'un seul. Nous croyons qu'elle laisse encore dans ce cas-là aux juges à décider, d'après les circonstances, s'il y a lieu d'accéder à la demande.

Le but d'une expertise est de fournir au tribunal un moyen de découvrir la vérité ; c'est lui seul qui peut apprécier si le degré de lumière qu'il pourra obtenir d'un seul expert sera suffisant pour éclaircir le point difficultueux , et s'il n'y a pas des inconvéniens que peut-être une seule des parties n'entrevoit pas, à laisser procéder un seul expert. Bien évidemment, prononcer avec justice est un devoir d'ordre public ; il ne doit donc pas dépendre des parties de décrire à la procédure un cercle plus étroit que celui dont le tribunal croit qu'elle a besoin, lorsque la loi n'a pas elle-même marqué expressément les limites dans lesquelles les juges doivent se renfermer. Il faut laisser à leur prudence la direction des moyens légaux que le législateur a mis à leur disposition, pour les éclairer selon qu'il leur paraît nécessaire.

(63) *Page* 265. — Le délai pour récuser les experts nommés d'office ne court jusqu'à la prestation du serment que quand la cause de récusation est survenue depuis leur nomination ; car, lorsque les causes qui ne peuvent motiver une récusation existaient avant la nomination des experts, l'art. 309 du Code de procédure veut impérieusement que, trois jours après leur nomination, les parties ne soient plus recevables à les récuser. Rien alors ne peut suspendre la prestation de serment, ni par conséquent l'opération qui en est la suite. Elle ne peut jamais être retardée que quand la récusation est proposée dans les délais prescrits.

(64) *Page* 267. — Lorsque la cause de récusation survient après la prestation de serment, et de manière que le procès-verbal d'expertise est commencé, nous disons que la récusation peut se proposer par un dire sur ce procès-verbal ; en sorte que si cette cause est avouée par l'expert récusé, il se retire, et que l'opération est suspendue jusqu'à son remplacement. Nous ajoutons que, si l'expert ne convient pas être récusable, on peut ou suspendre l'opération jusqu'à ce que le tribunal ait statué, ou bien que l'expertise peut continuer, selon les circonstances ; sauf en jugeant d'après le rapport des experts, a tenir tel compte qu'il conviendra de la récusation. C'est une erreur ; dès que l'opération est commencée, on ne doit pas la suspendre, quoique la cause de récusation soit survenue depuis la prestation de serment. Cette récusation énoncée au procès-verbal d'expertise, ou notifiée par acte d'avoué à avoué, est seulement un moyen qu'on peut faire valoir pour s'opposer à l'homologation du rapport des experts.

S'il en était autrement, une partie pourrait paralyser l'opération, en alléguant une fausse cause de récusation ; ce qui serait contraire à l'intention de la loi, qui tend à rendre expéditive les expertises, déjà trop sujettes à traîner en longueur.

(65) *Page* 267. — Tout ce qu'on a dit de la récusation des experts suppose que le jugement qui les nomme est contradictoire. Le Code de procédure ne parle pas du cas où ce jugement est rendu par défaut. Concluons de ce silence que les règles générales sur les défauts obtenus doivent être observées.

Ainsi, tout jugement par défaut n'ayant de force qu'après les délais de l'opposition qui peut y être formée, il est clair que la nomination des experts ne prend d'existence qu'après l'expiration de ce délai. C'est donc à partir de cette époque qu'il faut compter les trois jours pendant lesquels les parties peuvent s'accorder sur le choix des experts, qui, en cas d'un choix fait amiablement, doivent opérer à l'exclusion de ceux nommés d'office. Comme c'est après l'expiration de ces trois jours que la nomination des experts devient constante, et c'est par conséquent à la fin de ces trois premiers jours que commencent les autres trois jours accordés pour proposer les récusations dont les causes sont antérieures à la nomination.

Voilà pour le cas où il n'a pas été formé d'opposition au jugement par défaut. Suppose-t-on que, dans le délai prescrit l'opposition au jugement par défaut a été formée? Les trois jours pour s'accorder sur le choix d'experts autres que ceux nommés d'office, commenceront à courir du jour du jugement qui aura prononcé le débouté d'opposition. Par conséquent, c'est à partir de l'expiration de ces trois jours qu'on aura les trois autres jours pendant lesquels on peut proposer la récusation des experts, pour cause antérieure à leur nomination.

(66) *Page 272.* — Dans le modèle d'un jugement qui rejette la récusation proposée contre un expert, et qui accorde à ce dernier des dommages et intérêts, on lit que le montant de l'indemnité est applicable aux pauvres, du consentement de cet expert. Il faut supprimer cette disposition ; notre législation ne permet plus d'appliquer les dommages et intérêts autrement qu'au profit de la partie qui les obtient ; sauf à elle à en faire l'usage que bon lui semble.

(87). *Page 276.* — Dans l'hypothèse dont on parle ici, le jugement nomme pour experts ceux sur le choix desquels les parties sont tombées d'accord à l'audience. Dès le moment de la prononciation de ce jugement, la nomination des experts est devenue définitive ; il n'y a donc pas lieu au délai de trois jours pour convenir d'experts, comme lorsque la nomination est d'office. Ainsi les trois jours accordés pour proposer les récusations dont les causes sont antérieures à la nomination des experts, commencent à partir du jour de ce jugement.

Il suit de là que le jour de la prestation de serment ne peut arriver avant l'expiration de ces mêmes trois jours. Il faut bien laisser ce délai légal aux parties pour proposer des récusations, puisqu'après le serment prêté, les experts ne peuvent plus être récusés pour causes qui existaient antérieurement.

(68) *Page 278.* — Nous disons que les jours accordés aux parties pour convenir, si faire se peut, d'experts autres que ceux nommés d'offices, doit être augmenté d'autant de jours qu'il y a de fois trois myriamètres, ou six lieues de distance jusqu'à la demeure du défaillant. Cette opinion est fondée sur ce

que le Code de procédure n'a pas prévu le cas où le jugement
qui ordonne une expertise serait rendu par défaut ; il en résulte
qu'il a voulu qu'on suivit, pour l'exécution d'un pareil jugement,
les règles générales. Or, tout jugement par défaut rendu contre
une partie qui n'a pas constitué avoué, doit être signifié à personne
ou à domicile. D'un autre côté l'art. 1o33 du Code de procédure
veut que tout délai pour comparaître sur assignation donnée à
personne ou à domicile, soit augmenté dans la proportion qu'on
vient d'indiquer. Par conséquent, la signification du jugement
dont il est question, devant porter sommation au défaillant de
se trouver à la prestation du serment des experts, le délai doit
être calculé avec l'augmentation que prescrit l'article cité.

Nous ajoutons que ce délai, accordé pour convenir à l'amiable
du choix des experts, se trouvant expiré sans que l'on soit tombé
d'accord sur ce choix, les experts nommés d'office restent défi-
nivement chargés de l'opération ; mais c'est de ce moment seu-
lement que date leur nomination ; il faut encore les trois jours
pour proposer des récusations. On ne peut donc procéder au
serment qu'après ce dernier délai de trois jours, qui, au sur-
plus n'est pas, comme le premier, susceptible d'être augmenté
à raison de l'éloignement du défaillant.

(69) *Page* 288. — Mal à propos nous avons dit que, si les
parties tombent d'accord sur le choix d'un expert pour rem-
placer celui qui s'abstient, elles font confirmer ce choix par le
tribunal. Telle n'est pas l'intention de la loi. Les parties font au
greffe la déclaration de leur accord ; une expédition en est dé-
livrée à la partie la plus diligente. Avec cette pièce, requête est
présentée au juge-commissaire pour fixer le jour de la presta-
tion de serment.

Si le nouvel expert a été nommé d'office par le tribuual, les
parties ont trois jours pour convenir d'un choix fait par elles ; puis
un autre délai de trois jours doit avoir lieu aussi pour proposer
récusation contre l'expert nommé d'office, s'il se trouve défini-
tivement chargé de l'opération. C'est seulement après ce dernier
délai que le serment peut être prêté.

(70) *Page* 293. — Un rapport d'experts se divise en deux
parties ; la première contient l'énoncé de ce qui s'est passé sur
les lieux, ce que les experts y ont remarqué concernant l'objet
de leur mission, les observations et réquisitions des parties, ce
qu'ils ont cru devoir faire pour satisfaire ou n'avoir aucun égard
à ces mêmes observations et réquisitions, le nombre des vaca-
tions employées à l'opération. En un mot, cette première partie
de leur travail est la narration détaillée de l'emploi de leur
temps sur les lieux contentieux, et de toutes les circonstances
essentielles de leur visite. C'est à proprement parler cette pre-
mière partie qui est le procès-verbal qu'ils doivent dresser.

Dans la seconde partie du rapport est l'avis des experts motivé sur les faits qu'ils ont consignés dans leur procès-verbal. Si les experts sont d'avis unanime, ils les rédigent en commun ; et s'ils sont d'avis différens chacune des opinions esc rédigée séparément.

Lors donc que les experts visitent des lieux où ils ne peuvent pas commodément dresser leur procès-verbal, c'est-à-dire la première partie de leur rapport, ils se contentent de prendre des notes, et ils indiquent aux parties le lieu, le jour et l'heure où ils se réuniront pour procéder à la rédaction de leur procès-verbal. On sent bien la nécessité qu'il y a de laisser aux parties la faculté de faire consigner dans cette première partie du rapport leurs dires et réquisitions, ainsi que les suites qui y ont été données par les experts. La loi voulant que les parties soient appelées à la visite, il est clair qu'elles ont droit d'assister et de veiller à la rédaction du procès-verbal qui en est dressé.

Mais quand ce procès-verbal est clos, elles doivent se retirer pour laisser délibérer les experts, et rédiger leur avis avec toute la liberté convenable. Elles n'ont aucun droit d'y paraître ; il y aurait même de l'indiscrétion de la part de celles qui voudraient s'y présenter.

(71) *Page* 302. — Aucun délai n'est prescrit pour déposer le rapport des experts ; mais s'ils retardent trop de remplir cette formalité, ils peuvent être assignés à court délai, pour se voir condamner même par corps, à effectuer le dépôt de leur rapport. Le tribunal juge si les experts sont vraiment en retard, et s'il y a lieu ou non à la contrainte par corps. Nous disons qu'ils ne seront pas condamnables s'ils n'ont différé que pour attendre la consignation de leurs vacations. Cette opinion est-elle conforme à l'article 319, qui veut que les vacations des experts soient taxées par le président du tribunal, sur la minute du rapport après le dépôt qui en doit être fait au greffe? Si le dépôt doit être effectué pour connaître le montant des vacations, le paiement n'en peut donc pas être exigé avant le dépôt du rapport.

Nous répondons qu'exiger la consignation d'une somme destinée au paiement des vacations, n'est pas exiger ce paiement, mais s'assurer de ce paiement par un moyen moins rigoureux qu'une procédure d'exécution. En autorisant la délivrance d'un exécutoire à fin d'exercer des saisies contre la partie qui a requis l'expertise, ou celle qui la poursuit lorsque l'opération a été ordonnée d'office, l'article 319 n'a pas interdit aux experts la faculté de se faire payer par une voie moins fâcheuse pour les parties. Elles restent libres de faire cesser le retard dont elles auraient à se plaindre, puisqu'il ne tient qu'à elles de consigner, sauf aux experts à ne toucher sur le montant de la consignation, que la somme qui sera taxée après le dépôt du rapport.

Observez que la contrainte par corps n'est prononcée contre

les experts en retard de déposer la minute de leur travail , que dans le cas où la cause du retard présente quelqu'intention coupable; car l'article 320 ne l'autorise que *s'il y échet.* Au surplus, un délai plus ou moins court est prescrit aux experts pour effectuer leur dépôt; et c'est après l'expiration de ce délai qu'est exercée la contrainte par corps, lorsqu'elle a été prononcée.

(72) *Page* 310. — Lorsque le tribunal ordonne une nouvelle expertise, peut-il en charger les mêmes experts, où est-il tenu d'en choisir d'autres? Ce qui donne lieu à douter, c'est que l'article 322 du Code de procédure autorise les juges à ordonner d'office une nouvelle expertise , par un ou plusieurs experts qu'ils nommeront également d'office , et qui pourront prendre des précédens experts les renseignemens dont ils auront besoin. N'est-ce pas prescrire impérieusement la nomination des nouveaux experts ?

Les avis sont partagés sur cette question , et nous pensons avec le savant M. Carré, que confier la nouvelle opération aux mêmes experts , n'est pas contrevenir à l'article 322 , qui , en prévoyant le cas où de nouveaux experts seraient nécessaires, ne défend pas la faculté donnée aux juges de chercher les moyens de s'éclairer davantage , en réclamant des mêmes experts un complément à leur premier trevail. Dès que le tribunal est seul capable d'apprécier ce qui manque au rapport des experts , il doit avoir la liberté de leur demander des éclaircissemens sur des faits qui n'ont pas été assez observés.

Au surplus, la cour de cassation , par arrêt du 5 mars 1818, qu'on trouve au Journal du Palais, tome troisième de l'année de 1819, page 94, a jugé conformément à notre avis. Elle a rejeté le pourvoi contre un arrêt de la cour royale de Bordeaux qui avait chargé les mêmes experts de faire une seconde visite, pour donner de plus amples renseignemens. Il s'agissait d'examiner de plus, si un partage auquel ils avaient été employés, contenait lésion de plus du quart. Le motif de l'arrêt de rejet est que , dans l'espèce, il ne s'agissait que de suppléer à des omissions et à l'insuffisance du rapport, mais non pas de faire une nouvelle expertise qui aurait pu se trouver en contradiction avec la précédente.

(73) *Page* 311. — La règle posée par l'article 323 du Code de procédure est-elle sans exception? N'est-il pas des cas où les juges sont liés par l'avis de la majorité des experts?

Toutes les fois que l'expertise a pour but de vérifier un fait d'où dépend la décision de la contestation, il serait trop déraisonnable de croire que les juges ne sont pas liés par l'avis des experts qu'ils ont chargés de vérifier le fait essentiel à la décision du procès.

Par exemple , une demande en rescision d'une vente pour cause de lésion dans le prix convenu , dépend d'un seul fait, celui de savoir ce que vaut réellement l'immeuble vendu ; car il y aura lieu à la rescision du contrat, si le prix convenu est moindre que les sept douzièmes du prix réel. (Code civil, art. 1674.) Comment concevoir que l'estimation faite par les experts ne doive pas être la base nécessaire du jugement à intervenir ? Les juges peuvent-ils équitablement mettre à l'immeuble qu'ils n'ont pas vu, un prix différent ?

Les recueils contiennent plusieurs arrêts qui, en matière d'enregistrement, décident que l'avis des experts chargés d'estimer des biens soupçonnés d'avoir été vendus au-dessous de leur valeur, doit être adopté par les juges. Nous n'en citerons qu'un du 7 mars 1808, qu'on trouve au Journal du Palais, volume du premier semestre de 1810, page 82. Il doit en être de même en toute autre matière, quand le fait vérifié par les experts est le seul objet de la contestation. Un jugement qui, en pareil cas, n'adopterait pas l'avis des experts, ne serait pas en contravention à l'article 323, mais il en ferait une fausse application.

Pareillement, lorsqu'une partie est condamnée à une somme déterminée pour dommages et intérêts, si mieux elle n'aime à dire d'experts, dès que l'option de l'expertise a été faite par cette partie dans le délai que le jugement a fixé, la disposition qui énonce la somme arbitrée est censée non avenue. Celle que les experts indiqueront est la seule qui fera l'objet de la condamnation. Le tribunal, par qui les experts sont nommés, pourrait-il n'être pas lié par leur rapport ? Pourrait-il arbitrer une autre somme que celle qu'ils ont énoncée ? Non certainement ; la partie qui a fait l'option de l'évaluation par experts a pris l'engagement de payer la somme qu'ils indiqueront ; et par conséquent le tribunal ne peut pas changer le contrat judiciaire qu'elle a formé, et qui fait la loi de cette partie. M. Carré cite un arrêt rendu le 7 août 1813, par la cour royale de Rennes, qui a jugé dans le sens que nous adoptons.

On objectera peut-être que le rapport des experts peut être trop suspect aux juges, trop peu clair, pour qu'ils puissent l'adopter. Dans ce cas, une nouvelle expertise peut être ordonnée, avec indication des points qui ont besoin d'être expliqués ; ils peuvent même ordonner une descente sur les lieux, et que le juge-commissaire sera accompagné d'experts ; mais jamais un tribunal ne doit se permettre de s'éloigner d'un rapport d'experts qu'il ne rejette pas, quand le fait vérifié est le seul objet difficultueux.

Pour se convaincre encore plus de cette vérité, il suffit de savoir que les faits attestés par des experts qui ont reçu leur mission de l'autorité judiciaire doivent nécessairement être regardés comme vrais, quand leur rapport n'est pas rejeté. C'est pourquoi il est de principe alors que leur procès-verbal fait foi jusqu'à inscription de faux. Nous ne parlons que de leur procès-verbal, c'est-à-dire de la première partie de leur rapport, qui contient l'énoncé de tous les détails de l'opération dont ils ont été chargés. Ils les attestent sous la foi du serment, et sont, pour l'objet de leur mission, de vrais officiers judiciaires.

L'article 323 ne dit pas que le tribunal soit libre de ne pas ajouter foi au procès-verbal des experts; il ne parle que de leur avis, auquel il n'est pas astreint de se conformer. Or cet avis, qui forme la seconde partie du rapport, ne contient pas des faits, mais les conséquences qu'en tirent les experts, et les raisonnemens auxquels ils se livrent pour établir leur opinion d'après les faits qu'ils ont constatés.

De là il suit que, quand des experts ont été nommés par un tribunal pour vérifier un fait, il faut nécessairement ou rejeter leur rapport, ou prendre le fait par eux attesté, comme base du jugement à intervenir.

Contre cette opinion, en vain on cite un arrêt de la cour de cassation, en date du 2 août 1820, qu'on voit au Journal du Palais, tome II de 1821, page 292. Il est bien vrai qu'il s'agissait de vérifier l'écriture et la signature contestées d'un testament olographe. Les premiers juges avaient ordonné une expertise dont le résultat était que l'écriture et la signature n'étaient pas celles du testateur. Le demandeur alors avait conclu à ce qu'une enquête fût faite, puisque l'article 495 du Code de procédure permet cette voie de faire preuve, indépendamment de la vérification d'écriture.

Le tribunal de Valogne rejeta la demande incidente, parce que les faits sur lesquels devait porter l'enquête n'éclaireraient pas suffisamment, lors même qu'ils seraient attestés régulièrement. En conséquence il déclara la nullité du testament.

Sur l'appel, la cour royale de Caen, avant faire droit, autorisa l'enquête, et ordonna une nouvelle expertise, qui eut le même résultat que la première, mais contraire à celui de l'enquête. Alors la cour royale, donnant la préférence à la preuve testimoniale, infirma le jugement de première instance, et prononça la validité du testament. Le pourvoi contre cet arrêt a été rejeté en cassation.

Vous voyez, dit-on, qu'il s'agissait de vérifier un fait d'où dépendait la décision du procès ; que deux expertises avaient déclaré que l'écriture et la signature du testament ne pouvaient pas être attribuées au testateur, et que, pourtant, suivant la cour royale de Caen, et la cour suprême, les magistrats n'ont pas été liés par les deux rapports d'experts.

La réponse est dans les motifs qui ont déterminé le rejet de la requête en cassation. On y voit que l'art. 195 du Code de procédure autorise non seulement la vérification, par experts, d'une écriture déniée, mais encore la preuve testimoniale ; que l'article 211 du même Code dit qu'on pourra entendre dans l'enquête, soit ceux qui auront vu écrire et signer l'acte contesté, soit ceux qui auront connaissance de faits pouvant servir à découvrir la vérité. Il suit de là que l'expertise, en matière de vérification d'écriture, n'est pas le seul moyen légal de constater le fait difficultueux. Les juges ne sont donc pas dans la nécessité absolue de suivre l'avis des experts, quand ils ont une autre manière d'acquérir la preuve qu'ils cherchent. En leur permettant concurremment l'expertise et l'enquête, elle laisse à leur conscience à choisir celle des deux voies qui les conduit à la vérité, lorsque toutes deux ne sont pas semblables dans leurs résultats. Si l'enquête n'avait rien appris sur le fait à vérifier, c'est alors que les magistrats eussent été liés par les rapports d'experts; mais ayant eu à choisir entre ces rapports et l'enquête, il y a eu application de l'article 323 du Code de procédure, qui permet aux juges de ne pas adopter le résultat de l'expertise, si leur conviction s'y oppose.

LOI SUR L'EXPROPRIATION POUR CAUSE D'UTILITÉ PUBLIQUE.

1. *Loi du 7 juillet 1833.*

TITRE I. DISPOSITIONS PRÉLIMINAIRES.

1. L'expropriation pour cause d'utilité publique s'opère par autorité de justice.

2. Les tribunaux ne peuvent prononcer l'expropriation qu'autant que l'utilité en a été constatée et déclarée dans les formes prescrites par la présente loi.—Ces formes consistent,—1. dans la loi ou l'ordonnance royale qui autorise l'exécution des travaux pour lesquels l'expropriation est requise; 2. dans l'acte du préfet qui désigne les localités ou territoires sur lesquels les travaux doivent avoir lieu, lorsque cette désignation ne résulte pas de la loi ou de l'ordonnance royale; 3. dans l'arrêté ultérieur par lequel le préfet détermine les propriétés particulières auxquelles l'expropriation est applicable. — Cette application ne peut être faite à aucune propriété particulière qu'après que les parties intéressées ont été mises en état d'y fournir leurs contredits, selon les règles exprimées au titre 2.

3. Tous grands travaux publics, routes royales, canaux, chemins de fer, canalisation de rivières, bassins et docks, entrepris par l'État ou par compagnies particulières, avec ou sans péage, avec ou sans subside du Trésor, avec ou sans aliénation du domaine public, ne pourront être exécutés qu'en vertu d'une loi, qui ne sera rendue qu'après une enquête administrative.—Une ordonnance royale suffira pour autoriser l'exécution des routes, des canaux et chemins de fer d'embranchement de moins de vingt mille mètres de longueur, des ponts et de tous autres travaux de moindre importance.—Cette ordonnance devra également être précédée d'une enquête.—Ces enquêtes auront lieu dans les formes déterminées par un règlement d'administration publique.

TITRE II. DES MESURES D'ADMINISTRATION RELATIVES A L'EXPROPRIATION.

4. Les ingénieurs ou autres gens de l'art chargés de l'exécution des travaux lèvent, pour la partie qui s'étend sur chaque commune, le plan parcellaire des terrains ou des édifices dont la cession leur paraît nécessaire.

5. Le plan desdites propriétés particulières, indicatif des noms de chaque propriétaire, tels qu'ils sont inscrits sur la matrice des rôles, reste déposé, pendant huit jours au moins, à la mairie de la commune où les propriétés sont situées, afin que chacun puisse en prendre connaissance.

6. Le délai fixé à l'article précédent ne court qu'à dater de l'avertissement qui est donné collectivement aux parties intéressées, de prendre communication du plan déposé à la mairie. — Cet avertissement est publié à son de trompe ou de caisse dans la commune, et affiché, tant à la principale porte de l'église du lieu qu'à celle de la maison commune.—Il est en outre inséré dans l'un des journaux des chefs-lieux d'arrondissement et de département.

7. Le maire certifie ces publications et affiches; il mentionne sur un procès-verbal qu'il ouvre à cet effet, et que les parties qui comparaissent sont requises de signer, les déclarations et réclamations qui lui ont été faites verbalement, et y annexe celles qui lui sont transmises par écrit.

8. A l'expiration du délai de huitaine prescrit par l'art. 5, une commission se réunit au chef-lieu de la sous-préfecture.—Cette commission, présidée par le sous-préfet de l'arrondissement, sera composée de quatre membres du conseil général du département ou du conseil d'arrondissement désignés par le préfet, du maire de la commune où les propriétés sont situées, et de l'un des ingénieurs chargés de l'exécution des travaux. — Les propriétaires qu'il s'agit d'exproprier ne peuvent être appelés à faire partie de la commission.

9. La commission reçoit les observations des propriétaires.—Elle les appelle toutes les fois qu'elle le juge convenable. — Elle reçoit leurs moyens respectifs et donne son avis. — Ses opérations doivent être terminées dans le délai d'un mois: après quoi le procès-

verbal est adressé immédiatement par le sous-préfet au préfet. — Dans le cas où lesdites opérations n'auraient pas été mises à fin dans le délai ci-dessus, le sous-préfet devra, dans les trois jours, transmettre au préfet son procès-verbal et les documens recueillis.

10. Le procès-verbal et les pièces transmises par le sous-préfet, resteront déposés au secrétariat général de la préfecture pendant huitaine, à dater du jour du dépôt.—Les parties intéressées pourront en prendre communication sans déplacement et sans frais.

11. Sur le vu du procès-verbal et des documens y annexés, le préfet détermine, par un arrêt motivé, les propriétés qui doivent être cédées, et indique l'époque à laquelle il sera nécessaire d'en prendre possession. Toutefois, dans le cas où il résulterait de l'avis de la commission qu'il y aurait lieu de modifier le tracé des travaux ordonnés, le préfet surseoira jusqu'à ce qu'il ait été prononcé par l'administration supérieure. — La décision de l'administration supérieure sera définitive et sans recours au conseil-d'état.

12. Les dispositions des articles 8, 9 et 10 ne sont point applicables aux cas où l'expropriation serait demandée par une commune, et dans un intérêt purement communal. — Dans ce cas, le procès-verbal prescrit par l'article 7 est transmis, avec l'avis du conseil municipal, par le maire au sous-préfet, qui l'adressera au préfet avec ses observations.—Le préfet, en conseil de préfecture, sur le vu de ce procès-verbal, et sur l'approbation de l'administration supérieure, prononcera comme il est dit en l'article précédent.

TITRE III. DE L'EXPROPRIATION ET DE SES SUITES, QUANT AUX PRIVILÉGES, HYPOTHÈQUES ET AUTRES DROITS RÉELS.

13. A défaut de conventions amiables avec les propriétaires des terrains ou bâtimens dont la cession est reconnue nécessaire, le préfet transmet au procureur du Roi dans le ressort duquel les biens sont situés la loi ou l'ordonnance qui autorise l'exécution des travaux, et l'arrêté du préfet mentionné en l'article 11.

14. Dans les trois jours, et sur la production des pièces constatant que les formalités prescrites par l'article 2 du titre I, et par le titre II de la présente loi, ont été remplies, le procureur du Roi requiert et le tribunal prononce l'expropriation pour cause d'utilité publique des terrains ou bâtiments indiqués dans l'arrêté du préfet.—Le même jugement commet un des membres du tribunal pour remplir les fonctions attribuées par le titre IV, chapitre 2, au

magistrat directeur du jury, chargé de fixer l'indemnité.

15. Le jugement est publié et affiché par extrait, dans la commune de la situation des biens, de la manière indiquée en l'article 6. Il est en outre inséré dans l'un des journaux de l'arrondissement et dans l'un de ceux du chef-lieu du département.—Cet extrait, contenant les noms des propriétaires, les motifs et le dispositif du jugement, leur est notifié au domicile qu'ils auront élu dans l'arrondissement de la situation des biens, par une déclaration faite à la mairie de la commune où les biens sont situés; et, dans le cas où cette élection de domicile n'aurait pas eu lieu, la notification de l'extrait sera faite en double copie au maire et au fermier, locataire, gardien ou régisseur de la propriété — Toutes les autres notifications prescrites par la présente loi seront faites dans la forme ci-dessus indiquée.

16. Le jugement sera immédiatement transcrit au bureau de la conservation des hypothèques de l'arrondissement, conformément à l'article 2181 du Code civil.

17. Dans la quinzaine de la transcription, les priviléges et les hypothèques conventionnelles, judiciaires ou légales, antérieurs au jugement seront inscrits. —A défaut d'inscription dans ce délai, l'immeuble exproprié sera affranchi de tous priviléges et de toutes hypothèques, de quelque nature qu'ils soient, sans préjudice du recours contre les maris, tuteurs ou autres administrateurs qui auraient dû requérir les inscriptions. — Les créanciers inscrits n'auront dans aucun cas la faculté de surenchérir; mais ils pourront exiger que l'indemnité soit fixée conformément au titre IV.

18. Les actions en résolution, en revendication, et toutes autres actions réelles, ne pourront arrêter l'expropriation, ni en empêcher l'effet. Le droit des réclamans sera transporté sur le prix, et l'immeuble en demeurera affranchi.

19. Les règles posées aux deux articles qui précédent sont applicables, dans le cas de conventions amiables, aux contrats passés entre l'administration et le propriétaire.

20. Le jugement ne pourra être attaqué que par la voie du recours en cassation, et seulement pour incompétence, excès de pouvoir ou vices de forme du jugement.—Le pourvoi aura lieu dans les trois jours, à dater de celui de la notification du jugement, par déclaration au greffe du tribunal qui l'aura rendu. — Ce pourvoi sera

notifié dans la huitaine, soit au préfet, soit à la partie, au domicile indiqué par l'art. 15, et les pièces adressées dans la quinzaine à la chambre civile de la cour de cassation, qui statuera dans le mois suivant.—L'arrêt, s'il est rendu par défaut, à l'expiration de ce délai, ne sera pas susceptible d'opposition.

TITRE IV. DU RÈGLEMENT DES INDEMNITÉS.

Chap. I. *Mesures préparatoires.*

21. Dans la huitaine qui suit la notification prescrite par l'article 15, le propriétaire est tenu d'appeler et de faire connaître au magistrat directeur du jury les fermiers, locataires, ceux qui ont des droits d'usufruit, d'habitation ou d'usage, tels qu'ils sont réglés par le Code civil, et ceux qui peuvent réclamer des servitudes résultant des titres mêmes de propriété ou d'autres actes dans lesquels il serait intervenu; sinon il restera seul chargé envers eux des indemnités que ces derniers pourront réclamer.— Les autres intéressés seront en demeure de faire valoir leurs droits par l'avertissement énoncé en l'article 6, et tenus de se faire connaître au magistrat directeur du jury, dans le même délai de huitaine ; à défaut de quoi, ils seront déchus de tous droits à l'indemnité.

22. Les dispositions de la présente loi, relatives aux propriétaires et à leurs créanciers, sont applicables à l'usufruitier et à ses créanciers.

23. L'administration notifie aux propriétaires, aux créanciers inscrits et à tous autres intéressés qui auront été désignés ou qui seront intervenus en vertu des articles 21 et 22, les sommes qu'elle offre pour indemnité.

24. Dans la quinzaine suivante, les propriétaires et autres intéressés sont tenus de déclarer leur acceptation, ou, s'ils n'acceptent pas les offres qui leur sont faites, d'indiquer le montant de leurs prétentions.

25. Les tuteurs, maris et autres personnes qui n'ont pas qualité pour aliéner un immeuble, peuvent valablement accepter les offres énoncées en l'art. 23, lorsqu'ils s'y sont fait autoriser par le tribunal. — Cette autorisation peut être donnée sur simple mémoire en la chambre du conseil, le ministère public entendu. — Le tribunal ordonne les mesures de conservation ou de remploi que chaque cas peut nécessiter.

26. S'il s'agit de biens appartenant à des départemens, à des communes ou à des établissemens publics, les préfets, maires ou administrateurs, pourront valablement accepter les offres énoncées en l'article 23, s'ils y sont autorisés par délibération du conseil général de département, du conseil municipal ou du conseil d'administration, approuvée par le préfet en conseil de préfecture.

27. Le délai de quinzaine, fixé par l'article 24, sera d'un mois dans les cas prévus par les articles 25 et 26.

28. Si les offres de l'administration ne sont pas acceptées, ou si, nonobstant l'acceptation du propriétaire, les créanciers inscrits et autres intéressés déclarent, dans la quinzaine de la notification qui leur en est faite, qu'ils ne veulent pas se contenter de la somme convenue entre l'administration et le propriétaire, il sera procédé au règlement des indemnités de la manière indiquée au chapitre suivant.

Chap. II. *Du jury spécial chargé de régler les indemnités.*

29. Dans sa session annuelle, le conseil général du département désigne, pour chaque arrondissement de sous-préfecture, tant sur la liste des électeurs que sur la seconde partie de la liste du jury, trente-six personnes au moins et soixante-douze au plus, qui ont leur domicile réel dans l'arrondissement, parmi lesquels sont choisis, jusqu'à la session suivante ordinaire du conseil général, les membres du jury spécial appelé, le cas échéant, à régler les indemnités dues par suite d'expropriation pour cause d'utilité publique. —Le nombre des jurés désignés pour le département de la Seine sera de six cents.

30. Toutes les fois qu'il y a lieu de recourir à un jury spécial, la cour royale, dans les départements qui sont le siège d'une cour royale, et, dans les autres départemens, le tribunal du chef-lieu judiciaire du département (toutes les chambres réunies en chambre du conseil) choisit sur la liste dressée en vertu de l'article précédent seize personnes pour former le jury spécial chargé de fixer définitivement le montant de l'indemnité. —La cour ou le tribunal choisit en outre et en même temps quatre jurés supplémentaires.— Ne peuvent être choisis ; — 1° les propriétaires, fermiers, locataires des terrains et bâtiments désignés dans l'arrêté du préfet pris en vertu de l'art. 11, et qui restent à acquérir ; 2° les créanciers ayant inscription sur lesdits immeubles ; 3° tous autres intéressés désignés ou intervenans en vertu des articles 21 et 22. — Les septuagénaires seront dispensés, s'ils le requièrent, des fonctions de jurés.

31. La liste des seize jurés, et des quatre jurés supplémentaires, est transmise par le préfet au sous-préfet, qui, après s'être concerté avec le magistrat

directeur du jury, convoque les jurés et les parties en leur indiquant, au moins huit jours à l'avance, le lieu et le jour de la réunion. La notification aux parties leur fait connaître les noms des jurés.

52. Tout juré qui, sans motifs légitimes, manque à l'une des séances ou refuse de prendre part à la délibération, encourt une amende de cent francs au moins et de trois cents francs au plus. —L'amende est prononcée par le magistrat directeur du jury.—Il statue en dernier ressort sur l'opposition qui serait formée par le juré condamné.—Il prononce également sur les causes d'empêchement que les jurés proposent, ainsi que sur les exclusions ou incompatibilités dont les causes ne seraient survenues ou n'auraient été connues que postérieurement à la désignation faite en vertu de l'article 50.

53. Ceux des jurés qui se trouvent rayés de la liste par suite des empêchements, exclusions ou incompatibilités prévus à l'article précédent, sont immédiatement remplacés par les jurés supplémentaires, que le magistrat directeur du jury appelle dans l'ordre de leur inscription —En cas d'insuffisance, le tribunal de l'arrondissement choisit, sur la liste dressée en vertu de l'art. 20, les personnes nécessaires pour compléter le nombre des seize jurés.

54. Le magistrat directeur du jury est assisté, auprès du jury spécial, du greffier ou commis-greffier du tribunal, qui appelle successivement les causes sur lesquelles le jury doit statuer, et tient procès-verbal des opérations. — Lors de l'appel, l'administration a le droit d'exercer deux récusations péremptoires; la partie adverse a le même droit. — Dans le cas où plusieurs intéressés figurent dans la même affaire, ils s'entendent pour l'exercice du droit de récusation, sinon le sort désigne ceux qui doivent en user. Si le droit de récusation n'est point exercé, ou s'il ne l'est que partiellement, le magistrat directeur du jury procède à la réduction des jurés au nombre de douze, en retranchant les derniers noms inscrits sur la liste.

55. Le jury spécial n'est constitué que lorsque les douze jurés sont présens. —Les jurés ne peuvent délibérer valablement qu'au nombre de neuf au moins.

56. Lorsque le jury est constitué, chaque juré prête serment de remplir ses fonctions avec impartialité.

57. Le magistrat directeur met sous les yeux du jury:—1. Le tableau des offres et demandes notifiées en exécution des articles 23 et 24; 2. Les plans parcellaires, et les titres ou autres documens produits par les parties à l'appui de leurs offres et demandes. —Les parties, ou leurs fondés de pouvoir, peuvent présenter sommairement leurs observations. — Le jury pourra entendre toutes les personnes qu'il croira pouvoir l'éclairer. — Il pourra également se transporter sur les lieux, ou déléguer à cet effet un ou plusieurs de ses membres. — La discussion est publique; elle peut être continuée à une autre séance.

58. La clôture de l'instruction est prononcée par le magistrat directeur du jury. — Les jurés se retirent immédiatement dans leur chambre pour délibérer, sans désemparer, sous la présidence de l'un d'eux, qu'ils désignent à l'instant même. — La décision du jury fixe le montant de l'indemnité; elle est prise à la majorité des voix. — En cas de partage, la voix du président du jury est prépondérante.

59. Le jury prononce des indemnités distinctes en faveur des parties qui les réclament à des titres différents, comme propriétaires, fermiers, locataires, usagers autres que ceux dont il est parlé au premier paragraphe de l'art. 21, etc. — Dans le cas d'usufruit, une seule indemnité est fixée par le jury, eu égard à la valeur totale de l'immeuble; le nu-propriétaire et l'usufruitier exercent leurs droits sur le montant de l'indemnité au lieu de l'exercer sur la chose.— L'usufruitier sera tenu de donner caution; les père et mère ayant l'usufruit légal des biens de leurs enfants en seront seuls dispensés. — Lorsqu'il y a litige sur le fond du droit ou la qualité des réclamans, et toutes les fois qu'il s'élève des difficultés étrangères à la fixation du montant de l'indemnité, le jury règle l'indemnité indépendamment de ces difficultés, sur lesquelles les parties sont renvoyées à se pourvoir devant qui de droit.

60. Si l'indemnité réglée par le jury est inférieure ou égale à l'offre faite par l'administration, les parties qui l'auront refusée seront condamnées aux dépens. — Si l'indemnité est égale ou supérieure à la demande des parties, l'administration sera condamnée aux dépens. — Si l'indemnité est à la fois supérieure à l'offre de l'administration et inférieure à la demande des parties, les dépens seront compensés de manière à être supportés par les parties et l'administration, dans les proportions de leur offre ou de leur demande avec la décision du jury. — Tout indemnitaire qui ne se trouvera pas dans le cas des articles 25 et 26 sera condamné aux dépens, quelle que soit l'estimation ultérieure du jury, s'il a

omis de se conformer aux dispositions de l'article 24.

41. La décision du jury, signée des membres qui y ont concouru, est remise par le président au magistrat directeur, qui la déclare exécutoire, statue sur les dépens, et envoie l'administration en possession de la propriété, à la charge par elle de se conformer aux dispositions des articles 53 et 54 suivans. —Ce magistrat taxe les dépens. — Un règlement d'administration publique, qui sera publié avant la mise à exécution de la présente loi, déterminera le tarif des dépens. — La taxe ne comprendra que les actes faits postérieurement à l'offre de l'administration ; les frais des actes antérieurs demeurent dans tous les cas à la charge de l'administration.

42. La décision du jury ne peut être attaquée que par la voie du recours en cassation et seulement pour violation du premier paragraphe de l'article 30 et des articles 31, 35, 36, 37, 38, 39, et 40. — Le délai sera de quinze jours pour ce recours, qui sera d'ailleurs formé, notifié et jugé comme il est dit en l'article 20 ; il courra à partir du jour de la décision.

43. Lorsqu'une décision du jury aura été cassée, l'affaire sera renvoyée devant un nouveau jury, choisi dans le même arrondissement —Il sera procédé à cet effet conformément à l'article 30.

44. Le jury ne connaît que des affaires dont il a été saisi au moment de sa convocation, et statue successivement et sans interruption sur chacune de ces affaires. Il ne peut se séparer qu'après avoir réglé toutes les indemnités dont la fixation lui a été ainsi déférée.

Les opérations commencées par un jury, et qui ne sont pas encore terminées au moment du renouvellement annuel de la liste générale mentionnée en l'article 29, sont continuées, jusqu'à conclusion définitive, par le même jury.

46. Après la clôture des opérations du jury, les minutes de ses décisions et les autres pièces qui se rattachent auxdites opérations sont déposées au greffe du tribunal civil de l'arrondissement.

47. Les noms des jurés qui auront fait le service d'une session ne pourront être portés sur le tableau dressé par le conseil général pour l'année suivante.

Ch. III. *Des règles à suivre pour la fixation de l'indemnité.*

48. Le jury est juge de la sincérité des titres et de l'effet des actes qui seraient de nature à modifier l'évaluation de l'indemnité.

49. Dans les cas où l'administration contesterait au détenteur exproprié le droit à une indemnité, le jury, sans s'ar-rêter à la contestation, dont il renvoie le jugement devant qui de droit, fixe l'indemnité comme si elle était due , et le magistrat directeur du jury en ordonne la consignation, pour ladite indemnité rester déposée jusqu'à ce que les parties se soient entendues, ou que le litige soit vidé.

50. Les maisons et bâtimens dont il est nécessaire d'acquérir une portion pour cause d'utilité publique seront achetés en entier, si les propriétaires le requièrent par une déclaration formelle adressée au magistrat directeur du jury, dans le délai énoncé en l'article 24.— Il en sera de même de toute parcelle de terrain qui, par suite du morcellement, se trouvera réduite au quart de la contenance totale, si toutefois le propriétaire ne possède aucun terrain immédiatement contigu, et si la parcelle, ainsi réduite, est inférieure à dix ares.

51. Si l'exécution des travaux doit procurer une augmentation de valeur immédiate et spéciale au restant de la propriété, cette augmentation pourra être prise en considération dans l'évaluation de l'indemnité.

52. Les constructions, plantations et améliorations ne donneront lieu à aucune indemnité, lorsque, à raison de l'époque où elles auront été faites ou de toutes autres circonstances, dont l'appréciation lui est abandonnée, le jury acquiert la conviction qu'elles ont été faites dans la vue d'obtenir une indemnité plus élevée.

TITRE V. DU PAYEMENT DES INDEMNITÉS.

53. Les indemnités réglées par le jury seront, préalablement à la prise de possession, acquittées entre les mains des ayant-droit.—S'ils se refusent à les recevoir, la prise de possession aura lieu après offres réelles et consignation.

54. Il ne sera pas fait d'offres réelles toutes les fois qu'il existera des inscriptions sur l'immeuble exproprié, ou d'autres obstacles au versement des deniers entre les mains des ayant-droit; dans ce cas, il suffira que les sommes dues par l'administration soient consignées, pour être ultérieurement distribuées ou remises selon les règles du droit commun.

55. Si, dans les six mois du jugement d'expropriation, l'administration ne poursuit pas la fixation de l'indemnité, les parties pourront exiger qu'il soit procédé à ladite fixation.—Quand l'indemnité aura été réglée, si elle n'est ni acquittée ni consignée dans les six mois, les intérêts courront de plein droit à l'expiration de ce délai, à titre de dédommagement.

TITRE VI. DISPOSITIONS DIVERSES.

56. Les contrats de vente, quittances et autres actes relatifs à l'acquisition des terrains, peuvent être passés dans la forme des actes administratifs, la minute restera déposée au secrétariat de la préfecture ; expédition en sera transmise à l'administration des domaines.

57. Les significations et notifications mentionnées en la présente loi sont faites à la diligence du préfet du département de la situation des biens.—Elles peuvent être faites tant par huissier que par tout agent de l'administration dont les procès-verbaux font foi en justice.

58. Les plans, procès-verbaux, certificats, significations, jugemens, contrats, quittances et autres actes faits en vertu de la présente loi, seront visés pour timbre et enregistrés *gratis*, lorsqu'il y aura lieu à la formalité de l'enregistrement.

59. Lorsqu'un propriétaire aura accepté les offres de l'administration, le montant de l'indemnité devra, s'il l'exige et s'il n'y a pas eu contestation de la part des tiers, dans le délai prescrit par l'article 28, être versé à la caisse des dépôts et consignations, pour être remis ou distribué à qui de droit, selon les règles du droit commun.

60. Si des terrains acquis pour des travaux d'utilité publique ne reçoivent pas cette destination, les anciens propriétaires ou leurs ayant-droit peuvent en demander la remise. —Le prix des terrains rétrocédés est fixé à l'amiable, et s'il n'y a pas accord, par le jury, dans les formes ci-dessus prescrites. La fixation par le jury ne peut en aucun cas excéder la somme moyennant laquelle l'État est devenu propriétaire desdits terrains.

61. Un avis, publié de la manière indiquée en l'article 6, fait connaître les terrains que l'administration est dans le cas de revendre. Dans les trois mois de cette publication, les anciens propriétaires qui veulent réacquérir la propriété desdits terrains sont tenus de le déclarer; et, dans le mois de la fixation du prix, soit amiable, soit judiciaire, ils doivent passer le contrat de rachat et payer le prix : le tout à peine de déchéance du privilége que leur accorde l'article précédent.

62. Les dispositions des articles 60 et 61 ne sont pas applicables aux terrains qui auront été acquis sur la réquisition du propriétaire, en vertu de l'article 50, et qui resteraient disponibles après l'exécution des travaux.

63. Les concessionnaires des travaux publics exerceront tous les droits conférés à l'administration, et seront soumis à toutes les obligations qui lui seront imposées dans la présente loi.

64. Les contributions de la portion d'immeuble qu'un propriétaire aura cédée ou dont il aura été exproprié pour cause d'utilité publique, continueront à lui être comptées pendant un an, à partir de la remise de la propriété, pour former son cens électoral.

TITRE VII. DISPOSITIONS EXCEPTIONNELLES.

65. Les formalités prescrites par les titres I et II de la présente loi ne sont applicables ni aux travaux militaires ni aux travaux de la marine royale.— Pour ces travaux, une ordonnance royale détermine les terrains qui sont soumis à l'expropriation.

66. L'expropriation ou l'occupation temporaire, en cas d'urgence, des propriétés privées qui seront jugées nécessaires pour des travaux de fortification, continueront d'avoir lieu conformément aux dispositions prescrites par la loi du 30 mars 1831. — Toutefois, lorsque les propriétaires ou autres intéressés n'auront pas accepté les offres de l'administration, le réglement définitif des indemnités aura lieu conformément aux dispositions du titre IV ci-dessus.—Seront également applicables aux expropriations poursuivies en vertu de la loi du 30 mars 1831, les articles 16, 17, 18 et 20, ainsi que le titre VI de la présente loi.

TITRE VIII. DISPOSITIONS FINALES.

67. La loi du 8 Mars 1810 est abrogée. —Les dispositions de la présente loi seront appliquées dans tous les cas où les lois se réfèrent à celle du 8 mars 1810.

68. La présente loi sera obligatoire à dater de la première convocation générale des conseils généraux de département qui suivra sa promulgation. —Les instances en réglement d'indemnités dont les tribunaux se trouveront saisis à l'époque de cette première convocation, seront jugées d'après les lois en vigueur au moment où l'instance aura été introduite.—Néanmoins, avant le jugement, les parties auront la faculté de demander que l'indemnité soit fixée conformément à la présente loi, à la charge par le demandeur d'acquitter les frais de l'instance faite antérieurement.

FIN DU TOME SECOND.

TABLE ALPHABÉTIQUE

DES MATIÈRES

CONTENUES DANS CHAQUE VOLUME.

(Les chiffres romains indiquent le tome, et les chiffres arabes les pages)

A.

B.

C.

D.

de jugement par défaut qui les nomme, 229. Comment remplissent leurs fonctions, *ibid.* Modèle de jugement en dernier ressort qui constate leur avis, 230. Modèle du procès verbal du juge de paix qui constate leur avis dans les contestations sujettes à l'appel, 231. Leur taxe, *ibid.*

Experts dans les tribunaux pour assister à une descente de juge, 232. Peuvent être récusés, 236. Modèle de jugement qui les nomme pour assister le juge-commissaire, 239. Ce qui les concerne relativement à la descente de juge, 245.

Experts nommés pour faire seuls leur rapport, 254. Modèle de jugement qui les nomme, 256. Modèle de la déclaration pour convenir d'experts au greffe, 257. Causes de récusation contre eux, 258. Quand et comment se propose leur récusation, 264. Comment est jugée leur récusation, 270. Modèle de jugement qui rejette la récusation, 271. Modèle de jugement qui rejette la récusation, et accorde des dommages-intérêts à l'expert, 272. Modèle de jugement qui admet la récusation, *ibid.* Les jugemens qui prononcent sur leur récusation sont-ils sujets à l'appel, quand la contestation principale doit être jugée en dernier ressort? *ibid.* Comment procéder sur l'appel du jugement qui prononce sur leur récusation, 273. Leur serment, 275. Si le jugement qui ordonne la visite est rendu par défaut, 276. Si de plusieurs défendeurs un seul a fait défaut, 277. Ordonnance du juge-commissaire pour fixer le jour et l'heure de la prestation de serment, 278. Quand un juge voisin des lieux contentieux a été commis, *ibid.* Quand c'est un juge de paix qui a été commis, *ibid.* Faut-il signifier l'ordonnance du juge commis? 279. Comment l'expert qui n'accepte pas sa nomination fait-il connaître son refus? 280. Modèle de requête pour obtenir du juge-commis la fixation du jour et de l'heure de la prestation de leur serment, 281. Modèle de l'ordonnance apposée au bas de cette requête, *ibid.* Modèle de l'assignation qui leur est donnée, 282. Modèle de la cédule pour les citer, si c'est un juge de paix qui est commis pour recevoir leur serment, 283. Modèle du procès-verbal de la prestation de leur serment, 284. Leur opération, 285. Sommation à la partie pour se trouver à leur opération, *ibid.* Sommation de se trouver à leur opération doit-elle être faite à la partie qui n'a pas d'avoué? *ibid.* Modèle de sommation par acte d'avoué pour se trouver à leur opération, 287. Ceux qui, après avoir prêté serment, ne se trouvent pas à l'opération, sont condamnés aux frais frustratoires, 289. Dans quel tribunal sont-ils assignés pour être condamnés aux frais frustratoires? *ibid.* Leur procès-verbal, 290. Que font-ils, s'il s'élève des difficultés qu'ils ne sont pas autorisés à lever? *ibid.* De combien de parties est composé leur rapport, 291. Quand et comment ils rédigent la seconde partie contenant leur avis, *ibid.* Quand ils sont de la même opinion, *ibid.* Quand ils sont partagés entre deux opinions, 292. Quand chacun des trois a son avis particulier, *ibid.* Par qui leur rapport doit être écrit, 293. Modèle de leur rapport, 294. L'avoué peut-il assister à leur opération? 296. Peuvent-ils entendre les déclarations de personnes étrangères à la contestation? 298. Où et comment déposent leur rapport, 299. Ne doivent plus affirmer leur rapport, *ibid.* Doivent-ils être présens tous les trois pour déposer leur rapport? *ibid.* Quand c'est la

G.

H.

I.

Tome II.   21

R.

S.

V.